Gerhard Herm

Hitler, Göring und ich

Hitler, Göring und ich

Ein Fallschirmjäger im Dritten Reich

erzählt von

Gerhard Herm

BAIER VERLAG

BAIER BPB VERLAG, 74551 Crailsheim
Umschlaggestaltung: Tanja Kling
Satz: Hansjörg Wirth
ISBN: 3-929233-45-2

Walter Heinkelein in Ausgehuniform

I

Jeder der noch konnte schoß aus allen Lucken heraus, einige verwundete, auch mein Kamerad Bruckner, der vor seinem, Sterben im Delirium seinen eigenen Urin getrunken hat, es war furchtbar bei dieser großen Hitze sind qualvoll unter uns anderen gestorben.

Der Auftrag, den sie erhalten hatten, mutete ungeheuerlich an. Eine Insel, hundertsechzig Kilometer südlich der griechischen Küste gelegen, zweihundertsechzig Kilometer lang, zwischen vierzehn und sechzig Kilometer breit, von Gebirgen durchzogen, deren höchste Gipfel auch noch im Sommer von Schnee bedeckt sein konnten, insgesamt etwa achttausenddreihundert Quadratkilometer groß, diese Insel sollte von ihnen erobert werden und zwar aus der Luft. Eine ähnliche Aufgabe war noch nie, seit es Flugzeuge gibt, Soldaten jemals gestellt worden.

Inseln, wie groß oder klein auch immer, pflegten bisher von kombinierten See- und Landstreitkräften angegriffen zu werden. Kriegsschiffe schossen die gegnerischen Stellungen sturmreif. Landungsboote führten Truppen und schwere Waffen heran. Flugzeuge deckten sie. Diesmal jedoch sollten Infanteristen, die an Fallschirmen herabschwebten und mit nichts weiter ausgerüstet waren als Maschinenpistolen, Eierhandgranaten und Messern, fast die ganze Arbeit alleine machen.

Die Insel hieß Kreta. Sie war im Lauf ihrer viertausendjährigen Geschichte stets heftig umkämpft gewesen, hatte erst den Minoern, dann mykenischen Griechen, danach Römern, Byzantinern, Arabern, Venezianern, Türken gehört und war später dem jungen Königreich der Hellenen zugeschlagen worden. Damals, 1941, wurde sie gerade von britischen Truppen kontrolliert.

Warum ausgerechnet die Deutschen Kreta haben wollten, ist nie so richtig klar geworden. Ihre Wehrmacht beherrschte bereits den weitaus größten Teil Europas, vom Nordkap bis an die Pyrenäen. Erst vor kurzem hatte sie auch den Balkan samt Griechenland überrannt. Darüber hinaus war das sogenannte „Dritte Reich“ mit Italien, Ungarn, Rumänien und Bulgarien verbündet. Seine Machtsphäre reichte somit bis an die Küste des Schwarzen Meeres.

Ein Manko allerdings hatten die deutschen Streitkräfte zu beklagen: Auf dem Boden und in der Luft schienen sie unschlagbar zu sein, zur See hingegen und zumal im Mittelmeer spielten sie bestenfalls die zweite Geige. Was in der Tat wollte ihre Führung also wirklich mit der südlichsten und größten Ägäisinsel anfangen?

Die deutschen Strategen boten dazu drei verschiedene Antworten an. Die erste lautete: Kreta eigne sich als weit vorgeschobene Abwehrstellung gegen britische Kampfflieger, die von Ägypten aus versuchen könnten, die lebenswichtigen Ölfelder im rumänischen Ploesti anzugreifen. (Dabei stand das deutsch-italienische Afrikakorps bereits hundert Kilometer vor Alexandria). Andere meinten, man könne von Kreta aus eine Luftbrücke nach Syrien, wahlweise auch zum Suezkanal aufbauen, um entweder die dort stehenden Engländer im Rücken zu packen oder aufständische Iraker in ihrem Kampf gegen britische Kolonialtruppen zu unterstützen. (Es war die wohl abenteuerlichste Idee von allen.) Und schließlich sagten Dritte: Es wäre ohnehin gescheiter, statt Kreta die wesentlich kleinere Insel Malta zu besetzen, denn dann hätte man wenigstens einen starken Stützpunkt am Seeweg von Sizilien nach Libyen, der Versorgungsbasis des Afrikakorps. (Das war zweifellos der klügste Vorschlag, doch gerade er wurde nie ernsthaft erwogen.) Zur Frage „Warum Kreta?“ bietet sich deshalb nur eine Antwort an, die Sinn macht: Jene Strategen, die das lang gestreckte Eiland auf Biegen oder Brechen gewinnen wollten, trugen nicht den feldgrauen Rock des Heeres, sondern die blaugraue Uniform der Luftwaffe. Unter anderem verfügten nämlich sie über eine Spezialeinheit, die keine andere Armee der Welt zu jener Zeit schon besaß: Luftlandetruppen.

Mit Lastenseglern und per Fallschirm konnten sie Soldaten an jeden beliebigen Punkt innerhalb der Reichweite ihrer Flugzeuge transportieren und dort absetzen. Im bisherigen Verlauf des Krieges hatte sich diese Taktik bereits mehrmals bewährt, bei Angriffen etwa auf wichtige Flussübergänge, also eng umgrenzte Punktziele. Eine Insel von der Größe Kretas von oben her zu erobern, hatten hingegen nicht nur die Deutschen noch nie versucht, sondern bis jetzt überhaupt niemand. Das eigentliche Motiv der blaugrauen Strategen könnte also der Wunsch gewesen sein, etwas zu bewerkstelligen, das noch keinem vor ihnen gelungen war. Dass sie dies auch offen zugaben, darf indessen bezweifelt werden. Sie hätten Hitler damit wohl kaum herumgekriegt. Der wollte eigentlich, im Mai noch, gegen Russland marschieren und keine Zeit mit Manövern von quasi experimentellem Charakter verplempern. Erstaunlicher Weise gab er am 25. April 1941 dennoch die „Weisung Nr. 28" heraus, den Befehl zur Eroberung Kretas. Zum Namenspatron des Unternehmens wurde der eher friedlich gesinnte griechisch-römische Gott „Merkur" erkoren. Aber vielleicht erkannte man ja in ihm, der sich mit seinen Flügelschuhen blitzschnell vom Himmel auf die Erde stürzen konnte, das mythologische Urbild des Fallschirmjägers.

Nachdem damit das „Warum?" keine Frage mehr zu sein schien, stellte sich sogleich die nächste, das „Wie?". Und das war nun keine hypothetische Frage mehr. Es war ein Riesenproblem. Da nämlich der Beginn des Unternehmens auf den 20. Mai festgelegt worden war, musste zunächst einmal, in knapp vier Wochen, die dafür notwendige Luftarmada zusammengestellt werden: Jagdmaschinen, Sturzkampfbomber, Transporter, insgesamt 1 180 Flugzeuge. Sie wiederum sollten 22 750 Kämpfer zur Insel hinüber befördern und dort beim Erdkampf unterstützen. Hinzu kamen 70 Lastensegler sowie am Ende doch auch ein paar Schiffe, griechische Kaiks vor allem, besegelte Fischerboote, mit Dieselantrieb. Um aber die Flugzeuge überhaupt in die Luft bringen zu können, mussten überdies noch wenigstens acht Start- und Landebahnen aus dem Boden gefräst werden. Wie sich erweisen sollte, zählte jedoch selbst dies zu den eher geringen Problemen. Die Frage „Wie?" allerdings war auch mit dem erfolgreichen Abschluss solcher Vorarbeiten erst zur Hälfte beantwortet. Bestenfalls.

Da ja eine vergleichbare Operation noch nie unternommen worden war, gab es auch keine Erfahrungswerte, an denen man sich hätte orientieren können. Es gab nur weitere Hypothesen.

General Student, jener Mann, der Luftbrücken zum Suezkanal oder nach Syrien hinüber für machbar und sinnvoll hielt, propagierte eine Vorgehensweise, die er „Ölflecktaktik" nannte. Ihr zu Folge sollten die einzelnen Fallschirmjägertrupps nach dem Absprung versuchen, sich mit den jeweils nächst gelegenen Einheiten zu vereinigen, und zwar so lange, bis alle zusammen so etwas ähnliches wie einen Ölfilm auf glattem Wasser bildeten. Sein Kollege Alexander

Löhr, jener General, dem es auf den Schutz von Ploesti ankam, wollte davon zu Recht nichts wissen. Er verlangte, dass zunächst die drei Flughäfen der Insel genommen werden müssten, bessere Schotterpisten zwar, doch sobald man sie besaß, konnte wenigstens Nachschub herangeführt werden. Da nun Löhr nicht nur der Ranghöhere war, sondern auch die Vernunft auf seiner Seite hatte, behielt er schließlich die Oberhand. Student gab grummelnd nach.

Ein gutes Omen schien das nicht zu sein. Wenn man sich an der Spitze des Unternehmens schon derart uneins über den Auftakt war, wie sollte es da weitergehen, wenn Verteidiger und Angreifer sich erst einmal ineinander verkrallt hatten und die Lage entsprechend unübersichtlich geworden war? Die Verantwortlichen im Athener Hauptquartier wischten diese Frage mit dem Einwand bei Seite, „unsere Männer" seien ja „bestens ausgebildet und in hervorragender Form". Ob das freilich genügte, konnte sich frühestens am 20. Mai erweisen, dem Tag der Wahrheit. So war es dann auch.

Gegen neun Uhr morgens hatten die ersten Ju 52-Maschinen mit je dreizehn bis fünfzehn Mann an Bord ihre vorgesehenen Absetzräume erreicht. Die Türen wurden aufgeschoben, die notwendigen Kommandos gegeben. Und da war sie in der Tat, die Wahrheit.

Sie offenbarte sich zunächst einmal als höllische Kakophonie aus Bombenexplosionen, dem Nerven zerfetzenden Heulen der fast senkrecht herabstoßenden Sturzkampfbomber, dem Hämmern der Bordwaffen, mit denen deutsche Jäger im Tiefflug den Boden bestrichen, dem Krachen der Granaten und natürlich auch dem Bersten jener Geschosse, die den Angreifern selbst galten.

Wenn sie in der Lage gewesen wären umher zu schauen, hätte sich den Fallschirmjägern dennoch ein auch höchst eindrucksvolles Bild geboten: vielfarbige, an riesige Quallen erinnernde Gebilde aus Seide sanken überall zu Boden. An den violetten und hellroten hingen die Offiziere, an den weißen Waffenbehälter, an den gelben Sanitätsbedarf. Ihre eigenen Schirme waren dunkelgrün. Mit dem Hechtsprung aus der Maschine hatten sie sich indessen einem Zustand ausgeliefert, in dem die Sinne keine Eindrücke mehr aufnahmen, sondern nur noch lebenswichtige Signale registrierten. Die Schirme öffneten sich mit leisem Knall, aber ohne eigenes Zutun. Steuern konnte man sie kaum. Der hilflos in den Gurten hängende Mann war nichts weiter als ein Stück Frachtgut auf dem Weg nach unten, gut verpackt und vielfach verschnürt. Der Boden kam ihm rasend schnell entgegen.

Mit etwas Glück konnte er beim Landen auf die Füße fallen und dann nach vorne abrollen. Mit Pech sich den Knöchel verstauchen, alle möglichen Muskeln zerren oder sogar eine Gehirnerschütterung davon tragen. Weit wichtiger war jedoch die Frage, wo man landen würde: im offenen Feld, in einem Weinberg, einem Wald, einer Schlucht, auf dem Dach eines Hauses, inmitten einer feindlichen Stellung. Möglich schien alles zu sein - vorausgesetzt natürlich, man kam überhaupt lebendig herunter.

Zu den über Kreta abspringenden Fallschirmjägern gehörten drei Männer, die von unterschiedlicherer Herkunft kaum hätten sein können: ein weltberühmter Boxer, der Stiefsohn eines der höchsten Würdenträger des Dritten Reiches, der zudem noch Millionenerbe war, und ein gelernter Friseur mit erfolgreich abgelegter Gesellenprüfung.

Als einziger von diesen Dreien hat der Friseur Aufzeichnungen über seine Kriegserlebnisse hinterlassen, keine ausgefeilten Memoiren, sondern knappe Gedächtnisprotokolle, in denen sich vor allem eines spiegelt: unendliches Staunen über das, was ihm widerfahren war, und der dringende Wunsch, es endlich zu verstehen. Er hieß Walter Heinkelein, er zählte damals einundzwanzig Jahre. Der Boxer hingegen war Max Schmeling, der Stiefsohn und Millionenerbe Harald Quandt, sein Stiefvater Reichspropagandaminister Dr. Joseph Goebbels.

Was sie und den Friseur zusammengewürfelt hatte, könnte man natürlich Zufall nennen, doch lag dem das gemeinsame Bedürfnis zu Grunde, einer Truppe anzugehören, die sich selbst als Elite empfand und der auch von allen Seiten bescheinigt wurde, dass sie aus den Besten der Besten bestehe. Das höchste, was man damals werden konnte, war Jagdflieger, U-Boot-Kommandant oder Fallschirmjäger. Selbst Panzerfahrer, Gebirgsjäger und Bomberpiloten genossen nicht halb so viel Ansehen wie diese Stars auf der Bühne des Krieges. Entsprechend schwer war es allerdings, Fallschirmjäger überhaupt erst zu werden.

Da es nicht jedermanns Sache ist, dreihundertfünfzig Meter über dem Boden aus der offenen Tür eines Flugzeuges zu hechten, in der Hoffnung, der Schirm würde sich schon rechtzeitig öffnen, lag klar zu Tage, dass die Bewerber um den begehrten Titel zunächst einmal starke Nerven besitzen oder wenigstens eine gewisse Neigung zum Fatalismus aufweisen mussten. Des weiteren sollten sie körperlich fit und bereit sein, sich gnadenlos schinden zu lassen, aber natürlich auch den dringenden Wunsch verspüren, ihren Mut im Gefecht zu beweisen. Verpönt hingegen waren kommissiges Verhalten oder allzu militärisches Gehabe.

Karl Student, der „Vater der Fallschirmtruppe", hatte „orthodoxe und geistlose äußere Formen" ausdrücklich untersagt. Statt dessen mahnte er einen Geist des „Vertrauens zwischen Vorgesetzten und Untergebenen" an, glaubte allerdings, auch auf so abgedroschene militärische Binsenweisheiten wie „Erst meine Waffe, dann ich" nicht verzichten zu können, und unterschrieb sogar eine Forderung, die seinen jungen Leuten schon in der Hitlerjugend eingebläut worden war: „Sei behende wie ein Windhund, so zäh wie Leder und so hart wie Kruppstahl."

Die Bilder von Harald Quandt und Walter Heinkelein betrachtend könnte man überdies dem Verdacht erliegen, Student habe in erster Linie gut aussehende, hoch gewachsene, nach Möglichkeit auch noch blondhaarige und blauäugige Recken um sich versammeln wollen. Er selbst war eine eher unansehnliche Erscheinung, untersetzt, mit breitem, biederem Gesicht, außerdem Hornbrillenträger.

Was ihn bewogen hatte, den eher bulligen, leicht negroid wirkenden und mit seinen damals sechsunddreißig Jahren eigentlich schon viel zu alten Max Schmeling bei sich aufzunehmen, lässt sich ebenfalls erraten. Den Boxer, der 1930 im New Yorker Yankee-Stadium zwölf Runden gegen den „braunen Bomber" Joe Louis durchgestanden hatte, um ihn, schon blutüberströmt, in der letzten auf die Bretter zu schicken, kannten in Deutschland Hinz und Kunz, er schmückte ganz einfach die Truppe wie auch ihren Chef. Kam außerdem hinzu, dass Schmeling schließlich schon genügend Kruppstahlhärte bewiesen hatte, als er mit seinem berühmten Kampf den Deutschen ein ähnlich beseligendes Erlebnis bescherte, wie vierundzwanzig Jahre später Sepp Herbergers Elf mit dem „Wunder von Bern" es tun sollte.

Über die Frage endlich, wie man junge Männer zu der geforderten Härte erziehen könne, hatte Student ebenfalls sehr gründlich nachgedacht und dann entsprechende Anweisungen erlassen. Mit der wohl berühmtesten davon wurden die Rekruten bereits in ihren ersten Dienststunden konfrontiert. Man ließ sie in Linie antreten und befahl ihnen, die Hände auf den Rücken zu legen. Darauf kam das von allen gefürchtete Kommando: „Vorwärts fallt!" Es war in der Tat ein brutaler Befehl. Mit dem Gesicht voran mussten alle der Länge nach auf den Boden kippen. Zu ihren Füßen aber lag weder Matte noch Matratze. Ohne im mindesten abgefedert zu werden, krachten sie in den fest getrampelten Rasen des Exerzierplatzes. Das war es, was der „Vater der Fallschirmjäger“ unter hart machen verstand.

Er hatte noch eine ganze Reihe anderer Torturen auf Lager: Sprünge etwa von immer höher werdenden Gerüsten ohne Schirm, aber mit Gepäck. Zu diesen Spezialübungen kamen dann noch die sozusagen ganz normalen Plagen, die jeder Infanterist erleiden muss: Gewaltmärsche bei Tag und bei Nacht, in Sommerhitze und Novembernässe; das Überwinden der Eskaladierwände, der Wassergräben und Stacheldrahthindernisse in voller Ausrüstung; das Robben über steiniges, das Robben durch matschiges Gelände. Ordentliches Marschieren wurde von einer Elitetruppe ohnehin verlangt, sowohl das gewöhnliche „Links-zwo-drei-vier“ wie auch der knallende Stechschritt. Ohne Gesang schließlich ging fast gar nichts in der deutschen Wehrmacht. Am beliebtesten war bei Students Einheit das „Lied der Fallschirmtruppe“. Es begann mit dem meteorologisch eingefärbten Stimmungsbild „Rot scheint die Sonne“, um wenige Zeilen später mit einem zweiten, ähnlich düsteren auszuklingen: „Fern im Osten stehen dunkle Wolken“. Zwischen beiden versicherten die Sänger: „Wir fürchten den Feind nicht und auch nicht den Tod. Wir wissen nur eines, wenn Deutschland in Not, zu kämpfen, zu siegen, zu sterben den Tod.“ Kein Hitlerjunge in Deutschland, der diese nach passenden Endreimen geradezu japsenden Verse nicht im Kopf gehabt und sie mit hellem Knabensopran so oft wie möglich gesungen hätte.

An ihre seltsam anmutenden Kampfanzüge waren die Fallschirmjäger bei diesem Ausbildungsstand schon längst gewöhnt, die grauen Überfallhosen, die Fliegerbluse, den darüber getragenen overallartigen, an den Oberschenkeln endenden, sogenannten „Knochensack“, den topfähnlichen Stahlhelm, die Lederhandschuhe und die heute bei jungen Neonazis so beliebten Springerstiefel. Dass sie in dieser Ausrüstung eher Fabrikarbeitern glichen als Soldaten von herkömmlicher Erscheinung, lag in der Natur der Dinge. Sie waren nun einmal so etwas wie hoch spezialisierte Fachleute in den Werkhallen des Todes und wussten das auch. Weshalb sonst hätten sie ihrer Springerjacke den makaber klingenden Namen „Knochensack“ geben sollen.

Endlich dann jenes Ereignis, dessentwegen die meisten von ihnen zur Fallschirmtruppe gegangen waren: der Sprung. Lange genug hatten sie ihn schließlich trocken geübt, samt allem, was zu seiner Vorbereitung gehörte: Das Falten und Verpacken der Schirme, das Besteigen des Flugzeugs mit der zwischen die Zähne geklemmten Reißleine, schließlich deren Befestigung an einem längs durch die Kabine verlaufenden Stahlseil. Und dann?

„Etwas Angstgefühl beim ersten Sprung musste man zugeben", bekannte Jahre nach dem Krieg ein Veteran namens Rudolf Jackl. Sein Springerkollege Rudolf Nass erzählt, er sei so nervös gewesen, dass er sich zu früh an die offene Tür gedrängt habe und raus wollte. Daran indessen habe der „Absetzer" ihn gehindert. Und dann war's doch viel einfacher als er erwartet gehabt hätte: „Am liebsten wäre ich noch recht lang in der Luft geblieben, aber leider geht es sehr schnell der Erde entgegen". Wieder andere empfanden ein „prickelndes Gefühl" oder sogar „tranceähnliche" Zustände. Dass sie aufatmeten, wenn die Reißleine den Schirm aus der Verpackung gezerrt hatte, und dieser aufgegangen war, leugnet indessen kaum einer von ihnen. Das Schwierigste freilich stand den zu Boden sinkenden Männern erst noch bevor.

Beim ersten Sprung wurden sie aus dreihundertfünfzig Metern abgesetzt, das konnte man gerade noch als Springen bezeichnen. Beim letzten hingegen mussten sie in hundertzwanzig Metern Höhe aussteigen, und das glich dann eher einem abgebremsten Sturz als einem gemächlichen Hinabgleiten. „Es ist", sagte ein anderer, der es wissen musste, „etwa so, als ob du aus Stubenhöhe auf den Boden hüpfst, ohne Schirm, aber mit vollem Gepäck." Ferner sagte er, es sei vorteilhaft gewesen, wenn beim Aufkommen ein leichter Wind den Springer etwas zur Seite geweht hätte, der habe den Aufprall dann „aus einer senkrechten in eine waagrechte Richtung ablenken können", sei aber liegend gelandet. Bei starkem Wind hingegen „wird man heftig zusammengestaucht oder mehrere Meter weit über Stock und Stein gezerrt." Tröstend fügte er schließlich noch hinzu, bei rund hunderttausend Absprüngen vor Kriegsbeginn habe es nur vier Todessprünge gegeben, woraus messerscharf geschlossen werden könne, dass Fallschirmspringen sicherer sei „als Auto fahren heute." Der Mann musste auch das wissen, er war nach dem Krieg „Cheffahrer" eines deutschen Verlegers geworden.

Von allen diesen Dingen, den Vorwärts-fallt-Übungen, den anderen Plackereien, dem Erlebnis des ersten Sprungs hat Walter

Heinkelein kaum etwas erwähnt. Angesichts dessen, was er später erlebte, mag es ihm nicht mehr wichtig erschienen oder bereits Schnee von gestern gewesen sein. Als das „Unternehmen Merkur" anlief, war er ohnehin schon Oberjäger und somit kein Auszubildender mehr, sondern selbst Ausbilder. Abgesehen davon hielt Heinkelein wohl nicht viel von reinen Stimmungsbildern, noch weniger erhob er den Anspruch, urteilen oder deuten zu können. Der spätere Feldwebel gab nur wider, was er persönlich zu belegen vermochte. Alles andere verbot ihm seine angeborene Bescheidenheit - mit einer Ausnahme allerdings. Davon, dass die Fallschirmtruppe eine „Elite" gewesen sei, ließ er sich nicht abbringen. Das war ihm wichtig, darauf gründete sein freilich ebenfalls eher bescheidener Stolz. Und schließlich rechtfertigte er damit jenen Teil seines Lebens, den er im Krieg verbracht hatte. Das Bedürfnis, dies zu tun, verspürte nämlich Walter Heinkelein durchaus.

Im Übrigen beruhte der geltend gemachte Stolz keineswegs auf Anmaßung, Heinkeleins Anspruch, ein Elite-Soldat zu sein, war hart erarbeitet und am Ende amtlich sanktioniert worden. Erst sein neunter „Wertungssprung" verhalf einem Rekruten zu dem, was er angestrebt hatte. Er bekam das Springerabzeichen mit dem angreifenden Adler verliehen und musste fortan beim Appell mit „Fallschirmjäger" angeredet werden. Die Aufnahme in den elitären Männerbund war abgeschlossen. Gehaltserhöhung gab es außerdem. Das sogenannte „springende Personal" hatte Anspruch auf fünfundsiebzig Reichsmark Zulage zum monatlichen Sold. „Das war", sagte der spätere Cheffahrer, „mehr Geld als wir ausgeben konnten". Die billigste Zigarette kostete dreieindrittel Pfennige pro Stück, für sechs Pfennige bekam man schon ein ganz ordentliches Kraut. Gequalmt haben damals so gut wie alle.

Gerne gefeiert haben sie auch. Harald Quandt schrieb seinem Stiefvater per Adresse „Berlin, Wilhelmstraße 6-8, Reichsministerium für Volksaufklärung und Propaganda", in der Truppe werde viel gelacht, viel gesungen, auch sonst gehe es ziemlich locker zu. Ob der Sohn von Magda Goebbels, vormals Magda Quandt, sich allein auf das eher dräuende Fallschirmjägerlied bezog oder auf ähnliche Gesänge von stählernen Waffen aus deutschen Erz, ist wenig wahrscheinlich. Viel lieber sang die junge Elite: „Negeraufstand / in Kuba hallen Schüsse durch die Nacht / und auf hohen Barrikaden halten Negerweiber Wacht", oder sie schmetterte „Wir lagen vor Madagaskar und hatten die Pest an Bord". Nahezu alle diese Schauerballaden und Shanties kannten sie noch aus ihrer HJ-Zeit. Die Ältesten in Heinkeleins Einheit, der fünften Kompanie des Fallschirmjägerregiments Nr. 1, zählten siebenundzwanzig, die Jüngsten achtzehn Jahre. Nicht deswegen allerdings, sondern wegen ihres Chefs wurden sie auch „Studenten“ genannt. Sie selbst bevorzugten der Farbe ihrer Schirme wegen, und weil es martialischer klang, die Bezeichnung „Grüne Teufel“.

Mit dem Singen, dem Feiern, den Zechtouren, die nicht selten in harte Besäufnisse ausarteten oder einmal auch damit endeten, dass die betrunkenen jungen Burschen eine Straßenbahn kaperten und damit zur Kaserne fuhren, sollte es dann von einem Tag auf den anderen jäh vorbei sein. Das „Unternehmen Merkur“ war angelaufen.

Walter Heinkeleins Berichte über seine verschiedenen Kriegseinsätze beginnen fast immer mit dem Wort „Alarm !!“. Aber so fing es ja auch jedes Mal an. Die Korridore der Kaserne im mecklenburgischen Gardelegen füllten sich mit schwer bepackten Soldaten. Die Treppenschächte hallten wider von Lärm, Kommandorufen und polternden Schritten. Draußen warteten bereits Lastwagen und Busse. Nicht ohne Grund wurde die Deutsche Wehrmacht auch als „größtes Reiseunternehmen der Welt“ bezeichnet. Überall zwischen Atlantikküste und der litauischen Westgrenze konnte man sich ihm unbesorgt anvertrauen.

Wohin es gehen sollte, wusste allerdings niemand. Fürs Erste waren die Fallschirmjäger nur das, was sie kurze Zeit später wieder sein sollten: Frachtgut. Als ihr Zug im Wiener Westbahnhof einlief, mögen die meisten von ihnen noch geglaubt haben, es gehe nach Russland. Die darauf folgende Station lag jedoch bereits in Rumänien, die übernächste in Bulgarien. Südlich von Sofia ging es dann plötzlich in Richtung Westen weiter. Damit war klar, das Reiseziel hieß Griechenland. Aber was sollte es dort eigentlich noch zu tun geben?

Dass die Italiener im Herbst des Vorjahres das hellenische Königreich angegriffen hatten und dabei schmählich gescheitert waren, wussten schließlich alle. Dass Hitler daraufhin, statt wie geplant die Sowjetunion anzugreifen, Mussolini zu Hilfe geeilt war und seine Truppen binnen knapp drei Wochen über Jugoslawien bis an die Südspitze der Peloponnes vorstoßen ließ, hatten sie jenen Sondermeldungen im Rundfunk entnehmen können, die mit den ersten Takten des „Prinz-Eugen-Liedes“ eingeleitet wurden - für Harald Quandt möglicherweise ein Anlass, das propagandistische Genie seines Stiefvaters zu bewundern, denn der hatte die jeweiligen Erkennungsmelodien persönlich ausgesucht. Doch wo in der Tat konnte sich ihnen wirklich noch eine Gelegenheit bieten, ähnlich heroische Taten zu vollbringen wie seiner Zeit der habsburgische Feldherr, der ja auch schon Belgrad erobert hatte? Sie kamen an den zerstörten Bunkern der Metaxas-Linie in Nordmazedonien vorbei. Mussolinis Truppen hatten diesen griechischen Grenzwall nicht durchbrechen können, den Deutschen war es fast mühelos gelungen. Also sagten natürlich alle, was sie in diesem Krieg noch des öfteren sagen sollten: „Diese italienischen Schlappschwänze!" Es war, wie sie binnen kurzem erfahren sollten, nicht nur überheblich, es war auch ungerecht. Walter Heinkelein hat - damals noch - nichts dergleichen verlauten lassen. Er notierte nur, dass es Fallschirmjäger gewesen seien, die - vergeblich - versucht hätten, die Sprengung der Brücken über den Kanal von Korinth zu verhindern. Im Übrigen fragte er sich auch noch, wo es nun wirklich hingehen könne, als der Kanal schon lange hinter ihnen lag. Afrika? Alexandria? Vielleicht sogar „die Ölquellen von Baku" am Kaspischen Meer? Alles schien ihm möglich zu sein, selbst dies.

Doch dann, am 19. Mai, war die Endstation erreicht, der Athener Vorort Topolia. Zelte wurden aufgeschlagen, Turnhosen und Sportleibchen aus dem Gepäck gekramt, jeder fotografierte jeden, es sah ja fast nach Urlaub unter griechischer Sonne aus. Einer der Kompanieführer hatte seinen Foxterrier mitgebracht. Mit dem Hund auf den Armen gab er ein besonders beliebtes Motiv ab. Allerdings musste Heinkelein auch feststellen: „Morgengrauen schon bei großer Hitze". Er meinte den Morgen des 20. Mai 1941. Erst an diesem Tag erfuhren sie, welche Aufgabe man ihnen zugedacht hatte.

Der Name Kreta dürfte dem gelernten Friseur nur wenig gesagt haben. Beim Erdkundeunterricht war er erwähnt worden. Von Zeus und der von ihm auf die Ägäisinsel entführten Europa, von Theseus, der hier den Minotaurus erschlug, von Ikarus, der in Kreta einen missglückten Flugversuch unternahm, wusste er allenfalls aus den „Schönsten Sagen des klassischen Altertums" von Gustav Schwab. Von den „Sphaktiotoi" hingegen, den Ureinwohnern Kretas, dürften nicht einmal seine Vorgesetzten je gehört haben. Dabei wäre es nützlich gewesen, gerade über sie einigermaßen Bescheid zu wissen, es gab sie nämlich noch. Fürs Erste war es jedoch einfach nur heiß und sehr, sehr staubig. Dann kam auch noch Lärm auf. Die Luft vibrierte plötzlich vom Dröhnen ungezählter Flugzeugmotoren.

Maschine um Maschine donnerte heran, setzte auf und schleuderte dabei haushohe Fontänen trockener Erde empor. Schwitzendes Bodenpersonal schleppte Öl- oder Benzinfässer heran. Per Handpumpe wurde ihr Inhalt in die leeren Tanks gefüllt. Heinkelein sah dreimotorige Ju 52-Maschinen, einsitzige Messerschmitt Me 109 und zweisitzige Me 110, er sah knickflüglige Sturzkampfbomber vom Typ Ju 87, sogenannte Stukas, vor allem aber sah er, dass viele dieser Maschinen schwer beschädigt waren, „angeschossen von Jägern und Flak". Der Kampf um die Insel musste bereits voll entbrannt sein. Auch für sie begann er nun, der oft beschworene Ernstfall. Von Bauch-, Schenkel-, Brust- und Schultergurten eingeschnürt, den selbst gefalteten Fallschirm auf dem Rücken, Maschinenpistole, Handgranaten und Messer „am Mann" warteten sie auf das Hornsignal zum Bemannen ihrer „Tante Ju". Da der Anflug übers Meer gehen würde, hatte man ihnen sogar Schwimmwesten verpasst. Alles in allem durften sie das Gefühl haben, bestens gerüstet zu sein. Zu ihrem sozusagen persönlichen Gepäck gehörten Ersatzsocken und Ersatzhosen, ein Spirituskocher, eine Decke, zwei Tagesrationen bestehend aus Brotwürfeln und Schokoladeriegeln, ferner Durststiller, Benzedrin-Tabletten, Spritzen und Ampullen mit Koffein-Sodium-Salicylat für sukutane Injektionen gegen Müdigkeit, achtzig Gramm Toilettenpapier sowie eine Sammlung von Redewendungen wie „Wenn du lügst, wirst du erschossen" in phonetisch geschriebenem Englisch. Ihre teilweise dick gepolsterten, wollenen Springerkombinationen waren in der Arktis getestet worden. Jetzt fanden sie sich im heißen griechischen Vorsommer wieder.

Walter Heinkelein bleibt weiterhin wortkarg. Er sieht tief unter sich die Akropolis von Athen, dann sieht er das Meer. Andere dagegen fassen sogar in Gedichtform, was ihnen während des Anflugs durch den Kopf geht. „Zum brummenden Gleichklang der Motoren mahlen Gedanken den Auftrag / Wälzen Mögliches. Enger ziehen die Hände das Gurtwerk. - Leuchtender Tag." Der dies niederschrieb, war General Eugen Meindl. Mit seinem Kampfverband „Komet" sollte er den Flughafen Malemme einnehmen und sichern. Walter Heinkelein gehörte zum Kampfverband „Orion" unter Oberst Bruno Bräuer. Dessen Ziel: Hafen und Stadt Iraklion, damals Heraklion geschrieben. Dort wurden sie bereits erwartet.

General Bernard Freyberg, ein Neuseeländer, Befehlshaber der britischen „Creforce", befand sich in einer wenig beneidenswerten Situation. Suda, sein wichtigster Nachschubhafen, war schon vor dem 20. Mai ein einziger Trümmerhaufen. Docks und Tanklager zerstört, Flugfelder und Flakstellungen zerbombt. Seit dem 14. Mai hatten die Deutschen fast Tag für Tag mit Mittelstreckenbombern und Stukas angegriffen. Freybergs eigene Luftstreitkräfte, eine Handvoll einmotoriger Hurricanes, waren ihren Gegnern derart unterlegen, dass er sie nach Ägypten hatte zurückschicken müssen.

Anders sah es am Boden aus. Der Neuseeländer verfügte über zweiundvierzigtausend Infanteristen und Artilleristen, eine, wie es aussah, gewaltige Streitmacht, doch das täuschte. Seine Leute, unter ihnen Australier, jüdische Freiwillige aus Palästina, Griechen sowie eine größere Anzahl von kretischen Freischärlern, waren zum Teil nur mangelhaft ausgerüstet und kaum aufeinander eingespielt. Außerdem steckte ihnen noch ihre schmähliche, auf dem Festland erlittene Niederlage in den Knochen; sie hatten vor den Deutschen ziemlich hastig Reißaus nehmen müssen.

Fast ebenso schlimm war für Freyberg jedoch, dass nicht nur sein direkter Vorgesetzter, General Wavell, alles besser wusste als er, sondern auch sein oberster Kriegsherr Winston Churchill. Zumindest einen Trumpf indessen hatte der Neuseeländer im Ärmel. Seit dem 26. April wusste der britische Nachrichtendienst, dass die Deutschen Kreta aus der Luft erobern wollten. Am 18. Mai hatten Freybergs Leute zudem zwei abgeschossene deutsche Piloten aus dem Meer gefischt und von ihnen erfahren, die Offensive solle am 20. Mai beginnen. An Hand dieser Daten konnte sich der Chef von „Creforce" ungefähr ausrechnen, was im Kopf seines Gegenspielers Alexander Löhr vorging. Er ist ihm ziemlich gut auf die Sprünge gekommen: Eroberung der drei Start- und Landepisten auf der Insel, dann rasche Verstärkung der abgesetzten Sturmtruppen. Dazu brauchte Löhr allerdings auch die Seehäfen.

Blieb freilich eine Frage offen: Sollte Freyberg die Landebahnen verminen lassen, damit die Deutschen sie nicht benutzen konnten, oder sollte er sie für den Fall in Reserve halten, dass Kairo ihm doch noch Flugzeuge schickte? Er selbst war für Verminen, doch Kairo und London sagten nein, Churchill, der sich als Feldherr für ebenso begabt hielt wie Hitler, setzte auf Sieg oder, im Zweifel, auf eine spätere Rückeroberung Kretas. Weil das aber so war, sieht man Freyberg einsam auf einem Hügel stehen und, Arme über der Brust gekreuzt, mit weit mehr Schicksalsergebenheit als Hoffnung der Dinge harren, die da kommen sollten. Dass seine Ahnungen nicht getrogen hatten, nützte ihm kaum etwas.

Pünktlich, wie die Deutschen nun einmal waren, stießen am Morgen des 20. Mai um acht Uhr fünfzehn Löhrs erste Lastensegler auf Kreta herab. Die größeren von ihnen, Typ Gotha-242, hatten fünfundzwanzig Mann oder ein Panzerabwehrgeschütz samt Bedienung an Bord; die kleineren, Typ DFS-230, zehn leicht gerüstete Infanteristen. Aus sehr viel mehr als zusammengenieteten Leichtmetallrohren und Leinwand bestanden weder die einen noch die anderen. Am Boden angekommen warfen sie eine Art Anker aus, brachen an den vorgesehenen Stellen auseinander und spieen bewaffnete Männer aus - in dem für diese günstigsten Fall zumindest. Da sie ein gutes Ziel boten, wurden etliche der ungefügen Apparate schon beim Anflug in Brand geschossen oder von Maschinengewehrkugeln durchlöchert. Weit mehr als Freyberg lieb sein konnte, kamen jedoch unbeschädigt herunter, darunter jene, deren Aufgabe es war, Malemme zu besetzen.

Den Gleitern sozusagen auf dem Fuß folgten dann die dreimotorigen Ju 52. Im Tiefflug versuchten sie, unter den Schussbahnen der britischen Flakgeschütze hindurch zu tauchen, was manchmal gelang, manchmal eben nicht. Die relativ langsamen Maschinen boten ebenfalls ein gutes Ziel. „Man konnte“, so ein Beobachter, „tatsächlich sehen, wie der Einschuss das Flugzeug aufbrach und die Körper der Fallschirmjäger herausfielen.“

Freyberg selbst war trotz allem „von der Großartigkeit dieser Operation regelrecht gefesselt (...) Hunderte von Maschinen, eine Reihe nach der anderen, kamen auf uns zu (...) Die gesamte Luft geriet in Wallung (...) Stukas kreischten, Bomben krachten“. Das Feuer aus den Bordkanonen der deutschen Jäger war so dicht, dass man sich am Boden „außer in kurzen Sprüngen nicht zu bewegen vermochte.“

Dennoch war schon jetzt eingetreten, was der amerikanische Militärexperte Hanson W. Baldwin so definierte: „Das Operieren aus der dritten Dimension bedeutet für Freund wie Feind, dass es weder Flanken, noch vorne oder hinten gibt - der Feind kann überall sein (...) In den ersten Stunden kann man bei keiner Landung dieser Art wirksam führen (...) Jeder kämpft rücksichtslos für sich selbst - Pardon wird weder erbeten noch gegeben.“

Baldwin hätte auch sagen können: Solche Operationen führen immer ins Chaos.

Genau das sollte Walter Heinkelein am eigenen Leib erfahren.

Besser als ihm erging es Harald Quandt. „Wir hatten“, berichtete er nach Berlin, „gutes Wetter, gute Absprunghöhe und wurden haargenau auf den befohlenen Plätzen abgesetzt (...) Zu meiner großen Freude war mein Waffenbehälter gerade 50 Meter entfernt heruntergekommen, so dass ich ihn nach kurzem Abschnallen des Gurtzeugs schnell erreichte." Quandts Einheit hatte den Auftrag, die Stadt Canea im Norden der Insel zu erobern. Heinkeleins Truppe war einen Tag vor ihr abgesetzt worden, am 20. Mai.

Eigentlich hatte diese Einheit am frühen Vormittag losfliegen sollen. Doch da zeichnete sich bereits das beginnende Chaos ab. Die improvisierten Flughäfen um Athen herum waren in derart dichte Staubwolken gehüllt, dass die Piloten erst landen konnten, wenn die Sicht wieder einigermaßen klar war. Das brachte alle Pläne durcheinander. Heinkeleins Maschine startete erst am Nachmittag. Es sollte schlimme Folgen haben.

Da die zu ihrer Unterstützung vorgesehenen Jagdmaschinen und Bomber nicht lange genug in der Luft bleiben konnten, um sich den mit Verspätung gestarteten Transportern noch anzuschließen, flogen diese alleine los. So kam es, wie es kommen musste. Die Maschine am äußersten Ende ihrer aus drei Flugzeugen bestehenden Kette „erhielt gleich Flaktreffer, brannte und stürzte ab. Nur 2 Mann kamen mit Verbrennungen noch heraus, alle anderen tot. Bevor unsere Maschine dran glauben musste, machten wir einen Notabsprung aus ca. 90-100 mtr. Höhe, statt aus 150 mtr. Höhe." Das bestätigte auch ein anderer Beobachter: „Ohne die geringste Unterstützung sprangen die Fallschirmjäger direkt in den feindlichen Geschosshagel hinein, der umso dichter war, als sie ja erwartet wurden."

Kurz vor dem Sprung hatte Heinkelein noch mit seinem Kameraden Brückner die Plätze getauscht, weshalb er Sekunden nach ihm die Maschine verließ. Vielleicht war es sein Glück im Unglück. Mit einer Fußverletzung kam der frisch gebackene Oberjäger unten an. Brückner hingegen „traf es besonders schwer, er erhielt beim Landen gleich einige Oberschenkelschüsse, auch die Schlagader war getroffen", so dass er zu verbluten drohte.

Am Boden fanden sich drei aus ihrer Maschine zusammen. „Abwechselnd stillte einer Blut, der andere musste schießen und Handgranaten werfen, denn wir waren inmitten der englischen Stellungen sowie zwischen Griechen & Partisanen gelandet."

So lernte Heinkelein gleich an seinem ersten Tag auf Kreta jene Leute kennen, die sich selbst „Sphaktiotoi" nannten. Er stand Männern (auch Frauen) gegenüber, die das Partisanentum geradezu verkörperten, Nachfahren jener Guerilleros, denen in über zweihundert Jahren selbst die Türken nicht hatten beikommen können. Allein das sagt schon nahezu alles über ihre Art zu kämpfen aus. Wer ihnen vor die Flinte kam, war tot, wer ihnen in die Hände fiel, wurde massakriert. Für sie war dies das Gesetz des Krieges schlechthin, sie kannten kein anderes. Auch Heinkelein sollte das erfahren und nie völlig verwinden.

„Gerd Weiße", schreibt er, „wurden, als wir ihn fanden, vorher von Partisanen, als er am Schirm (hängend) schon verwundet war, noch beide Hände abgehackt."

Harald Quandt blieben ähnliche Erlebnisse zwar erspart, doch vermerkt auch er: „Besonders erschreckend wirkten auf uns die unzähligen Baum- und Heckenschützen, die meistens sehr schwer auszumachen waren, dazu die ungewohnte Hitze, die hier auf Kreta herrschte". Es sollen zweiundfünfzig Grad Celsius im Schatten gewesen sein. Kein Wunder, dass die Briten aller Orten auf abgestreifte „Knochensäcke" stießen, die sie wie „die Hüllen seltsamer Insekten" anmuteten.

Auch Max Schmeling war mittlerweile auf der Insel angekommen - mit Bauchschmerzen. Kurz vor dem Abflug hatte er sich bei seinem Bataillonskommandeur, Oberstleutnant von der Heydte, über einen schlimmen Anfall von Diarrhö beklagt. Der jedoch, vermutlich an „volle Hosen" glaubend, sagte: „Sie können sich krank melden, mein Junge, wenn wir in Kreta sind. Unser Sanitätsstab fliegt mit." So sprang auch Schmeling ins feindliche Feuer - um nach bestandenem Kampf an Durchfallkrämpfen fast zu krepieren. Er hatte sich das später verliehene Eiserne Kreuz also zumindest mit heftigen Schmerzen verdient.

Walter Heinkelein indessen lag am Abend seines ersten Kampftages auf Kreta mit drei anderen Fallschirmjägern in einem Haus, das sie mit Mühe und Not erreicht hatten und zu verteidigen suchten. „Jeder, der noch konnte, schoss aus allen Luken heraus (...) auch mein Kamerad Brückner, der im Delirium seinen eigenen Urin getrunken hatte" und dann seinen Wunden erlag.

Was Heinkelein dabei am meisten erbitterte: Sie wurden in ihrem Widerstandsnest aus deutschen Maschinengewehren beschossen. Den Partisanen waren die an den auffälligen weißen Fallschirmen hängenden Waffenbehälter in die Hände gefallen, für sie buchstäblich ein Geschenk des Himmels. Zuvor hatten sie kaum mehr gehabt als die uralten, von ihren Vätern ererbten Steinschlossflinten. Freyberg funkte an diesem Abend nach Kairo hinüber: „Der Tag war hart, doch hat (...) unsere Verteidigung noch immer die Flugplätze von Malemme, Iraklion und Rethymnon in der Hand."

Der Neuseeländer irrte, Malemme war von den Deutschen schon nahezu völlig erobert worden.

Im noblen Hotel „Grande Bretagne" zu Athen, dem deutschen Hauptquartier, war man trotz dieses Erfolges ziemlich bedrückt. Ein General gefallen, ein zweiter, jener, der auch Gedichte schrieb, schwer verwundet, die Verluste insgesamt bedeutend höher als erwartet. Zu einigen Luftlandeköpfen gab es keine Verbindung mehr. Heeresoffiziere sagten bereits hinter vorgehaltener Hand, die Luftwaffe könne „so was" einfach nicht.

Löhr und Student indes bewiesen, dass sie wenigstens flexibel waren. Sie beschlossen, alles auf eine Karte zu setzen, indem sie „die gesamte Hauptmasse der Reserve an Fallschirmjägern" allein auf Malemme konzentrierten. Aber was hieß „Hauptmasse" und was „Reserve"? Nicht mehr als fünf Kompanien konnte Student noch umdirigieren. Es klappte trotzdem.

Am frühen Morgen des 21. Mai setzte eine Ju 52 auf dem bereits gesicherten Teil der Landepiste auf, warf Waffenbehälter heraus, nahm den verwundeten General an Bord und startete durch. So ging es auch weiter. Die Piloten der schwerfälligen Maschinen mussten, bei starkem Gegenwind, unter heftigstem Beschuss, auf einer „Briefmarke" von sechshundert Metern Länge landen, ausladen, wieder abheben. Dass dies nicht allen gelang, liegt auf der Hand. Genützt hat es trotzdem. Schon in der Nacht zuvor war auch die Invasion von See her angelaufen.

Aber was hieß „Invasion"? Gebirgsjägerleutnants versuchten mit Marschkompass und selbst gebastelten Megafonen vierzig hölzerne, bis an den Rand ihrer Tragfähigkeit beladene Nussschalen durch die nicht ungefährliche Ägäis zu navigieren. Dabei wurde auch dieser mickrige Konvoi schon erwartet. Leichtes Spiel sollten die Briten dennoch nicht haben.

Die „Lupo", ein italienischer Zerstörer, warf sich dem massierten Flottenverband des Konteradmirals Glennie mit einer Tollkühnheit entgegen, die an Wahnwitz grenzte. Er legte Rauchschleier, verschoss Torpedos aus nur siebenhundert Metern Entfernung, schlich sich gefährlich nahe an die feindlichen Schiffe heran, erhielt selbst achtzehn Treffer und überlebte doch. Nicht so hingegen der deutsche Konvoi. Unter schweren Verlusten wurde er zurückgeschlagen, dreihundertzwanzig Soldaten ertranken. Ähnlich erging es einem zweiten Nussschalengeschwader. Dessen völlige Vernichtung konnte der Zerstörer „Sagittario“ mit Müh’ und Not gerade noch verhindern. Es nach Kreta hinüber zu bringen, gelang dem italienischen Schiff allerdings nicht. Trotzdem trugen die überlebenden deutschen Gebirgsjäger seinen Kommandanten später auf Schultern durch Piräus. So viel zu den italienischen „Schlappschwänzen“! Um diese Zeit war Malemme soweit gesichert, dass General Student glaubte, selbst hinüber fliegen zu können. Sein Kollege Löhr, der ihn nicht gerade für einen begnadeten Strategen hielt, verbot es jedoch.

Heinkelein und seine drei Gefährten saßen währenddessen noch immer in dem von allen Seiten beschossenen Haus nahe Iraklion. Die Hitze wurde von Stunde zu Stunde drückender. Die Schokoladeriegel in ihren Taschen hatten sich aufgelöst oder waren mit dem Brot zu einem ungenießbaren Mischmasch verschmolzen. Allmählich ging ihnen die Munition aus. Blieben also nur noch die Messer. Die Messer?

„Es waren“, erläuterte der spätere Cheffahrer, „sogenannte Fallmesser. Ihre Klingen staken im Griff und konnten mit einer Drehung des Handgelenks herausgeschleudert werden. Sie dienten zum Kappen der Gurte, wenn man sich beim Absprung zu sehr darin verheddert hatte.“ Zum Kämpfen dienten sie eigentlich nicht. „Trotzdem“, sagte er, „hingen wir an den verdammten Dingern.“ Dem Oberjäger Heinkelein wurde das seine abgenommen.

Als die letzte Patrone verfeuert, die letzte Benzedrin-Tablette geschluckt war, „vernichteten wir die Waffen oder warfen dieselben in den Klo (...) Mit Bajonetten & Gewehrkolben schlugen ca. 250 Angreifer, Partisanen die Fenster und Türen ein und holten uns heraus (...) Wir mussten uns einhaken und die Brust freimachen (...) Ein Kamerad, Heinz Bungard, musste sein eigenes Grab schaufeln, wir erwarteten nur noch den Genickschuss. Ein Partisan fand bei mir noch mein Kappmesser, setzte es mir an den Hals und schrie: ‘German, German’. Als wir schon mit allem abgeschlossen hatten, sagte ich zu meinem Kameraden Feldw. Ziegler. ‘Hast du noch Hoffnung ?’ - ‘Nein, Walter, jetzt nicht mehr’“.

Zwei junge Burschen, keiner älter als dreiundzwanzig, führten ihr letztes Gespräch.

Der vom Leben mit mehr Glück ausgestattete Harald Quandt hingegen hatte schon am 25. Mai das Schlimmste hinter sich. Groß, schreibt er, sei die Freude gewesen, als sie an diesem Tag „über die uns gegenüberliegenden Hänge die Gebirgsjäger herüberkommen sahen“. Den Deutschen war es, trotz gescheiterter See-Invasion, gelungen, nach den Fallschirmjägern auch normale Bodentruppen auf die Insel zu bringen.

Auf seiner Seite der eigentlich nicht vorhandenen Front dachte Freyberg jetzt erstmals an Rückzug und Evakuierung. Als er dies bekannt gab, funkte London jedoch zurück: Kreta muss gehalten werden. Von da an wurde die Lage immer unübersichtlicher. Weder im „Grande Bretagne“ noch in der Höhle, die dem Neuseeländer als Hauptquartier diente, hätte man noch sagen können, welche Einheit wo stand und wie es um ihre jeweiligen Chancen bestellt war. Freyberg machte es „rasend zuzusehen, wie ungestört der Gegner (jetzt) seine Operationen durchführen konnte. Er betrachtete“, so schien es ihm, „das ganze als ein Sandkastenspiel und hatte sein boshaftes Vergnügen daran“.

Die Deutschen hätten dem wohl kaum zugestimmt. Ihnen drohte nicht nur das Flugbenzin auszugehen, sie waren auch an jenem Punkt angelangt, den Experten hatten kommen sehen. Taktische, von Generalen ausgeheckte Schachzüge spielten keine Rolle mehr, es kam nur noch auf den Mut und die Improvisationskunst der kämpfenden Soldaten an. Das galt für beide Seiten.

Als neuseeländische Infanteristen beobachteten, dass Deutsche sich in einem Gerstenfeld versteckten, zündeten sie es kurzerhand an. Als der deutsche Oberleutnant Herrmann blind geschossen worden war, ließ er sich beim Angriff von einem Hauptfeldwebel führen. Als dieser fiel, trat ein nächster Fallschirmjäger an seine Stelle, dann der übernächste. Erst nachdem sie die feindliche Stellung genommen hatten, ließ Herrmann sich ablösen und zu einem Verbandsplatz bringen. Mittlerweile konnten sich die Deutschen auch einer der fürchterlichsten Waffen bedienen, die je ersonnen wurden: Mit Flammenwerfern verbrannten sie lebende Menschen zu Zunder. Bei Rethymnon wurde eine andere Gruppe von eigenen Flugzeugen bombardiert, verlor dabei ihr Funkgerät und verfiel auf den Gedanken, mit weißen Steinen riesige Buchstaben auf schwarzem Sand zu bilden. Piloten lasen den Hilferuf und sorgten für Nachschub. Ein Brite fand für seine schrecklichen Beobachtungen beinahe lyrische Worte. „Viele (deutsche Leichen) hingen noch in ihren Gurten und bei jedem Windhauch zog der Fallschirm sacht an ihnen, ohne jedoch eine Antwort zu erhalten“.

Freyberg in seiner Höhle wurde zuletzt noch ein Zufallsfund beschert: Unterlagen über deutsche Planungen und Truppenstärken. Da niemand in seinem Stab deutsch sprach, musste er sie mit Hilfe eines Taschenlexikons übersetzen und sich den Text im Schein einer Sturmlaterne vorlesen lassen. Viel genützt haben ihm die so gewonnenen Informationen nicht mehr. Schon musste er sich sogar fragen, ob ihm für eine Evakuierung überhaupt noch genug Schiffe zur Verfügung stünden. Die Stukas versenkten einen seiner größeren Pötte nach dem anderen. Wenn sie mit dem gellenden Geheul ihrer Jericho-Sirenen herabstießen, wurde „das Vorderdeck eines Kreuzers zum einsamsten Platz der Welt." Und die steilen Gebirgswege, die von Canea aus zur kretischen Südküste führten, glichen bereits wimmelnden Ameisenpfaden: stolpernde, erschöpfte, durstige Soldaten schleppten sich mit letzter Kraft dem kleinen Hafen Chora Sphaktion entgegen, in der Hoffnung, dort einen schwimmenden Untersatz zu finden. Kreta war verloren.

Walter Heinkelein lebte noch. „Im letzten Augenblick, bevor das Massaker beginnen sollte, kam ein griechischer Offizier dazu" und erteilte „scharfe Befehle". Seine Leute übergaben die vier Deutschen dann den Briten. Von diesen wurden sie in Iraklion eingesperrt. „Im Erdgeschoss", schreibt Heinkelein, „lagen lauter Bomben & Granaten". Wir „dachten immer, hoffentlich kommt kein deutscher Angriff, sonst geht alles in die Luft." Der Angriff blieb aus. Stattdessen drang ein deutscher Stoßtrupp zu ihnen vor und holte sie heraus. Heinkelein erlebte noch mit, wie der Bürgermeister von Iraklion die Stadt in aller Form übergab. Seine nächste Station war der Verbandsplatz, die übernächste das Lazarett in Athen. Ein paar Zimmer weiter lag der immer noch an dieser hartnäckigen Diarrhö und einer Rückenverstauchung laborierende Max Schmeling.

Für die Briten war am 28. Mai alles vorbei. Sie mussten 1 742 Tote beklagen und über elftausend Verwundete. Die Deutschen hatten ihren Sieg nicht weniger teuer bezahlt: 1 990 Gefallene, rund sechstausend Verwundete, dazu noch 284 abgeschossene, abgestürzte oder beschädigte Flugzeuge. Am schwersten wog jedoch, dass die mit soviel Aufwand ausgebildete „Elite" aus 2 500 Fallschirmjägern und Luftlandetruppen um ein volles Viertel reduziert worden war. Auch der Foxterrier des so gern fotografierten Kompanieführers sah seinen Herrn nicht wieder.

Hitler, Göring und Goebbels - vor allem den letzteren - schien das alles kaum zu kümmern. In überschäumenden Jubelberichten wurden die „Helden von Kreta“ gefeiert, wurden aus vollen Händen Auszeichnungen verteilt vom Eisernen Kreuz bis zum Ritterkreuz. Und alle, die dabei gewesen waren, durften sich das sogenannte „Kretaband“ an den Uniformärmel nähen.

Der Reichspropagandaminister selbst notierte in seinem privaten Tagebuch: „Ich berichte ihm (Hitler) von dem tapferen Verhalten Haralds, was ihn außerordentlich freut.“ Es dürfte ein Ausdruck reiner, etwas gezwungener Höflichkeit gewesen sein. Das Unternehmen „Merkur“ nämlich erwies sich im Rückblick schon bald als eine hastig geplante, leichtsinnig durchgeführte und vor allem völlig nutzlose Operation. Der strategische Gewinn, den sie erbracht hatte, tendierte gegen Null.

Die Hoffnung Students, von Kreta aus nach Zypern oder gar in die Levante vordringen zu können, erwies sich als das, was sie von Anfang an gewesen war: eine Chimäre. Für das Argument von Löhr, die Insel eigne sich als vorgeschobene Abwehrstellung gegen britische Luftangriffe, galt das nämliche. Wie sich später erwies, hätte diese Aufgabe bedeutend kostengünstiger von Stützpunkten auf dem griechischen Festland übernommen werden können. Das nur schwer zu versorgende Kreta hingegen war für die Deutschen nichts weiter als eine zusätzliche Front, die gehalten werden musste. Malta hätten sie nehmen sollen.

Die bitterste Erkenntnis überhaupt wurde allerdings Student zuteil: Er hatte seiner stolzen Truppe selbst das Kreuz gebrochen. Nie wieder wurden deutsche Luftlandetruppen in diesem Krieg zu größeren Einsätzen herangezogen. Wie gewöhnliche Infanteristen mussten sie vielmehr am Boden kämpfen und das auch noch dort, wo schon alles verloren schien. Es war der Preis dafür, dass sie sich zur Elite zählen durften. Etwas weinerlich klingt deshalb der Nachruf Students auf das „Unternehmen Merkur“. Kreta, sagte er später, sei „das Grab der deutschen Fallschirmjäger“ gewesen - wohingegen die Westalliierten nach Kreta erst mit dem Aufbau eigener Luftlandetruppen begannen.

Der Oberjäger Walter Heinkelein aber sollte später, sehr viel später erst erfahren, dass die Geschichten, die das Leben schreibt, sich manchmal auf fast romanhafte Weise zu dramatischen Knoten schürzen können. Für ihn ergab sich das aus seinen Erlebnissen in Kreta.

Oberst Bruno Bräuer, Kommandeur des Kampfverbandes „Orion“ und Regimentschef von Walter Heinkelein, muss ein sogenannter harter Knochen gewesen sein. Sein Gesicht hat schon frühzeitig einige jener Zeichner fasziniert, die beauftragt waren, das deutsche Illustriertenpublikum mit Heldenporträts zu versorgen. Es schien in seltener Klarheit den allseits geforderten eisernen Willen zu verkörpern - oder die schiere Brutalität.

Bräuer war schon kurz nach Beginn des Angriffs auf Iraklion abgelöst worden, weshalb ist unklar. Später könnte er zu einer der Einheiten gehört haben, die im Auftrag Students Strafexpeditionen gegen kretische Partisanen unternahmen, um die an deutschen Fallschirmjägern begangenen Gräueltaten zu rächen. Dabei, so der Historiker Martin Seckendorf, „kam es zu furchtbaren Massakern und zur Zerstörung ganzer Dörfer.“ Dass Bräuer sich an solchen Massakern beteiligte, ist ebenfalls nicht erwiesen. Die Griechen scheinen es jedoch geglaubt zu haben, denn am 20. Mai 1947 ließen sie ihn als Kriegsverbrecher hinrichten. Eine Kopie seiner Sterbeurkunde gehört zu den Dokumenten, die Heinkelein gesammelt hat. Unter jedem der Bilder von Bräuer, die er ebenfalls hortete, steht in seiner etwas krakeligen Schrift: „Als Kriegsverbrecher verurteilt“, dahinter ein Kreuz. Es könnte eine Art Nachruf sein, es könnte von Trauer künden. Doch das ist wenig wahrscheinlich. Eben diesen Bruno Bräuer erlebte er nämlich in den letzten Tages des Krieges als reinen, kaltblütigen Mörder. Auch Heinkelein selbst wäre beinahe von ihm umgebracht worden. Das Kreuz unter dem Bild des Toten dürfte deshalb eher ein Zeichen der Genugtuung als ein Ausdruck von Trauer sein.

Auf alle Fälle belegt diese Geschichte in der Geschichte jedoch eines: Die Verflechtung des Mannes Heinkelein in ein Gewirr aus fremden Lebensläufen, Plänen, Ansichten, Absichten, Ideen und deren Auswirkungen, die - eigentlich - nichts mit ihm selbst zu tun hatten. Sie schienen zu einer Welt außerhalb seiner eigenen zu gehören. Aber dem war nicht so. Heinkelein lebte nun einmal in derselben Welt wie Bräuer, Student, Göring, Stauffenberg oder - eben - Hitler. Wie unfreiwillig auch immer.

Man könnte in diesem Zusammenhang von Schicksal sprechen, ob es hilfreich wäre, ist eine andere Frage. Bestenfalls lässt sich am Beispiel des Walter Heinkelein erahnen, wie Schicksale zu Stande kommen.

In welche Welt es ihn verschlagen hatte, mag ihm als Verwundeten in Athen besonders deutlich bewusst geworden sein. Überall wehten die blutroten Fahnen mit dem Hakenkreuz. Feldgraue schlenderten durch die Gassen der Plaka. Vor dem „Grande Bretagne“ klackte der Doppelposten in den preußischen Präsentiergriff, wenn ein höheres Tier vorfuhr. Die Männer, die das Hotel betraten, waren überwiegend Fliegeroffiziere, trugen aber Reitstiefel und jene üppig ausbuchtenden Beinkleider, die der ehemalige Kriegsberichterstatter Lothar-Günther Buchheim „Keulenhosen“ nannte und zu einem der hervorstechenden Merkmale jener Zeit erklärte. Es spricht für seinen geschulten Blick. Ritten sie denn, die Herren in den schicken blaugrauen Uniformen? Hatten sie überhaupt mit Pferden zu tun? Warum mussten so viele von ihnen auch noch Sporen an den aufwändig polierten Stiefeln tragen? Derartige Fragen mögen müßig erscheinen. Sie weisen jedoch tatsächlich auf einige der vielen Details hin, die für das sogenannte Dritte Reich nicht weniger charakteristisch sind als die steinernen Riesenkulissen, mit denen es sich ausstaffierte. Vor allem sind sie entlarvender. Drittes Reich, so nämlich hieß das Schicksal, mit dem Walter Heinkelein geschlagen war. Und so hieß auch die Welt, in der er zwölf lange Jahre lebte. Freiwillig sicherlich nicht.

II

Nach all den gemachten und erlebten Erfahrungen
während meiner langen Soldaten + Kriegszeit, an dem
unsere ganze schöne Zeit einer Jugend verloren ging,
nur eine Feststellung: Möge es der jungen, kommen-
den Generation erspart bleiben, jemals in ein solches
mörderisches und wahnsinniges Verderben von irr-
sinnigen Politikern in einem neuen Weltkrieg
verheizt zu werden. Gott bewahre uns davor!!

Als Walter Heinkelein am 19. Januar 1920 geboren wurde, war der Erste Weltkrieg seit etwas mehr als einem Jahr zu Ende - doch der nächste Krieg hielt ihn bereits in den Klauen. Um dieser Katastrophe zu entgehen, hätte Heinkelein blind, taub oder als Krüppel zur Welt gekommen sein müssen. Da er indessen zu einem Mann heranwachsen sollte, der den Blick von nicht weniger als zwei Gründern sogenannter Eliteeinheiten auf sich zog, dürfte Klein-Walter ein gut geratenes, kräftiges und gesundes Baby gewesen sein, womit über sein späteres Schicksal bereits so gut wie entschieden war. Dies vorauszusehen hätte es im Übrigen nicht einmal besonders prophetischer Gaben bedurft.
Wer seinen Verstand und seine Sinne einigermaßen beisammen hatte, musste schon damals ahnen, dass die 1918 angebrochene Nachkriegszeit nur eine Zwischenkriegszeit sein würde. Der französische Marschall Ferdinand Foch hielt dies sogar für unabweisbar. Bei den Waffenstillstandsverhandlungen im Wald von Compiègne hatte er zwar verlangt, die Deutschen müssten zumindest das linke Rheinufer an Frankreich abtreten, hatte seinen geschlagenen Kontrahenten aber zugestanden, dass sie ehrenhaft verloren hätten und deshalb in Ehren abziehen könnten.

Für ihn entsprach dies den bis dahin verbindlichen, hergebrachten Regeln: Die Schlachten sind geschlagen, der Sieger streicht eine angemessene Beute ein, der Verlierer zahlt und leckt seine Wunden. Seit dem Westfälischen Frieden von 1648 waren die streitenden

Parteien in Europa stets so oder so ähnlich auseinander gegangen. Als Foch indes ein knappes Jahr nach der Besiegelung der deutschen Niederlage den zu Versailles abgeschlossenen Friedensvertrag in Händen hielt, glaubte er seinen Augen nicht trauen zu dürfen.

„Das ist", entfuhr es ihm, „kein Friede. Das ist ein Waffenstillstand für zwanzig Jahre".

Wie man inzwischen weiß, war dieser hingeworfene Satz eine der präzisesten je getroffenen Langzeitvoraussagen. Genau zwanzig Jahre nach 1919 begann ja wirklich der Zweite Weltkrieg. Es lässt im Rückblick beide Auseinandersetzungen als ersten und letzten Akt eines neuen Dreißigjährigen Krieges erscheinen, die zwanzigjährige Pause dazwischen als bloßes Intermezzo. Sollte nun Foch wirklich der einzige gewesen sein, der dies bereits 1919 erkannt hatte? Einige seiner Zeitgenossen, darunter Winston Churchill, behaupteten später, sie hätten die Lage damals auch nicht anders eingeschätzt. Durch die Verträge von Versailles sei kein wirklicher Friede, vor allem aber, was wichtiger gewesen wäre, keine neue, bessere Ordnung der europäischen Verhältnisse begründet worden. Im Gegenteil. Versailles habe den alten Kontinent in seinen Grundfesten erschüttert.

Nach der treffenden Voraussage war dies die zutreffende Analyse. In der Mitte Europas gähnte ab 1919 ein riesiger Krater namens Deutschland, auf dessen Grund sich ein unheilvoll brodelndes Gemisch aus Verzweiflung, Wut, verletztem Stolz, doch ebenso aus echter Not und purer Existenzangst zusammenbraute. Die Deutschen waren verurteilt, auf Jahrzehnte hinaus gigantische, nie genau bezifferte Kriegsschulden abtragen zu müssen. Zugleich hatte man sie fast aller Mittel beraubt, deren es bedurft hätte, diese Summen zu erwirtschaften. Vorschriften der unterschiedlichsten Art beschnitten ihre ökonomischen und politischen Freiräume. Internationale Kontrollen sollten deren Einhaltung garantieren. Die dem Reich zugestandenen Verteidigungskräfte reichten weder aus, die innere Ordnung verlässlich zu gewährleisten, noch einen möglichen Angriff auf seine gefährdeten Ostgrenzen abzuwehren. Deutschland durfte keine schweren Waffen besitzen, keine Tanks, keine Kriegsschiffe von nennenswerter Größe, keine U-Boote und vor allem keine Flugzeuge. Seinen berühmten Großen Generalstab musste es auflösen, die moralische Schuld am Krieg nolens volens allein übernehmen.

Nicht in Verhandlungen aber, wie das Wort Vertrag es ja zu suggerieren scheint, war den Deutschen dies alles abgerungen worden, man hatte es quasi per Schriftsatz verfügt. Wenig verwunderlich deshalb, dass sie sich schon frühzeitig darauf versteiften, statt von Frieden und Friedensvertrag nur noch vom „Versailler Diktat" und schließlich vom „Versailler Schanddiktat" zu sprechen. Weil das aber schon geschah, als der kleine Walter Heinkelein gerade erst in die Welt hineinstolperte, könnte man tatsächlich sagen, die mit Spindeln ausgerüsteten Feen, die im Märchen an den Wiegen der Kinder zu sitzen pflegen, hätten für ihn von Anfang an ein Geflecht aus besonders üblen Fäden zusammengesponnen. Einige dieser Stränge lassen sich aus dem Knäuel, der dann ja sein Schicksal zu nennen wäre, sogar noch herausdröseln, etwa jener, an dessen anderem Ende gewissermaßen das nach dem neunten Übungssprung verliehene Springerabzeichen baumelt. Dieser spezielle Faden wurde im Königreich Italien angesponnen.

Walter Heinkelein bestand gerade sein erstes Lebensjahr, als General Giulio Douhet ein Buch vorstellte, dass die Militärs in aller Welt aufhorchen ließ. Es trug den Titel „Il domino dell'aria", die Luftherrschaft, und gipfelte in der These, die Kriege der Zukunft würden überwiegend durch Flugzeuge entschieden werden.

Sei es doch, postulierte der Italiener, „eine gegenwärtige, reale, unleugbare Tatsache", dass Bombengeschwader, „ungeachtet aller Befestigungsgürtel", in der Lage wären, auf feindlichem Gebiet „Verwüstungen von einem Umfang anzurichten, die sämtliche bisher gekannten Verwüstungen übertreffen."

Was Douhet damit sagen wollte, war unschwer zu verstehen: Um einen Gegner zu vernichten, müsse man nicht mehr sofort aufs Schlachtfeld ziehen, viel zweckmäßiger sei es, ihn bereits vorher durch die Zerstörung seiner Industrie, seiner Nachrichtenwege und der Zentren seines zivilen Lebens außer Gefecht zu setzen, um dann erst mit der Bodenarmee nachzurücken und ihm den „colpo di grazia", den Gnadenstoß, zu versetzen.

Mit dieser These hatte Douhet eine damals bereits vorherrschende Überzeugung freilich nur zugespitzt. Alle Militärtheoretiker jener Zeit waren ziemlich einhellig der Meinung, dass es Kriege von der Art des 1918 zu Ende gegangenen nie wieder geben dürfe. Statt blutige Materialschlachten und Männer mordende Grabenkämpfe entbrennen zu lassen, müsse der jeweilige Gegner in zügig vorangetragenen Offensiven zu Boden geworfen und binnen kürzest möglicher Frist zum Frieden gezwungen werden. Nicht in Jahren habe man dabei zu rechnen, sondern äußerstenfalls in Monaten. Sogar die Vokabel „Blitzkrieg“ hing bereits in der Luft. Im Übrigen wurde das Buch des Italieners auch deshalb so berühmt, weil sich bereits ganze Literaturen mit der Entwicklung von Zukunftsszenarien der oft abenteuerlichsten Art beschäftigten, und weil diese Schriften Heerscharen von Lesern fanden. Man lebte bereits halb und halb in der von Douhet angepeilten Zukunft, sah riesige Flugdrachen aus Metall voraus, die eines Tages aus den Wolken stoßen und die Erde in ein einziges Feuermeer verwandeln würden.

Der Brite Trenchard etwa erklärte: „Statt eine Maschine anzugreifen, die zehn Bomben an Bord hat, sollten wir dorthin gehen, wo die Bomben herkommen (...) und Flugzeugfabriken vernichten.“ Der Amerikaner William Mitchell sekundierte: „Um einen dauernden Sieg zu erringen, muss die Fähigkeit der feindlichen Nation, Krieg zu führen, zerstört werden (...) Flugzeuge, die im Hinterland des Feindes operieren, können das in unglaublich kurzer Zeit erreichen.“

Fragte sich nur noch, wen diese Propheten mit „Feind“ oder „feindlicher Nation“ jeweils meinten? Trenchard bezog sich bei seinen Vorschlägen auf die deutschen Zeppelinangriffe gegen britische Städte während des Ersten Weltkriegs, könnte also an Revanche dafür gedacht haben. Mitchell beteuerte, einfach Amerika verteidigen zu wollen, gegen wen auch immer. Nur Douhet hatte einen ganz bestimmten Gegner im Auge - Österreich. Österreich? Diesen halb zu Tode amputierten, von bürgerkriegsähnlichen Auseinandersetzungen gebeutelten Überrest eines vormals mächtigen Reiches, den der verlorene Krieg noch teurer zu stehen gekommen war als Deutschland? Den wollte er mit Flugzeugschwärmen überziehen, die den Himmel verdunkelt hätten, und gnadenlos niederbomben lassen? Es mutet derart unwahrscheinlich an, dass man viel eher annehmen möchte, Douhet habe quasi durch die Blume gesprochen und in Wirklichkeit Österreichs größeren, gleichsprachigen Nachbarstaat gemeint.

Wie Marschall Foch könnte auch er den Versailler Frieden nur für einen längeren Waffenstillstand gehalten und bereits dessen baldiges Ende ins Auge gefasst haben. Aufgerüstet jedenfalls wurde rund um Deutschland herum schon in den späten zwanziger Jahren - nicht nur, aber auch, für eine künftige Auseinandersetzung der Douhet'schen Art.

Vor allem Frankreich, Italien und England, doch ebenso die Tschechoslowakei legten sich Luftstreitkräfte zu, die vorwiegend auf Angriff ausgelegt waren, während Belgier, Holländer, Portugiesen und Polen ihre fliegenden Verbände eher als Mittel der Verteidigung sahen. Dieser Verschiedenheiten ungeachtet standen Ende 1936 allein in den genannten Ländern weit über sechstausend Maschinen bereit, die Ideen des Italieners umzusetzen. Zugleich war damals auch ein neuer selbständiger Wehrmachtsteil geschaffen worden, den es bis dahin nicht gegeben hatte: Zu Heer und Marine hatte sich die Luftwaffe gesellt.

In Deutschland existierte nichts dergleichen. Die den Verlierern des großen Krieges zugestandenen Verteidigungskräfte, das sogenannte „Hunderttausend-Mann-Heer" der Reichswehr, bestand aus sieben Infanterie- und drei Kavalleriedivisionen. An Luftkrieg auch nur zu denken, war ihren Offizieren strikt untersagt. Allenfalls, so eine Bestimmung der Alliierten, sollte es Reichswehrangehörigen gestattet sein, „sich auf eigene Kosten, ohne staatliche Beihilfe, bis zur Gesamtkopfstärke von 36 Mann innerhalb 6 Jahren im Sportfliegen ausbilden zu lassen." Die derart Begünstigten empfanden das minimale Zugeständnis als puren Hohn. Das Gros der deutschen Strategen hingegen hielten derlei Vorschriften keineswegs davon ab, sich auf ähnlichen Gedankenbahnen zu bewegen wie Giulio Douhet.

Einer von ihnen, Rittmeister seines Zeichens, also Kavallerist, und gerade erst dreißig Jahre alt geworden, kam bei seinen Ausflügen in die nahe Zukunft sogar zu Erkenntnissen, die jene des Italieners auf höchst praktische Weise zu ergänzen schienen. Wäre es nicht vorstellbar, fragte er, dass die projektierten, zu jener Zeit schon real existierenden Langstreckenbomber außer Bomben auch noch menschliche Fracht beförderten, und zwar, da ihnen ja wenig Stauraum dafür übrig bliebe, nicht in der eigenen Maschine, sondern in angehängten Lastenseglern? Über dem Zielgebiet, so der junge Mann, könnten die mitgeschleppten Gleiter sich dann ausklinken, um nach einer kalkulierten Bruchlandung „Fallschirmkampftruppen" oder, wie er sie auch nannte, „Luftinfanteristen" abzusetzen.

Er hielt dies für durchaus machbar. Ein gewisser Karl Student, der in Russland bereits Luftlandetruppen kennen gelernt hatte, wusste sogar, dass es machbar war.

Darüber hinaus dürfte dem späteren „Vater der Fallschirmjäger" sofort bewusst geworden sein, dass der Urheber dieser Vorschläge eine ausgesprochen deutsche Spezialität vor Augen gehabt hatte, als er sie zu Papier brachte. Vom Segelflug nämlich verstanden sie etwas, die Deutschen. Sie verstanden davon sogar mehr als der Rest der Welt. Auch das hing mit dem Vertrag von Versailles zusammen.

Das ominöse Papier hatte der Reichswehr zwar den Motorflug ausdrücklich untersagt, das Fliegen ohne Motor indes noch nicht einmal erwähnt.

Da nun aber Not auch scharfsichtig macht, begriffen junge Deutsche, vor allem ehemalige Kampfpiloten, die auf Biegen oder Brechen wieder in die Luft wollten, diese Verbotslücke fast umgehend als Chance und nützten sie auf ihre spezifisch deutsche Weise. Aller Orten sprossen Vereine, in diesem Fall Modellbauvereine, aus dem Boden, wurden Fachblätter herausgegeben und Gelder gesammelt. Schließlich gingen die Flugenthusiasten vom Modellbau schnurstracks zur Konstruktion von Gleitfliegern über, wie es sie schon seit 1916 gab. Den ersten motorlosen Hochdecker der Welt hatte damals ein fünfzehnjähriger Knabe namens Willy Messerschmitt gebaut.

Dieser, mittlerweile neunzehn geworden, war auch noch mit von der Partie, als die Anhänger des motorlosen Fluges bereits eine veritable, leicht wandervogelhaft eingefärbte Bewegung darstellten und auf ihrem „Schicksalsberg“, der Wasserkuppe, zum ersten Mal den sogenannten Rhönwettbewerb veranstalten konnten. Der allerdings war schon damals keine Veranstaltung von jugendlichen Romantikern mehr, sondern bereits ein ernsthaftes Forschungsunternehmen.

Aerodynamiker aller Sparten fanden sich im Hessischen Bergland ein, um die Ergebnisse ihrer theoretischen Arbeiten in praxi zu erproben - woran zum anderen Mal deutlich wird, dass die Deutschen jene Lücke im Versailler Text nicht nur zur Etablierung einer neuen Sportart nützen wollten, sondern bereits darauf bedacht waren, den Anschluss an die Weiterentwicklung der Luftfahrttechnik nicht zu verpassen. Dass sie dabei auf zunächst noch recht primitive Mittel angewiesen waren, lag freilich in der Natur der Dinge.

Gebrechlich anmutende Gebilde aus Leinwand, Sperrholz und Draht, meist Doppeldecker, wurden an eine bessere Wäscheleine, später ein Gummiseil gehängt, dann mit den drei klassisch gewordenen Kommandos „Ausziehen! - Laufen! - Los!“ den Hang hinab und damit in die Luft gezerrt. „Sprünge“ von vier- bis fünfhundert Metern konnten auf solche Weise zu Stande gebracht werden. Das sollte sich ebenfalls schon sehr rasch ändern. Immer besser kamen die Piloten mit den Auf- und Stauwinden um die Wasserkuppe zurecht, immer mehr erschlossen sich ihrem wissenschaftlichen Anhang die Geheimnisse der Thermik. Und schon beim dritten Rhönwettbewerb blieb ein Segelflugzeug volle sechsundsechzig Minuten in der Luft.

Von da an dauerte es dann nur noch wenige weitere Jahre bis zum ersten Vierzehn-Stunden-Flug, zum Segelfliegerritt auf den Kumulustürmen eines Gewitters, der in Höhen bis zu achttausend Metern emporführen kann, und schließlich zu Streckenflügen über mehr als fünfhundert Kilometer, zu Ärmelkanalüberquerungen, Alpenüberquerungen oder stundenlangem Kreisen in der emporsteigenden Warmluft, die Großstädte wie Wien, Berlin und New York ausatmen. Zu der Zeit, da solche Rekordflüge möglich wurden, hatten sich auch die Flugzeuge entsprechend weiter entwickelt. Es waren nun schlanke, windschnittige Tiefdecker mit stabilen Tragflächen, Sturzflugbremsen und nahezu allen Messinstrumenten, die auch ein Motorflugzeug an Bord haben muss. Bei Licht betrachtet waren es sogar die höchst entwickelten Flugmaschinen ihrer Zeit - entstanden in Deutschland, dem Mekka der Segelfliegerei, dank einem rigorosen Verbot der Siegermächte des Ersten Weltkriegs.

Was, da sie jetzt schon so gut sind, hätten sich die Hüter des Versailler Friedens damals eigentlich fragen müssen, werden diese Deutschen erst an Flugzeugen hervorbringen, wenn man ihnen eines Tages auch den Motorflug wieder erlaubt? Doch scheint keiner ihrer Repräsentanten auf solche Gedanken gekommen zu sein oder etwa auf die Idee, den immer noch jungen Willy Messerschmitt genauer unter die Lupe zu nehmen. Hätten sie es getan, er wäre möglicherweise von Boeing oder einem anderen US-Flugzeugbauer abgeworben worden und hätte dann für sie, nicht für Hitler, 1943 das erste in Serie hergestellte Düsenflugzeug der Welt entwickelt.

Für Karl Student jedenfalls gehörte die Zeit, in der die Deutschen vom Motorflug ausgeschlossen waren, schon lange der Vergangenheit an, als ihm der Artikel mit der Überschrift „Die Abwehr von feindlichen Fallschirmtruppen im Heimatgebiet“ auf den Tisch flatterte. Dennoch las er ihn sorgfältig durch, schrieb an den Rand des Manuskriptes: „Gut durchdachte und weitsichtige, moderne Gedanken“, und gab es, Ende Oktober 1937, zur Veröffentlichung in einem Fachblatt des bereits vier Jahre zuvor geschaffenen Luftfahrtministeriums frei.

Hieß das jedoch, er habe auch den von seinem Verfasser gezogenen Schlussfolgerungen zugestimmt? Wenn ja, dann hätte er später das „Unternehmen Merkur“ auf gar keinen Fall befürworten dürfen. Dieser nämlich hatte unter anderem auch befunden: „Die Luftwaffe mit ihren weit reichenden Bombenangriffen hat ohne Zweifel umwälzend auf die Erscheinung des Krieges in der Heimat gewirkt. Die Fallschirmwaffe wird es nicht tun, sie wird nur die Wirkung der Luftwaffe ergänzen.“

Zu den vielen späteren Fallschirmjägern, denen dieses Diktum nie zu Ohren kam, gehörte auch Walter Heinkelein. Wenn der fragliche Artikel dennoch als Teil seiner Biografie betrachtet werden muss, so nicht nur deshalb, weil er zu den Geburtsurkunden der Luftlandetruppen gehört.

1921 hatte ein heute fast völlig vergessener Militärtheoretiker namens Giulio Douhet auf seine Weise in das ihm vorbestimmte Schicksal eingegriffen. Nun war Heinkeleins Dasein auch noch in den Bannkreis eines Mannes gerückt, den die Welt wohl nie vergessen wird. Der Verfasser des von Student als bedeutend erachteten Beitrags zur Theorie eines künftigen Krieges trug den Namen Claus Schenk Graf von Stauffenberg.

Man könnte es eine Begegnung im virtuellen Raum nennen.

Aber wo, wenn nicht dort, kreuzen, verflechten, verhaken sich denn jene unsichtbaren Fäden, bestehend aus Gedanken, Überlegungen, Visionen der unterschiedlichsten Menschen, die das Leben unzähliger Anderer beeinflussen oder sogar von Grund auf verändern können? Man muss, um sich das zu verdeutlichen, nicht einmal mehr den wuchtigen Begriff Schicksal bemühen.

Stauffenberg und Heinkelein sind einander nie begegnet. Wäre es jedoch geschehen, sie hätten sich womöglich nicht einmal verständigen können. Der Graf lebte in einer Welt, die mit jener Heinkeleins fast keine Berührungspunkte aufwies: Sohn eines königlich württembergischen Oberhofmarschalls, Absolvent des renommierten Stuttgarter Eberhard-Ludwig-Gymnasiums, dazu auch noch ehemaliges Mitglied des ebenso elitären wie esoterischen Kreises um den Dichter Stefan George. In welcher Sprache hätte dieser Mann mit dem Sohn eines württembergischen Reichsbahnbeamten verkehren können, dem auf den harten, unbequemen Bänken einer Volksschule mit angebautem Knabenpissoir das Lesen und Schreiben beigebracht worden war, außer im eher kräftigen als feinsinnig differenzierenden Kasernenhofjargon des gelernten Soldaten?

Stauffenberg beanspruchte, die Welt beurteilen und deuten zu können (auch in Angelegenheiten, die seine engere Berufssphäre eigentlich gar nicht betrafen), Heinkeleins stärkstes Wort für das, was ihm in der Welt des Krieges widerfuhr, war „unselig". Der eine versuchte, sich mit Worten und später auch Taten in das Rad der Geschichte zu stemmen, der andere konnte sich nur bemühen, von ihm nicht völlig überrollt zu werden. Dessen ungeachtet haben jedoch beide sehr viel später in einer vergleichbaren Situation die gleiche Entscheidung getroffen: Der damalige Oberst im Generalstab, zum Krüppel geschossen, der damalige Feldwebel der Luftwaffe ebenfalls. Jeder von ihnen hätte sich guten Gewissens aus dem Kriegsgeschehen verabschieden können. Keiner tat es. Fraglich allerdings, ob sie in der Lage gewesen wären, einander ihre jeweiligen Beweggründe hinreichend zu erklären - nämlich so, dass jeder dem Anderen hätte zustimmen können.

Aber vorerst ist Heinkelein noch ein Junge, der gerade miterlebt, wie Deutschland sich auf unheimliche Weise zu verändern beginnt.

Den Ort Altenmünster, in dem Heinkelein geboren wurde, könnte man mit einem amerikanischen Kriterium ganz gut charakterisieren: Er liegt auf der falschen Seite der Eisenbahngeleise. Östlich des Schienenstrangs, am anderen Ufer des Flüsschens Jagst, schmiegt sich die von eindrucksvollen Türmen überragte Stadt Crailsheim an die Hügel in ihrem Rücken. „This side of the tracks" wehen die Winde etwas rauer - nicht nur im klimatografischen Sinn, Altenmünster ist auch ein Arbeiterwohngebiet.

Zu Heinkeleins Zeit gruppierten sich noch Bauernhäuser mit Gärten und Misthaufen um die schlichte, wenngleich uralte Kirche, doch wurde das Bild des „Haufendorfes" bereits von Wohnblöcken geprägt, in denen vor allem Eisenbahner lebten. Dem sozialen Status von Altenmünster ist dies nicht sonderlich gut bekommen; Crailsheimer pflegten die moderneren Viertel des Nachbarorts etwas abschätzig als „Türkei" zu bezeichnen.

Aus dem Umstand, dass Crailsheim sich Eisenbahnknotenpunkt nennen konnte, speiste sich freilich auf beiden Seiten des von Nord nach Süd führenden Schienenwegs ein nicht unbeträchtliches Selbstwertgefühl: Man lag nicht irgendwo im Ungefähren, sondern mitten in der Welt, angeschlossen an Nürnberg hier und Stuttgart dort, ja sogar an Prag und Paris, Berlin und Rom, Warschau und Istanbul. Ein ungemein prächtiges Bahnhofsgebäude mit Uhrturm außen,

Schalterhalle, Büros und Restaurant innen, bezeugte diese herausragende Bedeutung und erfüllte zugleich den Zweck, den anderswo die Seehäfen und die Hafencafés haben. Für zehn Pfennige konnte man eine Bahnsteigkarte lösen und dann zwischen Oleanderbüschen vor dem Stationsgebäude eine Tasse Kaffee trinken, während Züge mit königsblauen Schlaf-, gelb-roten Mitropawagen vorbeirauschten oder sogar anhielten, weil ihre Dampflokomotiven Wasser aufnehmen mussten - das andere bedeutende Gebäude auf dem Bahngelände war ein monumentaler Wasserturm, dessen kugelförmiger Kessel sechshundert Kubikmeter fasste.

Für die jungen Burschen, die in Altenmünster heranwuchsen, war das nebenan gelegene Crailsheim schon fast die große Welt, eine etwas ländliche freilich. Durch die von Häusern der unterschiedlichsten Höhe und Bauart gesäumten Straßen polterten Pferdefuhrwerke (Autos waren noch eine Seltenheit), zwischen Stoffläden und Uhrengeschäften waren Schmiedewerkstätten oder Fassbindereien gezwängt. Der Geruch angesengter Hufe mischte sich mit dem Duft von Sahnetorten und Sauerbraten. Gasthöfe öffneten rundbogige Kutscheneinfahrten, kunstvolle Gasthausschilder ragten weit in die Gassen hinein. Hier wurde von weißen Damasttischtüchern gespeist, dort saßen Handwerker und Bauern bei ofenfrischen Brezen und sauerem Birnenmost beieinander. Den Stolz der Stadt verkörperte ihr fast fünfundfünfzig Meter hoher Rathausturm, der auch als Reformationsdenkmal galt; die Crailsheimer waren überwiegend evangelisch.

Daneben gab es Reste einer recht imposanten mittelalterlichen Befestigung, ein bescheidenes Markgrafenschloss aus der Zeit, da die Stadt noch zum Hohenzollerschen Markgraftum Ansbach gehört hatte, zwei gotische Kirchen, einen ehemaligen Stadtgraben, eine mehrbogige Steinbrücke, dazu Fachwerkhäuser im Renaissancestil, neubarocke Giebel und nicht wenige historisierende Fassaden aus wilhelminischer Zeit. Das alles eingebettet in sehr viel Grün, durchflossen von einem kurvenreichen, rasch fließenden, eben „jagenden“ Fluss, der etliche Berufsfischer ernährte. Man konnte leben in dieser Stadt und auch in allen nur denkbaren Berufen sein Auskommen finden, sei’s bei der Bahn, sei’s in meist kleinen bis mittelgroßen Fabriken, in der Verwaltung, an der Hobelbank, auf dem Schusterschemel, hinter dem Verkaufstresen. Auch Friseur war eigentlich kein schlechter Beruf. Walter Heinkelein sollte anfangen, ihn zu erlernen, sobald die Schule hinter ihm lag. Warum der

Eisenbahnersohn nicht zur Eisenbahn gehen wollte, wie es nahe gelegen hätte, gehört zu den Dingen, die er wenig erwähnenswert findet. Aber weshalb, in der Tat, nicht Friseur? Man konnte, wenn alles so gelaufen war, wie es laufen sollte, eines Tages die golden schimmernde Nachbildung des alten Barbiernapfes am eigenen Laden aufhängen und dann im weißen Mantel mit blauem Kragen auf Kundschaft warten, eingehüllt in ein Duftgemisch aus Pitralon und 4711. Man würde angesehen sein, halb Handwerker, halb Künstler, durfte sich ein paar Extravaganzen leisten, die in anderen Berufen Aufsehen erregt hätten, und im Übrigen mit den Herren, die sich rasieren, den Damen, die sich ondulieren ließen, den neuesten Tratsch oder die neuesten politischen Ereignisse durchhecheln - im Konversationston versteht sich. Man musste wissen, mit wem man worüber sprach.

Bei einheimischen Bauern, die freilich nur selten einen Friseursalon aufsuchten, wäre es noch relativ einfach gewesen, ein einigermaßen unpolitisches Thema zu finden. Für sie gab es zum Beispiel gute Gründe, sich vom Versailler Vertrag direkt betroffen zu fühlen. Ihr berühmtes „Boeuf de Hohenlohe“ hatte bis zum Beginn des Krieges in den Pariser Schlachthöfen Spitzenpreise erzielt. Nun sahen sie sich dieser sprudelnden Einnahmequelle beraubt. Auf Grund der Reparationsvereinbarungen waren sie gezwungen worden, all ihre Zuchttiere an Frankreich auszuliefern, und mussten nun mit ansehen, wie deren Nachkommen als Charolais-Rinder französische Bauern reich machten. Aber ähnlich war es ja auch jenen deutschen Spirituosenproduzenten ergangen, die ihren Cognac nicht mehr Cognac nennen durften, sondern auf die Bezeichnung Weinbrand ausweichen mussten, oder den Herstellern von Schaumwein: Statt wie bisher Champagner durften sie ihn nur noch Sekt nennen. Das Letztere hätte vielleicht schon eher zum Gesprächsthema beim Friseur getaugt - vorausgesetzt, man hätte die entsprechenden Paragrafen im Friedensvertrag überhaupt gekannt. Walter Heinkelein kam vorerst ohnehin noch nicht in die Lage, sich beim Schlagen von Rasierschaum oder dem Schärfen des Rasiermessers auf politischem Glatteis bewegen zu müssen.

Von den Schwierigkeiten der Weimarer Republik waren nur seine Eltern betroffen, wenn auch kaum mit voller Wucht. Massenarbeitslosigkeit war in Landstädten schon mangels Arbeitermassen weniger spürbar als in Großstädten und als Eisenbahner hatte Vater Adam Heinkelein ohnehin Beamtenstatus. Anders verhielt es sich mit der Inflation.

Als im November 1923 der US-Dollar auf den unfassbar hohen Wert von 4,2 Billionen Reichsmark stieg, musste auch die Stadt Crailsheim Notgeld ausgeben. Es waren bunte Papierscheine, beglaubigt von Bürgermeister und Stadtpfleger (so wurde im damaligen Württemberg der städtische Finanzchef genannt), und sie gingen schneller aus als man sie drucken konnte. Wer am Abend des einen Tages noch Multimilliardär war, konnte am nächsten für sein ganzes Geld nicht einmal mehr zwei Brötchen kaufen. So wurde man eben doch hineingezogen in die wilden politischen Strudel der von Marschall Foch prognostizierten Zwischenkriegszeit.

Der „Fränkische Grenzbote", die das Städtchen dominierende Tageszeitung (fränkisch, weil die Crailsheimer sich durchaus nicht als Schwaben bezeichnen lassen wollten, nur weil sie zu Württemberg gehörten), kommentierte die Ereignisse so zurückhaltend, wie es auch im Friseursalon geschehen wäre, allerdings mit deutlich nationalen Untertönen. Man fühlte sich ja wirklich unterdrückt, man trauerte den abgetrennten Gebieten im Osten wie im Westen nach und glaubte auch an die „Dolchstoßlegende", der zu Folge das im Felde unbesiegte Heer von sozialistischen Etappenhengsten hinterrücks gemeuchelt worden war.

Aber wie auch anders? Traf man sie doch aller Orten, die von der Somme, aus Verdun, aus Russland oder Oberitalien zurückgekehrten Krieger, und erfuhr von ihnen, wie sie im Schlamm der Schützengräben, in den Stahlgewittern der Trommelfeuer, in den eisernen Särgen der Unterseeboote ausgeharrt, gelitten und doch nie den Mut verloren hatten. Gerichtsassessoren waren Batteriechefs, Postbeamte Stoßtruppführer gewesen, Schneidergesellen saßen, Knopflöcher stichelnd, auf dem Tisch und erzählten von Nahkämpfen im Argonnerwald mit aufgepflanztem Bajonett. Das sollte nun alles vergebens oder sogar verbrecherisch gewesen sein? Je länger die gewesenen Krieger darüber sprachen, desto mehr erfasste sie eine Art Sehnsucht nach den vergangenen Tagen - und nach ihren alten Uniformen.

So griff auch nach ihnen schon der neue Krieg, kaum dass sie dem alten entronnen waren. Er kam heran wie der Sand einer Wanderdüne, trug aber dort, wo er sich in menschlicher Gestalt manifestierte, mit Vorliebe langschäftige Stiefel oder wenigstens Wickelgamaschen. Der deutsche Mann begann sich bereits wieder als Träger von Militärklamotten zu definieren. Es nahm manchmal geradezu herzergreifend komische Züge an.

Etwas verloren standen sie im Wald herum, trugen Schildmützen, Rucksäcke und Windjacken, zeigten unterm Koppelschloss den friedlichen deutschen Bierbauch vor, steckten aber von da an abwärts ausnahmslos in Breeches, jenen an den Oberschenkeln ausbuchtenden Hosen, die britische Kolonialoffiziere einst in Indien entdeckt und nach Europa mitgebracht hatten, wo sie keinen rechten Zweck erfüllten, denn nur in tropischen Gegenden brauchte der Mann ja etwas Luft um seine besseren Teile. Dennoch breiteten die unpraktischen Beinkleider sich aus wie eine Epidemie. Jeder Reitersmann, der auf sich hielt, stieg aus den herkömmlichen eng anliegenden in die modisch gewordenen weiten Hosen um, selbst solche, die gar nicht ernsthaft zu reiten beabsichtigten. Vor allem die Deutschen fielen diesem Trend anheim. Alle, die sich martialisch verkleiden wollten, bedienten sich dazu der Buchheim'schen Keulenhosen. Das galt auch für die Männer im Wald.

Sie mochten zum „Stahlhelm" gehören, dem ältesten der sogenannten Frontsoldatenbünde, dem man auch als nicht gedienter Deutscher beitreten konnte, vorausgesetzt, die Gesinnung stimmte, oder einer anderen ähnlichen Vereinigung. (Dass sie Mitglieder des sozialistischen „Reichsbanners Schwarz-Rot-Gold" gewesen sein könnten, ist, falls es sich bei ihnen um Crailsheimer gehandelt haben sollte, eher unwahrscheinlich). Und es war ihnen ernst. Sie spielten Krieg, sie übten für einen Krieg und ließen sich ihr makabres Hobby soviel kosten, wie sie eben aufzubringen vermochten. Wer Reitstiefel nicht bezahlen konnte, trug wenigstens oberhalb seiner Schnürstiefel eine Art lederner Gamaschen oder Kniestrümpfe oder er trug die eigene, behaarte Haut zu Markte. Und wenn ihre Übungen im Wald beendet waren, dann marschierten sie, Trommler und Pfeifer vorneweg, im Gleichschritt durch die abendlichen Straßen.

Wie gesagt, es mutete, aus heutiger Sicht, ein bisschen kindisch an. Aber die verkleideten Männer hätten ja auch von der SA sein können. Spätestens ab Heinkeleins sechstem Lebensjahr gab es Braunhemden in Crailsheim.

Außerdem gab es Juden.

Es gab sogar relativ viele Juden in dem angenehmen Städtchen an der Jagst. Sie trugen Namen wie Adler, Eppstein, Feigenheimer, Friedmann oder Stein. Sie besaßen Bonbonläden, Eisenwarengeschäfte, Seifensiedereien, auch gut gehende Fabriken, etwa für Landmaschinen, waren Ärzte, Gemeinderatsmitglieder, hielten wichtige Positionen in den Vereinen und konnten sich rühmen, die Gasbeleuchtung eingeführt wie auch die Crailsheimer Gewerbebank oder den örtlichen ADAC mitbegründet zu haben.

Ihre Familien waren oft seit Generationen ortsansässig. 1783 hatten die „Israeliten" eine Synagoge gegründet, die an Samstagen noch immer gut besucht war. Und nach ihrem Ableben wurden sie auf dem „Judenfriedhof" beigesetzt.

Wie sehr diese Bürger mosaischen Glaubens aber mit ihrer christlichen Umgebung verwachsen waren, belegt nicht nur der Umstand, dass jiddische Worte oder Redewendungen aus der einheimischen Umgangssprache schon lange nicht mehr fort zu denken waren. Die wenigsten Bauern kannten zum Beispiel den Namen Samstag, von Sonnabend zu schweigen, sie sagten „Schabbes".

Auch die Beliebtheit des „Berches" scheint von der Existenz eines angenehmen interkonfessionellen Biotops zu künden. Bei diesem Gebäck handelte es sich um einen stollenähnlichen Kuchen mit luftigem Teig, der auch auf den sonntäglichen Frühstückstischen der nicht jüdischen Crailsheimer nur selten fehlte, obwohl er ursprünglich ein rein jüdisches Feiertagsgebäck gewesen war.

Trotz alledem gab es - natürlich - auch den Antisemitismus. Er kam in mehreren Spielarten vor.

Da waren zunächst einmal die Bauern. Ihnen galt jeder, der an ihr Geld heran wollte, von vorne herein als Gauner. Da sie aber überwiegend von Viehzucht lebten, gerieten ihnen vor allem die Viehhändler, und zwar ebenfalls von vorne herein, zum Inbegriff des Gaunertums schlechthin. Nun waren jedoch die meisten oder zumindest sehr viele Viehhändler Juden. Man erkannte es daran, dass sie untereinander ein Rotwelsch sprachen, das kein Christenmensch völlig verstand. Sie sprachen Jiddisch. So wiederum kam in den bäuerlichen Gehirnen eine Art Gleichung zu Stande, die da besagte: Alle Viehhändler sind Gauner, alle Viehhändler sind Juden, ergo sind alle Juden Gauner.

Es war natürlich ein Zirkelschluss, und er war selbst als solcher falsch. Auch viele christliche Viehhändler bedienten sich ihrer eigenen Geheimsprache, des sogenannten „Lachoudischen" oder „Jenischen". Beide blühten ganz besonders im württembergisch-bayerischen Grenzgebiet und basierten auf dem Jiddischen, ohne aber reines Jiddisch zu sein. Doch welcher einfache Bauer konnte das schon wissen.

Neben diesem spezifisch agrarischen gab es auch den kommunen, den sozusagen herkömmlichen Antisemitismus. Er wiederum kam in mindestens zwei Spielarten vor.

Die harmlosere davon entsprach in etwa dem Misstrauen, das die beiden christlichen Konfessionen in Stadt und Land einander entgegenbrachten. Die protestantische Mehrheit traute der katholischen Minderheit nicht ganz über den Weg, was umgekehrt ebenso galt. Wenn aber schon die Christen der verschiedenen Lager derart auf Distanz zu einander gingen, wie sollten es beide dann erst mit den ihnen noch ferner stehenden Juden halten?

Die Wurzeln dieser Haltung reichten weit in die Geschichte zurück, einerseits bis zur Reformation, andererseits bis ins Mittelalter, jene Zeit also, zu der die Juden noch als Christusmörder galten und in Gestalt von Säuen an Kirchenportalen abgebildet wurden. Charakteristisch für Crailsheim konnte das freilich kaum genannt werden, es war ein gesamtdeutsches Phänomen.

Als gefährlicher erwies sich ohnehin das, was die Vertreter der zweiten Spielart des Antisemitismus anrichteten. Das waren vor allem Leute, die qua höherer Bildung oder gehobener gesellschaftlicher Stellung Deutungshoheit beanspruchten und oft auch über gut bestückte Bibliotheken verfügten.

In dem Städtchen an der Jagst galt dies besonders für einen angesehenen Mediziner mit gut gehender Praxis und eigenem Tennisplatz vor dem Haus. Er, Mitglied der deutschnationalen „Württembergischen Bürgerpartei“ (später der NSDAP), gab keineswegs nur an Stammtischen den entschiedenen Judenfeind, sondern, bereits 1920, auch in gut besuchten Versammlungen. Auf breite Zustimmung stieß er (damals) freilich noch nicht. Die selbstbewussteren unter den Crailsheimer Juden setzten sich so entschieden wie lautstark zur Wehr. Etwas verhaltener sekundierte ihnen der „Fränkische Grenzbote“.

Dennoch begann das versprühte Gift allmählich zu wirken, vor allem dann, wenn die Zeiten gerade schlecht waren. Da kam auch Brotneid hinzu, analog etwa dem heutigen: „Die nehmen uns doch nur Arbeitsplätze weg“. Nicht zu leugnen allerdings, dass die wirtschaftlichen Argumente eher vorgeschobene Argumente waren. Ungefähr so jedenfalls war der Antisemitismus in Städten wie Crailsheim, doch auch im größten Teil des benachbarten Frankens beschaffen. 1929 wurde dem fränkischen Coburg der erste mehrheitlich nationalsozialistische Stadtrat Deutschlands beschert. Eines seiner Mitglieder schrieb später: „Der Boden, den wir hier zu beackern hatten, war fruchtbarer als im übrigen Reich". Ansonsten trugen die dreizehn neuen Abgeordneten im Parlament des Fürstenhortes ein wahrhaft fürchterliches Räuberzivil: Schirmmützen, Braunhemden, vor allem jedoch ausladende Keulenhosen und dazu entweder Schaftstiefel oder Wickelgamaschen; bei einem ragten aus kurzen Lederhosen auch die nackten Knie heraus.

Auf derart bekleideten Beinen stampfte das Dritte Reich heran und damit der von Walter Heinkelein später als „unselig" bezeichnete Krieg. Auch Hitler selbst beehrte die Stadt Crailsheim mit einem, wenn auch nur flüchtigen Besuch.

Wann das Ereignis stattfand, ist nicht mehr genau zu eruieren, es kann jedoch nicht vor 1929 gewesen sein, denn erst in diesem Jahr hatte der Naziführer sich den Mercedes Kompressor zugelegt, mit dem er das Städtchen durchquerte. Für die Crailsheimer muss es eine Sensation gewesen sein. Zu beiden Seiten der Straße hatten sie sich erwartungsvoll aufgebaut, offenbar keineswegs in der Absicht, ihn etwa auszubuhen. Arme reckten sich vielmehr fast flehentlich dem aufrecht hinter der Windschutzscheibe stehenden Mann im Trenchcoat entgegen.

Wie erhaltene Aufnahmen belegen, bot er selbst einen überaus eindrucksvollen Anblick: ernste Miene, bedeutender Blick, die rechte Hand zu lässigem Gruß erhoben, eine halb huldvolle, halb segnende Geste. Männer in schwarzen SS-Uniformen bahnten ihm den Weg durch die Menge, der mit einem Säbel bewehrte Stadtpolizist unterstützte sie dabei. Ein Regent hätte es sein können, der da seine Untertanen besucht. Zumindest kannte man den Mann, wusste auch, was er wollte, er hatte ja nie ein Hehl daraus gemacht. Und die Bürger am Straßenrand schienen seine Absichten durchaus zu billigen.

Alles, was Hitler damals noch brauchte, um an die Macht zu kommen, war eine größere Krise. Momentan und vorausgesetzt, sein Crailsheimbesuch fiel wirklich in das Jahr 1929, ging es den Deutschen schon wieder erstaunlich gut. Die „glücklichen zwanziger Jahre" waren noch nicht (ganz) vorüber.

Es ist ja wirklich eine relativ gute Zeit gewesen, jene Periode, die 1923 begonnen hatte. Die Inflation durch Einführung eines neuen Zahlungsmittels, der von Grundschulden gedeckten Rentenmark, beendet; die Reparationslasten dank amerikanischer Initiativen wenigstens überschaubar geworden; die Wirtschaft weltweit im

Aufschwung begriffen und die Technik auf dem Vormarsch wie kaum je zuvor, dabei Deutschland in der vorderen Liga mitspielend.

Auch fliegen durfte man wieder, seit 1922 sogar mit Motor, und überdies Propellermaschinen bauen. Allerdings sollten es eher langsame, kleine, nicht allzu steigfähige Geräte sein, auf die man sich zu spezialisieren hatte, und natürlich durften sie keineswegs kriegstauglich sein. Über derlei Vorschriften konnte man sich jedoch hinwegsetzen, indem man etwa nach Russland ging oder auf das schweizerische Ufer des Bodensees und dort baute, was in Deutschland verboten war. Die Dessauer Junkerswerke haben das eine getan, die Friedrichshafener Dornierwerke das andere. Und kaum hatte sich die Welt an derlei Unbotmäßigkeiten gewöhnt, da flogen auch schon metallene Flugdrachen durch die Welt, wie man sie noch nie gesehen hatte.

Dornier punktete mit der Do X, einem von nicht weniger als zwölf Propellern angetriebenen, geradezu monströsen Flugboot, Junkers mit der viermotorigen G 38, deren Tragflächen eine innere Höhe von zwei Metern hatten, so dass man auch Passagiere darin unterbringen konnte. Beide Maschinen waren freilich eher Schaustücke als linienverkehrstaugliche Transporter. Die Goldader traf Junkers erst im Jahr 1932, als die dreimotorige Ju 52 einen Alpenflugwettbewerb gewann und dadurch zum Verkaufsschlager wurde.

Aber damit war auch eine weitere Schwelle bereits überschritten. Mit welch geringen Mitteln eine Zivil- zur Kriegsmaschine umgerüstet werden kann, sollte sich schon sehr bald erweisen: Die Ju 52 diente der deutschen Luftwaffe in ihren frühen Jahren auch als Mittelstreckenbomber und während des ganzen Zweiten Weltkriegs als ein geduldiger, zuverlässiger Lastesel, der alles befördern konnte, von Geschützen und Munition bis zu Fallschirmjägern. Jener Tag im August 1932, an dem die „Tante Ju" auf der Rundstrecke Zürich-Genf-Mailand-Zürich ihre Mitbewerber abhängte, ist aus diesem Grund ebenfalls eine wichtige Streckenmarke auf dem Weg Walter Heinkeleins in den „unseligen" Krieg. Die Hüter des Versailler Vertrags hätten den Segelflugenthusiasten auf der Wasserkuppe eben doch größere Aufmerksamkeit zuwenden sollen als sie es taten. Auch Willy Messerschmitt war bereits zur Produktion von Motorflugzeugen übergegangen. 1926 hatte er in seiner Werkstatt die überaus elegante M 17 zusammengeschraubt und zusammengeleimt. Binnen achtzehn Stunden bewältigte dieser Tiefdecker die Strecke Bamberg-Rom, wenn auch nicht nonstop. Er bestand überwiegend aus Holz - einem Werkstoff, auf den Messerschmitt nicht mehr lange angewiesen sein sollte.

Schon begannen ganz andere Leute sich für den immer noch jungen Flugzeugkonstrukteur zu interessieren. Und auch deren Lebensbahnen oder Lebensentwürfe wuchsen sich zu Teilen jenes Geflechtes aus, in das der Knabe Walter Heinkelein mehr und mehr verstrickt wurde.

Bruno Bräuer, der von ihm anfänglich bewunderte, später verabscheute Oberst der Fallschirmjäger, unter dem er in Kreta diente, trug im Jahr 1929 noch die Uniform eines preußischen Polizeioffiziers. Obwohl damals erst dreiunddreißig Jahre alt, hatte Bräuer bereits eine lange Karriere als Waffenträger hinter sich: Absolvent der „Militär-Knaben-Anstalt Annaburg“ (bei Leipzig) und der pommerschen Unteroffiziersschule, Teilnehmer am Ersten Weltkrieg ab 1914, Mitglied der berühmt gewordenen „Sturmkompanie von Ravenstein“, Eisernes Kreuz zweiter, Eisernes Kreuz erster Klasse, kurz vor Kriegsende zum Offiziersstellvertreter, kurz danach zum Leutnant befördert. Da gehörte er schon der Reichswehr an. Um von hier an weiter zu kommen, hätte Bräuer viel Geduld aufbringen müssen. Weil es ihm daran offenbar mangelte, wurde er Polizist.

Bis zu diesem Punkt war es ein für jene Zeit nicht ungewöhnlicher Lebenslauf. Deutschland wimmelte geradezu von gelernten Soldaten, die nicht darauf hoffen konnten, ihren Beruf jemals wieder auszuüben. So gesehen hatte Bräuer es noch ganz gut getroffen. Er musste sich keinem der knapp zweihundert Freikorps anschließen, die, von der Reichsregierung halb geduldet, halb lizensiert, die deutschen Ostgrenzen gegen Polen, das Baltikum gegen die Sowjets abzuschirmen versuchten, die gelegentlich auch Putschversuche unternahmen und später in den Untergrund abgedrängt wurden, um endlich von Privatarmeen wie Stahlhelm oder SA aufgesogen zu werden.

Bruno Bräuer hingegen war, wohl versorgt, bei einer Behörde untergekommen. Ob es ihm genügte, ist freilich mehr als zweifelhaft. Auch den Mann mit dem in schierer Entschlossenheit erstarrten Gesicht, das später die Zeichner faszinieren sollte, dürstete es nach höheren Zielen und besseren Aufstiegsmöglichkeiten. Das heißt: Auch er kann, wie viele seinesgleichen im Grunde nur auf den nächsten Krieg gewartet haben, zunächst jedoch auf Politiker, die bereit waren, Deutschland wieder aufzurüsten. Bräuers späteres Zusammentreffen mit Walter Heinkelein war damit schon halb und halb programmiert. Dass es aber überhaupt zu Stande kam, ist vor allem einem Mann zu verdanken, der 1927 nach Berlin kam, um dort die Firma BMW zu vertreten.

Der Mann zählte damals vierunddreißig Jahre und hatte ein Leben hinter sich, neben dem jenes des Bruno Bräuer nahezu idyllisch anmutet. Allerdings war er auch eine bedeutend komplexere Persönlichkeit als der spätere Fallschirmjägeroffizier.

Seine Biografie überblickend, könnte man sogar dem Verdacht erliegen, er habe mehr als nur eine einzige Persönlichkeit verkörpert oder, je nachdem, zu unterschiedlichen Zeiten die unterschiedlichsten Rollen gespielt; ein Hang zum Theater war ihm ohnehin nicht abzusprechen.

Als dieser Mann die geschichtliche Bühne betritt, ist er bereits von Ruhm umwittert: Kommandeur des sagenumwobenen Jagdgeschwaders Richthofen und Träger des „Pour le mérite", der zweithöchsten Militärauszeichnung im kaiserlichen Deutschland. Sein erster Absturz erfolgt ebenfalls 1918, wenn auch aus entsprechend größerer Höhe als der des Offizierstellvertreters Bräuer. Es ist ein Sturz ins schiere Nichts, sowohl bewusstseinsmäßig als auch in wirtschaftlicher Hinsicht. Was kann aus einem arbeitslos gewordenen Kriegspiloten schon werden, wenn er in Deutschland nicht einmal Zivilmaschinen fliegen darf.

Notgedrungen wird der Mann also Testpilot in Dänemark. Von dort verschlägt es ihn per Zufall nach Schweden, wo er eine Frau kennenlernt, die fortan sein Denken und Fühlen beherrschen wird, auch dann noch, als sie schon lange tot ist. Der Ex-Pilot erlebt so etwas wie seine ganz persönliche Tristan-und-Isolde-Geschichte (zu der Frau gehört auch ein Ehemann, aber der tritt großzügig zurück).

Immer noch auf der Suche nach Lebenssinn und -inhalt geraten dann er und Karin, vormals Frau von Kantzow, nach München. Und schon kurz darauf ist der arbeitslose Flieger wieder jemand von Gewicht: Adolf Hitler hat ihn zum Führer der SA ernannt.

Es ist ein kurzes Glück, denn Hitler putscht. Am 9. November 1923 marschiert er mit seinen Paladinen siegessicher durch die Münchner Innenstadt, wird jedoch an der Feldherrnhalle von bayerischen Polizisten mit Maschinengewehrfeuer empfangen. Den Pour-le-mérite-Träger an seiner Seite trifft ein Schuss in die Leiste. Die Verwundung ist derart schwer und schmerzhaft, dass er für lange Zeit auf Morphium angewiesen bleibt und von der Droge abhängig wird.

Da der Mann nach Hitlers Putschversuch überdies in Deutschland von der Polizei gesucht wird, muss das schwedisch-deutsche Liebespaar erneut ins Ausland flüchten. Es sind für beide vier armselige, entbehrungsreiche Jahre. Aber der Mann hat Freunde. Einer von ihnen, er ist Jude, verschafft ihm schließlich den Posten in Berlin.

Alte Bekannte, die ihn dort wieder treffen, sind zunächst einmal verblüfft. Als er noch flog, saß ihm die von den deutschen Jagdfliegern getragene, ohnehin auf Taille geschnittene Ulanenuniform wie eine zweite Haut am Körper. Jetzt muss der Mann Anzüge tragen, die seine Fettleibigkeit kaschieren, sein ehemals kantiges Gesicht wirkt aufgedunsen. Es sind die Nachwirkungen der mittlerweile überwundenen Morphiumsucht. Kasteien mag er sich deswegen trotzdem nicht. Warum sollte er? Die Geschäfte mit Autos und Motorrädern gehen gut. Er hat Geld „wie ein Boxweltmeister". Man sieht ihn regelmäßig im „Horcher" sitzen, dem bestrenommierten Restaurant der Hauptstadt. Dort schimpft er lauthals auf die ihre Spesen verfrühstückenden Kapitalisten, bestellt aber selbst das Dessert jedesmal nach.

Der Mann Hermann Göring hat das gute Leben entdeckt und wird fortan nie genug davon bekommen können. Aus dem hoch dekorierten Kriegshelden, dem unerschrockenen Testpiloten, dem liebeskranken neuen Tristan, dem harten Straßenkämpfer in SA-Uniform ist der hemmungslose Genussmensch geworden, der aber fähig bleibt, mehrere Rollen gleichzeitig zu spielen. Das muss er auch. In seiner vielfach gebrochenen Biografie beginnt nämlich schon wieder ein neues Kapitel. Zum zweiten Mal trifft er auf Adolf Hitler. Damit haben sich endgültig zwei Männer gefunden, die das Leben gelehrt hatte, Chancen zu ergreifen, welche von anderen nicht einmal wahrgenommen worden wären. Ganz oben waren sie freilich noch keineswegs, aber auf dem besten Weg dorthin und finster entschlossen, ihr Ziel zu erreichen.

Da sie dies aber tatsächlich schafften, bekam Walter Heinkelein später nicht nur die Gelegenheit, in die bereits zweite Elitetruppe seines Lebens einzutreten, er erhielt auch einen obersten Chef, mit dem er sich möglicherweise besser hätte verständigen können als mit Graf Stauffenberg - zumindest verbal. Es sei doch Unsinn, rief Göring aus, als er schon in der Nürnberger Gefängniszelle saß, sein Leben um jeden Preis verlängern zu wollen (wie Albert Speer es offenbar versuchte), nur, „um offen gesagt, etwas länger vorne zu pissen und hinten zu scheißen!" Das war Kasernenjargon der rohesten Art. Ob Heinkelein ihn goutiert hätte, muss dennoch offen bleiben. Selbst auf Kreta warf er seine Waffen ja nicht ins Scheißhaus, sondern altfränkisch-vornehm in „den Klo“.

Über die nächste Chance, auf die Hitler und Göring Ende der „glücklichen zwanziger Jahre“ warteten, mussten deutsche Schüler später lernen, eine „Scheinblüte der deutschen Wirtschaft“, herbeigeführt von der „goldenen Internationale“ unter der Führung von deutschen wie nichtdeutschen „Hochgradfreimaurern“, sei 1929 über Nacht verdorrt und von einer schlimmen Wirtschaftskrise abgelöst worden, hervorgerufen „durch private Verschuldung ans Ausland“. Dies wiederum habe zu einem „sprunghaften Anwachsen der Arbeitslosigkeit (1930: 4,4 Millionen)“ geführt. So die Autoren der Schrift „Merkbuch zur deutschen Geschichte“ aus dem Jahr 1942.

An den zuletzt genannten Daten ist nicht zu rütteln - allerdings nur daran.

Die 1929 ausgebrochene große Depression, beginnend mit dem Zusammenbruch der New Yorker Börse, dem sogenannten „Schwarzen Freitag“, war die Krise einer auf jäh ausbrechende Globalisierung nicht vorbereiteten Welt. Und natürlich traf sie das noch immer etwas wackelig dastehende Deutschland besonders hart. So aber war es tatsächlich auch eine Chance für Männer wie Franklin Delano Roosevelt jenseits und Adolf Hitler diesseits des Atlantiks. Am frühesten profitierte von ihr jedoch der rundlich gewordene Göring. Am 21. Mai 1928 telegrafierte seine Frau nach Schweden: „Hermann gestern gewählt“. Als Abgeordneter der NSDAP zog er in den Deutschen Reichstag ein.

Selbstverständlich wurde auch das vom „Fränkischen Grenzboten“ gemeldet und sowohl beim Friseur wie an den Stammtischen diskutiert. Ob der achtjährige Walter Heinkelein es ebenfalls mitbekam, darf hingegen bezweifelt werden.

Anders könnte es mit einem Jungen gewesen sein, der zwei Jahre vor ihm in der Nachbargemeinde Ingersheim als Sohn des auch Altenmünster mit verwaltenden Bürgermeisters geboren worden war, der seit 1921 aber im württembergischen Forchtenberg lebte. Er hieß Hans Scholl. An der neuen Wirkungsstätte seines Vaters hatte er eine Schwester bekommen, die auf den Namen Sophie getauft wurde.

Obwohl sein Geburtshaus und jenes des Bürgermeistersohnes nur wenige hundert Meter trennten, erfuhr Heinkelein von den Geschwistern Scholl wie auch von ihrem Widerstandskreis „Weiße

Rose“ erst lange nach Kriegsende.

Ihr früher Lebensweg immerhin ist mehrere Jahre lang auf fast parallelen Bahnen verlaufen - was allerdings nicht viel zu bedeuten hat: So wie den beiden Crailsheimern erging es Millionen anderer aus ihren Jahrgängen. Hans Scholl musste in den Krieg, Walter Heinkelein musste in den Krieg. Vorher jedoch mussten beide in die Hitlerjugend. Das galt auch für Sophie Scholl.

III

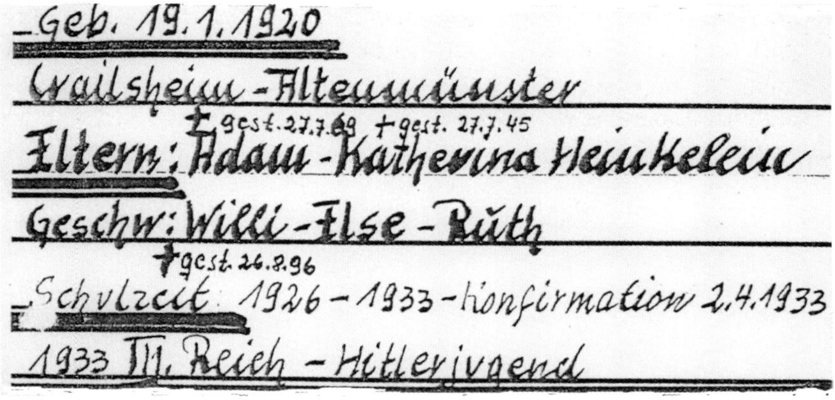
Geb. 19.1.1920
Crailsheim-Altenmünster
† gest. 27.7.69 † gest. 27.7.45
Eltern: Adam - Katherina Heinkelein
Geschw: Willi - Else - Ruth
† gest. 26.8.96
Schulzeit 1926 - 1933 - Konfirmation 2.4.1933
1933 III. Reich - Hitlerjugend

Ein im Ozean versunkenes Land schien über Nacht wieder aufgetaucht zu sein und präsentierte sich der Welt in düsterer, unleugbar barbarischer Großartigkeit. So zumindest mochte es einem Fremden erscheinen, der dieses Land besuchte. Doch könnten selbst die, die das Land bewohnten, durchaus ähnlichen Eindrücken erlegen sein - zumindest einige von ihnen.

Die Nacht, in der es geschah, war der 30. Januar 1933 gewesen, und so, wie sie damals gefeiert hatten, mit Fackelzügen und Trommelgepolter, so feierten sie mit Vorliebe auch weiterhin: bei Nacht. Schimmernd schwarze Pferde, über deren Fell unruhige Lichtreflexe hinzucken, sind vor sechzehn Lafetten gespannt, auf denen jeweils ein von der Fahne bedeckter Sarkophag steht. Männer in schwarzen Uniformen mit Silberstickereien, die ebenfalls aufblitzen, wenn das Licht sie trifft, haben sich links und rechts davon postiert. Den Hintergrund der Szene bildete die schwach ausgeleuchtete Münchner Feldherrnhalle. Vom ersten Stockwerk der riesenhaften, ehemals wittelsbachischen Residenz blicken Reichsleitergattinnen herab. Neben Frau Himmler steht Frau von Schirach.

Man schreibt den 9. November 1935. Genau zwölf Jahre zuvor ist an diesem Ort Hitlers Putsch im Maschinengewehrfeuer zusammengebrochen. Nun verkörpert der ehemalige Umstürzler seit bereits dreiunddreißig Monaten die höchste politische Instanz in Deutschland, ist „Führer und Reichskanzler“, Präsident und Premier in einer Person. Und nun sollen seine, beim „Marsch auf die Feldherrnhalle“ niedergeschossenen Mit-Putschisten, seit kurzem

„Blutzeugen" genannt, die ihnen gemäße Beisetzung erfahren. Keine Trauerfeier ist jedoch geplant, sondern ein „letzter Appell". Die Damen in der Residenz vernehmen das erste Kommando: „Zug der alten Kämpfer angetreten!" Der „alte Kämpfer" Hermann Göring hat es gegeben. Sein nächster Befehl: „Zug der alten Kämpfer marsch!" Gehorsam marschieren sie los, er selbst an der Spitze, ihm voraus die mit Sarkophagen beladenen Lafetten. Vor diesen wiederum die „Blutfahne", jene angeblich von den Wunden der damals Gefallenen benetzte, rote Stoffbahn mit dem Hakenkreuz, nunmehr Monstranz des neuen, des Dritten Reiches.

Sie marschieren die Brienner Straße hinauf, umrunden den Karolinenplatz und streben von da an dem mit pseudo-klassischen Bauten gesäumten Königsplatz zu, der aber nicht mehr so heißt, sondern seit neuestem als „Königlicher Platz" firmiert. Wieder erkannt hätte ihn in dieser Nacht ohnehin kein Münchner mehr. Nicht weniger als zweihundertvierzig von Flammenschalen gekrönte, mit Fahnen behängte Pylone säumen das viereckige Areal wie auch den Anmarschweg. Ihr flackerndes Licht schält tief gestaffelte Blöcke von Uniformierten aus der Dunkelheit: SA, SS, Hitlerjugend, Politische Leiter, Militär. Es fängt sich in Bajonettspitzen, huscht hin über ein Meer von Standarten und Fahnen, lässt Koppelschlösser schimmern, aber auch allerlei Gold- und Silberstickereien auf braunem, schwarzem, feldgrauem Tuch.

Dann erscheint ER. Er erscheint so, wie man ihn schon lange, wie man ihn überhaupt kaum noch anders kennt: Aufrecht hinter der Windschutzscheibe seines Mercedes Kompressor stehend, den rechten Arm nicht länger lässig abgewinkelt wie damals in Crailsheim, sondern starr, fast waagrecht von sich gestreckt, so, wie es Mussolini macht. Im übrigen wirkt er streng, unbewegt, nahezu maskenhaft.

Auch der Zug der alten Kämpfer hat sein Ziel erreicht und verhält. Sechzehn Salutschüsse krachen durch die angespannte Stille, für jeden der mitgeführten Toten einer. Das „Horst-Wessel-Lied" klingt auf, Deutschlands zweite Nationalhymne seit 1933. Unerwartet jäh bricht es wieder ab. Ein Trompeter spielt das Lied vom „Guten Kameraden". Darauf, in symphonischer Breite, das Deutschlandlied, gefolgt von einem Stück mit dem Titel „Auferstehungsfeier". Das wahre Thema der ganzen Zeremonie ist damit angeschlagen: Die sechzehn Toten werden nicht beigesetzt, sie werden ins Leben zurückgerufen.

Entlang der den Königsplatz begrenzenden Arcisstraße sind während der vergangenen Jahre zwei neue, wuchtige Gebäude entstanden, an deren Schmalseiten aber je eine tempelartige Struktur: Viereckige Säulen, einen Dachfries tragend, jedoch kein Dach. Dort stehen mittlerweile unter freiem Himmel die sechzehn Sarkophage. Und immer noch herrscht schwarze, nur von züngelnden Flammen durchwaberte Dunkelheit.

Abermals unerwartet zerreißt dann ein einzelner Schuss das neuerlich eingetretene Schweigen. Feierlich langsam senken sich Fahnen und Standarten, während über den beiden Tempeln, an mehr als dreißig Meter hohen Masten, zwei riesige, von Scheinwerfern angestrahlte Hakenkreuzfahnen emporsteigen. Der eigentliche Appell hat begonnen.

Unter gedämpftem Trommelwirbel wird ein Name ausgerufen: „Andreas Bauriedl". Kaum ist er verhallt, rufen helle Knabenstimmen zurück. Es sind Hitlerjungen. Sie rufen: „Hier". Sechzehnmal wiederholt sich auch dieses quasi-militärische Ritual. In alphabetischer Reihenfolge wird jeder der nunmehrigen Blutzeugen genannt: vier Kaufleute, drei Bankangestellte, ein Oberlandesgerichtsrat, ein Rittmeister a. D., zwei Ingenieure, ein Student, ein Oberkellner, ein Diener, ein Hutmacher und ein Schlosser. Der letzte, Lorenz Ritter von Stransky, gehörte zu den Ingenieuren. Auch für ihn melden sich die Hitlerjungen mit ihrem: „Hier". Auch er ist also nicht tot, er lebt vielmehr weiter - in ihnen. Exakt achtundvierzig Minuten dauert diese gespenstische Zeremonie, drei für jeden der Genannten, dazu für jeden drei Salutschüsse. Nachdem dann Stranskys Name gefallen ist, ertönt noch einmal das „Horst-Wessel-Lied", getragen jetzt, als Trauermarsch. Von da an murren nur noch dumpf die Trommeln. Die Ehrenwache zieht auf, SS in schwarzen Mänteln. Jeweils zwei Mann postieren sich am Eingang der beiden Tempel. Sie werden von nun an immer dort stehen, bei Regen und Sonnenschein, regungslos, mit geschultertem Gewehr. Sie bilden eine „ewige Wache".

Hitler, der mit den SS-Leuten hinaufgestiegen ist, tritt an die Sarkophage. Kein anderer Würdenträger hat ihn begleitet. In völliger Einsamkeit, in absoluter Stille „verharrt" er bei den Toten. Er verharrt sehr lange. Dann grüßt er und tritt schweigend wieder unter die Lebenden.

Der „Badenweiler Marsch" klingt auf, seine alte Erkennungsmelodie aus der sogenannten Kampfzeit. Aufrecht hinter der Windschutzscheibe des Mercedes stehend, den rechten Arm starr von sich gestreckt, fährt er zurück, zwischen rauchenden Pylonen und

Menschenmauern auf beiden Seiten der Straße. Auch dies geschieht in absoluter Stille. Dem „Führer“ zuzujubeln ist strikt verboten. Nicht an der Zeremonie teilgenommen haben die Reichsleitergattinnen. Sie sind in der Residenz zurückgelassen worden.

Ein Fremder aber, der zufälligerweise miterlebt hätte, was auf dem Königsplatz vonstatten gegangen war, müsste sich in der Tat gefragt haben, wo er eigentlich hingeraten sei. Auf einen bisher unbekannten Kontinent? In das alte Mexiko der Azteken, das Mykene der homerischen Achaier, das Hoflager des letzten Gotenkönigs? Oder sollte es vielleicht doch ein neues Atlantis gewesen sein, das aus den Tiefen des Ozeans emporgetaucht war? Der Fremde, so viel steht fest, hatte einem Ereignis von geradezu archaisch-heidnischer Wucht und Düsterkeit beigewohnt. Das aber im Zentrum des christlichen Europas.

Hätte der Fremde sich daraufhin weiter umgesehen in dem Land, in dem solches geschah, sein Staunen hätte zugenommen. Wo sonst gab es wirklich noch derart seltsame Sitten wie hier? Menschen, die sich äußerlich in nichts von anderen Mitteleuropäern unterschieden, hielten es für richtig, einmal in jedem Monat, am sogenannten „Eintopfsonntag“, ein Gericht zu verzehren, das nicht mehr als fünfzig Pfennige kosten durfte. An jeder Straßenecke konnte es geschehen, dass einem jemand entgegentrat, mit einer Blechbüchse klapperte und höflich bat, ihm für zwanzig Pfennige kleine, völlig nutzlose, manchmal aber recht hübsche Anstecknadeln abzukaufen. Dabei sah dieser Jemand noch nicht einmal so aus, als sei er auf Straßenbettelei angewiesen. Ja, es konnte sogar sein, dass er eine ordensbedeckte Uniform anhatte oder einen Kopf auf den Schultern trug, den man aus der Zeitung kannte: Minister, General, Filmstar, alles war möglich.

Dazu dann noch diese ständigen Aufrufe, Ermahnungen, Belehrungen in Rundfunk und Presse. „Kampf dem Verderb“ wurde gefordert, vor einem gewissen „Kohlenklau“ gewarnt, die „Reichsaktion Mottenbekämpfung“ ausgerufen. „Höflichkeitswochen“ fanden statt, ferner „Reichsverkehrserziehungswochen“, Feldzüge gegen „Miesmacher“ und „Kritikaster“, gegen „Nichtskönner und Gerüchtemacher“. Und nicht einmal ein Radio musste man besitzen, um sich über alle diese Aktionen informieren zu können. Auf den wichtigsten Plätzen nahezu aller größeren Städte standen „Reichslautsprechersäulen“, die einen kostenlos aufklärten. Es mussten tausende sein.

Was, könnte sich der Fremde gefragt haben, ist das bloß für ein Volk, dem unablässig und auf derart penetrante Weise beigebracht werden musste, wie es sich zu verhalten habe? War es störrisch, von Haus aus unordentlich, nicht fähig, den einfachsten Anforderungen des Alltags gerecht zu werden? Oder war dieses Volk etwa arm, vom Hunger geplagt, von noch schlimmerem Elend bedroht? Nur so hätte man sich eigentlich die ständigen Sparsamkeitsappelle erklären können, die unablässig stattfindenden Haussammlungen, das „Winterhilfswerk", kurz WHW, sowie eine offenbar riesenhafte Organisation namens „NS-Volkswohlfahrt".

Zu seinem noch größeren Erstaunen hätte der Fremde indessen nichts dergleichen festgestellt. Im Gegenteil. Dem Volk dieses Landes ging es ganz offensichtlich gut. Sauber die Straßen, gut gekleidet und wohl genährt die Menschen, reich bestückt die Schaufenster. Jedermann schien Arbeit zu haben und konnte abends noch auf ein Bier oder ins Kino gehen.

Beinahe jedermann ging ohnehin ins Kino, so oft er nur konnte. Die Lichtspieltheater schienen geradezu aus dem Boden zu sprießen. Noch in den staubigsten Landstädten sprangen einem die Riesenplakate der Filmwerbung ins Auge: Rassige Frauen, markante Männergesichter, verführerische Titel. Internationaler Flair wurde versprüht. „Das Lied der Wüste" mit einer gewissen Zarah Leander spielte ganz offensichtlich in englischem Milieu. „Tom Mix räumt auf" klang eindeutig nach Chicago. „Nanette" nach Paris und Musettewalzern, „Der Postmeister" mit einem fistelnden Heinrich George - Puschkin natürlich. Von „Broadway Melody" hieß es, Hitler liebe den Streifen mehr als sämtliche anderen. Worauf das alles hindeutete, ließ sich nur schwer erkennen und rief deshalb weitere Verwirrung hervor. Das Land der archaisch anmutenden Feiern, der strengen Gängelungen, der rigiden Verordnungen war zugleich weltaufgeschlossen und allen Einflüssen von außen her zugänglich. Es verschloss sich nicht, es dürstete eher nach jeglichem, das fremd, mondän und exotisch war. Selbst die Erkenntnis, dass viele der Filme, die so französisch, britisch oder russisch daher kamen, in Deutschland gedreht worden waren, konnte diesen Eindruck eigentlich nur noch verstärken. Obwohl es Imitationen waren, kontrastierten sie aufs Schärfste mit den präzise choreographierten Aufmärschen, Fahnenweihen oder öffentlichen Gelöbnissen von uniformierten Männern, Knaben, Mädchen, bei denen Parolen ausgegeben wurden wie: „Adolf Hitler ist Deutschland und Deutschland ist Adolf Hitler. Wer für Adolf Hitler schwört, schwört für Deutschland."

Aber besaß nicht jedes Land zumindest zwei verschiedene Seiten, eine helle, eine dunkle, eine erfreuliche, eine weniger erfreuliche? Auch auf das der Deutschen schien dies zuzutreffen. Und dass sich beide gelegentlich vermischten, war ebenfalls nicht weiter ungewöhnlich. Gerade im Kino geschah das häufig.

Eben hatte man noch mitgesummt, als Zarah Leander, eine Schwedin, mit höchst unmoralischem Unterton die Frage aufwarf: „Kann denn Liebe Sünde sein?", oder als ein Holländer namens Johannes Heesters erklärte, was es mit den Rosen auf sich hat, die in Tirol verschenkt werden, da wurde auch auf der Leinwand plötzlich marschiert und statt der Rosen wurde die Fahne besungen. Mit der Versicherung, sie sei mehr als der Tod, starb, von Kommunisten ermordet, der „Hitlerjunge Quex". Ähnliche Sätze äußerte im gleichnamigen Film der „SA-Mann Brand", während in Streifen wie „D III 88" junge Flieger sich Sorge machten, ob sie den Gefahren eines Krieges gewachsen seien, in „U-Boote westwärts" junge Seeleute von den fantastischen Möglichkeiten ihrer Waffe schwärmten, im „Tommy" aber nicht mehr den Gentleman des britisch angehauchten Genrestücks sahen, sondern den künftigen Feind.

Es schien in diesem Land einfach alles zu geben, doch von allem auch das Gegenteil. Konnte man es wenigstens unter einem Rubrum zusammenfassen?

Man konnte eher nicht.

Das Dritte Reich der frühen Jahre, in das der 1933 konfirmierte Walter Heinkelein hineinwuchs, bot für Fremde tatsächlich ein sehr verwirrendes Bild. Für Eingeborene galt das weniger. Die Älteren unter ihnen hatten zu viel erlebt und zu viel mitgemacht, um über das, was jetzt auf sie zukam, noch gebührend erstaunt zu sein. Zudem hatten sie diesen Hitler ja über Jahre hin beobachten können, und auch mit den Gebräuchen, die nun in Mode kamen, waren sie seit langem vertraut.

Für Fahnen und Uniformen hatte man in Deutschland schon immer ein Faible gehabt, nächtliche Feiern bei Lagerfeuer- und Fackelschein waren schon lange vor 1933 im Schwange gewesen. Das gleiche galt für die Lust am Marschieren und den dazu gehörenden gemeinsamen Gesang.

Wer öfter ins Theater ging, wunderte sich selbst über die Effekte nicht mehr, die Inszenierungen wie dem „Letzten Appell" ihr spezifisches Gepräge gaben. Sprechchöre, das Spiel mit Licht und Schatten, das jähe Herausreißen bestimmter Symbole aus der Dunkelheit, die emphatischen Rufe oder Anrufungen, waren das nicht schon die Ausdrucksmittel des guten alten Expressionismus gewesen? Nun spielten eben die Nazis - obwohl ihnen der Expressionismus als „entartet“ galt - auf dieser erprobten Klaviatur. Erfunden hatten sie den ganzen Zauber jedenfalls nicht. Aber konnte das auch der Fremde wissen?

Sehen immerhin konnte er eines: Den Deutschen insgesamt ging es wirklich gut. Es ging ihnen - den meisten wenigstens - sogar besser als je seit dem verlorenen Weltkrieg, der noch nicht der „Erste“ hieß, aber schon bald so heißen würde.

Kurz nach seiner „Machtergreifung“, noch im Januar 1933, hatte Hitler sich an die Bevölkerung gewandt - auch über den staatlichen Rundfunk, denn das konnte er nun - und ihr zugerufen: „Ich verlange von dir, deutsches Volk, dass du uns, nachdem du den anderen vierzehn Jahre Zeit gegeben hast, vier Jahre Zeit gibst (...) Was ich verlange, ist nur recht und billig: Nur vier Jahre Zeit für uns, und dann soll man über uns richten und urteilen“. Hitlers Ankündigung konnte kaum missverstanden werden. In ihrem Kern besagte sie: Während dieser vier Jahre soll alles, alles besser werden. Nach Inflation und Massenarbeitslosigkeit wird es rasant wieder aufwärts gehen.

Und siehe, es ging aufwärts. Hitler hatte sein Versprechen gehalten, ja mehr noch, er hatte ein veritables Wirtschaftswunder bewirkt. Sogar seine Gegner mussten ihm das zugestehen. Nicht wenige, sowohl im Inland wie im Ausland, taten es auch.

Aus Arbeitslosigkeit wurde Vollbeschäftigung, die Wirtschaft brummte, der Export nahm zu. Zwar hatte die 1924 geschaffene Reichsmark keine Golddeckung mehr, sie blieb aber stabil. Und diesen erfreulichen Zustand schien sogar der Himmel zu spiegeln: In den ersten vier Sommern der Hitlerzeit herrschte fast immer schönes Wetter. Konnte er etwa zaubern, der „Führer“? Er hatte zumindest einen Mann gefunden, der sich wie kein anderer auf wirtschaftliche Taschenspielertricks verstand und eherne ökonomische Gesetze mit einer Souveränität, die an Frechheit grenzte, auf den Kopf stellte. Dieser Mann, nebenbei auch Schöngeist und Dandy - er liebte es, bei Mondschein Gedichte zu rezitieren, und zwängte seinen Hals in den nach ihm benannten überhohen Kragen -, war seit 1934 Hitlers Wirtschaftsminister. Die Rede ist von Dr. phil. Hjalmar Schacht, damals siebenundfünfzig Jahre alt, aber noch immer als Wunderkind angestaunt. Schacht ging komplexe Probleme mit scheinbar einfachen Methoden an.

Das Deutsche Reich verfügte, als er seinen Posten antrat, nur über geringe flüssige Mittel und nahezu keine Finanzreserven. Also gründete er mit dem bescheidenen Startkapital von einer Million Reichsmark die Firma „Metallurgische-Forschungs-GmbH", kurz „Mefo", und wies ihr die Aufgabe zu, alle von seinem Reichsfinanzministerium ausgestellten Zahlungsverpflichtungen, die sogenannten „Mefo-Wechsel", zu akzeptieren und als Zahlungsmittel an die Industrie weiterzuleiten. Da diese Papiere vom Staat garantiert waren, nahmen auch die Banken sie an. Es funktionierte. Der mit neuem Brennstoff versorgte Wirtschaftsmotor kam auf Touren. Die Unternehmen, vor allem jene der Schwerindustrie, machten nicht nur schöne Gewinne, sie konnten auch neue Arbeitsplätze schaffen. Das Massenheer der Erwerbslosen löste sich auf wie Tau in der Sonne. Das wiederum kam auch dem Handel zugute. Die Leute hatten Geld in der Tasche und konnten ihrer lange zurückgestauten Kauflust frönen. Dass sie, quasi zum Ausgleich dafür, nicht mehr streiken durften, wenn etwa die Lebenshaltungskosten stiegen, nahmen selbst in der Wolle gefärbte alte Gewerkschafter eher achselzuckend zur Kenntnis. Ohnehin regneten auch noch andere Wohltaten auf sie herab. Hitlers Fachleute erfanden sowohl das Ehegattensplitting wie auch die Kilometerpauschale, sie verdoppelten die Zahl der Urlaubstage, stellten die Zuschläge für Sonntags-, Feiertags- und Nachtarbeit steuerfrei und bescherten den Rentnern eine automatische Krankenversicherung. Es war noch immer nicht alles.

Ein gewisser Dr. phil. Robert Ley warf mit anderen Geldern weit großzügiger um sich. Der alte Kämpfer, ein Bauernsohn vom Rhein, der etwas stotterte und sich später den Beinamen „Reichstrunkenbold" zuzog, hatte 1933 die Gewerkschaften zerschlagen und durch eine „Organisation aller schaffenden Deutschen der Stirn und der Faust" ersetzt. Das war die „Deutsche Arbeitsfront". Binnen kürzester Zeit entwickelte sie sich zu einem wahren Monster unter den unzähligen Organisationen des Dritten Reiches. Vierzigtausend hauptamtliche Angestellte knöpften jedem arbeitenden Deutschen monatlich eineinhalb Prozent seiner Bezüge ab - auf freiwilliger Basis natürlich, aber es war schon besser, der DAF anzugehören. Außerdem lohnte es sich.

Wer ohne zu meckern sein Soll erfüllte, dem erschloss der trotz alledem keineswegs beliebte Ley nicht nur das Reich des Schönen,

Guten, Wahren, sondern vor allem auch die große weite Welt. Für 45 Reichsmark pro Tag und Kopf, zusätzlich 10 Mark für die Sonderbahnfahrt nach Hamburg, konnte man eine fünftägige Reise nach Norwegen buchen und dort die Fjorde bewundern - allerdings nur von Bord aus, Devisen für Landgänge hatte Ley nicht bewilligt. Später wurde auch Madeira ins Programm aufgenommen. Die schöne, immer etwas windige „Blumeninsel" avancierte fast auf Anhieb zum Sehnsuchtsziel fast aller Deutschen, ein sozusagen vorweg genommenes Mallorca.

Musste es nicht wie ein Mirakel anmuten? Welcher deutsche Durchschnittsverdiener hätte noch wenige Jahre zuvor davon träumen können, auf den Bordliegestühlen der „Dresden" oder der „Monte Olivia" liegend in die Sonne zu blinzeln und sich von freundlichen Stewards bedienen zu lassen. Dabei war auch das erst ein Anfang.

Hatte Ley bis 1936 Schiffe nur gechartert, so ließ er in diesem Jahr den KdF-eigenen Fünfundzwanzigtausend-Tonner „Wilhelm Gustloff" vom Stapel laufen, einen in reinem Weiß erstrahlenden Luxusliner, mit nur einer Passagierklasse zwar, aber sonst gab es alles. Das nach einem in der Schweiz ermordeten Nazifunktionär benannte Schiff verfügte über sieben Bars (hier „Schänken" genannt), einen Trachtensaal, eine Festhalle, einen Wintergarten, ein mit farbigen Glasmosaiken geschmücktes Hallenbad sowie eine „schwimmende Jugendherberge" mit Stockbettkabinen. Und selbstverständlich war an Bord nicht nur die gemeinsame Morgengymnastik obligatorisch, sondern auch der Hitlergruß. An der Herstellung wahrer „Volksgemeinschaft" musste selbst im Urlaub gearbeitet werden.

Die NS-Organisation „Kraft durch Freude", kurz „KdF", war ein noch größerer Leviathan als selbst die Arbeitsfront. Rund einhundertfünfzigtausend Funktionäre arbeiteten für seine verschiedenen Abteilungen: Das „Amt Feierabend", das gegen geringes Entgelt Konzerte oder Theateraufführungen anbot; das „Deutsche Volksbildungswerk", zu dessen Obliegenheiten die Veranstaltung politischer Kurse gehörte, oder das „Sportamt", zuständig auch für Wehrertüchtigung und „rassische Vervollkommnung". Ein viertes Amt kümmerte sich um die Verbesserung von Arbeitsbedingungen in den Fabriken, größere Kantinenfenster etwa, ein fünftes um Wehrmachtsheime, das sechste eben um „Reisen, Wandern und Urlaub". Bis 1939 hatte es rund zehn Millionen Menschen in die Alpen, die Lüneburger Heide, nach Italien, Madeira oder Norwegen geschickt. Leys größter Coup sollte aber erst noch folgen.

Auf der „Internationalen Automobilausstellung“ des Jahres 1937 erklärte am 20. Februar der bekennende Autonarr Adolf Hitler, dass die mit riesigen Mitteln ausgestattete KdF einen Wagen auf die Räder stellen werde, der nicht mehr als 990 Reichsmark kosten solle und auf den jeder Volksgenosse mit 10 Mark pro Monat ansparen könne. Die Quittungsmarken, gebrochenes Rot, gebrochenes Grün, wurden auf eine „Kdf-Wagen-Sparkarte“ geklebt. Für die Fertigung des Fahrzeugs aber würde nicht nur eine entsprechend moderne Fabrik, sondern auch eine vollkommen neue Stadt aus dem Boden gestampft werden. Der tüchtige Ley hatte den passenden Ort dafür bereits ausgesucht: einige Landgemeinden in der Nähe des niedersächsischen Fallersleben. Sogar den Namen für diese Retortensiedlung kannte er schon und gab ihn umgehend bekannt:

„Nach Ihnen, mein Führer, soll die Stadt ‘Wolfsburg’ heißen“. Nach ihm? In der Tat: Hitler mochte seinen Vornamen nicht, er hätte lieber dessen Urform benutzt, das gotische „Athaulf“, Edelwolf. „Wolf“ ließ er sich ja von je her gerne nennen.

Unter solchen Auspizien rollte der später Volkswagen genannte „Käfer“ ins Leben der Deutschen: vierundzwanzig PS, luftgekühlter Heckmotor, knapp sieben Liter Verbrauch, zweiunddreißig Prozent Steigfähigkeit im ersten Gang, Zwischengas, Seilzugbremse. Henry Ford, der mit seinem legendären „Model-T“ (Kaufpreis 600 Dollar) die Massenmotorisierung eingeleitet hatte, war abgeschlagen.

Alles das aber geschah in den von Hitler für sich geforderten vier Jahren oder sogar vor deren Ablauf. Konnte man von einem Politiker wirklich noch gewaltigere Herkulesarbeiten verlangen.

Die Crailsheimer erlebten den angekündigten und tatsächlich realisierten Wirtschaftsaufschwung nicht anders mit als die meisten übrigen Deutschen auch. Wer vor kurzem noch beneidet worden war, weil er sich einen einwöchigen Urlaub im Allgäu hatte leisten können, wurde auf einmal von denen in den Schatten gestellt, die braun gebrannt, einen imitierten Borsalino auf dem Kopf aus Sizilien zurückkamen.

Der Sohn des alt eingesessenen Geschäftsmannes, der sich schon damit abgefunden hatte, den Rest seines Lebens, trotz Abitur, hinter der Theke des väterlichen Textilladens zu verbringen, trug plötzlich eine vom Bräunlichen ins Grüne changierende Uniform samt jener oben gekniffften Mütze, die vom Volksmund „Arsch mit Griff“ genannt wurde, und bekleidete – „hauptamtlich“ versteht sich - einen höheren Rang beim „Reichsarbeitsdienst“. Er gehörte also einem der vielen Staaten im Staate an, aus denen das Dritte Reich bestand.

Ähnlich war es dem Postassistenten ergangen, der, mit siebzehn noch nach Flandern geschickt, sich hinter seinem Schalter stets etwas gelangweilt hatte. Auch er besaß nun wieder einen militärischen Dienstgrad, war Obersturmmann im „Postschutz“, einem Teil des weit über das rein Postalische hinausreichenden Machtapparates von Reichspostminister Wilhelm Ohnesorge.

Robert Ley kümmerte sich ebenfalls um das Städtchen Crailsheim. Auf dem linken Ufer der Jagst ließ er eine nach ihm benannte Siedlung errichten: preiswerte kleine Häuschen mit etwas Garten darum herum sowie einem Jägerzaun zur Straße hin. Und natürlich musste man der Arbeitsfront angehören, um hier wohnen zu dürfen. Es war immer noch lange nicht alles.

Als Albert Speer, der spätere „Baumeister des Führers“, 1933 das Nürnberger Zeppelinfeld in aller Eile für den Reichsparteitag „Sieg des Glaubens“ zurüsten musste, kam er auf die Idee, hinter der Tribüne an acht Stangen einen riesigen, dennoch filigranen Reichsadler „anzupieken“. Es verhalf ihm zu ersten Gunstbezeugungen des „Führers“ und Crailsheim zu einem eigenen „Parteiforum“. Am östlichen Ende seines Volksfestplatzes - normalerweise Schaufläche für landwirtschaftliche Ausstellungen und, eben, das allherbstliche, mit Bratwurst, Bier und Hau-den-Lukas gefeierte „Fränkische Volksfest“ (seit 1901) - entstand eine getreue, wenn auch kleinere Replik des Speerschen Riesenschmetterlings in Adlerform.

Und fortan bauten sich dort die Kreisleiter oder andere lokale Würdenträger auf, wenn dem gehorsam angetretenen Volk etwas Bedeutendes zu verkünden oder eines nicht minder bedeutenden Ereignisses zu gedenken war, des Marsches zur Feldherrnhalle, des Geburtstages von Hitler oder, in diesen ersten Jahren noch, dem seines Stellvertreters Rudolf Heß am 26. April. Der Tage, an denen man sich zu versammeln, das Deutschlandlied anzustimmen, das „Horst-Wessel-Lied“ zu singen hatte, waren viele in der Zeit des Dritten Reiches. Und wie immer, wenn sie abgehalten wurden, ertrank die ganze Stadt in einem Meer roter Hakenkreuzfahnen. Zu jedem Haushalt gehörte die Ausrüstung für solche Beflaggungen: eine Stange, die man durchs Dachfenster schob, eine Halterung für diese Stange und ein Bügel für das Fahnentuch. Man konnte es zur Not sogar als Arbeitsbeschaffungsmaßnahme verstehen; in irgendwelchen Betrieben mussten derlei Installationen ja hergestellt werden. Was gab es sonst noch? Kleinigkeiten scheinbar. Der altehrwürdige „Fränkische Grenzbote“ hieß auf einmal „Hohenloher

Zeitung“ und benutzte statt der „gotischen“ Fraktur- die selbe Antiquaschrift wie auch der „Völkische Beobachter“, das Zentralorgan der Partei. Wer genauer wissen wollte, wohin die Reise ging, oder darauf aus war, sich bei den neuen Machthabern lieb Kind zu machen, bezog ohnehin den in Stuttgart erscheinenden „NS-Kurier“. Und im „Frankonia“, dem örtlichen Lichtspielhaus, erschien, nachdem der Vorhang aufgegangen war, zunächst einmal ein riesiger Adler, über dessen Brust sich, begleitet von einem aus fünf Tönen bestehenden Signal, der Titel „Die deu-tsche Wo-chen-schau“ legte. War dieser vorgeblich der Information dienende Streifen gelaufen, folgte zunächst ein zwölfminütiger „Kulturfilm“, sei's über das Familienleben der Bachstelze, sei's über die Holzschnitzer des Erzgebirges. Erst danach durfte ein Hänsel in Lederhosen mit seiner Schwester sich im Wald verirren oder Marika Rökk in „Frauen sind doch bessere Diplomaten“ ihre Beine werfen.

Es schienen wirklich nur Kleinigkeiten zu sein. Tatsächlich waren es die Bausteine der von Dr. Joseph Goebbels errichteten Schaufassade des Dritten Reiches. Der Mann wusste ziemlich genau, wie man so etwas macht.

Im Übrigen pflegte sich auf dem neu dekorierten Volksfestplatz jeden Mittwoch und jeden Samstag auch die Hitlerjugend zu treffen. Oder vielmehr: Sie traf sich nicht, sie hatte Dienst.

Als Walter Heinkelein das zehnte Lebensjahr erreichte, 1930 also, gab es die HJ schon seit geraumer Zeit. Sie wäre ihn jedoch nur dann etwas angegangen, wenn er unbedingt zur „Bewegung“ hätte gehören wollen. Da dies aber nicht zutraf, fiel erst im Jahr der „Machtergreifung“ ihr Schatten auch auf ihn. Zu dieser Zeit war Heinkelein allerdings für die „Großdeutsche Jugendbewegung“ schon fast zu alt, zumindest für deren Kinderabteilung, das „Jungvolk“. So blieb es ihm denn erspart, sich noch als „Pimpf“ bezeichnen lassen zu müssen, als Knirps oder eigentlich als „kleiner Furz“; nichts anderes bedeutete, abgeleitet von „Pumpf“, der außerhalb Österreichs kaum bekannt gewesene Name.

Und nie marschierte er somit in kurzen Hosen und braunem Hemd, oder winters, in schwarzer Bluse und eben solchen Überfallhosen hinter einer schwarzen Fahne mit Sigrune her, empfing auch nie nach bestandener „Pimpfenprobe“ Schulterriemen und Fahrtenmesser aus der Hand seines Fähnleinführers, seines Jungstammführers, seines Jungbannführers oder der einer noch höheren Charge. Ganz exakt war das alles nicht geregelt in diesen ersten Jahren der Hitlerjugend, zumindest auf dem flachen Land. Selbst dort änderte es sich jedoch binnen kürzester Frist. Es hatte vor allem mit Baldur von Schirach zu tun.

Der Sohn des weimarischen Generalintendanten und ehemaligen Kammerherrn Carl Baily Norris von Schirach hatte 1931 mit einer hässlichen Intrige Karl Gruber, den Begründer der HJ, aus dem Amt verdrängt und war von Hitler auf dessen Stuhl gehievt worden. Von da an durfte er sich Reichsleiter nennen, ab 1935 überdies „Reichsjugendführer". Trotz seiner achtundzwanzig Jahre sah er damals noch immer so aus, als habe er mehr Babyspeck als Muskeln auf den Knochen. Dafür verfügte der Adelsspross von amerikanischem Geblüt jedoch über ausgezeichnete Manieren sowie die Begabung, seinen Mentor inbrünstig andichten zu können. „Ich war", reimte er, „ein Blatt im endenlosen Raum, / nun bist Du Heimat mir und bist mein Baum." Sogar Schirachs engere Anhänger fanden derlei Hervorbringungen leicht schwachsinnig. In den höheren Rängen der Hitlerjugend wurde er nie völlig ernst genommen.

Schirach selbst hinderte dies nicht, die ehrgeizigsten Pläne zu entwickeln. Der Jugend wollte er ein eigenes, von ihr selbst geleitetes Reich errichten. Sie sollte über sich, ihre Bedürfnisse und Verhaltensweisen souverän bestimmen dürfen und sich vom erwachsenen Teil der „Bewegung" innerlich wie äußerlich deutlich abheben. Das ging soweit, dass auf der von ihm entworfenen HJ-Fahne nicht einmal das Hakenkreuz zu sehen war. Zwischen roten Streifen auf weißem Grund schwebte vielmehr ein preußischer Adler mit ausgebreiteten Schwingen, auf dessen Brust, in gelber Farbe, die Nummer des „Bannes" prangte, dem das Tuch voranflattern sollte.

Schirachs Neider - er hatte deren viele - begannen denn auch misstrauisch zu werden. Wollte der pummelige Jugendführer in Wahrheit nicht das gleiche wie sie alle, nämlich seinen eigenen Staat im Staate? Mit einer Organisation, die schon 1934 dreieinhalb Millionen Mitglieder umfasste, verfügte er über beträchtlichen Einfluss.

Schwerer als die Mutmaßungen der Rivalen wogen jedoch Hitlers eigene Absichten. Die um Schirach gescharten uniformierten Jungen und Mädchen sollten sich keineswegs, wie dieser es wollte, auf ihre Weise selbst verwirklichen dürfen. Vielmehr sollten sie abgerichtet und vereinnahmt werden. Wie das geschehen müsse, skizzierte er seinen Parteigenossen so: „Und wenn nun diese Knaben mit zehn Jahren in unsere Organisation hineinkommen (...), dann kommen sie vier Jahre später vom Jungvolk in die Hitlerjugend und dort behalten wir sie wieder vier Jahre (...), dann nehmen wir sie sofort in die Partei, in die Arbeitsfront, in die SA oder in die SS (...) und sie werden nicht mehr frei ihr ganzes Leben und sie sind glücklich dabei."

„Nicht mehr frei ihr ganzes Leben", deutlicher hätte Hitler wohl kaum formulieren können, worum es ihm ging. Schon 1936 ließ er seine Absichten auch in Paragrafen gießen. Das Gesetz über die HJ verfügte die „Erfassung" aller Jugendlichen zu deren „körperlicher, geistiger und sittlicher Erziehung". Drei Jahre später wurde der HJ-Dienst für jeden zehn- bis achtzehnjährigen Deutschen beiderlei Geschlechts obligatorisch. Eltern hafteten für ihre Kinder.

Die Kinder indessen ließen ihren Eltern schon vorher meist keine Wahl. Nicht im Jungvolk zu sein, war, nach heutigem Sprachgebrauch, „uncool". Nicht in dem mit allerlei Aufnähern versehenen Braunhemd samt schwarzem Halstuch und Lederknoten herumlaufen zu dürfen, stempelte Zehnjährige zu Außenseitern ab. Und „in Zivil" am Straßenrand zu stehen, wenn ein Fähnlein hinter dem mit Landsknechtstrommeln und Fanfaren ausgestatteten Musikzug durch die Stadt marschierte, kam einer Strafe gleich, die seelische Störungen bewirken konnte.

Wer dazu gehören wollte, musste einfach einen Dienstausweis haben, der genauestens festhielt, welche Position sein Inhaber bekleidete. Auf dem von jungen Crailsheimern konnte etwa stehen: Dienstrang: „Hordenführer (unbestätigt)", Dienststellung: „keine", Gebiet: „20 Süd Württemberg", Jungbann: „122 Hohenlohe", Fähnlein: „2". Dazu Lichtbild und Amtssiegel mit Reichsadler. So ein Papier machte etwas her.

Wer aber überdies eine rot-weiße Kordel um sein Halstuch winden oder gar von der linken Schulter eine grüne, grün-weiße, weiße Fangschnur, genannt „Affenschaukel", baumeln lassen durfte, wer also Jungenschafts-, Jungzug-, Fähnlein-, Jungstammführer geworden war, der konnte seinen Untergebenen sogar „dienstliche Befehle" erteilen und musste von ihnen mit ausgestrecktem Arm und „Heil Jungzug-, Fähnlein-, Jungstammführer" gegrüßt werden. Welcher „kleine Furz" hätte schon begriffen, dass dies bereits mehr war als nur ein Spiel.

In der „richtigen" HJ ging es dann schon etwas härter zu. Walter Heinkelein bekam, nachdem er ihr beigetreten war, kein Luftgewehr in die Hand gedrückt, sondern ein Kleinkalibergewehr. Und zu seiner Uniform gehörte zwar im Sommer noch die kurze „Kluft", doch trugen die höheren Chargen bereits Keulenhosen samt Reitstiefeln. Dazu konnte Heinkelein zwischen mehreren Spezialeinheiten wählen. Es gab die Motor-HJ, die mit Krafträdern und martialischen Sturzhelmen ausgerüstet war, und es gab die Flieger-HJ; an der Küste hätte der junge Friseurlehrling auch noch der Marine-HJ beitreten können, aber Crailsheim lag nun mal im Binnenland. So musste man sich hier als Außenstehender damit begnügen, vor allem die Übungen angehender Piloten zu bewundern.

Am Karlsberg, einem flachen Hang am Rande der Stadt, ging es an schönen Tagen zu wie einst an der Wasserkuppe. Primitive Gleiter wurden zusammengebaut: Einkufige Schlitten unter den darüber ausgespannten Tragflächen aus Holz und Leinwand. Auf dem vorderen Ende des Schlittens nahm der Pilot Platz, während vier oder fünf andere das Heck festhielten und die Absätze gegen den Boden stemmten.

Schließlich folgte auch hier die berühmte, dreiteilige Anweisung: „Ausziehen!", das Gummiseil wurde von der dafür abgestellten Gruppe gespannt, „Laufen!", die Seilspanner liefen bis das Seil straff war, „Los!", die Mannschaft am Heck löste ihren Griff, der Vogel schnellte in die Luft, um nach hundert oder hundertfünfzig Metern in der sumpfigen Kistenwiese am Fuß des Karlsberges zu landen. Hätte der Pilot sich nicht zu sehr auf Steuerknüppel und Ruderpedale konzentrieren müssen, wäre ihm beim Flug zu seiner Linken vielleicht ein rechteckiges, von hohen Hecken gesäumtes Areal ins Auge gefallen: der Crailsheimer „Judenfriedhof". Aber der wurde auch von Fußgängern längst übersehen.

Walter Heinkelein erhob sich damals noch nicht in die Luft, das stand ihm erst bevor. Dafür dürfte er jedoch das HJ-Schießabzeichen gemacht haben. Da der spätere Fallschirmjäger während der letzten Kriegsjahre auch als Scharfschütze tätig wurde, ist anzunehmen, dass ihm die dafür nötigen Voraussetzungen wie ruhige Hand und gutes Auge angeboren waren. (Seine spärlichen Erinnerungen an diese Zeit hat er nur mündlich weitergegeben. Im Schützenverein Altenmünster jedenfalls gehörte er zu den Aktiven.) Weiter lässt sich vermuten, Heinkelein habe getreulich alle die Übungen mitgemacht, die der noch als Reichsjugendführer amtierende Schirach „seiner" HJ verordnet hatte: Geländeübungen, Gepäckmärsche, Zeltlager, sogenannte „Heimabende", bei denen unter anderem die ideologisch stark befrachteten Reisebeschreibungen des britischen Schirachfreundes Colin Ross gelesen wurden (die Hitlerjungen sprachen von „Rosenkohl").

Anders als der einstmalige Nachbarsjunge aus Ingersheim nahm Heinkelein indessen nie an einer der braunen Haupt- und Staatsaktionen teil, wohingegen HJ-Führer Hans Scholl die Fahne seines Stammes 1935 von Ulm aus zum „Parteitag der Freiheit“ in Nürnberg trug. Sophie Scholl wurde wenig später die grün-weiße Kordel einer „Jungmädelgruppen-Führerin“ verliehen. Sie soll ihre Aufgabe überaus ernst genommen haben.

Strammer Dienst war freilich nicht alles in der Riesenorganisation des musisch angehauchten Schirach. Auch Chorsingen gehörte zum Programm, Volkstanz mit BDM-Maiden, Weihnachtsfeiern, bei denen das Lied „Hohe Nacht der klaren Sterne“ von Werner Bochmann gesungen wurde (Bochmann brachte sich später im KZ um). Ferner gab es Laienspiele oder Lesungen aus den Büchern von zeitgenössischen Literaturgrößen wie Erwin Kolbenheyer, der mit Vorliebe über mystische Gottsucher schrieb, oder Mirko Jelusich, dem es mehr um die großen Helden der Vergangenheit ging. Ob das alles Heinkeleins Sache war, ist eine andere Frage. Genossen haben mag er immerhin einige jener anderen Wohltaten, die Schirach derart großzügig über die HJ ausschüttete, als gehöre ihm die Notenpresse der Reichsbank: Jugendherbergen an etlichen der landschaftlich schönsten Plätzen Deutschlands oder Heime in einem halb wuchtigen, halb bäuerlichen Baustil, die einfach in angenehme Gegenden gestellt wurden.

Der Bann Hohenlohe zum Beispiel besaß ein Gebäude hoch über einem besonders malerischen Teil des Jagsttals, dem nicht recht anzumerken war, wozu es dienen sollte: zum Schlafen nicht eingerichtet, zum Wohnen zu zugig. Dafür gab es im Tiefgeschoss einen mit Natursteinen überkuppelten „Weiheraum“. Die jungen Leute wussten das bauliche Angebot dennoch zu nutzen. Auf der Wiese vor dem Haus errichteten sie ihre Zelte, im Weiheraum kühlten sie ihr Hauptnahrungsmittel: Vanillepudding mit Himbeersoße. Trotz solcher Annehmlichkeiten fühlte Heinkelein sich indes nicht wohl bei der HJ. Oft erschien er zu spät auf dem Appellplatz im Schatten des Speer'schen Adlers. Meist war er unlustig. Die Frage lautet: Warum? Da der hoch gewachsene, jugendliche Recke später in einem viel härteren Dienst klaglos bestand, können es kaum die körperlichen Anforderungen gewesen sein, die ihn störten. Viel eher mag er „den Dienst“ einfach als fad empfunden haben - aus verständlichen Gründen.

HJ war etwas anderes als Jungvolk. Die kleinen Fürze gingen noch in die Schule und hatten Kameraden aus höheren Klassen zu

Führern. Da war also Dienst vor allem Freizeit und die wurde entsprechend genutzt. Man schlug sich durch Wald und Gebüsch, spähte gegnerische Gruppen aus und überfiel sie aus dem Hinterhalt, um ihren Mitgliedern ein ums Handgelenk gewundenes Band abzureißen, womit sie als tot galten. Solche Übungen hießen zwar „Geländespiel“ und galten als vormilitärische Übung, waren aber kaum etwas anderes als Cowboy und Indianer.

Von politischer Indoktrination hingegen blieben Pimpfe weitgehend verschont. Statt dessen durften sie sich an den Abenteuern des „Seeteufels“ Graf Luckner delektieren, der im Weltkrieg einen Dreimaster zum Hilfskreuzer umgerüstet und mehrere britische Schiffe aufgebracht hatte. Oder sie lasen die Zwanzig-Pfennig-Hefte aus der „Kriegsbücherei“ des Berliner Steiniger-Verlags, Erzählungen über tapfere deutsche Soldaten im Karl-May-Stil. Noch lieber freilich, aber nur heimlich, denn sie galten als Schundromane, schmökerten die uniformierten Knaben in den Serien „Rolf Torrings Abenteuer“ oder „Jörn Farrow, der U-Boot-Kapitän“. In der HJ war das anders. Die aus der Grundschule entlassenen jungen Leute absolvierten tagsüber ihre Lehrstunden, lebten somit bereits in der Welt der Erwachsenen und empfanden Fahnenweihen oder Fackelläufe, von Geländespielen zu schweigen, schon halb und halb als Schnickschnack. Außerdem waren ihre früheren Führer meist bei den Pimpfen geblieben, um Rangeinbußen zu vermeiden. Als Jungzugführer wären sie beim Übertritt in die HJ zum Kameradschaftsführer zurückgestuft worden, vom Leutnant sozusagen zum Unteroffizier. Wer wollte sich so etwas schon antun. Auch aus diesem Grund ging es in der HJ weniger fantasievoll als vielmehr handfest proletarisch zu. Eine Ausnahme bildete lediglich die Flieger-HJ, doch bei der wurde nicht jeder angenommen; man musste vorher schon im ebenfalls leicht elitären Modellbaujungzug gedient haben.

Solche und andere Gegebenheiten könnten es denn gewesen sein, die Walter Heinkelein seine vier Jahre unter dem relativ milden Patronat des Baldur von Schirach verdarben (zumindest berichten dies diejenigen, denen er davon erzählte).

Dass der Reichsjugendführer und selbst ernannte „Priester des nationalsozialistischen Glaubens“ zu der Zeit, da Heinkelein die Lehrzeit abschloss und die HJ verließ, den Höhepunkt seiner Karriere ohnehin schon überschritten hatte, dürfte der nunmehrige Friseursgeselle gar nicht erfahren haben. Wenn aber doch, dann hätte es ihn kaum berührt. Im angehenden Jahr 1938 hieß sein neuer oberster Chef bereits Viktor Lutze, Stabschef der SA.

Unter dessen Ägide hat er das Ende der sogenannten „guten Zeit des Dritten Reiches“ miterlebt.

Von dem durch Deutschland streifenden präsumtiven Fremden könnte man annehmen, dass er 1938 schon etwas klüger war als noch drei Jahre zuvor. Anlässe zu staunen gab es jedoch nach wie vor in Hülle und Fülle. Das Hitler'sche Wirtschaftswunder dauerte an und auch Weltneuheiten schienen seine Schöpfer noch immer kreieren zu können. Vierspurige Straßen, nur für das Auto gedacht, kreuzungsfrei und mit weit ausschwingenden Kurven, so in die Landschaft gelegt, dass man fast nie den Fuß vom Gaspedal nehmen musste, wo gab es so etwas schon, außer in Deutschland? Gewiss, auch die Autobahn war keine Erfindung der Nazis, aber erst sie hatten aus der ihr zu Grunde liegenden Idee ein wohl durchdachtes System entwickelt, das den Verkehr revolutionieren musste wie einst die Eisenbahn. Und Heerscharen von Arbeitern bemühten sich um seine Verwirklichung. Die Kosten? Man schien sie im Griff zu haben.

Wie es aussah, hatten die regierenden Herren überhaupt alles im Griff. Der trickreiche Schacht war zwar 1937 zurückgetreten, doch an seiner Stelle agierte nun der tatkräftige Göring als „Beauftragter des Vierjahresplanes“. Dieses Wirtschaftsprogramm sollte nicht mehr in erster Linie den Export fördern, sondern der „Rohstofferzeugung zwecks Sicherung der deutschen Ernährungsbasis“ dienen; man wollte autark werden, unabhängig von importierten Fetten, Nahrungsmitteln, Textilfasern.

Um das zu erreichen, wurden „Erzeugungsschlachten“ geschlagen, in Fabriken, Bergwerken, wissenschaftlichen Labors. Ein schon im Weltkrieg (dem ersten) entwickelter Kunstkautschuk erlebte, unter der Bezeichnung „Buna“, seine Renaissance; das Ölderivat Benzin suchte man durch ein synthetisches Produkt auf Kohlebasis zu ersetzen oder aus Holz Zellstoff, Pappe, Hefe und Sprit zu gewinnen. Auch diese Bemühungen schienen von Erfolg gekrönt zu sein, sie führten zur Entstehung neuer, zum Teil riesenhafter Industriekomplexe. Einige davon haben den Weltkrieg (den zweiten) nicht lange überlebt, andere, wie die „Reichswerke-Hermann-Göring“, bestehen unter anderen Namen noch heute fort, in Salzgitter oder in Linz. Was fremde Beobachter jedoch am meisten verblüfft haben dürfte: Die solcher Art angeschobene Entwicklung führte keineswegs auf einen Staatssozialismus sowjetischer Prägung zu, sie wurde überwiegend mit den erprobten kapitalistischen Methoden bewältigt. Ja, sie verursachte nicht einmal sonderlich hohe Steuererhöhungen. Mit Deutschland ging es immer noch voran und den Deutschen ging es dabei gut. Das honorierten sie auch.

Schon bei der Neuwahl des Reichstages im November 1933 hatte das Wahlvolk der NSDAP 40,6 Millionen Ja-Stimmen spendiert, was einer Zustimmung von 94 Prozent entsprach. Drei Jahre später waren es bereits die berühmten und entsprechend angezweifelten 99 Prozent. Eine andere Partei als die NSDAP gab es zu dieser Zeit freilich bereits nicht mehr. Ohne jeglichen revolutionären Aufwand war Deutschland in eine Diktatur umgewandelt worden, oder vielmehr in einen „Führerstaat". Und so präsentierte es sich auch nach außen hin: entschlossen, skrupellos, herausfordernd, zuweilen irritierend.

Dass Hitler aus dem Völkerbund austrat, weil den Deutschen bei dessen Abrüstungskonferenzen keine Gleichberechtigung gewährt wurde, war eine Herausforderung. Dass er mit Polens Diktator Pilsudski einen Nichtangriffspakt auf zehn Jahre abschloss, sorgte für Irritationen und ärgerte Polens alten Partner Frankreich. Dass er mit England ein Flottenabkommen traf, das den Briten eine dreimal größere Kriegsmarine zugestand als den Deutschen, freute diese und verwunderte den Rest Europas. Dass er im März 1936 deutsche Truppen ins entmilitarisierte Rheinland einmarschieren ließ, kam einem Hasardspiel gleich, weckte aber Respekt vor seiner Entschlossenheit, und dass er schließlich mit Japan und Italien den „Antikominternpakt" schloss, mit Mussolini die sogenannte „Achse Berlin-Rom" ins Leben rief, war, zumindest für die Sowjetunion, eine glatte Herausforderung. Die Deutschen selbst hingegen sagten sich, der Mann wisse offenbar, was er wolle und wie er das Gewollte erreichen könne.

So zuckten sie auch kaum die Achseln, als Hitler 1935 auf dem „Reichsparteitag der Freiheit" das „Gesetz zum Schutz des deutschen Blutes und der deutschen Ehre" verkünden ließ, das Juden zu Bürgern zweiter Klasse erklärte und ihnen nicht nur alle bürgerlichen Rechte aberkannte, sondern außerdem eheliche wie nichteheliche Beziehungen zwischen ihnen und „Ariern" zur schweren Straftat, genannt „Rassenschande", erklärte. Nicht einmal die Juden selbst nahmen diese „Nürnberger Gesetze" völlig negativ auf - zunächst wenigstens.

Erst allmählich begannen sie unter diesen Diskriminierungen zu leiden. Das erfuhr auch jener Postassistent aus Crailsheim, der so stolz darauf gewesen war, bei Ohnesorges Postschutz dienen zu dürfen. Ihm fiel auf, dass immer weniger seiner jüdischen Freunde bei ihm am Schalter erschienen, um sich ihre staatlichen Renten auszahlen zu lassen. Als er einige von ihnen fragte, was denn los sei, wurde ihm die Antwort zuteil, sie schämten sich mit dem gelben „Judenstern", den sie - man schrieb schon 1941 - an ihrer Kleidung tragen mussten, unter die Leute zu gehen. „Kein Problem", sagte der inzwischen zum Postsekretär avancierte Mann, „dann bringe ich euch das Geld eben nach Dienstschluss ins Haus", was er auch tat. Die Folgen waren unangenehm - für ihn. Sein Amtschef drohte sofortige Suspendierung an, gab ihm aber zugleich einen guten Rat. Der Postsekretär, trotz Frontbewährung kein Held, befolgte ihn: Er trat in die Partei ein. Er brachte es bis zum NS-Blockwart. Die Judenverfolgung im Dritten Reich hatte schon 1938 einen weitaus bittereren Witz provoziert.

Als Goebbels am 9. November dieses Jahres, angeblich als Vergeltung für den von Herschel Grynszpan verübten Mord an dem deutschen Legationssekretär Ernst vom Rath, ein wüstes Pogrom inszenierte, bei dem in vielen deutschen Städten jüdische Ladengeschäfte zerstört und geplündert wurden und am Morgen danach die Straßen mit Glassplittern übersät waren, signalisierte ein namenlos gebliebener Kritiker, was er und wohl die meisten Deutschen von solchen Pogromen hielten. Er tat es mit einem einzigen Wort.

Da Glas kein sonderlich wertvolles Material ist, machte er daraus Kristall. Da aber auch „Kristallnacht" noch nicht die nötige Fallhöhe für den Abwurf explosiver Pointen bot, ergänzte er das Wort durch ein allen Deutschen sattsam bekanntes Präfix: Aus Kristallnacht wurde die „Reichskristallnacht".

Mit eben diesem vorgeschalteten Titel adelte das Dritte Reich ja alles und jeden, dem seine Führung eine herausgehobene Bedeutung zumessen wollte. Es gab nicht nur die Reichsautobahn und die Reichsrundfunksäulen, die Reichsstatthalter, Reichsleiter und Reichsbeauftragten, sondern zum Beispiel auch einen Reichsfilmintendanten, einen Reichssportführer, einen Reichsjägermeister oder einen Reichsbühnenbildner. Das Volk hatte das nicht nur von jeher komisch gefunden, es machte sogar einen wahren Sport daraus, mit derlei Titulaturen das ganze System zu verhohnepipeln, ein bisschen wenigstens.

Die in vielen Nazifilmen ausdrucksvoll sterbende schwedische Schauspielerin Kristina Söderbaum erhob es zur „Reichswasserleiche", den Reichsführer-SS Heinrich Himmler zum „Reichsheini" und Adolf Ziegler, einen Lieblingsmaler Adolf Hitlers, der seine

Frauenakte so detailgetreu hinpinselte, als sei die Fotografie noch nicht erfunden, zum „Meister des Reichsschamhaares".

Keiner dieser Wortpfeile war jedoch mit derart ätzender Säure vergiftet wie das Wort „Reichskristallnacht". Aber wer hatte schon das Gehör, dies auch zu begreifen. Die an jiddischen Witzen geschulten Juden hätten es vielleicht gehabt, aber denen war schon längst nicht mehr nach Witzen zumute.

Wäre der fiktive Fremde vielleicht hellhöriger gewesen?

Möglicherweise hätte dieser so selbstherrlich auftrumpfende deutsche Staat ihn zu ganz anderen Fragen inspiriert, in erster Linie jener ganz einfachen: Wer soll das bezahlen? Wo kamen sie denn her, die Riesensummen nicht nur für Autobahnen und HJ-Heime, sondern auch für die massiven Prunkkulissen auf dem Nürnberger Reichsparteitagsgelände oder Hitlers protzige „Neue Reichskanzlei" mit ihren Säulenhöfen und endlos langen, marmorgefließten Korridoren? Dabei sollte das erst ein Anfang sein. Weitaus gigantischere Bauten waren bereits geplant oder schon in Arbeit.

Glaubte diese Regierung etwa, sie könne, zumal in einem Land, das vor kurzem noch am Rande des wirtschaftlichen Zusammenbruchs gestanden hatte, ewig so aus dem Vollen schöpfen? Sie glaubte es in der Tat, wenn auch aus anderen Gründen, als der Fremde vermuten mochte.

Defizit-Finanzierung oder „deficit spending" hieß, im Prinzip, das Konzept, dem damals alle vertrauten, auch die USA. Der Staat, besagte es, müsse in schlechten Zeiten Schulden machen, um auf dem Markt für zusätzliche Nachfrage zu sorgen und vor allem Arbeitsplätze zu schaffen. Mit Hilfe der Mefo-Wechsel und anderer riskanter Praktiken war das ja auch weitgehend gelungen. Bei allen weiteren Problemen, auch solchen, die sich aus der Vollbeschäftigung ergaben, sollte nun der Vierjahresplan greifen. War aber Hjalmar Schacht nicht auch deshalb zurückgetreten, weil ihm das als illusionär erschien? John Maynard Keynes, der wohl bedeutendste Finanzwissenschaftler seiner Zeit und Mit-Erfinder des „deficit spending", vertraute seinem eigenen Konzept im Grunde ebensowenig wie der deutsche Ex-Finanzminister. „In Demokratien mit kapitalistischer Wirtschaftsordung", schrieb er, „dürfte es unmöglich sein, Staatsaufgaben in jenem Umfang zu finanzieren, der nötig wäre, um meine Theorie politisch zu bestätigen - es sei denn zu Kriegszwecken". Hitler dürfte den Namen Keynes zwar nicht einmal gehört haben, hätte dessen skeptisches Verdikt aber bedenkenlos unterschrieben. Alles was ihn interessierte, war „How to finance a war“ (so der Titel einer anderen Schrift des gelehrten Briten). Einen neuen Krieg nämlich hatte er von Anfang an im Sinn gehabt und dies, am 5. November 1937, auch offen ausgesprochen.

Wie sein Wehrmachtsadjutant Oberst Hoßbach heimlich festhielt, erklärte er den Befehlshabern der drei Wehrmachtsteile sowie Außenminister Neurath an diesem Tag ohne Wenn und Aber: „Zur Verbesserung unserer militärpolitischen Lage müsste in jedem Fall eine kriegerische Verwicklung unser erstes Ziel sein.“ Damit war unter der Hand auch die Frage beantwortet, wer die Kosten für alle seine Riesenprojekte einschließlich der Rüstung letzten Endes zu tragen haben würde: der besiegte Feind.

Es entsprach sogar einer gewissen, allerdings brutalen Logik. Deutschland war zwar längst keine Demokratie mehr, hatte aber noch die von Keynes angesprochene „kapitalistische Wirtschafts-Ordnung“. Und so ergab sich letztendlich auch eine Art Übereinstimmung zwischen dem Hitler'schen Gedankengang und jenem des 1942 zum Lord erhobenen Wirtschaftsprofessors.

Auf Deutschland bezogen hieß das allerdings, die Sache mit dem Wirtschaftswunder hatte von Anfang an einen Haken gehabt oder vielmehr: einen Pferdefuß . Nicht aus Fürsorge und Menschenliebe waren seine Bürger mit Wohltaten überschüttet worden, sondern einzig und allein in der Absicht, sie handzahm zu machen und der Führung den Ruf zu verschaffen, sie könne mühelos Wundertaten vollbringen - wie im Frieden, so (später) auch im Krieg. Die ganze Jugendarbeit des Dritten Reiches war, ebenfalls von Anfang an, nichts weiter als Kriegsvorbereitung gewesen. Weshalb etwa hätte man zehnjährigen Knaben die Grundbegriffe des preußischen Exerzierreglements einbläuen sollen, wenn nicht in der Absicht, den militärischen Ausbildern später unnötigen Zeitaufwand zu ersparen. Weshalb sie so planmäßig die Unfreiheit lieben lernen lassen, wenn nicht im Vorgriff auf späteres Kasernenleben. Würden die herangewachsenen kleinen Fürze einst einrücken müssen, könnten sie schon Handgranaten werfen, liegend und stehend schießen, Karten lesen und im Gleichschritt marschieren. Sie waren künftiges Kanonenfutter, waren es von Anfang an gewesen.

Wer seine Augen zu gebrauchen wusste, hätte es freilich schon lange sehen können. Aber wer wollte sich diese Mühe machen? Die Deutschen wurden von ihren neuen Machthabern ziemlich auf Trab gehalten. Sie konnten, wollten oder mussten Mitglieder der unterschiedlichsten Körperschaften, Organisationen, Reichsgruppen, Verbänden, Kammern sein, von der NSDAP über den NS-Reichsbund deutscher Schwestern, die Reichsschrifttumskammer, den Reichsluftschutzbund bis zum Werberat der deutschen Wirtschaft. Außerdem war ihr Jahresablauf streng, fast liturgisch gegliedert. Das begann am „Tag der Machtergreifung“ mit Morgenfeiern in allen Schulen, dem Gemeinschaftsempfang einer Goebbelsrede und nächtlichen Fackelmärschen. Es ging weiter mit der Parteigründungsfeier am 24. Februar, mit „Führers Geburtstag“ am 20. April, den Festveranstaltungen zum ersten Mai, den Sonnwendfeiern gegen Ende des Monats, den achttägigen Reichsparteitagen im September, dem Erntedankfest, das Anfang Oktober in Bückeburg bei Hameln mit Führerrede und Massenauftrieb begangen wurde, und schließlich jenen düsteren Zeremonien, die an jedem 9. November über die Bühne gingen. Wem blieb da Luft zum Atmen, Zeit zu denken oder hinzusehen? Wer hatte gar Grund zu klagen? Im normalen deutschen Alltagsleben ging es doch recht proper und überaus ordentlich zu. Die Züge waren pünktlich, die Post kam dreimal am Tag.

Das alles dürfte auch der gedachte Fremde so registriert haben. Im übrigen sah er Militär, immer mehr Militär.

Seit Hitler am 16. März 1935 die „Wehrhoheit des Reiches“ verkündet und den Versailler Vertrag damit zerrissen hatte, platzte die Reichswehr, die jetzt Wehrmacht hieß, sozusagen aus allen Nähten. Unteroffiziere wurden Hauptfeldwebel, Leutnants Majore, Obristen Generale. Man konnte auf einmal wieder Karriere machen bei den deutschen Streitkräften.

Auch der mittlerweile zum Polizeihauptmann beförderte Bruno Bräuer erkannte dies und beeilte sich, den blauen Rock mit einem grauen zu vertauschen. Es gelang fast mühelos. Der neu ernannte „Reichsminister der Luftfahrt“ bot ihm die Aufnahme in das Wachregiment „General Göring“ an. Dort könne er sich zum Fallschirmjäger ausbilden lassen.

Aus dem gleichen Grund trat Walter Heinkelein 1938 der „SA-Standarte Feldherrnhalle“ bei. Auch sie, versprachen zumindest ihre Werbeoffiziere, habe sich auf Luft-Boden-Einsätze spezialisiert. An einem späteren Zusammentreffen der beiden Männer führte bereits kein Weg mehr vorbei.

IV

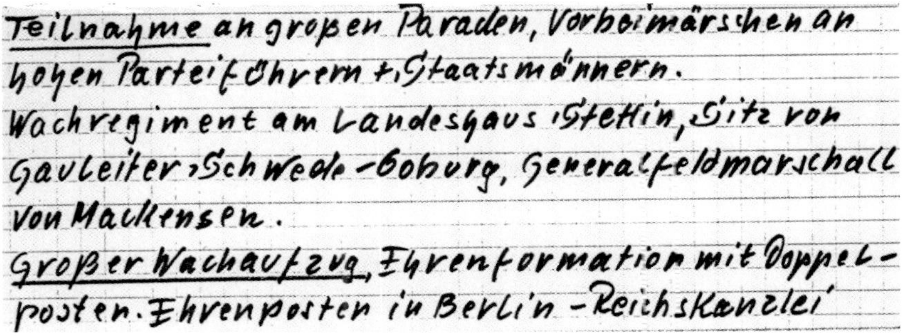
Teilnahme an großen Paraden, Vorbeimärschen an hohen Parteiführern + Staatsmännern.
Wachregiment am Landeshaus Stettin, Sitz von Gauleiter Schwede-Coburg, Generalfeldmarschall von Mackensen.
Großer Wachaufzug, Ehrenformation mit Doppelposten. Ehrenposten in Berlin-Reichskanzlei

An einem Novembertag des Jahres 1938 stand der Schriftsteller Ernst von Salomon vor dem Eingang der durch Albert Speer in nur neun Monaten empor gezogenen Neuen Reichskanzlei an der Berliner Voßstraße. Er hoffte, von einem dort residierenden Kenner der Materie Informationen über den sogenannten deutschen „Nachkrieg" zu erhalten, die Kämpfe der verschiedenen Freikorps' im Baltikum, in Polen und im Ruhrgebiet. Es war ein sehr monumentaler Eingang, vor dem Salomon stand: Unter dem überkragenden Dachfries der unvermeidliche, das Hakenkreuz in den Fängen haltende Hoheitsadler, noch etwas tiefer die Kapitelle von vier an die zwölf Meter hohen, viereckigen Steinsäulen. Deren Sockel wiederum ruhten auf den Stufen der zum eigentlichen Portal hinauf führenden Treppe. Vor dieser Treppe „stand breitbeinig ein SA-Mann der Standarte 'Feldherrnhalle'."

„Er trug", so Salomon, „auf der Brust ein ovales Schild, welches durch eine Kette um den Hals befestigt war und ihm ein überaus martialisches Aussehen verlieh. Als ich mich den Treppenstufen näherte, knallte er die Stiefel zusammen und streckte den rechten Arm in die Höhe. Ich lüftete den Hut (...) und sagte höflich: 'Ich möchte gern zu Herrn Staatsminister Dr. Meissner' - 'Bitte hier!', sagte er und wies mich in das Portal. Aber kaum war ich eingetreten, sprang aus einer Nische ein SA-Mann, knallte die Hacken zusammen und riss den rechten Arm hoch. Ich sagte ein wenig zuversichtlicher: 'Zu Herrn Minister Dr. Meissner!' 'Bitte hier!', sagte er und wies mich zu einer mit einem roten Läufer belegten Treppe.

Ich stieg die Treppe hinauf. Auf dem ersten Absatz sprang ein SA-Mann hoch, krachte mit den Stiefeln und fuhr mir mit dem Arm ins Gesicht. Ich sagte barsch: 'Minister Meissner'. Er sagte: 'Bitte hier!', und wies mich zu einer großen, offen stehenden Flügeltür, die den Anblick eines langen, von Licht überströmten und mit grau getönten Teppichen belegten Ganges gewährte."

Wäre Salomon von hier aus noch weiter in das riesenhafte Gebäude vorgedrungen, hätte er einen Ehrenhof durchqueren müssen, dessen Portal von zwei mehr als übermannshohen, nackten Fackelträgern aus der Hand des Bildhauers Arno Breker flankiert wurde, danach einen mit Marmor ausgekleideten Vorraum und schließlich den überwiegend in Rot erstrahlenden, von einem gläsernen Dach überdeckten „Mosaiksaal", auf dessen Wänden sich sehr viele ernste, ja geradezu finster blickende Adler tummelten. Kurz darauf hätte Salomon dann den glaskuppelüberwölbten sogenannten „Runden Raum" erreicht, über den es in einer offiziellen Beschreibung aus dem Jahr 1941 heißt, seine marmorinkrustierten Wände seien „von besonders eigenartigem Reiz". Und nach dem Durchschreiten eines weiteren Portales wäre der Schriftsteller auch schon in der berühmten „Marmorgalerie" gestanden. Er hätte zur linken Hand den „Gleichklang von neunzehn hohen, in tiefen Marmornischen liegenden Fenstern" auf sich wirken lassen können, zu seiner rechten eine „hellgelb polierte" durch rotgrüngraue Marmorflächen gegliederte und von fünf hohen Türen durchbrochene Wand. Aber vielleicht wäre er auch nur dem Eindruck erlegen, in ein üppig ausgestattetes Theaterfoyer oder eine besonders luxuriöse Hotelhalle geraten zu sein: Sitzgruppen aus Gobelin- und Lederfauteuils auf der einen, steife, hochlehnige Sessel an der anderen Seite. Und sehr viel weiter als bis hier hin wäre Salomon ohnehin nicht gekommen, die mittlere der marmorgefassten, mehrere Meter hohen Türen führte in den Arbeitsraum Hitlers.

Tatsächlich hätte er indes nicht annähernd so weit gehen müssen, um sein angestrebtes Ziel zu erreichen. Schon unmittelbar hinter dem Eingang an der Voßstraße war nämlich dies geschehen: „Ein eisgraues Männchen in einer ganz schlichten, grauen Livree trat auf mich zu und sagte mit leiser und sympathisch zutunlicher Stimme: 'Darf ich dem Herrn die Garderobe abnehmen'." Es war der Bürodiener des Staatsministers Dr. Otto Meissner, vor kurzem noch eine der grauen Eminenzen in Hindenburgs Präsidialkanzlei, inzwischen, weniger eminent, aber immer noch unauffällig grau, Zuarbeiter Hitlers in der Neuen Reichskanzlei.

Doch wahrscheinlich haben nicht einmal die SA-Männer der Standarte „Feldherrnhalle“ diesen stets im Hintergrund verharrenden, ungemein diskreten Elsässer je richtig wahrgenommen. Im Inneren des neureich wirkenden Monumentalbaus dürften sie nichts zu suchen gehabt haben. Ihre Aufgabe bestand allein darin, „breitbeinig“ unter dem Reichsadler am Portal Voßstraße zu stehen, gelegentlich die Hacken zusammen zu schlagen und den Besuchern mit der ausgestreckten Hand ins Gesicht zu fahren, um dann höflich zu sagen: „Bitte hier!“

Sie trugen eine grünlich-braune Fantasieuniform, Hakenkreuzbinde am Arm, dazu Stahlhelm sowie auf der Brust ein - allerdings nicht ovales, sondern eher halbmondförmiges - Metallschild und - natürlich - Keulenhosen.

Auch Walter Heinkelein war so ausstaffiert, er könnte sogar einer der drei Torhüter gewesen sein, die Ernst von Salomon an diesem Novembertag des Jahres 1938, kurz nach der „Reichskristallnacht“, empfingen. Ob diese Art von Betätigung dem gelernten Friseur auch Spaß machte, ist eine jener Fragen, auf die er in seinen Notizen nicht eingeht. Wichtig schien ihm lediglich zu sein, dass er es mit seinen achtzehn Jahren bis ins Zentrum der Macht geschafft hatte oder zumindest an dessen räumliche Schwelle. Für einen jungen Mann aus Altenmünster bei Crailsheim war das ja auch gar nicht so übel. Abgesehen davon legte Heinkelein schon damals Wert auf die Feststellung, dass er einem „Elitetruppenteil“ angehöre. Doch das hätte sowieso niemand bezweifelt.

Schließlich gab es für eingeschworene Nationalsozialisten keinen heiligeren Namen als den der monumentalen Loggia am Münchner Odeonsplatz, vor deren Säulen der Hitlerputsch von 1923 zusammengebrochen war. Wenn deshalb eine Parteieinheit gerade nach ihr benannt wurde, musste sich ganz einfach der Schluss aufdrängen, in dieser Formation seien die Besten der Besten, die Treuesten der Treuen zusammengefasst, jeder einzelne von ihnen ein überzeugter Kämpfer für Führer und Reich.

In der Tat dürften die Werbeoffiziere der Standarte bei ihren Touren durch HJ-Heime und -Schulungsstätten mit eben solchen Parolen für ihre Truppe geworben haben: Strengste Auslese, nur jeder Fünfte wird genommen, nur jeder Zehnte hält bis zum Ende der Probezeit durch. Wer es dann aber geschafft hat und sich den Aufnäher mit der stilisierten Feldherrnhalle samt einer Stutzrune auf den Uniformärmel heften darf, der ist angekommen, der gehört - eben - zur Elite und kann mit entsprechender Anerkennung rechnen. Es war die reine Augenwischerei.

In Wirklichkeit hatte die Standarte „Feldherrnhalle" schon bei ihrer Gründung keinerlei Zukunft mehr gehabt. Und nie dürfte überdies klar definiert worden sein, welche Aufgaben ihr eigentlich zukommen sollten. Sie war in die Welt gesetzt worden, wie nur das Dritte Reich Organisationen, Einrichtungen, Institutionen in die Welt zu setzen vermochte. Höhere Würdenträger der SA hatten das Bedürfnis nach einer zackigen Paradegruppe verspürt und, da sie die Möglichkeiten besaßen, sich den Wunsch zu erfüllen, taten sie es.

Alt gediente Ex-Soldaten entwarfen mit großer Lust am pompösen Äußeren eine Uniform, die einerseits militärischen Charakter haben, aber gleichzeitig auch daran erinnern sollte, dass die Standarte zur SA, letztendlich also zur Partei gehörte. Dabei kamen sie auf so abwegige Ideen wie die, jedem der Männer ein Silberschild um den Hals zu hängen, das zwar, wie Salomon ja anmerkt, sehr martialisch wirkte, aber keine erkennbare Funktion hatte. Im Übrigen musste es genau dort aufliegen, wo die Krawatte im Uniformrock verschwand, denn das trugen sie auch: braune Binder zum braunen Hemd. Mit einem Wort: Die Gründer der Standarte versuchten ein Erscheinungsbild zu kreieren, das ihre Truppe von jeder anderen existierenden Truppe unterschied. Etwas vollkommen Neues sollte geschaffen werden. Aber wozu sollte das bombastische Novum überhaupt dienen?

Zunächst einmal diente es vor allem dem nicht sehr hohen Prestige von Viktor Lutze, Stabschef der SA, doch damit auch dem Ansehen der SA insgesamt. Die wiederum hätte eine Aufwertung in der Tat dringend nötig gehabt. Der „Sturmabteilung" genannte, aus einem Ordnerdienst hervorgegangene Kampfverband der NSDAP galt schließlich seit 1934 als ziemlich übel beleumundeter, geradezu verfemter Haufe, mit dem selbst engagierte Nazis nichts mehr zu tun haben wollten - verständlicherweise. Hatte die SA es doch in eben diesem Jahr gewagt, gegen den „Führer" zu rebellieren - was diesen dazu zwang, sie mit einem fürchterlichen Strafgericht zu überziehen.

Das lexikalische Stichwort zu diesem Vorgang lautete „Röhm-Putsch". Die Geschichte verbuchte das mysteriöse Ereignis als eine der ekelhaftesten Mordorgien aus der Frühzeit des Dritten Reiches, wohingegen dessen offizielle Chroniken es nicht einmal erwähnen.

Was der damals vierzehnjährige Walter Heinkelein von diesem blutigen Ereignis mitbekam, dürften Gerüchte gewesen sein, Fetzen von Rundfunkmeldungen, allenfalls noch einzelne Sätze aus Hitlers heiser gebellter Rechtfertigungsrede vor dem Deutschen Reichstag, nichts jedenfalls, was ihm im Gedächtnis geblieben sein konnte. Doch wie auch anders. Was damals geschah, gehörte ja keineswegs zu seiner eigenen Geschichte oder vielmehr: Es gehörte noch nicht dazu. Nun allerdings, da ihn das Silberschild der Standarte „Feldherrnhalle“ schmückte, war er doch ein Teil dieser Geschichte geworden - unfreiwillig zwar, unwissentlich sogar, aber auch unvermeidbarer Weise.

Ernst Jünger bemerkte zu solchen Verstrickungen: „Man kann sagen, dass alles, was wir erleben, gleich den Bildern auf einem Gobelin, aus *einem* Faden gesponnen ist.“

Das Ereignis „Röhm-Putsch“ hatte sich, von heute aus gesehen, auf offener Bühne abgespielt. Alle handelnden Personen und Personengruppen waren, scharf voneinander geschieden, im Vordergrund oder im Hintergrund angetreten wie die Protagonisten und Chöre eines antiken Theaterstücks. Jeder belauerte jeden, alle hatten ihr bestimmtes Ziel vor Augen. Die schwierigste Rolle war Hitler vorbehalten. Er musste etwas tun, das seiner Natur zutiefst widersprach, musste aus der Kulisse hervortreten und vor allem Publikum eine blutig schwere Entscheidung treffen. Da er sich dazu aber durchrang, hätten die Deutschen ihn damals so beinahe hautnah erleben können wie nie zuvor und eigentlich auch nie wieder während der ganzen Zeit seiner zwölfjährigen Herrschaft - vorausgesetzt, sie hätten hingeschaut. Erhellend wäre es auf jeden Fall gewesen.

Während der entscheidenden Tage des Röhm-Putsches bot ihnen der seit knapp eineinhalb Jahren amtierende Reichskanzler ein geradezu Mitleid erregendes Bild. Kein über den Dingen stehender Staatsmann, keine auch nur annähernd imponierende Persönlichkeit trat damals an die Rampe, sondern ein schwitzendes, verquollenes, zutiefst verunsichertes, nervöses Wrack, dessen Qualen man zur Not sogar nachempfinden konnte. Denn in der Tat, der Mann, der am Rednerpult der Kroll-Oper, dem damaligen Sitzungssaal des Reichstages, stehend sich nach einer blutigen Massenmetzelei als „des deutschen Volkes oberster Gerichtsherr“ bezeichnete, hatte praktisch mit eigenen Händen und ebenfalls wider all seine Instinkte brutal und rücksichtslos gemordet. Ja mehr noch, er hatte einige seiner engsten Kampfgefährten hingeschlachtet. Und es gab Beobachter, die später behaupteten, nichts habe seine Persönlichkeit so tiefgreifend verändert wie die am 30. Juni 1934 scheinbar so schlagartig kulminierenden Ereignisse.

Dabei war er in diesem Stück nicht einmal der finsterste aller auftretenden Schurken gewesen. Andere hätten diesen Titel viel eher verdient.

Göring etwa, damals nicht nur Reichsminister der Luftfahrt, sondern auch preußischer Ministerpräsident und Chef der größten deutschen Polizeimacht, hatte nahezu vom Tag der „Machtergreifung" an damit begonnen, seine Claims im nationalsozialistischen Staat abzustecken. Er gründete die Gestapo, richtete die ersten Konzentrationslager ein und schuf auch ein geheimnisumwittertes „Forschungsamt", dessen vornehmliche Aufgabe darin bestand, alle wichtigen Personen des Reiches telefonisch abzuhören. Wer ihn derart agieren sah, hätte glauben können, der „Dicke" richte sich nicht in einem von ihm mit verkörperten Staatswesen ein, sondern in Feindesland, er sammle Truppen, baue Bastionen, lege Minenfelder für eine erst noch bevorstehende Auseinandersetzung oder den eigentlichen Kampf um die Macht, ein Condottiere, dem jeder andere seinesgleichen von vorneherein als künftiger Gegner galt.

Der Mann nun, dem er in dieser Hinsicht am meisten misstraute, hieß Ernst Röhm. Es gab dafür sogar recht gute Gründe. Über größere Macht als Röhm verfügte in den ersten beiden Jahren des Dritten Reiches kein anderer Funktionär der NSDAP. Die SA, als deren „Stabschef" er seit 1931 fungierte (OSAF, Oberster SA-Führer war Hitler selbst), zählte rund eine Million Mitglieder. Und Röhm betrachtete diese Truppe durchaus als seine höchst eigene, auf ihn eingeschworene Privatarmee.

Schwelgend in Prunk und Luxus residierte der stämmige Mann mit dem zerhauenen Landsknechtsgesicht am Münchner Prinzregentenplatz, umgeben von edelstem Mobiliar, umschwärmt von Adjutanten, Ordonnanzen, Chauffeuren, Reitknechten, Pferdepflegern, beschützt von einer bis an die Zähne bewaffneten „Stabswache", geschmückt mit Titeln wie Reichsminister, Staatssekretär des Reiches in Bayern, bayerischer Staatskommissar, Ministerial-Kommissar im preußischen Innenministerium und eben Stellvertreter des OSAF, also des „Führers" selbst.

Wenn Röhm zu einer Soiree in seine Villa lud, kamen die Spitzen von Staat und Gesellschaft angerauscht, auch empfindsamere Herrschaften, die ihn vulgär fanden und sich hinter vorgehaltener Hand zuflüsterten: „Ist er denn nicht?“ Röhm war’s; er machte sich nur wenig Mühe, seine homosexuellen Neigungen zu verbergen. Doch andererseits: Diesen Emporkömmling gesellschaftlich zu schneiden, schien nicht ratsam zu sein. Schließlich war keineswegs ausgemacht, wohin die neue Führung endgültig steuern würde. Noch konnte sich erweisen, dass das Dritte Reich nach einer „zweiten Revolution“, wie Röhms Anhänger munkelten, zum SA-Staat mutieren würde. In diesem Falle mochte es nützlich gewesen sein, mit dem Stabschef einst ein paar nette Worte gewechselt zu haben. Was „SA-Staat“ eigentlich bedeuten sollte, hätte indes kaum jemand zu sagen vermocht. Einig war man sich nur darin, dass schon das Wort selbst einen unangenehm düsteren Klang hatte und mit dem, was die Nazis bisher geboten hatten, kaum vereinbar zu sein schien. War Hitler denn nicht vollkommen legal an die Macht gekommen? Hatte er sich nicht mit den überkommenen Verhältnissen und deren Repräsentanten, Bürgertum, Wirtschaft, Kirche, Militär, selbst Adel, auf eine für (nahezu) alle bekömmliche Weise arrangiert? Und nun also „zweite Revolution“, Umwertung aller bestehenden Werte? Jakobinischer „terreur“ möglicherweise oder Bolschewisierung im Zeichen des Hakenkreuzes?

Völlig abwegig mutete es nicht an, denn schließlich verkörperte das Riesenheer der SA eine Bevölkerungsgruppe, die seit 1933 noch nicht so richtig zum Zug gekommen war: das Proletariat. Von den Funktionären der Partei, den sogenannten „Amtswaltern“, saßen die meisten schon längst auf einträglichen Posten der staatlichen und städtischen Verwaltungen oder durften sich Gauleiter, Kreisleiter, Ortsgruppenleiter nennen. Die meist aus einfachen Verhältnissen stammenden Mitglieder der Sturmabteilung hingegen, also jene, die für Hitler einst die Straße frei gekämpft hatten, waren überwiegend leer ausgegangen. Um so vehementer versuchten sie sich nun einen Teil dessen zu sichern, was sie von Anfang an als Kampfpreis verstanden hatten: Macht, Einfluss und gesichertes Einkommen.

Neben anderen bekam das auch Göring zu spüren, der vor kurzem noch getönt hatte: „Den Todeskampf (gegen die Kommunisten) führe ich mit denen da unten, das sind die Braunhemden.“ Jetzt hatte er sie plötzlich selbst am Hals. Ohne von Hitler daran gehindert zu werden, überzog Röhm den ganzen Staat mit einem immer enger werdenden Netz von Aufpassern und Kontrolleuren. Dem preußischen Ministerpräsidenten etwa, eben Göring, setzte er kurzerhand einen Sonderbevollmächtigten ins Haus, der jeden seiner Schritte überwachte. Vor das Haus aber stellte er ihm eine bewaffnete SA-Stabswache.

Ähnlich erging es den unterschiedlichsten Ministern, Oberpräsidenten, Regierungspräsidenten oder Landräten. Allen stand von heute auf morgen ein „Garant des Führers" in SA-Uniform zur Seite, der ihnen vorschrieb, wie die Gesetze im Sinne der nationalsozialistischen „Revolution" auszulegen und anzuwenden seien. Andere Braunhemdträger versuchten sich in einer bei allen emporgekommenen Nazigrößen besonders beliebten Betätigung, sie gründeten größere und kleinere Staaten im Staate, Räuberkönigreiche mit Schlägertrupps, die sich als Polizei gerierten und eigene, „wilde" Konzentrationslager unterhielten.

Um diese Zeit, gegen Ende des Jahres 1933, zählte die SA nicht mehr nur eine, sondern bereits nahezu drei Millionen Mitglieder. Und der Stabschef verheimlichte auch keineswegs, was er mit dieser, der Reichswehr rein zahlenmäßig ums Dreißigfache überlegenen Truppe anzufangen gedachte. Wie der preußische Heeresreformer Gerhard Johann von Scharnhorst wollte er unter den Augen des „Feindes" eine neue Armee erschaffen; zu jener Zeit war der Feind Napoleon gewesen, nun waren es die Garanten des Versailler Friedens. Und es sollte eine Miliz sein, was da entstand, ein Volksheer, ja eine Nation in Waffen. Zugleich hieß das jedoch: Die Reichswehr hat sich überlebt. Deren Generale, so Röhm, „sind alte Schuster". Oder noch präziser: „Die deutsche Wehrmacht muss der SA gehören, und ich muss ihr Führer, Oberbefehlshaber oder Reichswehrminister sein." Außerdem sollte dieses Heer auch die nationalsozialistische Revolution vollenden.

Was sagte der „Führer" zu diesen Plänen? Er fand sie gar nicht so übel - einerseits. Schon um den Reichspräsidenten Hindenburg nicht vor den Kopf zu stoßen, konnte er jedoch, andererseits, die Reichswehr keinesfalls auf die Seite drängen; nach Recht und Gesetz war sie noch immer der einzige Waffenträger der Nation. In welche Richtung sollte er sich also bewegen?

Zunächst einmal versuchte der Reichskanzler und OSAF, beide Seiten zur Zusammenarbeit zu überreden. Als das auf Grund Röhm'scher Starrköpfigkeit misslang, zwang er dem Stabschef ein Abkommen mit den Generalen auf, das der SA nur die vormilitärische Ausbildung als Betätigungsfeld zuwies. Als aber Röhm daraufhin im engeren Kreis seiner Vertrauten wetterte: „Was der lächerliche Gefreite erklärt, gilt nicht für uns“, da sprach dieser die ominösen Worte: „Wir müssen die Sache ausreifen lassen“, ohne jedoch hinzuzufügen, was damit gemeint sei.

Dass es eine Drohung war, ist nicht unbedingt gesagt. Hitler neigte generell dazu, die Dinge „ausreifen“ zu lassen. Fragte sich nur, ob ihm dafür auch genügend viel Zeit zur Verfügung stand.

Der mit soviel Schwung angekurbelte Wirtschaftsaufschwung schien Anfang 1934 ins Stocken zu geraten. Die Reichsbank hatte kaum noch Devisen. Die Arbeitslosigkeit nahm wieder zu. Das Volk begann zu murren. Was aber, wenn sich die Unzufriedenen auf der Straße mit den Unzufriedenen in der SA zusammentaten? Den zunehmenden Druck bekam vor allem auch der Ministerpräsident des größten deutschen Landes zu spüren: Görings Preußen reichte von Königsberg bis Köln, von der dänischen Grenze bis ins Hessische Bergland herab. Der „Dicke“ musste sich wehren und tat es auch.

Zunächst einmal verbündete er sich mit einer der scheinbar farblosesten Erscheinungen unter den Größen des Naziregimes, dem kurz geschorenen, randlose Brillen bevorzugenden ehemaligen Hühnerzüchter Heinrich Himmler, der sich seit 1929 „Reichsführer SS“ nennen durfte, als solcher jedoch ein Untergebener Röhms war. Beide zusammen brachten dann Rudolf Heß, den „Stellvertreter des Führers“, auf ihre Seite und schließlich eine der schillerndsten Gestalten aus dem höheren Offizierskorps der Reichswehr, den damaligen Generalmajor Walter Reichenau. Es war kein Freundschaftsbund, der sich da heraus zu bilden begann, es war eine Not- und Zweckgemeinschaft. Ihr Erhalt kostete Göring einen ziemlich hohen Preis.

Seine Gestapo musste er praktisch an Himmler abtreten und dessen wichtigsten Mitarbeiter Reinhard Heydrich zu ihrem Leiter machen. Der wiederum riss dann auch noch die Kontakte zur Reichswehr an sich, vor allem die mit dem ehrgeizigen, der Naziideologie durchaus zugeneigten Reichenau. Der Anti-Röhm-Koalition begannen damit die ersten Reißzähne zu wachsen. Musste nur Hitler noch davon überzeugt werden, dass sie bereit war, davon im Zweifel auch Gebrauch zu machen. Doch Hitler hoffte noch immer, dem sich abzeichnenden Dilemma zu entkommen - begreiflicher Weise.

Die SA war letzten Endes seine Schöpfung und er selbst in gewisser Weise ihr Geschöpf. Sie hatte ihn zur Macht getragen und konnte nach wie vor als ein Garant seiner Macht gelten. Wenn er also jemals ernsthaft daran gedacht haben sollte, den Staat der Deutschen von Grund auf umzugestalten, war er auf die Mitarbeit der Braunhemden angewiesen. Zweifelhaft indessen, ob er das jetzt, da die Macht ihm gehörte, auch noch wirklich wollte. Die Option dafür hätte er sicherlich gerne gewahrt. Aber wie sie umsetzen? Etwa doch durch eine „zweite Revolution“? Kam schließlich noch eines hinzu: Wenn Hitler irgendwo gerne Mensch war, dann im Kreis seiner raubeinigen „alten Kämpfer“, den eher einfach gestrickten Genossen aus den Zeiten der Bierhallenschlachten und der dazu gehörenden endlosen Stammtischabende. Wie kein anderer verkörperte gerade Ernst Röhm die dort vorherrschende Mentalität. Er war der „alte Kämpfer“ schlechthin, kumpelhaft, quadratschädlig derb, jeglichem Feinsinn abgeneigt und überdies einer von insgesamt vier Männern, die Hitler duzten und von ihm geduzt wurden. Es wäre sicherlich keine Übertreibung, die beiden Freunde zu nennen. Konnte man einen Freund jedoch einfach in die Wüste schicken, nur weil die Opportunität es verlangte?

Noch immer versuchte Hitler es zu vermeiden. Er bestellte Röhm in die Reichskanzlei und redete über vier Stunden lang auf ihn ein. Seine Lage, dürfte er dem „lieben Ernst“ gesagt haben, sei prekär. Vizekanzler Franz von Papen und einige regimekritische Reichswehrgenerale setzten alle Hebel in Bewegung, um ihn an der Verwirklichung seines nächsten großen Vorhabens zu hindern, die Erlangung des höchsten Amtes im Staate. Hindenburg lag auf dem Totenbett. Wolle er also jemals dessen Nachfolge antreten, dann müsse das in den kommenden Tagen geschehen. Gelingen könne es aber nur, wenn die Seinen geschlossen hinter ihm stünden. Mit einem Wort, wenn auch die SA sich ruhig verhielte und keinen unnötigen Ärger mache.

Das Gespräch der beiden fand am 4. Juni 1934 statt. Röhm scheint sich Hitlers Argumenten gebeugt zu haben. Wenige Tage später wurde jedenfalls bekannt gegeben, dass die gesamte SA für den Monat Juni beurlaubt sei und er selbst sich zu einer mehrwöchigen Kur nach Bad Wiessee am Tegernsee zurückziehen werde. Beobachter schlossen daraus, dass OSAF und Stabschef in aller Freundschaft voneinander geschieden seien, Röhm jedoch möglicherweise der Überzeugung gewesen wäre, nach Hindenburgs Tod und Hitlers Ernennung zu dessen Nachfolger würden die Karten noch einmal neu gemischt, für ihn selbst und für die SA.

Doch kaum war der Stabschef in seine bayerische Heimat abgereist, da kam die Wahrheit an den Tag. Auf den Schreibtischen von Göring, Himmler, Heydrich, Reichenau begannen sich Berichte, Geheiminformationen, Abhörprotokolle zu stapeln, die mit der Zeit nur noch einen Schluss zuließen: Ernst Röhm wollte seinen Duzfreund Adolf hintergehen, er hatte die Absicht, dem SA-Gruppenführer August Wilhelm von Preußen, genannt Auwi, einem Sohn Wilhelms II., die Nachfolge Hindenburgs anzutragen, sich von ihm zum Reichswehrminister ernennen zu lassen und Hitler gnädigst den Platz zu gewähren, den er schon inne hatte, jenen des Reichskanzlers.

Aus anderen Unterlagen ging hervor, dass die SA mit einem Massenaufstand die Reichswehr entmachten und sich zum einzigen Waffenträger der Nation erklären wolle. Namenslisten wurden schon herumgereicht, die präzise festhielten, welche Generale abgesetzt oder erschossen werden sollten. Am Ende erfuhr man dann auch noch, dass dieser „Röhm-Putsch" für den 30. Juni 1934 geplant sei.

Zu jenen, die nichts von alledem wussten, gehörte indessen der Mann, der das ungeheuerliche Unternehmen angeblich geplant hatte: Ernst Röhm. Bier trinkend oder Schafkopf spielend saß er am frühsommerlichen Tegernsee. Gelegentlich schaute ein Arzt vorbei, um einige seiner alten, immer wieder aufbrechenden Verletzungen zu versorgen. Das Quecksilber im Thermometer stieg und stieg. Was Röhm schon überhaupt nicht wusste, war vor allem dies: Den ganzen Wust aus Gerüchten und Anschuldigungen, über den Göring-Himmler-Heydrich zu verfügen vorgaben, hatte das infernalische Trio selbst fabriziert - unter der heimlichen Patronanz einiger hoher Reichswehroffiziere.

Wusste Hitler wenigstens von diesen subversiven Aktivitäten? Und falls ja, glaubte er Göring oder glaubte er an Röhms Unschuld? Es war einfach nicht aus ihm heraus zu bringen. Heute wollte er den Stabschef absetzen oder ihn sogar ins Gefängnis werfen lassen. Am Tag darauf sprach er schon wieder von späterer Versöhnung mit dem möglicherweise nur ins Straucheln geratenen Freund. Um ihm die Sache leichter zu machen, erinnerten Göring-Himmler-Heydrich schließlich daran, dass es noch einen Termin in Essen wahrzunehmen gebe. Hatte er Joseph Terboven, dem Gauleiter von Westfalen, nicht versprochen, an dessen demnächst stattfindender Hochzeit teilzunehmen? Es könnte der von Hitler insgeheim erhoffte Fingerzeig gewesen sein. Während seines Aufenthalts im Ruhrgebiet mochte die ganze Angelegenheit vielleicht doch noch „ausreifen“. Zum Guten oder zum Schlechten hin? Am 28. Juni jedenfalls flog Hitler ab.

Damit konnten die Drahtzieher des sich bereits abzeichnenden blutigen Dramas endlich Position beziehen. Auf der Vorderbühne erschienen, von Himmler alarmiert, Verbände der SS und des von Heydrich geschaffenen Sicherheitsdienstes SD. Zugleich erhielten einzelne Divisionen der Reichswehr den Befehl, diese Schlägertrupps notfalls zu unterstützen.

Trotz solcher umfassenden Vorbereitungen wäre es beinahe noch schief gegangen. Einige SA-Führer bekamen Wind von dem, was Göring und Konsorten trieben. Sie trommelten ihre Leute zusammen, gaben Waffen an sie aus und zogen, etwa in München, randalierend durch die Straßen. Noch ehe es indes zu ernsten Ausschreitungen oder gar Kämpfen kam, ließen die Braunhemden sich wieder beruhigen und gingen brav nach Hause. Röhm selbst hatte während dieser kurzen kritischen Phase seine Pension in Wiessee allenfalls zu Spaziergängen verlassen.

Anders Hitler. Auf der Essener Hinterbühne wurde er von Stunde zu Stunde mehr in das unwiderruflich angelaufene böse Spiel hineingezogen. Schon die Hochzeitsgesellschaft hatte er vorzeitig verlassen, um auf seiner Hotelsuite die getürkten Schreckensmeldungen entgegen zu nehmen, die Himmler-Heydrich ihm in immer kürzeren Abständen per Telefon übermittelten. So konnten diejenigen, die um ihn waren, darunter Göring, miterleben, wie er sich mählich in einen Zustand versetzte, der ihm die verhasste Aufgabe, brachiale Entschlüsse zu fassen, erleichtern sollte. Er muss dabei eine Art von seelischem Überdruck in sich aufgebaut haben, der allein den Zweck hatte, sich irgendwann explosionsartig zu entladen und ihn selbst, quasi automatisch, in die Aktion hinein zu katapultieren.

Zunächst einmal, und noch ehe es soweit gekommen war, gab er persönlich die Weisung nach Bad Wiessee durch, am 30. Juni, elf Uhr vormittags, hätten sich alle höheren SA-Führer in Röhms Ferienquartier zu versammeln, um dort auf ihn warten. In einem seiner Lieblingshotels, dem Bad Godesberger „Dreesen“, feuerte Hitler am Tag darauf die nächste Salve ab: Röhm sei als Stabschef abgesetzt. Gleichzeitig befahl er den SS-Gruppenführer Sepp Dietrich zu sich, um ihn, kaum dass dieser angekommen war, nach München zu beordern, wo er weitere Befehle erhalten werde. Als Hitler schließlich in Oberwiesenfeld selbst aus seinem Flugzeug stieg, war er bereits zu dem geworden, der er vermutlich sein musste, um Bluturteile zu fällen und sie exekutieren zu können. Es war ein an Hysterie grenzender Zustand, der ihn dann wirklich auch durch den Rest des für alle Beteiligten wahrhaft alptraumhaften Tages trug.

Ein, wie Augenzeugen berichten, buchstäblich schäumender Berserker riss SA-Führern, die ihm über den Weg liefen, sämtliche Rangabzeichen ab, verhaftete mit entsicherter Pistole seinen aus dem Schlaf geschreckten Freund Röhm, nannte ihn einen Verräter und gab im selben Atemzug bekannt, alle an dem „Putsch" beteiligten SA-Leute würden umgehend erschossen werden.

So geschah es dann auch. Hitlers „Urteil", eine Namensliste ohne Unterschrift, wurde Sepp Dietrich in die Hand gedrückt. Der tat, was ihm befohlen war. Sechs der festgenommenen Braunhemden wurden in einen Hof der Münchner Strafvollzugsanstalt Stadelheim geführt. Dort erfuhren die völlig verstörten Männer, „der Führer" habe sie zum Tode verurteilt, das Urteil werde umgehend vollstreckt, „Heil Hitler". Gleich darauf krachten die Schüsse.

Röhms Name hatte auch auf der Liste gestanden, er war jedoch nicht abgehakt gewesen. Wohl aber schwärmten nun überall im Reich die Greiferkommandos von SS oder SD aus, um hochrangige SA-Leute zu fassen und umgehend an die Wand zu stellen. In Ellwangen etwa, der Nachbarstadt Crailsheims, traf es den SA-Standartenführer Hermann Mattheiß; er hatte sich einmal mit Himmler angelegt. Überhaupt riss das Trio um Göring die Zügel nunmehr völlig an sich und räumte erbarmungslos mit all seinen Rivalen auf. Auch eine ganze Reihe alter, zum Teil uralter Rechnungen wurde dabei beglichen. Am Ende hatten insgesamt fünfundachtzig Menschen aus nahezu allen Teilen Deutschlands das Leben verloren, unter ihnen der ehemalige Reichskanzler Kurt von Schleicher und der frühere NS-Organisationsleiter Gregor Strasser, ein Intimfeind von Goebbels. Röhm hingegen war am Tag Zwei des ihm in die Schuhe geschobenen Putsches noch immer am Leben.

Wollte Hitler den Duzfreund vielleicht doch verschonen? Bis zum Vormittag des 1. Juli hatte er dies offenbar vor. Gegen Mittag war es ihm von Göring jedoch ausgeredet worden. Am Abend wurde des „Führers" ältester Kampfgefährte in seiner Stadelheimer Gefängniszelle erschossen. Knappe vierundzwanzig Stunden später ist der blutige Spuk dann mit einem Schlag zu Ende - auf Befehl des „Führers". Nur die Leichen müssen noch verscharrt werden.

„Braunes Hemd, schwarzer Schlips, dunkelbrauner Ledermantel, hohe schwarze Kommissstiefel“, in dieser Aufmachung sah der Augenzeuge Hans Bernd Gisevius den „Führer“ wenig später auf dem Berliner Flughafen aus seiner Maschine steigen. Der damalige Polizei-Assessor blickt in „ein kreidebleiches, durchnächtigtes, unrasiertes Gesicht, das eingefallen und aufgedunsen zugleich erscheint und aus dem, durch die verklebt herabhängenden Haarsträhnen schlecht verdeckt, ein paar erloschene Augen stieren.“ Was sieht Gisevius somit wirklich? Einen abgekämpften Mann, der möglicherweise in einer schweren Nervenkrise steckte? Oder einen von seiner Schuld zu Boden gedrückten Massenmörder?

Wie immer sich Hitler an diesem 2. Juli 1934 wirklich gefühlt haben mag, zu befürchten hatte er eigentlich nichts. Die Mehrzahl der Deutschen zeigte sich mit dem, was er getan hatte, mehr oder weniger einverstanden. Eine gewiss brutale „Säuberungsaktion“ war durchgezogen, Recht und Gesetz waren gröblichst verletzt worden, aber dafür herrschte wieder Ordnung im Land. Weggefegt der braune Spuk, auf den Abfall gekehrt das Gewese um eine „zweite Revolution“. Selbst angesehene bürgerliche Zeitungen sahen das so, die Reichswehrführung (überwiegend) ebenfalls. Nur einige amerikanische Journalisten verglichen Hitler mit dem Gangsterhäuptling Al Capone. Musste er sich also überhaupt rechtfertigen?

Am 13. Juli 1934 tat er es. Beobachter, die bei seiner Rede im Reichstag anwesend waren, sagten später, er sei selten in derart schlechter Verfassung vor die Öffentlichkeit getreten: Ein vollkommen verkrampft wirkender Mann musste sich am Rednerpult festklammern, um nicht den Halt zu verlieren. Und ungewöhnlich lange dauert es auch, bis er sich in den Furor hinein gesteigert, den man von ihm gewöhnt war. Als er es dann aber doch geschafft hatte, da „schwang diese Stimme mit einer dunkel drohenden Gewalt, sie vibrierte so gefährlich wie das Summen einer Hornisse“ (Ernst von Salomon).

Vor allem aber wob diese Stimme ein Gespinst von Unwahrheiten, das die Kenner der Vorgänge als grotesk empfinden mussten. Hitler gab vor, von Röhm auf heimtückische Weise hintergangen worden zu sein, er behauptete, über dessen „abartige Veranlagung“ nichts gewusst zu haben, bezichtigte ihn der planmäßigen Vorbereitung einer, von ihm selbst natürlich keineswegs angestrebten, „zweiten Revolution“ und krönte die trotz allem schwache Rede schließlich mit dem wahrhaft blasphemischen Satz: „In dieser Stunde war ich verantwortlich für das Schicksal der deutschen Nation und damit des deutschen Volkes oberster Gerichtsherr."

Wie wurde die Rede aufgenommen von Volk und Nation? Die Deutschen waren (überwiegend) auch von ihr begeistert. So hatten sie sich einen starken Mann schon immer vorgestellt, so hart, so entschlossen, so bereit, jedes notwendige Opfer zu fordern und Opfer auch selbst zu erbringen. Hatten zu den von ihm Abgestraften nicht einige seiner engsten Freunde gehört? Was den Deutschen kaum bewusst wurde, war indes, dass sie in den drei Tagen des „Röhm-Putsches" Adolf Hitler so erlebt hatten, wie er wirklich war: Ein Mann, der wichtigen Entscheidungen Tage lang auswich, der, unsicher schwankend, die Probleme sich so lange zusammenballen ließ, bis ihm endlich gar nichts anderes mehr übrig blieb, als sie jäh und gewaltsam mit einem Schlag aus der Welt zu räumen. War es aber so weit gekommen, dann verwandelte sich die eher gesichtslose, banale Erscheinung Adolf Hitler binnen kürzester Frist in eine donnergrollende Gewitterwolke, aus der die Blitze zuckten - um nach der ungeheueren Energieentladung erschlafft wieder zurück zu sinken und den Dingen für längere Zeit erneut ihren Lauf zu lassen. So lange jedenfalls, bis er nervlich in der Lage war, dem nächsten Gegner an die Gurgel zu springen. Ohne einen gehörigen Anlauf indessen ging es bei ihm auch später nie. Selbst seine Reden begannen meist damit, dass er zunächst einmal auf sich selbst verwies, daran erinnernd, wie er als „einfacher, deutscher Sold*att*" (Hitler sprach dieses Wort immer so aus) im Krieg gelitten habe, und wie er dann nach langen inneren Kämpfen jener Erleuchtungen teilhaftig wurde, die ihn befähigten, das deutsche Volk zu seiner alten Größe zurück zu führen. Sogar in diplomatischen Gesprächen operierte er selbstreferenziell mit den Daten der eigenen Biografie, solcher Art begründend, warum er „unwiderruflich" diese oder jene Entscheidung getroffen habe. Es erweckte jedes Mal den Eindruck, Hitler selbst sei in Hitlers Augen die eigentliche und einzige Ursache, aber somit auch eine Mensch gewordene Rechtfertigung für alles, was Hitler tat. Das haben die Deutschen jedoch ebenfalls nicht nur nicht erkannt, im Gegenteil, es imponierte ihnen.

Nach dem „Röhm-Putsch" hatte er das Volk so fest in der Hand, wie noch nie zuvor seit seiner „Machtergreifung". Als am 1. August 1934 aus Gut Neudeck in Westpreußen die Nachricht kam, mit Hindenburg gehe es zu Ende, konnte Hitler bedenkenlos in einem, wie Kritiker es nannten, „kalten Staatsstreich" vom Reichstag beschließen lassen, dass die Ämter von Reichspräsident und Reichskanzler künftig zusammengefasst, also in einer Hand liegen würden. Und als „der Alte“ tags darauf wirklich starb, trat er unwidersprochen dessen Nachfolge an.

Es machte ihn zu einem Herrscher, der wie ein Kaiser des alten „Römischen Reiches deutscher Nation“ dieses Reich nicht nur regierte, sondern praktisch „das rîche was“ (war), den Staat somit in seiner Person verkörperte. Als erste staatliche Institution erkannte dies die ohnehin monarchistisch gesinnte Reichswehr an. Noch am Todestag Hindenburgs ließ ihr oberster Chef, Werner von Blomberg, die Truppen im ganzen Reich vor ihren jeweiligen Kasernen antreten, um sie feierlich auf den „Führer und Reichskanzler“ vereidigen zu lassen. Bis dahin hatte dieser Treueschwur nicht einer Person gegolten, sondern einem Gesetzeswerk: der deutschen Verfassung.

Und was geschah mit Röhms Millionenheer? Die SA wurde keineswegs, wie viele erwartet hatten, aufgelöst, sie wurde nur erbarmungslos „gesäubert“. Wer das Unwort „zweite Revolution“ noch in den Mund zu nehmen wagte, ja wer auch nur Ehebruch begangen oder ein paar Schulden angehäuft hatte, musste den Hut - in diesem Falle die Uniformmütze - nehmen. Wer vorbestraft war, zuviel trank oder als „Bonze“ galt - weg mit ihm. Die „Sturmabteilung“ sank zu einem besseren Wehrsportverein herab, erfreute sich jedoch selbst in dieser Erscheinung auch weiterhin keines sonderlich guten Rufes. Das galt ebenso für den neuen Stabschef Viktor Lutze, der den alten Stabschef mit ans Messer geliefert hatte. Doch dann schien sie auf einmal wieder da zu sein, die SA, zeigte sich sogar viel prächtiger herausgeputzt als jemals zuvor, marschierte mit knallendem Paradeschritt durch die Straßen und stellte sogar die Wachtposten an der Reichskanzlei. Sollte die braune Truppe etwa rehabilitiert, sollte sie von ihren Sünden frei gesprochen werden? Der Eindruck konnte tatsächlich entstehen, er hätte allerdings getrogen.

Vorzeige-Einheiten wie die Standarte „Feldherrnhalle“ dienten besten Falls dazu, gut gewachsenen, mindestens einen Meter vierundsiebzig großen jungen Leuten die Chance zu einem Leben außerhalb ihrer gewohnten, meist kleinbürgerlichen Normen zu bieten. Einige von ihnen wären früher vielleicht zur Fremdenlegion gegangen, nun traten sie eben Lutzes Elitetruppe bei und waren damit für den deutschen Staat gerettet. Vor allem aber waren sie solcher Art bereits auch ein Teil der großen Kriegsmaschine geworden, die gerade warm zu laufen begann. Dem jungen Walter Heinkelein mag dies nicht gleich bewusst geworden sein, als er seinen Diensteid leistete, erfahren sollte er es indessen - sogar umgehend. Auf diese Weise, wenn auch nur auf diese, geriet ein besonders grausames Kapitel der allgemeinen Geschichte eben doch auch zu einem Abschnitt seiner persönlichen Geschichte.

Ein achtzehnjähriger Bursche, der von zu Hause ausrückt, weil es ihm dort zu eng geworden ist, will vor allem die Welt kennenlernen. Walter Heinkelein kam zunächst nur bis nach Erding, unweit von München, eine eher bäuerliche Stadt mit damals rund 7000 Einwohnern. Sein „Sturmbann", die Nummer zwei von vier gleich großen Einheiten, aus denen die mehr als tausendköpfige „Standarte" bestand, war dort stationiert. Die ihm zugewiesene Kaserne glich äußerlich einer freundlichen Reihenhaussiedlung, aber das täuschte. Vor ihrer Tür lag der sogenannte „Schleifplatz". Wie jedermann weiß, heißt schleifen etwelche Gegenstände so bearbeiten, dass sie die jeweils gewünschte Form annehmen. Laut deutschem Militärjargon gilt das auch dann, wenn die Gegenstände Rekruten sind. Die angestrebte Form ist in diesem Fall jener automatenhaft auf Befehle reagierende Mensch, der Soldat genannt wird.

Heinkelein dürfte das von der HJ her schon gekannt haben oder sich eingeredet haben, dass er es kenne. Nun erfuhr der junge Mann die Wahrheit. Rekruten müssen lernen „auf dem Zahnfleisch zu gehen", sie erfahren, wie es ist, „wenn das Wasser im Arsch kocht", oder wenn man mit aufgesetzter Gasmaske bei glühender Hitze über die Hindernisbahn gejagt wird und schließlich glaubt, im eigenen Schweiß zu ertrinken. Rekruten werden gebrochen wie noch nicht zugerittene Pferde, jeder eigene Wille wird ihnen abtrainiert, es ist im Grunde eine Dressur. Aber wie anders soll man erreichen, dass zweihundertfünfzig Männer schließlich die hohe Kunst beherrschen, wie ein Mann den preußischen Präsentiergriff zu exerzieren, in Reih und Glied über den Paradeplatz zu marschieren und beim Stechschritt die Beine hüfthoch empor zu werfen, wobei die rechte Hand auch noch bis zum Koppelschloss durchschwingen muss, während die linke den Gewehrkolben festhält. Walter Heinkelein hat alle diese Fertigkeiten erlernt. Was es ihn an Muskel- und Knochenschmerzen, Erschöpfungszuständen und gelegentlichen Verzweiflungsanfällen gekostet haben mag, findet er nicht erwähnenswert.

Jung, wie er ist, sticht ihm eher das Positive in die Augen: Kameradschaft, Zusammengehörigkeitsgefühl und am Ende der Stolz darüber, alles durchgestanden zu haben. Er gehörte ja nicht zu denen, die den elitären Haufen schmählich wieder verlassen mussten, brachte es vielmehr vom einfachen „SA-Mann" zum „Sturmmann", war somit Gefreiter geworden und trug als solcher nicht die Knobelbecher des gemeinen Muschkoten, sondern zu seinen Keulenhosen veritable Schaftstiefel sowie, an Urlaubstagen, eine Ausgehuniform mit, wie es bei der Marine hieß, „Wäsche vorn": weißes Hemd und schwarze Krawatte.

Auf den Höhepunkten seines neuen Daseins durfte die Standarte dann zeigen, was sie gelernt hatte. Jeden Tag Punkt vierzehn Uhr etwa Wachablösung vor dem Sitz der Obersten SA-Führung in der Münchner Barerstraße: Stechschritt, Trommelschnarren, scharfe Kommandos, präsentiertes Gewehr.

Oder 10. Dezember 1938: Der „Führer" eröffnet eine Architekturausstellung im „Haus der Deutschen Kunst" (vom Volk „Weißwurstallee" genannt). Mit Fahne am rechten Flügel ist die Standarte angetreten, im offenen Mercedes stehend fährt der „Führer" die Front ab.

Oder schließlich der Höhepunkt schlechthin: Durch Münchens etwas düstere Residenzstraße marschiert am 9. November eine Ehrenkompanie der Standarte unmittelbar hinter den Spitzen von Staat und Partei. Erhaltene Aufnahmen zeigen den fast aus dem Braunhemd platzenden Göring sowie, ebenfalls in SA-Uniform, die Hände vor dem Koppelschloss gefaltet, Adolf Hitler, an dessen linker Seite Großadmiral Raeder, Walther von Brauchitsch, Oberbefehlshaber des Heeres, sowie die Generale Keitel (Heer) und Milch (Luftwaffe).

Es ist natürlich die zum Ritual erhobene Wiederholung des Marsches zur Feldherrnhalle. Man hätte sie eigentlich als gespenstisch empfinden müssen: 1923 war Röhm ja mit von der Partie gewesen. Wer Augen hatte zu sehen, erkannte immerhin, wie die Zeiten sich seit damals gewandelt hatten: Die ewige Wache vor der Steintafel mit den Namen der sechzehn toten Putschisten an einer Schmalseite der Feldherrnhalle wurde keineswegs von der SA gestellt, dort standen SS-Männer in schwarzer Uniform mit weißem Koppelzeug. Den ermordeten Stabschef hatte Himmler beerbt - was allerdings so offen noch nicht zu Tage trat. Rein optisch prägte nach wie vor die SA das Bild dieses Tages. Auf dem Odeonsplatz waren Hunderte von Braunhemden angetreten, jeder Einzelne von ihnen ein Vertreter seiner Standarte und zugleich Träger von deren Standarte, einem quadratischen, an hoher Stange angebrachten Tuchstück mit Hakenkreuz und dem Spruch „Deutschland erwache“. Die Nazis waren in das einem alten Kavalleriefeldzeichen nachempfundene Gebilde regelrecht vernarrt; es schien sie wenig zu stören, dass die „étendard sanglante“, die blutige Standarte, auch in der französischen Nationalhymmne besungen wird. Den Odeonsplatz jedenfalls und zu späterer Stunde den Königsplatz haben die viereckigen Tücher an jedem 9. November in schieres Blutrot getaucht. Walter Heinkelein konnte sich noch lange daran erinnern.

Immerhin war er zu dieser Zeit auch schon ein bisschen weiter herumgekommen. So kannte er etwa Stettin. Seine Einheit war dorthin kommandiert worden, um durch ihre Anwesenheit zu unterstreichen, dass die alte preußische Hafen-, und Garnisonsstadt (heute Szczecin) seit neuestem als „Metropole des Ostens“ galt. Sie tat es auf die ihr eigenen Weise, stellte Ehrenposten vor dem Landeshaus, paradierte mit „klingendem Spiel“ durch die Straßen, präsentierte das Gewehr vor dem Weltkriegsgeneral August von Mackensen, der in Husarenuniform erschien. Auch an einem fünftägigen Lehrgang nahm sie teil, auf dem ihre Angehörigen erfuhren, die SA sei und bleibe „das Instrument (...) der nationalsozialistischen Menschenerziehung“. Außerdem besuchte Heinkelein in Stettin die Ausstellung „Entarte Kunst“, sah also, was der „Führer“ auf keinen Fall an den Hängewänden einer deutschen Kunstausstellung sehen wollte. Dass ihm oder einem seiner Kameraden die expressionistischen, kubistischen, surrealistischen Bilder vielleicht gefallen könnten, wurde offenbar nicht befürchtet. Handelte es sich doch bei diesen jungen Leuten, so die „Pommersche Zeitung“, um „erstklassiges Menschenmaterial“, neudeutsch: „Humankapital“. Auf Stettin folgte dann Berlin, mit großer Parade zum fünfzigsten Geburtstag des „Führers“ und Dienst als Ehrenposten vor dessen Reichskanzlei. Doch damit ging die Zeit, in der Heinkeleins Einheit dem Regime als eine Art Public-Relations-Einheit gedient hatte, auch schon zu Ende. Die stolze Paradetruppe wurde auf andere Aufgaben vorbereitet. Ihre Angehörigen mussten lernen, wie man mit Flammenwerfern umgeht, Minen legt, Brücken sprengt, Bunker zerstört, Panzer vernichtet, hinter den feindlichen Linien Sabotage betreibt und einen Gegner im Nahkampf umbringt. Es wurde allmählich Zeit dafür.

Während Heinkelein noch dabei war, sich in Pommern ein bisschen umzusehen, hatte Hitler wieder einmal zugeschlagen, er war in Österreich eingefallen. Die Zeit, in der es ihm schwer fiel, rasche, brachiale Entscheidungen zu treffen, schien vorüber zu sein und zwar für immer. War er doch nun sogar überzeugt, jedes anstehende Problem mit geradezu „schlafwandlerischer Sicherheit" lösen zu können, und wusste überdies, seit 1936, dass er nur den ihm „von der Vorsehung vorgeschriebenen Weg" gehe (bei ihm klang es wie „Vo*rrr*sehung").

Damit indes trat vor allem auch zu Tage, dass der Hitler des Jahres 1938 mit jenem Hitler der während des „Röhmputsches" eine so klägliche Vorstellung geboten hatte, kaum noch etwas gemein hatte. Schon an seiner äußeren Erscheinung ließ sich das ablesen. Der Publizist Weigand von Miltenberg, der Hitler 1931 für längere Zeit beobachten konnte, fand, er sei stets „entweder linkisch oder forsch (...). Keine seiner Gesten ist fertig, abgerundet. Aus jeder spricht die Ängstlichkeit des kleinen gehobenen Mannes, der befürchten muss, wieder etwas falsch gemacht zu haben (...). Einzig und allein im neutralen blauen Anzug wirkt er erträglich (...), während alle seine übrigen Uniformen sofort ins Auge fallen durch ihre geschmacklose Zusammenstellung."

In der seither verstrichenen Zeit musste sich Hitler dieser Mängel selbst bewusst geworden sein. Immer seltener sah man ihn im Verwegenheit suggerierenden Trenchcoat und der ledernen Autofahrerkappe, sah ihn auch kaum mehr in Reitstiefeln, Keulenhosen und Braunhemd, es sei denn bei Veranstaltungen wie dem 9. November, wo solche Kluft obligatorisch war.

Zu schwarzen Hosen trug Hitler nun immer häufiger einen legeren Zweireiher in der goldgelben Farbe, die auch höhere Parteifunktionäre, die sogenannten „Goldfasane", bevorzugten, dazu weißes Hemd, schwarze Krawatte und auf dem Kopf ein Gebilde, das von seiner Geliebten Eva Braun als „Briefträgermütze" bezeichnet wurde; es war eine zutreffende Bezeichung. Der Schirm dieser Kopfbedeckung beschattete sein Gesicht, über dem Schirm prangte eine von Eichenlaub umrahmte schwarz-weiß-rote Kokarde und auf der Vorderseite des Mützendachs der Reichsadler mit Hakenkreuz. Zu dieser selbst entworfenen Tracht kam im Sommer ein eleganter weißer Staub-, im Winter ein schwerer Militärmantel. Kein anderer Staatsmann Europas trat in ähnlicher Adjustierung vor die Öffentlichkeit, kein anderer bot ein mit dem seinen vergleichbares Bild.

Eben darauf dürfte es Hitler angekommen sein.

Die heroischen Posen seines in prunkvolle Uniformen gekleideten Freundes Mussolini vermochte er nicht nachzuahmen. Im Cutaway, dem klassischen Anzug ziviler Würdenträger, wirkte er, laut Miltenberg, wie ein „Spießervogel“. In Uniform, das sieht man selbst auf Fotografien, fühlte er sich mit zunehmendem Alter immer weniger wohl. Aus diesen Gründen vermutlich hatte Hitler sich einen Anzug auf den Leib schneidern lassen, der seine Einzigartigkeit unterstreichen sollte. Ein weiterer Grund kam hinzu. Albert Speer erklärte er einmal: „Meine Umgebung muss großartig wirken. Dann wirkt meine Einfachheit auffallender.“

Vielleicht war aber auch das noch nicht alles. Vielleicht wollte dieser neue Hitler sich in eine Art „splendid isolation“, eine erhabene Unnahbarkeit, zurückziehen.

Sicher ist auf jeden Fall, dass seine „Umgebung“ großartiger kaum hätte sein können. Mit einer Leidenschaft ohnegleichen verschrieben die Deutschen sich damals der Uniform. Sie strebten nach Zugehörigkeit zu bestimmten, klar definierten Teilen einer Gesamtordnung, begehrten, wie eine Sozialpsychologin von heute es formuliert, „Schutzanzüge gegen das Ungeordnete“. Da aber selbst Schutzanzüge der jeweils vorherrschenden Mode unterworfen sind, hatten Uniformschneider Konjunktur wie seit Kaisers Zeiten nicht mehr.

Vor allem den Offizieren der auf Hitler vereidigten Wehrmacht schien das Bedürfnis, ihre neu gewonnene Bedeutung auch nach außen hin hervor zu heben, fast so wichtig zu sein wie der Erwerb neuer Waffen. An den Beinkleidern der Generalstabsoffiziere leuchteten plötzlich wieder die breiten Scharlachstreifen des alten Heeres. Rot schimmerten auch die Mantelaufschläge von Generalen oder weiß jene der Admirale und höheren Luftwaffenoffiziere. Rot umrandet waren die Hoheitsadler auf der rechten Brustseite und die Goldstickereien am Uniformkragen. Wem das noch immer nicht genügte, der trug statt Lederstiefeln mit Knöchelfalten solche aus Lackleder oder ließ seinen Uniformrock mit silbernen Biesen säumen. Dass auch die gute alte „Scherbe“ noch immer en vogue war, das ins Auge geklemmte Monokel, verdeutlicht vielleicht am ehesten, wes' Geistes Kinder die Liebhaber solcher modischen Finessen waren: Sie sahen sich als Mitglieder einer neuen feudalen Kaste - unterm Hakenkreuz.

Und sie erfanden immer neue Accessoires, um diesen Status zu betonen: Statt des doch etwas hinderlichen Säbels etwa den Offiziersdolch, der, an einem äußerlich nicht sichtbaren „Unterschnallkoppel" befestigt, in Oberschenkelhöhe waagrecht neben der Hose baumelte. Mit einem Wort, sie haben sich wahrhaft ausgetobt, die Uniformfetischisten des Dritten Reiches. Das Betätigungsfeld der Uniformdesigner weitete sich dementsprechend immer mehr aus.

Nicht nur die Militärs wollten ja bella figura machen, auch die Amtswalter und Politischen Leiter mussten Ehrendolche haben, Goldstickereien am Kragen, Silberbiesen am Ärmel. Von ihnen wiederum wollten die höheren Chargen des Reichsarbeitsdienstes sich nicht in den Schatten stellen lassen, die HJ-Führer und NSV-Funktionäre. Titelträger der Allgemeinen SS bevorzugten die Kombination von Schwarz und Silber, jene der für die KZ's zuständigen sogenannten „Totenkopfverbände" Erdbraun, während man bei der sich mählich herausbildenden SS-Verfügungstruppe, später „Waffen-SS" genannt, auf Steingrau bestand. Auch die SA gab es ja noch, khakifarben, wie sie stets gewesen war, doch dafür wurden ihre Kopfbedeckungen immer bunter und immer höher. Wer aber gar keine Uniform im Schrank hängen hatte, musste sich fast deklassiert vorkommen, und nur wer deren mehrere verschiedene besaß, war wirklich oben angekommen.

Ein Mann, dem diese Zustände wie keinem anderen zugute gekommen sein dürften, war der „Reichsbühnenbildner" Benno von Arent. Als Ausstatter von Operetten und Revuen hatte er sich einen Namen gemacht, erhielt aber nun von Hitler den Auftrag, alle möglichen hohen Würdenträger des Dritten Reiches neu einzukleiden, zuerst die Diplomaten. Für sie entwarf Arent Fräcke, die derart mit Goldstickereien verziert waren, dass sie in der Tat auch auf einer Bühne Wirkung erzielt hätten. Danach bekam er den Auftrag, sich an anderen, damals dringend begehrten Artikeln zu versuchen: Orden, Ehrenzeichen, Verdienstkreuzen oder Marschallstäben. Dank dieser diversen Tätigkeiten soll er schließlich auch Göring ins Auge gefallen sein. Der wollte von ihm eine Uniform für seine Fliegertruppe entworfen haben, die sich von allen anderen bereits existierenden Uniformen deutlich und vorteilhaft abheben müsse. Sollte Arent diesen Auftrag wirklich ausgeführt haben, hätte er damit zumindest Geschmack bewiesen. Helles Graublau wählte der „Reichsbühnenbildner" als Farbe für Rock und Hose, dazu kamen gelbe Kragenspiegel sowie, anstatt des heeresüblichen Hoheitsadlers, ein Wappenvogel mit elegant geschwungenen Flügeln und endlich, als Sahnehäubchen sozusagen, „Wäsche vorn": weißes Hemd und schwarzer Binder. Die Wehrmacht spottete: „Schlipssoldaten“, Göring platzte vor Stolz. Schmucker als seine Truppe kam keine andere daher, selbst Italiener, die Großmeister der „alta moda militare“, gaben das zu. Im ohnehin schon reichlich bunten Bild, das die massierten Formationen des Dritten Reiches bei großen Aufmärschen boten, war Arents Blau-gelb-Kombination trotzdem nur ein weiterer Farbtupfen.

Umso schärfer aber kontrastierte mit dieser Prunkfassade aus farbigem Uniformtuch die Gestalt dessen, der sich selbst Einfachheit verordnet hatte. Gerade sein schlichter Rock und die „Briefträgermütze“ machten Hitler zum optischen Mittelpunkt selbst der aufwändigsten Veranstaltungen. Zugleich konnte man den Eindruck gewinnen, er wolle sich vom eigenen Machtapparat bewusst distanzieren oder verachte insgeheim sogar diejenigen, die von Pomp und Pracht nicht genug bekamen. Es ist kein völlig unbegründeter Verdacht.

Spätestens nach dem Erlass des „Gesetzes über die Wiedervereinigung Österreichs mit dem Deutschen Reich“ vom 13. März 1938 zieht er sich in jene von seinen Mitarbeitern später so wortreich beklagte Unnahbarkeit zurück, an der jeglicher Widerspruch abprallt. Spätestens damals hat er den Pfad betreten, der ihn geradewegs in die Katastrophe führen wird.

Auch im Leben des Walter Heinkelein markiert dieser Zeitabschnitt einen entscheidenden Wendepunkt. Er verlässt die SA-Standarte „Feldherrnhalle“ und vertauscht seine bräunliche Uniform mit der graublauen eines Angehörigen der Luftwaffe. Heinkelein wird Fallschirmjäger.

V

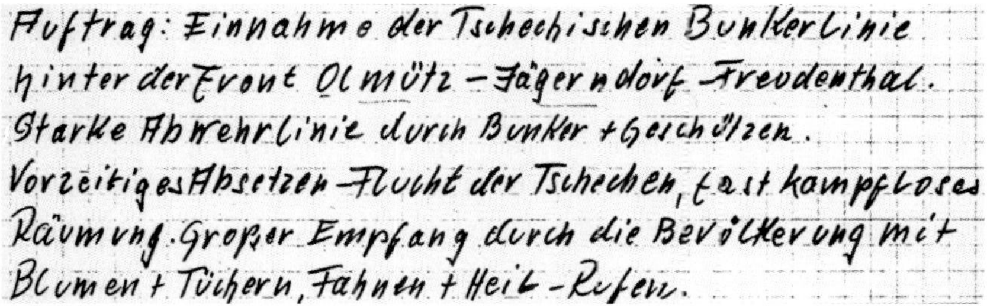
Auftrag: Einnahme der Tschechischen Bunkerlinie
hinter der Front Olmütz – Jägerndorf – Freudenthal.
Starke Abwehrlinie durch Bunker + Geschützen.
Vorzeitiges Absetzen – Flucht der Tschechen, fast kampfloses
Räumung. Großer Empfang durch die Bevölkerung mit
Blumen + Tüchern, Fahnen + Heil-Rufen.

Als der einundzwanzigjährige Oberjäger Walter Heinkelein über Kreta absprang, gehörte er bereits zu den Veteranen seiner Einheit. Zwei Jahre zuvor hatte er in Polen die „Feuertaufe“ empfangen und 1940 an der Eroberung Hollands teilgenommen. Ohne genauere Datumsangabe meldete dazu im Mai dieses Jahres die „Hohenloher Zeitung“: „Vom Schützenverein Altenmünster e.V. im NS-Reichsbund für Leibesübungen wird uns geschrieben: ‘Die (folgenden) Kameraden des Schützenvereins Altenmünster wurden wegen Tapferkeit vor dem Feind mit dem E.K. 2 (dem Eisernen Kreuz zweiter Klasse) ausgezeichnet: Gefr. Walter Heinkelein bei einer Fallschirmjägertruppe, Obergefr. Fritz Rößler bei der Kriegsmarine, Hauptgefr. Karl Heuser bei einem Infanterieregiment, Uffz. Fritz Gock bei einer SS-Fl.- Abt. (SS-Flak-Abteilung). Ferner wurde Uffz. Willi Abelein bei einem SS-Pionierbataillon wegen Tapferkeit vor dem Feind zum Feldwebel befördert.“

Für einen Ort von rund fünfzehnhundert Einwohnern schien das eine beeindruckend hohe Zahl von jungen Helden zu sein. Völlig ungewöhnlich war es jedoch auch wieder nicht. Schon im Ersten Weltkrieg hatten fünfundzwanzig Bürger des zur Arbeitersiedlung mutierenden „Haufendorfes“ ihr Leben verloren, wovon ein „Ehrenhain“ noch immer kündete.

Ungewöhnlich mutet hingegen die Reihenfolge an, in der die dekorierten Soldaten aufgeführt werden. Als erster ist ein Gefreiter genannt, als letzter ein Feldwebel. Indes, der Gefreite war Fallschirmjäger, der frisch gebackene Feldwebel „nur“ Pionier. Unerwähnt bleibt außerdem, dass im Jahr 1940 das EK 2 bereits die dritte Auszeichnung war, die Heinkelein erhalten hatte. 1939, nach dem Polenfeldzug, war ihm vom „Reichsminister der Luftfahrt und Oberbefehlshaber der Luftwaffe“, von Göring also, das Abzeichen für Fallschirmschützen verliehen worden, im Jahr zuvor die „Medaille zur Erinnerung an den 1. Oktober 1938“. Dieses Ehrenzeichen erhielt Heinkelein, der damals noch die Uniform der „Standarte Feldherrnhalle“ trug, aber bereits einer Luftlandebrigade angehörte, „aus Anlass der Wiedervereinigung der sudetendeutschen Gebiete mit dem Deutschen Reich“ vom „Führer und Reichskanzler“ höchst selbst. Die Ernennungsurkunde hatte freilich nicht Hitler unterschrieben, sondern jener Mann, vor dessen Büro Heinkelein noch kurz zuvor „breitbeinig“ stehen musste, ohne ihn (vermutlich) je zu sehen: „Der Staatsminister und Chef der Präsidialkanzlei des Führers und Reichskanzlers“ Dr. Otto Meissner.

Um die Sudetenmedaille zu erhalten, hatte Heinkelein keine nennenswerten Heldentaten vollbringen müssen.

Als seine Ju 52 an jenem 1. Oktober auf einer Wiese nahe Freudenthal (heute: Bruntàl) am Fuße des Altvatergebirges landete, gab es für die Angehörigen der Brigade bereits nichts mehr zu tun. Sämtliche Bunker der angeblich nur schwer zu überwindenden „tschechischen Maginotlinie“ zwischen Jägerndorf (Krnov) und Olmütz (Olomouc), die Heinkeleins Truppe knacken sollten, waren geräumt. Eduard Benesch, der tschechoslowakische Staatspräsident, hatte seinen Rücktritt angekündigt. Die überwiegend von Deutschen bewohnten Gebiete Westmährens fielen den Invasoren kampflos in die Hände.

Überhaupt war die ganze Aktion eher ein Triumphzug als ein Einmarsch, nicht zuletzt für Hitler selbst.

An den Straßen, über die der „Führer und Reichskanzler“ im offenen Wagen vom westböhmischen Asch aus nach Karlsbad fuhr, hatten sich Tausende von Menschen in den unterschiedlichsten Landestrachten zu wahren Trauben geballt. Ihre Begeisterung nahm zuletzt derart tumultuarische Ausmaße an, dass Hitlers Begleitkommando ihm nur mit Mühe einen Weg in das Theater des schon von Goethe geschätzten Badeortes bahnen konnte. „Mädchen brachen in Tränen aus, viele knieten nieder, der Jubel war ungeheuer“, so Heinz Guderian, damals General der Panzertruppe. Seine Einheiten hatten die Speerspitze der Invasion gebildet, waren aber ebenfalls auf keinerlei Widerstand gestoßen.

Dessen eingedenk und beinahe hörbar aufatmend fährt der später als Erfinder des modernen Bewegungskrieges gerühmte Stratege dann fort: „Zunächst war die politische Spannung jedenfalls gelöst und wir konnten uns der Freude darüber hingeben." Dass ihm trotzdem nicht ganz wohl in seiner Haut war, belegt allerdings die etwas bängliche Anmerkung, es müsse „nunmehr eine ruhigere Entwicklung Platz greifen", da ja „eine lange Friedenszeit dringend nötig schien", um die neu gewonnenen Gebiete auf gedeihliche Weise mit dem Altreich zu verschmelzen. Die, meinte der General, scheine aber ohnehin das „Münchner Abkommen (...) zu ermöglichen." Weniger gedankenschwer notierte Walter Heinkelein: „Großer Empfang durch die Bevölkerung mit Blumen & Tüchern, Fahnen & Heil-Rufen". Danach: „Vorbeimarsch am Führer & Feldmarschall Göring in Freudenthal."

Während jedoch Guderian den Feldzug, der keiner gewesen war, mit einem zehntägigen Jagdausflug in die Wälder des Fürsten Clary-Aldringen krönen konnte, hieß es für Heinkelein lediglich: „Rückkehr nach Stettin. Beginn neuer harter Ausbildung bis Ende 1938".

Harte Ausbildung also. Nach der von Guderian erhofften langen Friedenszeit sah das eigentlich gar nicht aus. Auch das Münchner Abkommen, auf das er so viel Hoffnung setzte, schien Hitler mit völlig anderen Augen zu sehen als sein General. Aus dem Sudetenland zurückgekehrt, raunzte er den Reichsstatthalter in Bayern Ritter von Epp ungnädig an: „Ach, wegen dieser Geschichte wollen Sie mich auch noch beglückwünschen? Na ja, danke schön."

Der Mann, so schien es, war selbst mit dem größten außenpolitischen Erfolg seiner bisherigen Karriere noch nicht zufrieden. Eine Provinz mit knapp drei Millionen Einwohnern war ihm praktisch in den Schoß gefallen, doch er hatte offenbar Blut sehen wollen.

Kein Wunder deshalb, dass er seiner Umgebung allmählich unheimlich wurde. Selbst Göring, der ihm seit der Zeit des „Röhmputsches" wie kein anderer hinderliche Steine aus dem Weg geräumt hatte, bekam es mit der Angst zu tun. Er wollte seinem Führer ja wirklich alle nur denkbaren Wünsche erfüllen, aber Krieg, Krieg wollte er um Gotteswillen nicht. Überhaupt fürchteten gerade jene Männer, die sich ihrer neuen Uniformen so sehr erfreuten, nichts mehr als die Anwendung nackter Waffengewalt.

Dass Hitler den Höchstrangigen unter ihnen schon 1937 klipp und klar gesagt hatte, seine ganze Politik laufe auf Krieg hinaus, hatten die meisten von ihnen offenbar schon wieder verdrängt. Wie

Göring hofften auch sie, dass Hitler seinen Worten niemals Taten folgen lassen würde - und das zu Recht. „Wenn der Offiziersberuf wirklich ehrenhaft sein soll“, bemerkte Jahre später in seiner Nürnberger Gefängniszelle der spitzzüngige Hjalmar Schacht, „dann ist es der selbstloseste Beruf der Welt, weil der Offizier nämlich dann die Pflicht hat, die praktische Ausübung seines Berufes zu verhindern.“ Für Göring, der sich in erster Linie auch als Offizier betrachtete, gab es freilich noch einen weiteren Grund, den Krieg zu fürchten: Im Fall des Falles, der Niederlage also, hätte er mehr zu verlieren gehabt als die meisten übrigen Granden des Dritten Reiches.

Auch andere NS-Aktivisten hatten sich freilich bis jetzt noch nicht zu beklagen gehabt.

Im Jahr 2004 stellte der Historiker Götz Aly die reichlich keck anmutende Behauptung auf, für eine Reihe von jungen, „keineswegs monströsen“ Männern habe der Nationalsozialismus vor allem „Freiheit und Abenteuer“ bedeutet, ja sogar „ein körperliches und geistiges Anti-aging-Programm“. Zu den „nachpubertären“ Vertretern dieser Richtung zählt Aly etwa Joseph Goebbels, der 1933 fünfunddreißig Jahre alt war, den damals achtundzwanzigjährigen Reinhard Heydrich sowie Albert Speer mit seinen siebenundzwanzig, Heinrich Himmler mit seinen zweiunddreißig Jahren. Auch den NS-Juristen und späteren Chef des „Generalgouvernements für die besetzten polnischen Gebiete“ Hans Frank stellt Aly in diese Reihe, wofür der sogar Verständnis gehabt haben könnte. Ebenfalls in Nürnberg sagte Frank dem Gefängnispsychiater G.M. Gilbert, er verstehe ja selbst kaum, wie er alle die Verbrechen begangen haben könne, deretwegen er nun zum Tode verurteilt werden sollte. Doch müsse es vor allem Ehrgeiz gewesen sein, der ihn dabei antrieb. „Stellen Sie sich nur vor - mit dreißig Jahren war ich Minister (genauer: mit dreiunddreißig), fuhr in einer Limousine durch die Gegend und hatte Dienstboten. Ich vermute, ich wollte mit den SS-Leitern wetteifern.“

In der Tat dürfte es eben dies gewesen sein, was die Jungaktivisten befeuerte: die früh erreichte hohe Position, die Dienstboten und, last but not least, die Limousine, der schwere Mercedes, Maybach, Horch oder Opel Admiral, in dem man „durch die Gegend“ fuhr, angestaunt, beneidet, ständig auf Achse oder unablässige Tätigkeit zumindest vortäuschend. Es habe, so Aly, stattgefunden in einer

„Aura des Jetzt-oder-nie". Es habe „Herausforderung" bedeutet und „Spaß" gemacht.

Zudem bewies es „die uns in jungen Jahren in der Kampfzeit anerzogene Bereitschaft, Aufgaben zu suchen und nicht auf sie zu warten." So der 1977 von RAF-Terroristen ermordete Arbeitgeberpräsident Hanns-Martin Schleyer. Er war 1933 achtzehn Jahre alt gewesen und hatte seine Aufgaben später im „Reichsprotektorat von Böhmen und Mähren" gesucht.

Als ältesten Teilnehmer am „Anti-aging-Programm" der jungen NS-Funktionäre nennt Aly schließlich auch Hermann Göring, Jahrgang 1893, und somit zur Zeit der „Machtergreifung" bereits vierzig, bei Ausbruch der sogenannten „Sudetenkrise" fünfundvierzig Jahre alt, keineswegs mehr ganz jung also, aber noch rüstig genug, um „im Vollgefühl der Omnipotenz" Herausforderungen zu suchen und Spaß zu haben - vor allem das letztere oder vielmehr: beides zugleich.

Spaß bereitete dem von sich selbst zum „Renaissancemenschen" stilisierten ehemaligen Jagdflieger sowohl das Machen wie auch das Genießen der beim Machen anfallenden Renditen.

Göring sammelte Titel wie andere Briefmarken, darunter den eines „Reichsjäger-", später „Reichsforstmeisters", der einmal die Grafen Pappenheim geschmückt hatte. Er hortete Uniformen, Kostüme, Ämter, Kunstwerke, teuere Schnäpse, französische Seifen und Parfums, aber auch Edelsteine und andere Preziosen. „Selbst am Himmel seines Prunkbettes hatte er einen lebensgroßen weiblichen Akt, Europa darstellend, anbringen lassen" (Speer). Prunkvoller als Göring residierte nicht einmal Hitler.

Karinhall, der nach seiner ersten Frau benannte Wohnsitz in der Schorfheide, „mit den Marmorbänken und den Gobelins, der Gruft mit den Kirchenfenstern" (Henriette von Schirach), in der Karin lag und in der er selbst einmal ruhen wollte, mit dem Schwimmbad, der Sauna sowie einem Raum für Görings Modelleisenbahnen entsprach den Vorstellungen, die sich Hollywood-Regisseure von den Villen übergeschnappter Millionäre machen. Aber ein bisschen übergeschnappt muss Göring ja wirklich gewesen sein. Dafür sprach schon seine Neigung, sich für jede Gelegenheit anders zu kostümieren: heute mit blauem Wildlederkostüm, Dolch und Jagdspieß als neuer Nimrod, morgen als Feldherr in selbst entworfenen Prachtuniformen. Mit einer Toga angetan, die Nägel rosig lackiert, gab er zuweilen auch den Nero.

Zugleich lebte Göring in durchaus glücklicher Ehe mit seiner zweiten Frau, der überaus blonden Schauspielerin Emmy Sonnemann zusammen. Und keineswegs nur nebenbei erwies er sich als schamloser Raffke, wenn es ums Geld ging.

Industriebosse vom Zigarettenhersteller Reemtsma bis zum Stahlproduzenten Röchling mussten den „Generalbevollmächtigten für den Vierjahresplan“ mit Millionenspenden schmieren, um Lizenzen oder Aufträge zu erhalten. Ein nicht geringeres Maß an Härte und Gerissenheit verwandte Göring auch darauf, den Hütern der Staatsfinanzen Geld für den Aufbau seiner Luftwaffe abzupressen. Als die Deutschen schließlich befürchteten, die Lebensmittel könnten knapp werden, wenn er die Aufrüstung weiterhin derart forciere, hatte Göring die Stirn, einer Massenversammlung in Hamburg zuzurufen:

„Wir haben keine Butter, aber ich frage Sie: Was ist Ihnen lieber, Butter oder Kanonen? Sollen wir Fett oder Eisenerz importieren? Ich sage Ihnen, wenn wir gerüstet sind, dann sind wir stark.“

Die angeblich so nüchtern denkenden Hanseaten, wie reagierten sie auf diesen Geschäftsvorschlag? Sie jubelten vor Begeisterung, wenn auch nicht deshalb, weil der beleibte Mann noch hinzufügte, „Butter macht uns nur dick“, und dabei auf sich selber deutete, sondern weil sie (vermutlich) verstanden, was er wirklich meinte: Mit Kanonen können wir uns nehmen, was wir brauchen. Offenbar wusste Göring seinerseits, wie das Volk zu nehmen sei: Nicht mit hohlen Phrasen, deren er sich freilich im Zweifel durchaus bedienen konnte, sondern mit jener Art von augenzwinkernder Kumpelhaftigkeit, die in Frankreich „frère et cochon“ genannt wird: Gauner sind wir doch alle.

Was man mit derlei Ganovenmethoden alles bewirken konnte, hatte der Älteste in der Gruppe der jungen, zu Abenteuern neigenden, nach Herausforderungen suchenden NS-Aktivisten auf dem Höhepunkt seiner Karriere ohnehin schon in nahezu bestechender Weise vorexerziert. Sein damaliges Verhalten „nachpubertär“ zu nennen, wäre allerdings nur dann gerechtfertigt, wenn man ihm unterstellte, er habe einfach Spaß daran gehabt, sich wie ein Kino-Gangster zu verhalten. Immerhin schanzte er, diese Rolle spielend, Hitler dessen Heimatland Österreich zu.

Wie Görings Prachtvilla könnten auch die Szenen, die am 12. März 1938 im Berliner Amtssitz des Ministers über die Bühne gingen, von Filmemachern erdacht worden sein. Ihr Hauptdarsteller ist ein dicker Mann in Uniform, sein einziges Requisit: ein Telefon. Damit ruft er Arthur Seyss-Inquart an, den aus Mähren stammenden Exponenten einer eher gemäßigten Gruppe von deutschnationalen Österreichern. Seyss ist auf Drängen von Hitler vor wenigen Stunden zum Minister für innere Angelegenheiten im Kabinett des Bundeskanzlers Kurt Schuschnigg ernannt worden. Nach Hitlers Willen soll er aber selbst Regierungschef werden. Schuschnigg wiederum hat sich in einer Radioansprache eben von seinem Wahlvolk verabschiedet - mit einem „Herzenswunsch: Gott schütze Österreich". Göring hat die Ansprache gehört.

Nun fragt er Seyss: „Die Regierung hat sich selbst außer Amt gestellt?"

Nein, sagt Seyss, die Regierung habe sich lediglich von ihren Geschäften zurückgezogen „und lässt die Sache ablaufen."

Göring: „Und Sie sind nicht berufen worden? Ihre Berufung ist abgelehnt?"

„Sie ist nach wie vor abgelehnt", erwidert Seyss. „Man lässt es darauf ankommen; auf den Einmarsch" (den Hitler ultimativ angedroht hat).

Darauf Göring: „Also gut! Ich gebe den Befehl zum Einmarsch und dann sehen Sie zu, dass Sie sich in den Besitz der Macht setzen; machen Sie die führenden Leute aufmerksam auf folgendes, was ich Ihnen jetzt sage: Jeder, der Widerstand leistet (...), verfällt damit unseren Standgerichten (...). Ist das klar?"

Seyss: „Ja."

Göring: „Einschließlich führender Persönlichkeiten. Ganz gleichgültig."

Seyss: „Ja. Die haben den Befehl gegeben, keinen Widerstand zu leisten."

Göring: „Ganz egal! Der Bundespräsident hat Sie nicht beauftragt, das ist auch Widerstand."

Seyss: „Na ja."

Göring: „Also, Sie haben den offiziellen Auftrag."

Eine knappe Stunde später telefoniert Göring mit General Muff, dem deutschen Militärattaché in Wien. Der berichtet, dass Seyss-Inquart gerade eine Ansprache halte.

Göring: „Er soll jetzt die Regierung übernehmen (...) Am besten der Miklas (Österreichs Bundespräsident) tritt zurück."

Muff: „Das tut er eben nicht."

Göring: „Er weicht nicht der Gewalt?“
Muff: „Er weicht nicht der Gewalt.“
Göring: „Dann lässt er sich wohl ausheben?“
Muff: „Ja, er bleibt dort sitzen.“
Göring: „Na gut! Bei vierzehn Kindern muss man vielleicht sitzen bleiben. Also schön! Sie sagen das Seyss. Seyss soll die Regierung übernehmen.“

Göring wird mittlerweile ungeduldig, er will am Abend noch auf den alljährlichen Fliegerball gehen. Also ruft er Wilhelm Keppler an, einen seiner Vertrauensleute und Geldbeschaffer, der sich ebenfalls in Wien aufhält. Von ihm erfährt er, der sechsundsechzigjährige, kinderreiche Wilhelm Miklas weigere sich in der Tat, überhaupt etwas zu unternehmen.

„Na ja“, sagt Göring, „das ist ja auch Wurscht!“ Wichtig sei jetzt nur, dass Seyss-Inquart die Macht übernehme. „Und - passen Sie auf! - diese provisorische Regierung (...) richtet an die deutsche Regierung die dringende Bitte, sie in ihrer Aufgabe zu unterstützen und ihr zu helfen, Blutvergießen zu verhindern. Zu diesem Zweck bittet sie die deutsche Regierung um baldmöglichste Entsendung deutscher Truppen.“ Ferner verlangt Göring: „Die Grenzen muss er besetzen, damit die da nicht mit dem Vermögen abschieben.“

Keppler: „Jawohl“
Göring: „Und dann vor allem führt er jetzt auch die Außenpolitik.“
Keppler: „Ja, da haben wir noch niemand.“
Göring: „Das ist ja egal. Die muss jetzt der Seyss-Inquart führen und ein paar Leute berufen, die wir vorgeschlagen haben. (...) Es ist ganz egal, was der Bundespräsident sagt. Er soll die Regierung bilden (...) und das dem Ausland melden.“
Keppler: „Ja“.
Göring: „Gut, und das Telefonat möge er möglichst bald schicken. (...) Er braucht nur zu sagen: ‘Einverstanden!’ Rufen Sie mich zu diesem Zweck wieder an, entweder beim Führer oder bei mir. Also, macht es gut da drunten! Heil Hitler!“

Damit begab Göring sich zum Fliegerball. Er war bester Dinge. Mit ein paar Telefonaten hatte er das von den Deutschen schon an die Wand gedrückte Österreich quasi zum Paket verschnürt und dem „Führer“ als Morgengabe präsentiert.

Der konnte am anderen Morgen bekannt geben, er habe sich entschlossen, „den Millionen Deutschen in Österreich nunmehr die

Hilfe des Reiches zur Verfügung zu stellen. Seit heute morgen marschieren über alle Grenzen Österreichs die Soldaten der deutschen Wehrmacht."

Es war der seit langem ersehnte „Anschluss" - für die einen. Der keineswegs nazistisch gesinnte Schriftsteller Bruno Brehm notierte: „Ich war bis in die Tiefe des Herzens bewegt." Ein österreichischer Angehöriger der Adelsfamilie Hammerstein-Equord hingegen sagte zu seinem Freund, General Glaise: „Das ist das Ende von Österreich, aber du kannst gewiss sein, dass es auch das Ende von Deutschland ist."

So oder so stand der von solchen Befürchtungen keineswegs angekränkelte Göring zunächst einmal im Zenit seiner Laufbahn. Doch bekam er bereits zu spüren, dass solche Karrieren ihren Preis haben. Wenn er von Auslandsreisen oder einer der ewig langen Besprechungen bei Hitler zurückkam, musste er geradezu zwanghaft essen. Entweder verschlang der ohnehin schon übergewichtige Mann stark gezuckerte Eierschecke, Toast und Gänseleberpastete oder sein Lieblingsgericht, mit Kaviar gefüllte russische Blinis, dazu Weißwein, gerne auch Bier.

Was solche Völlereien zur Folge haben mussten, lag auf der Hand. Der „Frankenführer" und krankhafte Antisemit Julius Streicher lästerte, ein Dickwanst wie Göring könne unmöglich noch Kinder zeugen. Als dieser dann doch eine Tochter bekam, schob Frank die Vermutung nach, Klein-Edda müsse ein „Baby aus dem Reagenzglas" sein.

Je mehr Göring zunahm, desto mehr geriet auch sein Kreislauf durcheinander. Er wurde nicht nur immer kurzatmiger, sondern schwitzte zuweilen so stark, dass er mehrmals am Tag das Hemd wechseln musste. Da dies jedoch für einen hohen Staatswürdenträger kein akzeptabler Zustand war, schloss er sich auch stundenlang in die Karinhaller Sauna ein, ließ seinen massigen Körper von Masseuren kneten oder durchfurchte schnaubend wie ein Walross das hauseigene Schwimmbad. Erschien Göring nach solchen Abmagerungskuren wieder in der Öffentlichkeit, war sein Gesicht derart grau, dass er anfing, Rouge aufzulegen.

Einige Monate vor dem „Anschluss" war dann noch dies geschehen: Göring sitzt in der Sauna, da ruft Hitler an. Schweißbedeckt, nur ein Handtuch um die Hüfte geschlungen, nimmt er das Gespräch in einer zugigen Ecke entgegen. Auf den Gedanken, seinem Führer zu sagen, er sei halb nackt und zittere vor Kälte, kommt er offenbar nicht (oder besitzt nicht die Courage dazu). Das Gespräch dauert annähernd zwei Stunden. Am Abend hat Göring Fieber, den Tag darauf heftige Kieferschmerzen. Wenn der ehemalige Fliegerheld aber etwas fürchtet, dann ist es der Zahnarzt.

Glücklicherweise (wie es zunächst noch schien) sagt jedoch sein Dentist, ein Professor versteht sich, er müsse nicht bohren, die Schmerzen rührten von einer Erkältung her. Um weiteren Folgen vorzubeugen, verschreibe er ihm ein neu auf den Markt gekommenes Präparat, das allerdings mit Vorsicht anzuwenden sei, es enthalte etwas Opiat. Alle zwei Stunden eine Tablette, bis die Beschwerden abgeklungen seien, dann Schluss damit.

Keine Woche später ruft Göring indessen den Zahnarzt abermals an, er brauche eine neue Verschreibung. Ebenso brüsk wie kategorisch lehnt dieser ab.

Bei dem fraglichen Medikament handelte es sich wahrscheinlich um Paracodein, dessen wichtigster Wirkstoff auch in Opium enthalten ist. Als die Amerikaner im Jahr 1945 den damaligen „Reichsmarschall“ festnahmen, hatte er jedenfalls derartige Mengen von Paracodein-Tabletten bei sich, dass seine Häscher glaubten, „er sei ein Arzneimittelverkäufer.“ Was zwischen jenem Zahnarztbesuch im Jahr 1937 und Görings Gefangennahme geschehen war, dürfte somit am Tage liegen: Der bereits einmal drogenabhängig gewesene Mann hatte sich erneut in die Sucht geflüchtet. Als er die Telefonate mit Wien führte, betrug seine normale Ration bereits zehn Tabletten pro Tag. Und auch dabei sollte es nicht bleiben. Zuletzt muss er praktisch aus seinem Arzneimittelkoffer gelebt haben.

Göring war nach dem „Anschluss“ der zweitmächtigste Mann des Dritten Reiches, was ihm allerdings nicht genügte; zum Erben des „Führers“ wollte er erhoben werden, zu Hitlers designiertem Nachfolger. Um dieses Ziel zu erreichen, musste der dicke Mann naturgemäß noch mehr Nervenkraft aufbieten als bisher schon - vor allem deshalb auch, weil es von Tag zu Tag schwerer wurde Hitler zu durchschauen und in vorauseilendem Gehorsam zu erraten, was er als nächstes vorhatte.

Seit Österreich ihm so mühelos zugefallen war, seit er es dann auch noch geschafft hatte, den Regierungschefs Großbritanniens, Frankreichs und Italiens am 29. September 1938 jenes von Guderian so hoffnungsvoll erwähnte „Münchner Abkommen“ abzutrotzen, das ihm die kampflose Besetzung des Sudetenlandes gestattete, vor allem seit diesem letzten Erfolg bewegte er sich auf Gedankenbahnen, die selbst seine engsten Vertrauten zuweilen erschauern ließen.

Wonach verlangte ihn denn jetzt noch? Etwa doch nach Einverleibung der „Resttschechei", deren Erhalt er doch in eben diesem „Münchner Abkommen" ausdrücklich garantiert hatte? Das würde Europa auf keinen Fall hinnehmen, vermutlich nicht einmal sein Freund, der „Duce", das wäre nackter Vertragsbruch gewesen und musste zum Krieg führen. Aber schien er nicht gerade dies, so wie angekündigt, mit aller Gewalt erreichen zu wollen - den Krieg?

Tatsächlich fiel es immer häufiger das ominöse Wort. Bei den ausufernden Gesprächen, mit denen Hitler einen großen Teil seiner Tage verbrachte und die eigentlich endlos lange Monologe waren, nannte er die Franzosen ein Volk, das sich zum Sterben vorbereite, unterstellte den Briten, dass sie kriegsunlustig seien, bezeichnete die Demokratien überhaupt als „geschichtlich erledigte Gebilde", was es unabdingbar mache, sie jetzt nieder zu werfen. Dabei war mit „jetzt" nicht unbedingt die Zeit gemeint, in der sie noch schwach seien, sondern seine eigene Lebensfrist. Der damals neunundvierzigjährige Hitler glaubte auf Grund verschiedener, zum großen Teil eingebildeter Beschwerden an frühes Verscheiden - sah sich manchmal allerdings auch als würdigen Greis in seiner Lieblingsstadt Linz ein spätes Künstlerleben führen - und war überzeugt, er, nur er allein sei in der Lage, die Welt so umzugestalten, wie die „Vorsehung" es ihm aufgetragen habe.

Was seine Zuhörer bei diesen Darlegungen jedoch am meisten irritierte, war Hitlers immer wieder geäußerte Voraussage, Winston Churchill, damals „Erster Lord der Admiralität", werde demnächst den schwachen Neville Chamberlain, der sich das „Münchner Abkommen" hatte aufreden lassen, von der Regierungsspitze verdrängen, um selbst Premierminister zu werden. Dann aber, so der ohne Punkt und Komma redende „Führer", müsse es in jedem Fall zum Krieg kommen. Es war eine Vorstellung, die er halb fürchtete, die ihm aber insgeheim auch zu gefallen schien und somit den Verdacht hätte nähren können, er betrachte den seiner Ansicht nach unvermeidlichen Krieg als so etwas wie ein Duell. Auf der einen Seite er selbst, auf der anderen der zutiefst verhasste, zugleich jedoch respektierte Brite: Zwei Titanen, die um die Weltherrschaft kämpfen? Oder am Ende vielleicht doch in aller Skrupellosigkeit die Welt unter sich aufteilen? Wenn Churchill aus dem selben Holz geschnitzt war wie er (was Hitler ihm wohl unterstellte), hätte für ihn die letzte Möglichkeit eigentlich die vorteilhaftere sein müssen. Warum also sollte er sie nicht ergreifen? Es war schiere Gangsterlogik, keine Frage.

Wie ging der im Zweifel ähnlich denkende Göring mit solchen Vorstellungen um? Er tat zunächst einmal das, was er immer getan hatte: Er funktionierte. Ernst Udet, alter Freund und Rivale aus dem Richthofen-Geschwader, war in den USA auf ein Flugzeug gestoßen, das fast senkrecht aus tausend Metern Höhe herabstürzen und eine Bombe punktgenau ins Ziel befördern konnte, um dann wieder hochgerissen zu werden. Diesen „Curtiss Hawk" hatte Udet gekauft und mit nach Hause gebracht, worauf Göring ihm den Auftrag erteilte, einen deutschen Sturzkampfbomber zu entwickeln; es sollte der berühmte „Stuka Ju 87" werden. Vor allem hatte Göring jedoch in unfassbar kurzer Zeit eine sieben Divisionen umfassende Luftwaffe praktisch aus dem Boden gestampft und sie mit einer verwirrend großen Anzahl unterschiedlicher Flugzeugtypen ausgestattet.

Auch das war nicht ohne erheblichen Nervenverschleiß vonstatten gegangen. Ständig saß ihm ja die Angst im Nacken, Briten und Franzosen könnten seine fieberhafte Tätigkeit zum Anlass nehmen, „uns wie die Fliegen zu zerquetschen" - was Hitler mit der Bemerkung abgetan haben soll: „Nicht, wenn wir laut genug summen." Er sollte Recht behalten.

Nun hatte der scheinbar unfehlbare „Führer" einen neuen, natürlich nie in klare Worte gefassten Auftrag für Göring und seine Komplizen aus Röhmputschtagen; das infernalische Trio musste ihn halb und halb erraten. Die Wehrmachtsführung war Hitler nicht „nationalsozialistisch" genug. Im Klartext: Sie fraß ihm nicht so aus der Hand, wie er es gerne gehabt hätte. Das galt vor allem für deren oberste Repräsentanten, den an sich überaus anpassungsbereiten Monokelträger Werner von Blomberg sowie den bedeutend weniger konzilianten Oberbefehlshaber des Heeres Werner von Fritsch. Konnte man die Beiden los werden? Man konnte.

Blomberg stellte sich sozusagen selbst ein Bein, indem er, von Göring dazu ermuntert, eine ehemalige Prostituierte heiratete. Als dies publik wurde, war es jedoch gerade Göring, der aus allen Wolken fiel, wohingegen Hitler „äußerstes Entsetzen" bekundete und die ungemein standesbewussten Herren des höheren Offizierskorps' in eisigem Schweigen erstarrten. Blomberg musste den Abschied nehmen.

Fritsch, sein designierter Nachfolger im Amt des Oberbefehlshabers der gesamten Wehrmacht, war ein schwierigerer Fall: Keine Frauengeschichten, keine Laster, Edelmann vielmehr von preußisch-puritanischem Zuschnitt. Diesmal wusste Himmler es besser. Der „Reichsführer-SS" legte Hitler und Göring eine Polizeiakte vor, aus der hervorzugehen schien, dass Fritsch mit Strichjungen verkehre. Als Himmler dann auch noch einen Zeugen präsentierte, der die Anschuldigung bekräftigte, wurde ein Untersuchungsverfahren eingeleitet. Den Vorsitz führte Göring. Er nahm den Stricher ins Kreuzverhör, konnte beweisen, dass der einen Meineid geleistet hatte, und ließ es sich nicht nehmen, dem daraufhin frei gesprochenen General - homosexuelle Betätigung war ein Straftatbestand - als erster zu gratulieren.

Fritsch also doch neuer Wehrmachtschef? Mitnichten. Allein der Umstand, dass der Schatten eines Skandals auf ihn gefallen war, reichte aus, den General als untragbar für das Amt des Oberbefehlshabers aller Streitkräfte zu erklären. Er musste mit dem Posten eines Regimentskommandeurs vorlieb nehmen. Und sämtliche Insider glaubten zu wissen: Das war Görings Geschoss. Dem wiederum konnte es nur Recht sein - vorausgesetzt, Hitler glaubte ebenfalls an seine Täterschaft. Tat er dies nämlich, dann musste endlich die entsprechende Belohnung fällig werden und das konnte nur heißen: Der erprobte „alte Kämpfer" Hermann Göring, treuester Paladin seines „Führers", ein Mann, der ihm nie widersprach, würde Nachfolger Blombergs werden und fortan der oberste Soldat des Reiches sein, dazu auch noch Kriegsminister. Aber, ach, Göring kannte Hitler schlecht. Noch am Tag von Fritschs Entlassung, dem 4. Februar 1938, und lange vor dessen formeller Rehabilitierung taufte er das Kriegsministerium in „Oberkommando der Wehrmacht" um, die Erklärung nachreichend, er habe sich entschlossen, diese neue Behörde „mir persönlich zu unterstellen", weil es keine Institution im Reich geben dürfte, die nicht nationalsozialistisch ausgerichtet sei. Was das für den treuen Hermann hieß, liegt auf der Hand: Sein Traum war zerplatzt. Eine Krume fiel trotzdem für ihn ab; der „Führer" ernannte ihn zum Generalfeldmarschall, dem bislang einzigen, den es in Deutschland gab.

Einer seiner Biografen, der Brite Leonard Mosley, bemerkt dazu mit trockenem Spott: „Hermann Göring tröstete sich so gut er konnte und ließ sich eine neue Uniform anmessen." Bei den Gesprächen mit Wien trug er das nach eigenen Entwürfen geschneiderte Prachtstück bereits auf dem Leib; möglicherweise hatte er auch den aus Benno von Arents Designerstudio stammenden Marschallstab neben das Telefon gelegt. Alles das deutet darauf hin, dass er bereit war, Hitler weiterhin treu zu dienen, sei's mit neuen Schurkenstücken, sei's mit noch mehr Nerven verschleißender Aufrüstungsarbeit.

Aber so ungefähr war nun einmal der Mann beschaffen, zu dessen Untergebenen schon bald auch Walter Heinkelein gehören sollte.

Für den jungen Crailsheimer könnte der Nationalsozialismus ebenfalls „Freiheit und Abenteuer" bedeutet haben, selbst wenn er nicht hoffen durfte, in ähnliche Dimensionen vorzustoßen wie Heydrich, Goebbels, Speer oder Himmler. Dass ihn nach „Herausforderung" verlangte, bestätigt er jedenfalls selbst. Kaum aus dem Sudetenland zurück, im Dezember 1938, bewarb Heinkelein sich beim spanischen Generalkonsulat in Berlin um die Teilnahme an einem Unternehmen, von dem kaum jemand in Deutschland damals etwas wusste.

Unter strengster Geheimhaltung waren bereits 1936 rund fünfzehntausend deutsche Soldaten, meist Luftwaffenangehörige, aber auch Panzerfahrer und Panzerschützen auf die iberische Halbinsel abkommandiert worden, um den gegen eine republikanische Volksfrontregierung kämpfenden Faschisten Francisco Franco zu unterstützen. Hitler und Göring hatten diese Aktion mit dem Argument begründet, einer drohenden Bolschewisierung Europas müsse entgegen getreten werden. In Wirklichkeit kam es ihnen darauf an, ihre neuen Flugzeuge und anderes Gerät einem ersten Test zu unterziehen. Die Truppe selbst sollte Kriegserfahrung sammeln. Eben das schien ihr auch zu gelingen. Maschinen der sogenannten „Legion Condor" und der mit ihr kooperierenden königlich italienischen „Regia Aeronautica" sicherten Franco die Luftherrschaft in dem umkämpften Land, beschädigten dabei aber den Ruf Deutschlands auf irreparable Weise.

Neun Bomber der Legion warfen am 26. April 1937 knapp achttausend Kilo Sprengstoff auf eine von den kommunistischen „Internationalen Brigaden" gehaltene Brücke in der nordspanischen Provinz Vizcaya ab. Statt ihrer trafen sie jedoch die hinter der Front gelegene Stadt Guernica - zumindest lautete so die von den Deutschen abgegebene Erklärung: Kollateralschaden eben, die Zielgeräte seien noch nicht ausgereift gewesen, sorry. Der Rest der Welt hat dies bis heute nicht akzeptiert. Er sprach und spricht vom ersten gegen eine wehrlose Zivilbevölkerung gerichteten Luftangriff der Kriegsgeschichte. Pablo Picasso brannte das Ereignis mit seinem berühmten Monumentalgemälde „Guernica“ ins Gedächtnis der Menschheit ein.

Walter Heinkelein kam nicht einmal in die Nähe von Guernica. Als ihm gerade seine Einreisepapiere ausgehändigt werden sollten - er wäre wie alle Legionsmitglieder in Zivil gereist -, wurden die ersten deutschen Soldaten bereits wieder aus Spanien zurückbeordert. Heinkelein musste die „Herausforderung und das Abenteuer“ anderweitig suchen. Damit war Hermann Göring am Zug.

Wie der neu gebackene Feldmarschall seine Umwelt einschätzte und sich selbst in ihr sah, war am deutlichsten während der Röhm-Affäre und dann in der „Fritsch-Krise“ zu Tage getreten: Alle Satrapen des Dritten Reiches, selbst alte Kampfgefährten, betrachtete er zunächst einmal als Rivalen; je mehr Macht sie anhäuften, desto gefährlicher konnten sie für ihn selbst werden. Ergo galt es, diese Konkurrenten entweder - wie Röhm, Blomberg, Fritsch - auszuschalten oder, falls das nicht gelang, die eigene Macht so zu stärken, dass sie damit in Schach gehalten werden konnten. Macht wiederum hieß vor allem bewaffnete Macht, hieß eigene Streitkräfte, hieß im Idealfall persönliche Privatarmee. Das selbe Ziel verfolgten auch andere NS-Großfunktionäre, am konsequentesten der äußerlich so unscheinbare Heinrich Himmler. Zäh und unbeirrbar baute er seine „Schutzstaffel“, die SS, zur Wehrmacht in oder neben der Wehrmacht auf, ja zu einem regelrechten Staat im Staate. Mit dem von Heydrich geschaffenen SD besaß er bereits einen eigenen Geheimdienst, mit der Gestapo eine eigene Geheimpolizei. Dazu kamen die von Sepp Dietrich geführte „Leib-Standarte Adolf Hitler“ als Waffen tragende Eliteeinheit, die SS-Verfügungstruppe als Nukleus des später vierten Wehrmachtsteiles „Waffen-SS“ (neben Heer, Marine und Luftwaffe) und schließlich noch ein weit gespanntes Netzwerk von „SS-Hauptämtern“. Einige dieser Dienststellen waren mit Rasse- und Siedlungspolitik befasst, andere mit dem Aufbau SS-eigener Wirtschaftsstrukturen, mit der Begründung abstrus esoterischer Geheimlehren - wie etwa die „Lehr- und Forschungsgemeinschaft Ahnenerbe“ - oder mit der Förderung „erbbiologisch gesunden“ Nachwuchses, was dem eingetragenen Verein „Lebensborn“ oblag. Der brachte ledige Frauen „guten Blutes“

mit eben solchen Männern zusammen, damit sie gemeinsam Kinder zeugen konnten. Nicht zuletzt gehörten zu Himmlers Reich auch die „SS-Junkerschulen" in Braunschweig und Bad Tölz. Ihnen war aufgetragen, bereits gezeugte Knaben zu strammen Nationalsozialisten heran zu ziehen.

Das Letztere hatte auch Röhm bereits angestrebt, indem er die „NS-Reichsschule" Feldafing am Starnberger See ins Leben rief. (Während Reichserziehungsminister Bernhard Rust die „Nationalpolitischen Erziehungsanstalten", kurz „Napolas", und Ley zusammen mit Schirach die „Adolf-Hitler-Schulen" begründete). Aber nun war Röhm ja schon lange tot, die SA entmachtet und Himmler in des Stabschefs Fußstapfen getreten. Für Göring ergab sich daraus, dass er in ihm das selbe zu sehen hatte wie einst im Herrn der braunen Heerscharen: einen Mitbewerber um die Spitzenpositionen in Staat und Partei. Himmler jedoch auf ähnliche Weise vom Brett stoßen zu können wie damals Röhm, durfte er längst nicht mehr hoffen. Der „Reichsheini" war dafür bereits zu stark geworden.

So blieb ihm eben nur diese eine Möglichkeit, gegen Himmlers wachsende Macht eigene Macht anzuhäufen - womit er sich wie jemand verhielt, der eine spätere, im Zweifel sogar blutige Auseinandersetzung zwischen ihnen für unvermeidlich hält. Man könnte es eine latente Bürgerkriegssituation nennen. Doch die war dem Dritten Reich nun einmal eingeschrieben. Hitler wusste es wohl, es nützte ihm sogar. Solange seine führenden Gefolgsleute bereit waren, sich jederzeit an die Gurgel zu gehen, konnte er sie fast nach Belieben gegeneinander ausspielen und solcher Art die eigene Macht absichern. Es war eine Taktik, die er meisterhaft beherrschte.

Nun verfügte natürlich auch Göring über ein gar nicht geringes Machtpotenzial. Seine Luftwaffe gehörte schließlich zu den Faktoren, mit denen man rechnen musste. In künftigen Diadochenkämpfen, wie sie spätestens nach Hitlers Tod unvermeidlich geworden wären, hätte die fliegende Truppe ihm allerdings nur wenig genützt. Derlei Auseinandersetzungen pflegen überwiegend am Boden ausgetragen zu werden. Entsprechende Überlegungen, seien sie auch rein instinktiver Natur gewesen, könnten deshalb Görings Verlangen nach eigenen Bodentruppen zumindest verstärkt haben. Eine ebenfalls nicht geringe Streitmacht diesen Zuschnitts hatte er sich bereits gesichert.

Als Luftwaffenchef verfügte Göring auch über mehrere Fliegerabwehr-Brigaden (aus jeweils zwei bis drei Regimentern), die im

Jahr 1939 insgesamt 2600 schwere Flak-Geschütze vom Kaliber 8,8 und 10,5 Zentimeter in Stellung bringen konnten, dazu noch 560 leichte Batterien mit 6700 Maschinenwaffen der Kaliber 2 und 3,5 Zentimeter, Kanonen also, mit denen man notfalls in Bodenkämpfe hätte eingreifen können (was im späteren Verlauf des Krieges auch geschehen sollte). Eine ernst zu nehmende Landstreitmacht war dies dennoch nicht.

Aber da gab es doch diesen Obersten Karl Student, der in irgendeinem Büro des Luftfahrtministeriums saß und sich auf seine beharrliche Weise mit dem Thema Luftlandetruppen beschäftigte. (Auch die Denkschrift des Rittmeisters Stauffenberg hatte er ja schon ausgewertet). Man traute Student eigentlich nicht viel zu. Der alt gediente Offizier galt als farbloser, überpenibler Bürokrat und langsamer Denker. Während seiner Reichswehrzeit hatte er allerlei diffizile Aufträge zu erledigen gehabt, etwa in der Sowjetunion, wo ihm die ersten Fallschirmjäger zu Gesicht gekommen waren. Von da an beschäftigte Student sich noch intensiver mit dieser Waffengattung. Unter anderem sammelte er auch Informationen über den Einfall der Italiener in Abessinien, bei dem im Jahr 1935 bereits Soldaten aus Flugzeugen über feindlichem Gebiet abgesprungen waren. Er muss also mit der Zeit einen soliden Fundus an Wissen über den Angriff aus der dritten Dimension zusammengetragen haben. Eben davon gedachte Hermann Göring nun zu profitieren.

Der kenntnisreiche, fleißige Student sollte eine Truppe von Luftinfanteristen, genannt Fallschirmjäger, für ihn aufbauen. Und es sollte keineswegs eine kleine Spezialeinheit für besonders knifflige Aufgaben sein, der Luftwaffenchef dachte in Regimentern und Divisionen. Student machte sich umgehend ans Werk. Was ihm vorschwebte, war ein Freiwilligenverband aus hervorragend qualifizierten Kämpfern, jeder einzelne von ihnen körperlich absolut fit und, nach erwiesener Flugtauglichkeit, in der Lage, weitaus mehr Fertigkeiten zu erlernen, als nur jene, die ein gewöhnlicher Infanterist beherrschen musste, zum Beispiel auch das Bedienen leichter Artilleriewaffen. Zugleich sollten diese Männer bei aller Diszipliniertheit locker sein im persönlichen Umgang, frisch, fröhlich, jugendlich - mit einem Wort so, wie der eher schwerfällige Student selber nicht war.

Man möchte annehmen, auch für ihn habe der Nationalsozialismus vor allem „Freiheit und Abenteuer“ bedeutet, die Möglichkeit, eine „Herausforderung“ zu suchen, um schließlich den, laut Aly, „letzten Kick“ im modernen Bewegungskrieg zu finden.

Über Mangel an geeigneten Bewerbern für sein spezifisches Aktionsprogramm musste Karl Student sich nicht beklagen. Vor allem die „Standarte Feldherrnhalle“ konnte ihm bestens ausgebildetes „Menschenmaterial“ in großem Umfang liefern. 1939 hatte sie ihr Verfallsdatum ohnehin erreicht; wer brauchte noch eine schneidige Paradetruppe, wenn bereits Pulverdampf in der Luft hing. Nämliches galt für das „Regiment General Göring“, das sich in erster Linie ebenfalls auf „Griffekloppen“ und Stechschritt spezialisiert hatte. Daneben gab es überdies eine ganze Reihe anderer, schon zu Reichswehrzeiten bereit gestellter „z.b.V.- Einheiten“, die nun ihre Tarnkappen abstreifen und sich als das bekennen durften, was sie von Anfang gewesen waren: Kadertruppen für die damals künftige, nun Wirklichkeit gewordene „großdeutsche“ Wehrmacht.

Auch die „Polizeiabteilung Wecke“ war eine dieser Phantomeinheiten gewesen. In ihr hatte der Leutnant Bruno Bräuer gedient, bis er von dem nach Göring benannten Wachregiment übernommen wurde. Unter dessen Fahne musste er sich allerdings nicht ausschließlich mit dem preußischen Präsentiergriff befassen, durfte vielmehr ganz andere Herausforderungen suchen. Bereits 1936 machte Bräuer als erster deutscher Soldat den „Fallschirmschützenschein“, 1939 wurde er zum Obersten befördert. Von da an wartete der Mann mit dem markanten Haudegengesicht in Stendal auf jene Freiwilligen, die den von Karl Student gestellten Anforderungen gerecht wurden. Als erstes durfte er ihnen dann beibringen, wie man sich mit hinter dem Rücken gefalteten Händen klaglos aufs Gesicht fallen lässt.

Zu Bräuers neuen Untergebenen gehörte auch der neunzehnjährige Walter Heinkelein. Dem Crailsheimer machte es offenbar nur wenig aus, sich solchen Torturen zu unterziehen, zumindest verliert er nicht ein Wort darüber. (Kein Wunder freilich nach den Schleifexzessen, die er bereits hinter sich hatte).

Wortkarg wie gewohnt vermerkt Heinkelein lediglich: „Fallschirmschule Stendal. 6 Absprünge aus der Ju 52 mit 1 Nachtsprung, sehr harte Ausbildung“. Dann „Verlegung nach Gardelegen“. Über die Offiziere seines neuen Regiments notiert er ebenfalls nur, was ihm wichtig erschien, nämlich: „Hpt. Schulz (Ritterkreuzträger mit Eichenlaub und Schwertern), Obltn. Geßner, Obltn. Kerf (Ritterkreuz & gef. 1943 in Rußland)“.

Die hohen Orden - Ritterkreuz mit Eichenlaub und Schwertern war der dritthöchste, den Hitler an Soldaten vergab - kamen natürlich sehr viel später, ebenso der Tod in Russland. Erst im Rückblick konnte Heinkelein von sich sagen, er sei nicht nur von künftigen Helden umgeben gewesen, sondern habe einigen von ihnen auch die Haare geschnitten. Das nämlich tat er in Gardelegen durchaus, hinzufügend, es habe ihm Freude gemacht, seinen erlernten Beruf auszuüben.

Zu jenen europäischen Regierungen, die wie Marschall Foch dem in Versailles begründeten Frieden nicht ganz zu trauen schienen, gehörte, neben der seines Heimatlandes, vor allem auch die Spitze des jungen Staates Tschechoslowakei. Das vor allem aus Trümmerstücken der untergegangenen Donaumonarchie zusammengefügte Gemeinwesen empfand sich nicht ohne Grund als wenig stabiles Kunstgebilde. Tomas Masaryk, sein Gründungspräsident, hatte die Vorherrschaft der Tschechen in Böhmen und Mähren mehr oder weniger dekretiert, hatte das sudetendeutsche Siedlungsgebiet gewaltsam annektiert, die Slowakei besetzt und sich Teile Deutschlands, Ungarns, Polens, wie etwa das Hultschiner Ländchen, das Feldsberger Gebiet, die Karpatho-Ukraine oder das Teschener Kohlengebiet, von den Siegern des Ersten Weltkriegs überschreiben lassen. Das Ergebnis dieses Prozesses war ein Konglomerat aus mindestens sechs nennenswert großen Bevölkerungsgruppen, in dem sieben verschiedene Sprachen gesprochen wurden.

Verständlich deshalb, dass Masaryk und sein späterer Nachfolger Eduard Benesch sich vor allem zwei Ziele gesetzt hatten. Sie mussten mit all ihren Kräften das Auseinanderbrechen der Tschechoslowakei in ihre einzelnen Teile verhindern, zugleich aber jeden Revisionsanspruch der Deutschen, Österreicher und Ungarn von vorneherein abblocken. Zu diesem Zweck bemühte sich Benesch um enge Zusammenarbeit mit Frankreich, Rumänien und Jugoslawien. Doch legte sich das kleine, hoch industrialisierte Land auch eine starke Streitmacht zu. Seine Strategen ließen nicht nur die von allerlei Gerüchten umwitterte „tschechische Maginotlinie“ errichten, jenen tief ins Land hineinreichenden Sperrriegel, den Heinkeleins Truppe später unbesetzt vorfand, sondern orientierten sich zugleich an den Thesen von Giulio Douhet. Schon 1934 verfügte das Vierzehn-Millionen-Volk über siebenhundert Kampfflugzeuge, darunter vier Bomberstaffeln zu je zwölf Maschinen. Für einen Vernichtungsangriff gegen Deutschland hätte das zwar kaum gereicht, dennoch klagte im Jahr 1936 der deutsche Militärhistoriker

Hilmer von Bülow: „Wie ein geschlossener Ring umgaben das in glänzender Vereinsamung und Wehrlosigkeit daliegende Deutschland die Luftwaffen von vier Staaten!“ Der Freiherr meinte Frankreich, Belgien, Polen sowie eben die CSR. Und natürlich war sein Text in erster Linie ein Plädoyer für die deutsche Luftaufrüstung, die Göring zu jener Zeit gerade anschob.

Dass Bülow auch Hitlers späteren Griff nach der „Resttschechei“ im Vorhinein rechtfertigen wollte, ist allerdings wenig wahrscheinlich. Wer jedoch Ohren hatte zu hören, konnte schon zwei Jahre später zumindest erahnen, was der „Führer“ von deren Bewohnern hielt. In seiner Reichstagsrede zum „Münchner Abkommen“ hatte er mit überschnappender Stimme geschrieen: „Wir wollen gar keine Tschechen“ (in Deutschland haben). Es klang, als sei „Tschechen“ ein Schimpfwort.

Vermutlich war es auch so gemeint. Unter anderem nämlich gab es an diesem Hitler auch eine quasi habsburgische Seite. Er war im kaiserlichen Wien herangewachsen, wo das „Kuchelböhmische“ ein Dialekt unter vielen war, aber die, die es sprachen, als besonders bösartige Feinde der Monarchie galten. Wenn er ihr Land also wollte, dann nicht nur wegen seiner von ihm als bedrohlich eingeschätzten Lage an der Ostflanke des Reiches, sondern vor allem weil er die Tschechen hasste.

Es gelang ihm dann noch müheloser als selbst die Besetzung des Sudetenlandes, und abermals mit tatkräftiger Unterstützung Görings. Am 13. März 1939 empfing Hitler Monsignore Tiso, den selbst ernannten slowakischen Ministerpräsidenten, der sein zutiefst katholisches Land von der anti-katholisch grundierten CSR abtrennen wollte. Die Prager Regierung unter Emil Hacha hatte ihn deshalb aus Preßburg (Bratislava) vertrieben. Nun warb Tiso für seine Autonomiebestrebungen um deutsche Unterstützung; er wurde von Hitler jedoch mit vagen Sympathiebezeugungen abgespeist. Dessen ungeachtet kam am Tag darauf Hacha selbst nach Berlin und erbat seinerseits Unterstützung für das, was nun endgültig zur „Resttschechei“ herab zu sinken drohte.

Damit wiederum hatte die Stunde für Göring geschlagen. Ein neues seiner kaltschnäuzigen Schurkenstücke war angesagt.

Während Hitler den siebenundsechzigjährigen, schwer herzkranken Hacha mit einer Mischung aus Drohungen und Versprechungen kirre zu machen versuchte, nutzte Göring die Gesprächspausen, um ihm auszumalen, wie es sein würde, wenn seine Luftwaffe Prag in Schutt und Asche legte. Das perfide Manöver, erst der eher besänftigende „Führer“, gleich darauf der donnernde Feldmarschall, dauerte eine ganze Nacht lang an, so lange in der Tat, bis Hacha einen Schwächeanfall erlitt und mit einer Injektion wieder zu sich gebracht werden musste.

Das geschah bereits am frühen Morgen des 15. März. Wenig später unterschrieb der letzte Präsident der CSR ein Abkommen, in dem er sein Land dem „Schutz“ des deutschen Reiches unterstellte und die Unabhängigkeit der Slowakei anerkannte. Hitler seinerseits wartete nicht einmal ab, bis die Tinte auf dem Papier richtig trocken geworden war, stieg vielmehr in sein Auto und fuhr, nur von wenigen SS-Männern begleitet, in einer Tour durch bis nach Prag. Schon um 16 Uhr traf er dort ein, um sich, einsam durch den riesigen Hradschin streifend, an der Überzeugung zu laben, dass er nun „als der größte Deutsche“ in die Geschichte eingehen würde; vor der Abfahrt hatte er dies noch seinen Sekretärinnen zugerufen. Sah er sich, wie der österreichische Historiker Friedrich Heer es ihm unterstellte, in diesen Augenblicken etwa wirklich als Nachfolger der habsburgischen Kaiser?

Einigermaßen sicher ist nur, dass er von seiner Unfehlbarkeit mehr denn je überzeugt war und endgültig dem Glauben verfiel, von der „Vorsehung“ zur Umgestaltung der Welt berufen zu sein.

Seinem Helfershelfer Göring hingegen war auf einmal so unbehaglich zumute wie kaum je zuvor. Einigen jüdischen Freunden riet er zur Auswanderung nach Süd- oder Nordamerika und half ihnen sogar, ihre Vermögen dorthin zu transferieren. Seinem angeheirateten Neffen Thomas von Krantzow gegenüber klagte er: „Es besteht gar keine Notwendigkeit für einen Krieg - warum wollen diese Idioten das nicht einsehen? Wenn der Führer es nur mir überlassen wollte! Ich würde dafür sorgen, dass Deutschland seinen Platz an der Sonne bekommt und die nächste Generation in Frieden leben kann - ohne Krieg.“

Aber, ach, er konnte auch nicht aus seiner Haut, der dicke Mann, und fuhr deshalb zugleich fort, das zu tun, was ihm aufgetragen war, nämlich für den Krieg zu rüsten.

Wen er mit „diese Idioten“ gemeint hatte, ist im Übrigen fast mühelos zu erraten: vor allem seinen Intimfeind Heinrich Himmler. Gegen ihn hatte Göring im Kampf um Macht und Einfluss jedoch schon längst verloren - und war sich dessen sogar bewusst. Zugegeben hat er es freilich erst, nachdem ihn sechs Jahre später die Amerikaner aus seinem heimlichen Exil herausgerissen hatten, dem angenehmen Nirwana des Drogensüchtigen, in dem die Wirklichkeit von farbigen Schleiern verhängt ist. In seinen alten Gangsterhabitus zurückfallend nahm er daraufhin noch Rache an dem verhassten Rivalen - wenigstens verbal.

„Wenn ich ans Ruder gekommen wäre“, malte er sich aus, „hätte ich Bormann (den „Sekretär des Führers“) und Himmler beseitigt. Bormann in fünf Minuten. Aber bei Himmler hätte es etwas länger gedauert - vielleicht einige Wochen. Ich hatte mir zwei Möglichkeiten ausgedacht: Entweder ihn und seine ganze Bande zum Abendessen einzuladen und eine ganze Serie von Bomben startbereit zu haben, um sie in die Luft zu jagen; oder ihm nur durch die Aufspaltung seines ganzen Systems die Macht weg zu nehmen. (...) Himmler war zu mächtig, um ihn mit einem Schlag erledigen zu können.“

Hätte er diese Fantasien rechtzeitig ausgelebt, wäre Männern wie Walter Heinkelein der „unselige“ Krieg vielleicht wirklich erspart geblieben. Fragt sich allerdings, ob die jungen Fallschirmjäger das auch gewollt hätten. In einem späten Nachruf auf den als Kriegsverbrecher hingerichteten Bruno Bräuer heißt es: „Bei Kriegsausbruch 1939 war er Kommandeur des FJR 1 (des Fallschirmjägerregiments, dem auch Heinkelein angehörte). Der Polenfeldzug verlief für Teile des Regiments, die daran teilnahmen, recht unbefriedigend, da es nicht zum Sprungeinsatz kam.“ Polenfeldzug, so hatte der nächste Programmpunkt auf Hitlers Agenda geheißen. Heinkelein nahm an dem Unternehmen teil und verdiente sich seine zweite Auszeichnung. Die Tatsache, dass es nicht zum offenbar ersehnten Sprungeinsatz kam, lässt er unkommentiert. Was er am Boden erlebte, gefiel ihm allerdings auch nicht: „Kämpfe in den Wäldern mit polnischer Kavallerie (...) Verluste an Toten & Verwundeten.“ Und danach? „Weitere knallharte Ausbildung auf Übungsplätzen.“ Aber wie auch anders. Der Zweite Weltkrieg hatte ja gerade erst begonnen.

VI

Meine Landung erfolgte zwischen brennenden Hallen
und des Hafenbeckens unter Bombenhagel eigener Flugzeuge
Andere Kameraden Landeten in Hochspannungsleitungen,
in brennenden Flugzeughallen + im Hafenbecken.
Verluste an Toten + Verwundeten. Starkes Artillerie + Schiffs-
geschützfeuer, Luftkämpfe von Engländern + deutschen
Flugzeugen. Der Überraschungsmoment und die Einnahme
aller Objekte gelang halbwegs. Machten viele Gefangene.

Dordrecht, in Südholland gelegen, war wegen seiner Brücke über die Waal, den Hauptarm des Rheindeltas, im Zweiten Weltkrieg besonders heftig umkämpft. Es wurde zäher verteidigt als viele andere Städte im Königreich der Niederlande: Zweiundachtzig deutsche Fallschirmjäger gefangen genommen, fünfzig getötet oder außer Gefecht gesetzt; eine schlechte Erfolgsbilanz war das nicht. So etwas wie Zuneigung für die Deutschen hat sie natürlich trotzdem nicht begründet.

Einiges Aufsehen dürfte deshalb die Schlagzeile erregt haben, mit welcher „De Dordtenaar“, das führende Blatt der einstigen Hansestadt, am 2. Januar 1993 aufmachte: „Duitser stuurt oologsbuit terug“. Im dazu gehörenden Text wird von einem Deutschen berichtet, der „geroofde kiekjes“, geraubte Schnappschüsse, aus der örtlichen Benthien-Kaserne „terug gestuurt“, zurückgesteuert habe. Es war gewiss kein bedeutender Vorgang. Eine anrührende Geschichte barg der Zeitungsartikel allemal.

Der Deutsche nämlich hatte an die „Stadtverwaltung der Stadt Dordrecht/Holland“ geschrieben, bei Durchsicht „alter Erinnerungen“ habe er auf der „Bühne“ seines Hauses (württembergisch für Dachboden) eine Reihe von Aufnahmen gefunden, in deren Besitz er „nach unserem Lufteinsatz-Absprung über Rotterdam und der danach erfolgten Besetzung von Dordrecht“ gekommen sei. Man habe seine Kompanie damals in der Benthien-Kaserne untergebracht, dort seien die Bilder neben anderen Habseligkeiten holländischer Soldaten herumgelegen. Er habe einige davon an sich genommen und seiner Mutter geschickt, die sie sorgfältig aufbewahrte, aber dann vergaß.

Nun, schreibt er, wäre es sein „sehnlichster Wunsch, dass diese Aufnahmen dem hoffentlich noch lebenden Eigentümer zurückgegeben werden könnten, es sind doch ewige Erinnerungen!!" Zugleich entschuldigt er sich „bei dem damaligen unbekannten Soldaten", der sie geknipst hatte und „nun wohl auch im gleichen Alter (ist), wie ich es bin". Er wünscht ihm „für sein ferneres Leben weiterhin alles Gute", hoffend, der Holländer möge „über die Grenzen ein guter Freund bleiben."

Des Briefschreibers zusätzliche Hoffnung auf „eine erfolgreiche und positive Antwort" erfüllt dann der Chef der „Stadsredaktie" des „De Dordtenaar". Er schreibt nach Deutschland, dass einige Eigentümer der „kiekjes" noch gefunden werden konnten, und veröffentlicht die herrenlos gebliebenen in seinem Artikel über den Deutschen, der „oorlogsbuit", Kriegsbeute, zurückgegeben habe, hinzufügend, es handle sich bei ihm um den „inmiddels 73-jarige Walter Heinkelein uit het Duitse Crailsheim." Über Heinkeleins Motive hingegen spekuliert er nicht einmal. Die Meldung, dass ein Deutscher so etwas überhaupt tut, scheint ihm auch als Kommentar zu genügen.

Heinkelein selbst dürfte dennoch zufrieden gewesen sein. Er hatte sich bemüht, die Memorabilien des „unseligen Krieges" aufzuarbeiten, und getan, was er für richtig hielt. Seine Erlebnisse beim „Einsatz Festung Holland" wogen ohnehin schwerer als das kurze Intermezzo in der Dordrechter Kaserne, sie steckten ihm noch mit Dreiundsiebzig in den Knochen.

Während des Polenfeldzuges, bei dem es unbefriedigender Weise nicht zum „Sprungeinsatz" gekommen war, hatte Heinkelein den Krieg am Boden kennen gelernt. In Holland erfuhr er zum ersten Mal, was es heißt, aus der Luft anzugreifen. Aber der Polenfeldzug hatte ja direkt zum Überfall auf die Niederlande geführt. Und es war Hitler schon beträchtlich leichter gefallen, das zweite dieser Unternehmen ins Werk zu setzen als die Entscheidung für den Angriff auf das Nachbarland im Osten überhaupt zu fällen. Deren politischer Auslöser, die „Danzigfrage", raubte ihm den letzten Nerv. Zwischen März und August 1939 muss er sich vorgekommen sein wie ein Hochseilartist über dem Abgrund. Kam er hinüber, war der Weltkrieg vermieden, strauchelte er, brach die Hölle los. Er kam nicht hinüber.

Nach Hitlers ursprünglichen Vorstellungen hätte die „Danzigfrage" auf ähnliche Weise aus der Welt geschafft werden sollen wie vor kurzem die „Sudetenkrise". Ein 1919 von Deutschland abgetrennter Landesteil, eben die im Versailler Vertrag zum Freistaat erklärte ehemalige Hauptstadt der Provinz Westpreußen, sollte zurückgegeben und durch eine exterritoriale, den polnischen Korridor zwischen Deutschland und Ostpreußen querende Bahnstrecke plus Autostraße mit dem Reich verbunden werden. Es war ein Vorschlag, an dem auch die Briten Gefallen fanden, den aber die Warschauer Regierung strikt ablehnte.

Pilsudski, mit dem Hitler das zehnjährige, immer noch geltende „Verständigungsabkommen" geschlossen hatte, war 1935 gestorben, sein Nachfolger Jozef Beck setzte auf eine sowohl anti-deutsche als auch anti-sowjetische Politik. Dass Hitler ihn daraufhin mit einer seiner überraschendsten diplomatischen Volten unter Druck zu setzen versuchte, war keineswegs geeignet, Becks Nachgiebigkeit zu erhöhen: Am 23. August 1939 hatte der erklärte deutsche Kommunistenfresser mit Stalin einen Nichtangriffspakt geschlossen. Von da an wurde jenseits wie diesseits der polnischen Grenze nur noch mit dem Säbel gerasselt.

Die in Danzig tonangebenden Nazis gründeten eine „SS-Heimwehr" und verkündeten „Wir wollen ins Reich". Hitler erklärte seinen Generalen, „Danzig ist nicht mehr das Objekt, um das es geht", und forderte sie auf, das Projekt „Fall Weiß" auszuarbeiten: den Angriff auf ganz Polen. Warschau konterte mit der Entfesselung eines Zollkrieges. Die diplomatische Welt stand Kopf. In Deutschland ging alles drunter und drüber.

Ein kleiner Kreis von hohen Militärs, dem sich auch Hjalmar Schacht angenähert hatte, wollte die beiden ranghöchsten Offiziere der Wehrmacht, Walther von Brauchitsch und Franz Halder, zu einem Putsch gegen Hitler anstiften. Göring versuchte den drohenden Krieg zu verhindern, indem er über private Mittelsmänner auf die britische Regierung einwirkte, sie solle stille halten, wenn Hitler sich entschlösse, die „Danzigfrage" gewaltsam zu lösen. Gegen diese Bemühungen wiederum opponierte jedoch Joachim von Ribbentrop, Deutschlands neuer Außenminister (seit 1938), ein gewesener Sektvertreter, der sich vom adeligen Zweig seiner Familie hatte adoptieren lassen, um das „von" vor dem Namen zu ergattern. Der ebenso arrogante wie törichte Chefdiplomat redete dem „Führer" ein, die Polen würden niemals kämpfen, ihr Land müsse ihm deshalb ebenso zufallen wie einst die „Resttschechei". Damit indessen bewirkte er, wie sein beleibter Kontrahent auch, nur zunehmende Irritation bei dem Mann, den jeder von ihnen auf seine Seite zu zerren versuchte. Im Grunde nämlich wünschte Hitler trotz aller Englandschmähungen nichts dringender als ein für ihn günstiges Übereinkommen mit dem Inselstaat.

Reichlich wirr mutete seine Mitarbeiter deshalb der Kurs an, den er im Sommer 1939 fuhr. Am 22. August zeigte er sich noch eisern entschlossen, den Krieg in wenigen Tagen zu beginnen, gleichgültig ob den Polen jemand zu Hilfe kommen würde oder nicht. Am 25. zog er völlig überraschend den bereits erteilten Angriffsbefehl wieder zurück. Hitlers interne Gegenspieler triumphierten schon: „Von diesem Schlag erholt er sich nie wieder. Der Friede ist für zwanzig Jahre gerettet" (Admiral Canaris).

Kurz darauf erlebte Görings Mittelsmann, der Schwede Birger Dahlerus, jedoch diese Szene: „Plötzlich hielt er (Hitler) mitten im Zimmer inne und starrte in die Luft. Seine Stimme war verschleiert (...) Er sprach in abgehackten Sätzen: 'Falls ein Krieg kommen sollte, dann werde ich U-Boote bauen, U-Boote bauen, U-Boote, U-Boote, U-Boote'." Das war gegen England gemünzt und hieß wohl, er sei, zumindest in diesem Moment, bereit, es notfalls auch mit der Royal Navy aufzunehmen. Gleich darauf fügte er hinzu: „Ich werde Flugzeuge bauen, Flugzeuge bauen, Flugzeuge, Flugzeuge und ich werde meine Feinde vernichten." Tage später indes, nach einer Reichstagsrede, schien ihm dann plötzlich klar zu werden, worauf er sich einzulassen im Begriff war. Wild mit den Armen fuchtelnd blaffte er Dahlerus an: „Wenn England ein Jahr kämpfen will, werde ich ein Jahr kämpfen (...) Wenn England drei Jahre kämpfen will, werde ich drei Jahre kämpfen". Um endlich mit geballter Faust hinzu zu fügen: „Und wenn es erforderlich ist, will ich zehn Jahre kämpfen." Dem Schweden erschien er bei diesem Ausbruch „eher wie ein Phantom aus einer Saga als ein wirklicher Mensch. Aber so erging es auch vielen anderen, die Hitler während dieser Tage erlebten: Sie glaubten, einen rasenden Dämon zu erleben, einen bösen Geist, der entschlossen war, die Welt, wenn es sein musste, in Trümmer zu legen, dem aber zugleich eben davor auch graute. Noch heute fragen sich denn die Historiker, was Hitler damals wirklich gewesen sei, ein Mann am Rande des Wahnsinns oder nur ein Opfer seiner eigenen, zwanghaften Vorstellungen. Schlüssige Antworten wagte bis dato noch kaum ein Hitlerforscher zu geben. Die meisten von ihnen behalfen sich mit Mutmaßungen. Ernst von Weizsäcker etwa, damals Staatssekretär im Außenministerium, bot zehn Jahre nach Kriegsende die wenig tief schürfende Erkenntnis an: „Er war ja kein Mann der Logik oder Raison." Einer von Hitlers jüngeren Biografen, der Brite Ian Kershaw, schreibt: „Jedenfalls erinnert die Art seines Verhaltens an ein verwöhntes Kind, aus dem ein Möchtegern-Macho wurde" - um noch hilfloser hinzu zu fügen, „die tieferen Wurzeln seines Verhaltens" könnten möglicherweise nur Psychologen ergründen. Leider wirken diese genau so ratlos wie die Geschichtswissenschaftler.

In der „New York Times" vom 24. Mai 2004 vergleicht zum Beispiel der Pentagon-Berater Jerrold M. Post Adolf Hitler mit Osama bin Laden oder dem nordkoreanischen Diktator Kim Jong Il. Alle drei, konstatiert er, müssten als „maligne Narzissisten" bezeichnet werden, als Individuen, die in bösartiger Weise nur auf sich selbst bezogen sind und Gewissenszwänge nicht kennen (oder gekannt hatten). Ob mit solchen künstlichen Begriffen der Wahrheitsfindung gedient ist, mag freilich dahin gestellt bleiben. Näher an den Kern des Problems kommt erstaunlicher Weise ein Mann heran, der sich dem Objekt seines Interesses weniger analytisch als vielmehr in der Haltung des anbetenden Jüngers nähert. Hitlers eigene Worte in ein Gedicht fassend, lässt Baldur von Schirach ihn sagen: „Ich bleibe treu! Verlassen auch von allen, / trag ich die Fahne wankend und allein. / Mein Mund mag lächelnd irre Worte lallen, / doch erst mit mir wird diese Fahne fallen / und wird des Toten stolzes Bahrtuch sein."

Wie kitschig-pompös das auch klingen mag, so in der Tat könnte Hitler sich wirklich gesehen haben: Nur seiner selbst gewählten Aufgabe verpflichtet, von keinem wirklich verstanden, von niemandem selbstlos geliebt, nur der „Vorsehung" gehorchend und dem Schicksal ausgeliefert. Es wäre, wenn Schirach sein Wesen einigermaßen zutreffend erfühlt haben sollte, eine aus Trotz geborene, mit Selbstmitleid durchsetzte Haltung gewesen, die allerdings nach wie vor einen strikten Anspruch barg, nämlich den, sowohl Agens wie auch Movens, treibende Kraft und Beweggrund allen Geschehens zu sein.

Ist es doch er, nur er, der U-Boote, U-Boote, U-Boote baut, er allein, der aus vollen Händen Flugzeuge, Flugzeuge, Flugzeuge in den Himmel schleudert, und schließlich kein anderer als er, der, wenn es sein muss, zehn Jahre in eisiger Einsamkeit kämpft, bis seine Feinde vernichtet sind.

Ein Mann aber, der sich so definiert, muss nach eigenem Verständnis auch berechtigt sein, alles Mitgefühl einzig für die eigene Person zu reservieren. Und eben deshalb, vor allem deshalb, hat er im August 1939 Nervenkrisen durchlitten wie seit der Niederschlagung des „Röhmputsches" nicht mehr.

So wie damals reißt Hitler sich aber auch jetzt mit einem Schlag aus allen Skrupeln. Kühl erklärt er Göring, der nach wie vor von einem Angriff auf Polen abrät: „Ich habe in meinem Leben immer va banque gespielt." Drei Tage später, am 1. September, fallen in einer Reichstagsrede die noch immer nachhallenden Sätze: „Polen hat nun heute Nacht zum ersten Male auf unserem eigenen Territorium durch reguläre Soldaten geschossen. Seit 5 Uhr 45 wird jetzt zurückgeschossen, und von jetzt ab wird Bombe mit Bombe vergolten." Der erste Satz war eine glatte Lüge, mit dem nachfolgenden wurde der Zweite Weltkrieg eröffnet.

Als wenig später England und Frankreich die diplomatischen Beziehungen zu Deutschland abbrechen, scheint Schirachs irre lallender Held dann immerhin geahnt zu haben, dass die Fahne wirklich sein Bahrtuch werden könnte.

Zumindest legt er nun fest, dass, wenn ihm „etwas zustoße", sein erster Nachfolger Pg. (Parteigenosse) Göring sein werde. „Sollte Pg. Göring etwas zustoßen, ist sein Nachfolger Pg. Heß." Zunächst jedoch wolle er „nichts anderes sein als der erste Soldat des Deutschen Reiches." Und: „Ich habe damit wieder jenen Rock angezogen, der mir selbst der heiligste und teuerste war. Ich werde ihn nur ausziehen nach dem Sieg oder - ich werde dieses Ende nicht erleben."

Den Rock zog er dann auch an, allerdings nicht seine alte Gefreitenuniform. An die Stelle des goldbraunen Zweireihers trat lediglich ein ebenso bequem geschnittenes feldgraues Jackett. Dazu kamen das ihm auf Vorschlag eines jüdischen Offiziers verliehene EK 1 sowie sein ebenfalls aus dem Ersten Weltkrieg stammendes Verwundetenabzeichen. Der Mann Adolf Hitler hatte sich für eine höchst unsichere Zukunft adjustiert.

Dass dies auch die Zukunft Hunderttausender von anderen Männern sein würde, interessierte ihn - da hat Jerrold M. Post nun allerdings Recht - nicht im Geringsten.

Das Freiheit und Spaß bringende, abenteuerliche Unternehmen Nationalsozialismus immerhin bescherte seinen jungen Aktivisten auf diese Weise auch noch den „letzten Kick“: moderner Bewegungskrieg. In der „Aura des Jetzt-oder-nie“ stürmten sie mit ihren Panzerverbänden binnen achtzehn Tagen bis an eine Grenze vor, die auf keiner offiziellen Landkarte eingetragen war, nur in einer streng geheimen, dem Zusatzprotokoll zum „Deutsch-sowjetischen Nichtangriffspakt“. Von der Küste der Halbinsel Murmansk zog sie sich bis zur Schwarzmeerküste herab, eine Linie, die Finnland, die baltischen Staaten, große Teile Ostpolens sowie Bessarabien als künftige „Interessenssphäre“ Stalins auswies und alles, was in Polen westlich davon lag, den Deutschen zuteilte, nicht nur das umstrittene Danzig, sondern auch Krakau und Warschau. Am 22. September 1939 wird diese „vierte polnische Teilung“ mit einer Parade in Brest-Litowsk feierlich besiegelt. Auf der Tribüne stehen russische Offiziere in erdbraunen, deutsche in feldgrauen Uniformen, an hohen Masten wehen Flaggen mit Hammer und Sichel neben Hakenkreuzfahnen. Es war für beide Seiten ein befriedigendes Abenteuer gewesen und ein Gewinn bringendes obendrein.

Stalin kassierte rund zweihunderttausend Quadratkilometer Land. Hitler wird von ihm dringend benötigtes Rohmaterial wie Eisen, Mangan und Platin erhalten. Vor allem aber kann er sich nun, ohne im Rücken bedroht zu sein, den Westmächten zuwenden. Deutschland, dessen Bevölkerung den neuen Krieg mit nur geringer Begeisterung begrüßt hatte, jubelt auf einmal wieder. Hatte er es nicht sämtlichen „Kritikastern“ abermals gezeigt, der „Führer“? Wahrlich, einen größeren Mann als ihn gab es hienieden nicht. Das berauschende Abenteuer schien weiter zu gehen.

„Alarm“, notiert Walter Heinkelein Anfang April 1940. „Verladen von Waffenbehältern auf dem Flugplatz Gardelegen.“ Sein Fallschirmjägerregiment bereitet sich auf Absprünge in „Oslo-Stavanger-Narvik“ vor. Völlig überraschend ist das Unternehmen „Weserübung“ angesetzt worden. Bevor die Briten zuschlagen, die schon unterwegs sind, soll vor allem die Zufuhr schwedischen Erzes gesichert werden; dazu muss man Norwegen haben, über dessen Häfen es verschifft wird. Angesichts englischer Überlegenheit zur See mutet das hektisch improvisierte Vorhaben wie der schiere Wahnsinn an. Doch es gibt ja die Luftwaffe.

Göring bietet achthundert Kampfflugzeuge auf, dazu zweihundertfünfzig Transportmaschinen für einzufliegende Gebirgsjäger. Stukas lassen die Norweger, wie eben noch die Polen, vor Schreck erstarren. Und wie geplant erobert ein Fallschirmjägerbataillon aus Heinkeleins Regiment die Flugplätze von Oslo und Stavanger - es ist die erste derartige Aktion in der Geschichte des Krieges. Der Oberjäger aus Crailsheim nimmt nicht daran teil. Seine Einheit gehört zur Reserve, verbleibt aber „in höchster Alarmbereitschaft“ und hofft auf „weitere evtl. Luftlandungen in Norwegen.“ Sie hofft vergeblich.

Am 10. Juni, neun Wochen nach Angriffsbeginn, ist alles schon vorbei. Dänemark hat sich bereits am 9. April kampflos ergeben. Aber nun erwartet Heinkeleins Truppe die „Verlegung nach Westen.“ Es sollte zunächst nur Ostwestfalen werden, nämlich Gütersloh. Indessen treten nun auch jene vier Männer an die Rampe, die den nächsten Akt des Dramas dominieren werden (neben Hitler natürlich). Sie heißen Winston Churchill, Erich von Manstein, Heinz Guderian und Karl Student.

Der Nachfahre des Ersten Herzogs von Marlborough, eines der berühmtesten britischen Kriegshelden (neben Nelson und Wellington natürlich), war am 10. Mai 1940 britischer Premierminister geworden, womit Hitler seinen heimlichen Wunsch- oder, je nachdem, Angstgegner gefunden hatte.

Vor allem begann jedoch so ein völlig neuer Geschichtsabschnitt. Mit dem zögerlichen, nachgiebigen Neville Chamberlain, der das „Münchner Abkommen“ unterschrieb, hatte der hartköpfige, selbstherrliche Zigarrenraucher nichts gemein. Er war entschlossen, sich von Hitler weder einschüchtern noch unterkriegen zu lassen. Churchills Erscheinen auf der Bühne des Krieges könnte denn auch ein Grund dafür gewesen sein, dass Deutschlands „Führer“ trotz des Erfolges in Norwegen bei seinen engeren Mitarbeitern noch einmal, freilich nur vorübergehend, den „Eindruck eines erschreckenden menschlichen Versagens“ hervorrief (Alfred Jodl). Die Auslösung des „Falles Gelb“ jedenfalls, die Westoffensive, schob er weit länger hinaus, als es aus militärischen Gründen notwendig gewesen wäre.

Dessen ungeachtet hatte auf deutscher Seite damit die Stunde des Generalleutnants Erich von Manstein geschlagen, der eigentlich Lewinski hieß und seinen Adelsnamen, wie Ribbentrop, einer Adoption verdankte. Von Hitler hielt Manstein nicht besonders viel, fühlte sich aber gefordert, als er die bereits ausgearbeiteten Pläne für den „Fall Gelb“ noch einmal unter die Lupe nahm. Sie basierten im wesentlichen auf dem Gedanken, dass die den größten Teil der französischen Ostgrenze abschirmende Maginot-Linie umgangen werden müsse, da sie nicht zu durchbrechen sei. Das allerdings war nur dort möglich, wo sie quasi im Sand auslief, in Nordostfrankreich. Der deutsche Vorstoß würde also wie schon im Ersten Weltkrieg durch das neutrale Land Belgien geführt werden, was Manstein für zu wenig durchdacht hielt.

In der Annahme, dass Franzosen und Briten auf Grund der früheren Erfahrung einen Angriff über den rechten deutschen Flügel geradezu erwarten und ihre Truppen deshalb eben im Nordosten massieren würden, schlug er vor, über die unwegsamen, nur schwach befestigten Ardennen vorzustoßen, um dann die alliierten Verteidigungskräfte von Südosten her gegen die Atlantikküste zu drängen. Es war ein Plan, der Liebhaber strategischer Finessen noch heute mit den Lippen schmatzen lässt. Als „Sichelschnitt" ging er in die Annalen ein. Und: Er gefiel Hitler.

Blieb dennoch ein weiteres Problem zu lösen. Um nach Belgien hinein zu kommen, musste der „Maastrichter Blinddarm" durchquert werden, ein schmales Stück holländischen Territoriums zwischen der deutschen und der belgischen Grenze. Jenseits davon verlief zwischen Stockwerke hohen, abschüssigen Steilufern der von Lüttich nach Antwerpen führende Albert-Kanal. Ihn wiederum sicherte Belgiens mächtigste Festung, das Fort Eben Emael, ein hochmodernes Riesenbollwerk mit bombensicheren Kasematten und Panzertürmen, deren Geschütze jeden nur denkbaren Winkel bestreichen konnten. (Zeugnis dafür, dass auch die verschiedenen Brüsseler Regierungen dem Versailler Frieden nie so recht getraut hatten.)

Eben Emael zu knacken hätte Wochen gekostet und Hekatomben von Menschen gefordert. Hitlers Blick fiel auf Karl Student.

Gefragt, ob seine Luftlandetruppe hier vielleicht etwas ausrichten könne, bat der General um vierundzwanzig Stunden Bedenkzeit. Dann sagte er: Ja. Sie müssen beide Liebhaber von Karl-May-Geschichten gewesen sein, nicht nur der „Führer", von dem man es weiß, sondern auch Student.

„Ich benützte", schrieb er später, „500 Mann. Der Oberbefehlshaber der 6. Armee, General von Reichenau, und sein Generalstabschef, General Paulus (...), hielten das Unternehmen für ein Abenteuer und glaubten nicht an seinen Erfolg." Sie hatten Recht die Beiden - und Unrecht zugleich. Es war ein Abenteuer, ein geradezu romanreifes sogar, aber es gelang.

Ein Mitglied der Fort-Besatzung erzählte nach dem Krieg: „Irgendwann kam dann ein Anruf vom Zentralbüro: 'Flugzeugalarm'. Mehr nicht. Wir wussten nicht, was für Flugzeuge, wie viele Flugzeuge. (...) Wir horchten nach draußen, aber da war nichts zu hören. (...) In ein paar Beobachtungskuppeln und einer Flakstellung am Fuße des Forts hatte man die großen, grauen Vögel plötzlich gesehen, kurz bevor sie landeten. Aber die Kameraden wussten auch damit nichts anzufangen. Sie überlegten, was das wohl für komische Vögel sein könnten. (...) Als die Segler unten waren, sah man zwar, wie Soldaten raus sprangen. Aber wir sahen nur ganz wenige Segler, wenige Soldaten. Das konnte unmöglich ein Angriff der Deutschen sein."

Der belgische Soldat hatte vermutlich nie von der Wasserkuppe und den Segelfliegerritten auf Gewitterwolken gehört, wusste also auch nichts von Lastenseglern, die lautlos aus dem Nachthimmel herabstoßen konnten, um dann auseinanderzubrechen und bewaffnete Männer auszuspeien. Hätte man ihm freilich an diesem Tag, dem 10. Mai 1940, gesagt, dass die Deutschen tatsächlich mit nur einer Handvoll Soldaten, genauer mit achtundsiebzig Mann, eine Festung angreifen würden, die von zwölfhundert Mann besetzt war und deren Flachdach allein tausend Quadratmeter maß, er hätte es sicher für ein Ammenmärchen gehalten.

Genau so war es jedoch. Die Achtundsiebzig, kommandiert von einem Hauptmann, der den (irgendwie) zu der ganzen Aktion passenden Namen Witzig trug, saßen nach ihrer Landung dem gepanzerten Monstrum gewissermaßen im Genick, und es konnte sie weder mit seinen zweiundvierzig Geschützen, seinen zwanzig schweren Zwillings-MG noch seinen zahllosen leichten Maschinengewehren wieder abschütteln. Witzigs Leute hatten als erstes die Bedienungen der auf dem Dach postierten Flakgeschütze überwältigt, danach zerstörten sie systematisch mit „einem neuen hochexplosiven Sprengstoff, der vorher geheim gehalten worden war" (Student), einen Panzerturm nach dem anderen.

Der Festungskommandant ließ die Umgebung von Eben Emael unter Wasser setzen und nach Einbruch der Dunkelheit alle Außenwände des Forts mit Scheinwerfern in gleißende Helligkeit tauchen. Es nützte nichts. Die Deutschen auf dem Dach hatten längst Winkel gefunden, die kein Lichtstrahl erreichte. Als der Morgen hereinbrach, feuerte von den zweiundvierzig Geschützen nicht einmal mehr die Hälfte. Damit war Witzigs Auftrag erfüllt. Pioniere konnten die gefluteten Flächen ohne größere Verluste mit Schlauchbooten überqueren und die Steilufer des Albert-Kanals erklimmen. Eben Emael musste aufgeben. Witzig hatte nur sechs Mann verloren.

In der selben Nacht wie er war auch Heinkelein losgeflogen.

„Alarm in Gütersloh“, schreibt der Crailsheimer. „Abmarsch in der Nacht 1:00 ohne Geräusch auf Gummisohlen unserer Springerschuhe ganz leise durch die Stadt zum Flugplatz. (...) Um 4:00 morgens, den 10.5.40, Start der Geschwader, Ju 52 & Jagdflugzeuge, in Richtung Holland. (...) Unser Kompanie-Auftrag war, nach dem Absprung über Rotterdam, die Einnahme des Flugplatzes Waalhaven, Außergefechtsetzen der Bunkeranlagen, Sichern des Flugplatzes für anschließende Landung deutscher Flugzeuge. Einnahme der Hafenanlagen, Besetzen der Mole & der großen Maasbrücken.“ Der Auftrag, den Witzig erhalten hatte, war verrückt gewesen. Jener, den Heinkeleins Truppe erfüllen sollte, war gefährlicher. Das musste auch Student erfahren und zwar am eigenen Leib.

Die Stärke des Fallschirmjäger-Chefs bestand darin, sich mit nicht geringer Fantasie Überraschungsaktionen und listige Tricks ausdenken zu können. Nicht nur das Kommando-Unternehmen Eben Emael war seine Idee gewesen, auch der Einfall, über ganz Holland Fallschirmattrappen abwerfen zu lassen, um damit Stärke vorzutäuschen - er verfügte ja nur über viertausend Mann -, stammte von ihm. Was dem eher einfach gestrickten Mann hingegen abging, war die Fähigkeit, umfassende strategische Manöver präzise durchzuplanen.

Er pflegte Karten regelrecht auswendig zu lernen, legte auch fest, wo welche Einheit bis zur Kompanie herab abzusetzen sei, überließ aber die „Poesie“, die Feindlage, das Einpassen der eigenen Truppen in den größeren operativen Rahmen oder Regelung des Nachschubs vertrauensvoll seinen Untergebenen. Dafür sagte man diesem Karl Student nach, er könne auf rational nicht nachvollziehbare Weise Entwicklungen voraussehen, die sich anderen auch nach gründlichem Nachdenken nicht erschlössen, er habe so etwas wie den „sechsten Sinn“. Außerdem besäße er „überhaupt kein Gefühl für Gefahr“ (General Heinz Trettner). Vermutlich wäre Student ein guter Stoßtruppführer gewesen. Doch nun sollte er im holländischen Hinterland Flugplätze und Brücken besetzen, bevor sie von den Verteidigern zerstört werden konnten. Zur Bewältigung solcher Aufgaben brauchte es auch strategisches Können.

Dass Students erster Anlauf fast gescheitert wäre, lag allerdings nicht allein an dessen Mängeln. Hans Oster, ein Mitarbeiter des deutschen Abwehrchefs Wilhelm Canaris, hatte die Niederländer wissen lassen, wann die Wehrmacht angreifen, und dass sie auch mit Luftlandetruppen anrücken würde.

So kam es, dass die ersten auf Rotterdam herabstoßenden Lastensegler mit ihren Besatzungen ins Verderben rasten. Auf der nach Den Haag führenden Autobahn hatten sie niedergehen wollen. Viel zu spät erkannten die Piloten jedoch, dass diese mit in den Boden gerammten Stahlstangen gespickt war. Und unglücklicher Weise kann man motorlose Flugzeuge im letzten Moment nicht wieder empor reißen. Eine Maschine nach der anderen krachte in das Hindernis, überschlug sich, ging zu Bruch, explodierte. Ihre Insassen verbrannten bei lebendigem Leib.

Die zweite Welle konnte gerade noch auf einen nahe gelegenen Landeplatz ausweichen, die dritte wurde gleich am Boden zurückgehalten. Um diese Zeit hatte der Fallschirmjäger Heinkelein schon wieder festen Boden unter den Füßen; außer Gefahr war er noch lange nicht.

Fast hätte seine Einheit jenes besonders makabre Ende genommen, das im amerikanischen Militärjargon als Tod durch „friendly fire" bezeichnet wird. „Meine Landung", erinnert er sich, „erfolgte zwischen brennenden Hallen und dem Hafenbecken unter Bombenhagel eigener Flugzeuge. Andere Kameraden landeten in Hochspannungsleitungen, in brennenden Flugzeughallen & im Hafenbecken." Sie waren nicht nur in feindliches Abwehrfeuer gesprungen, sondern auch in die berstenden Bomben der deutschen Stukas oder He 111-Maschinen. Es muss eine wahrhaft katastrophale Situation gewesen sein und ein höllischer Lärm.

„Starkes Artillerie & Schiffsgeschützfeuer, Luftkämpfe von Engländern & deutschen Flugzeugen. Verluste an Toten & Verwundeten. Der Überraschungsmoment und die Einnahme aller Objekte gelang halbwegs. Machten viele Gefangene." Zu den Verwundeten gehörte auch Karl Student. Er war mit seinen Leuten abgesprungen und hatte einen Kopfschuss erhalten, der ihn acht Monate lang außer Gefecht setzen sollte.

Während Heinkelein sich noch durch das Trümmergelände um den Rotterdamer Hafen kämpfte, gerieten zwei andere Fallschirmjägerkompanien in eine Art Real-Militärklamotte hinein - zumindest begann es so. Ihr Auftrag hatte gelautet, jene Brücke über die Nieuwe Maas zu sichern, die Rotterdam mit seinen südlichen Vorstädten verbindet. Unbemerkt gelandet, fanden sie sich jedoch in der Nähe eines Straßenbahndepots wieder. Und gerade rollte der erste Zug dieses Tages aus der Halle.

Da einer von ihnen flämisch sprach, hielt er die Wagengarnitur an und fragte den Fahrer, wohin die Reise gehen würde. Der nannte eben die Brücke, die sie sichern sollten. Auf den Gedanken, dass die Männer in den seltsamen Uniformen Deutsche sein könnten, kam er offenbar nicht, forderte sie vielmehr freundlich auf, bei ihm einzusteigen. Das gleiche tat ein Kollege von ihm. Auch der hatte noch nicht erfahren, dass gerade der neueste Krieg ausgebrochen war, und nahm ebenso arglos die zweite Fallschirmjägereinheit mit. Soweit der vergleichsweise komische Teil des Stückes. Als der Zug die Brückenauffahrt erreichte, wurde es ernst. Dort nämlich gingen gerade holländische Infanteristen in Stellung.

Die zuerst eingetroffene Truppe hatte das gegenüber liegende Brückenende noch unbehelligt erreicht und sich dort eingeigelt. Die zweite Einheit wurde unter Feuer genommen. Von da an wurde es wirklich ernst. Das niederländische Detachement trieb die Nachzügler auf die Brücke hinaus, wo es so gut wie keine Deckung gab. Hinter schmale Stahlträger mussten die Fallschirmjäger sich ducken oder auf die Bogenträger unter der Fahrbahn hinabklettern. Es dürfte schon deshalb eine an den Nerven zerrende Situation gewesen sein, weil alle wussten, dass die deutschen Panzerverbände, für die sie den Flussübergang frei halten sollten, noch mehr als hundert Kilometer weit entfernt waren. Frühestens am 13. Mai würden sie eintreffen können, man schrieb aber erst den 10. Mai. Vier Tage somit zwischen Wasser und Brückenoberfläche, von MG-Feuer eingedeckt, von Querschlägern umheult, die Nächte nicht zu vergessen. Hätte sich Student vielleicht doch mehr um die „Poesie", die bessere Abstimmung mit dem Zeitplan der Bodentruppen kümmern sollen? Als die ersten deutschen Panzer endlich anrollten, lebten von den Fallschirmjägern jedenfalls nicht mehr viele. Die Brücke jedoch war unbeschädigt und konnte problemlos überquert werden.

Walter Heinkelein sollte später, Jahre später, in eine ganz ähnliche Lage geraten: Nahezu ohne Deckung an vorderster Front; wer den Kopf eine Spanne zu weit emporreckt, ist tot. Dabei war es nicht in erster Linie dies, was für ihn den eigentlichen Notstand ausmachte, sondern das banal anmutende Faktum, dass man liegend weder die Blase noch den Darm entleeren kann, ohne hinterher im eigenen Unrat zu liegen.

Schon damals freilich, in den Tagen zwischen dem 10. und dem 14. Mai ging es auch ihm nicht viel besser als seinen im Brückengestänge über der Nieuwe Maas hängenden Kameraden. Bruno Bräuer, dem er vor kurzem noch die Haare geschnitten hatte, forderte Heinkeleins Truppe an.

In Tweede Tol, wo er abgesprungen war, hatte Bräuer erfahren, dass die Dordrechter Maasbrücke sich zwar in deutscher Hand befinde, eine dort stehende Einheit aber die Waffen habe strecken müssen. Außerdem seien fünfzig Mann gefallen oder schwer verwundet worden. Bräuer sollte die Scharte auswetzen. So kam Heinkelein in die von Grachten durchzogene ehemalige Hansestadt, die auch über eine Kaserne verfügte.

Es wurde noch einmal hart, sehr hart sogar. Am Nordende des Flussübergangs hatte der holländische Feldwebel Almkerk einen Bunker bemannt, ließ seine Leute aus allen Rohren feuern und lehnte jede Aufforderung zur Kapitulation hartnäckig ab. Die Allround-Könner der Fallschirmtruppe mussten zeigen, was sie konnten. Sie hielten sich strikt an die für solche Fälle eingeübte Vorgehensweise: Beschuss aus Nebelbüchsen, um den Verteidigern die Sicht zu nehmen, dann zweite Aufforderung, die Waffen zu strecken, schließlich, nachdem Almkerk es abermals abgelehnt hatte, sich zu ergeben, Angriff mit geballten Ladungen im Schutz der künstlichen Nebelschwaden. Als die Panzertür des Bunkers aufgesprengt, das Geschütz mit einer in seine Mündung geschobenen, dann gezündeten Handgranate unbrauchbar gemacht worden war, gab der zähe Holländer endlich auf. Gemäß damaligem Sprachgebrauch funkte der Leiter des Unternehmens daraufhin an Bräuer: „Nordende der Brücke fest in deutscher Hand."

Heinkelein hingegen verbuchte das ganze Unternehmen mit einem einzigen, matt anmutenden Satz: „Weitere schwere Straßen & Häuserkämpfe in Dordrecht und (an) den Maasbrücken." Nach deren Ende bezog seine Truppe Quartier in der Benthien-Kaserne, wo der Zwanzigjährige mit jenem moralischen Problem konfrontiert wurde, das ihm erst dreiundfünfzig Jahre später zu schaffen machen sollte: Er fand ein paar „kiekjes", er steckte sie ein.

Nun war aber Plündern ein Straftatbestand, der laut deutschem Militärgesetz sogar mit Erschießen geahndet werden konnte. Als erlaubt galt allenfalls die Requirierung von Gegenständen oder

Nahrungsmitteln für den eigenen Bedarf. Wie eng oder weitherzig diese zweite Bestimmung ausgelegt werden musste, war natürlich Ermessenssache. Man konnte als aufsichtsführender Offizier durch die Finger sehen, man konnte auch Exempel statuieren.

Der etwas später eher geruhsam durch die Champagne marschierende Infanteriehauptmann Ernst Jünger, viel gelobter Autor und umstrittener Denker, meinte etwa, es gehöre „ja wohl bei einem Feldzug in Frankreich zur Überlieferung", dass „jeder Einmarsch germanischer Heere von einem Tieftrunk begleitet" werde, „wie ihn die Götter der Edda taten". Er hielt also auch die Wehrmacht für berechtigt, ganze Weinkeller auszuräumen oder leer zu trinken - was sie nach seinem eigenen Bekunden gern und häufig getan hat. Requirierung oder Plünderung? Für Jünger schien der Fall klar zu sein: Wein, selbst in Unmengen, gehörte zum Bedarf des Kriegers. Ebenso unbefangen vermerkt er freilich auch: „Darunter (in einer Menge anderer Dinge) entdeckte ich das ausführliche Tagebuch eines französischen Hauptmanns, das ich an mich nahm." Für den eigenen Bedarf? Heinkelein entdeckte in Dordrecht harmlose Urlaubsschnappschüsse holländischer Soldaten und nahm sie ebenfalls an sich. Anders als dem Tagebuch schreibenden Träger des Pour le mérite bereitete ihm das sicherlich geringe Vergehen jedoch später heftige Skrupel. Eben dies aber verdeutlicht wohl am besten, was ihn von seinem berühmten Zeitgenossen unterschied: Der „Elite"-Soldat Heinkelein war kein „Krieger", sondern letztlich nur ein Zivilist, den es in den Krieg verschlagen hatte. Dort, von wo er kam, in Altenmünster bei Crailsheim, klaute man eigentlich selbst dann nicht, wenn die Umstände dazu einluden. Ein wenig erinnert der in Dordrecht angekommne Heinkelein solcher Art an den fiktiven Teilnehmer eines früheren Krieges, des Dreißigjährigen.

„Man hatte mich gewöhnt", erzählt dieser Mann, „nach Gottes heiligem Willen zu leben, und danach pflegte ich der Menschen Tun und Treiben zu beurteilen. Doch da dünkte mich, als sähe ich nichts als Greuel". Es ist Melchior Sternfeld von Fuchsheim, genannt Simplicissimus, dem sein Schöpfer Grimmelshausen solche und ähnliche Worte in den Mund legte. Dennoch könnte man gerade ihn als den literarischen Prototypos des spezifisch deutschen Helden schlechthin bezeichnen. Ähnlich blauäugig wie der reichlich arglose Siegfried des Nibelungenliedes und nicht weniger treuherzig als Parzival, der „tumbe Tor", stolpert er in die unwahrscheinlichsten Abenteuer hinein, um die meisten davon mit Bravour zu bestehen. Und so, oder wenigstens ungefähr so, hat schließlich auch Walter Heinkelein den Zweiten Weltkrieg bestanden, an dessen Ende er ja immer noch jung war: erst fünfundzwanzig Jahre alt, allerdings zum Krüppel geschossen.

Nach den Ereignissen in Dordrecht steht Heinkelein aber erst einmal vor Oberst Bruno Bräuer und bekommt von ihm das Eiserne Kreuz zweiter Klasse an die Uniformbluse geheftet. Die Unterschrift auf der Verleihungsurkunde, „Tweede Tol, den 22. Mai 1940", ist ein herrisch hingefetzter Krakel, der schiere Aggressivität ausstrahlt. Wofür genau er den Orden erhielt, erwähnt Heinkelein nicht einmal am Rande. Mit sichtlichem Stolz vermerkt er indessen: „Mein Kommandeur Major Schulz und viele unserer Offiziere erhielten das Ritterkreuz in Monster. Als besondere Anerkennung vom Führer Adolf Hitler."

Oberhalb dieser Zeilen steht der Satz: „Restlose Zerstörung von Rotterdam."

Für das genannte Desaster waren mittelbar die Fallschirmjäger verantwortlich, die vier Tage lang im Gestänge der Brücke über die Nieuwe Maas ausgeharrt hatten. Laut den deutschen Quellen war es aber wieder nur ein Kollateral-Schaden, wie damals Guernica. Die spät, dennoch rechtzeitig angekommenen Panzer hatten, nachdem am 13. Mai der Fluss überquert war, vor der Rotterdamer Innenstadt angehalten. Der für den verwundeten Student eingesprungene General Schmidt forderte Verwaltung und Militärkommandantur des Hafenplatzes auf, Rotterdam zur „Offenen Stadt" zu erklären, also keinen weiteren Widerstand zu leisten. Sein Pendant auf der anderen Seite, Oberst Scharoo, lehnte dies, angeblich wegen einer fehlenden Unterschrift auf dem ihm überreichten Ultimatum nicht nur ab, er ließ auch die darin festgesetzte zweistündige Frist verstreichen.

So kam es, dass am 14. Mai kurz vor zwölf Uhr in Bremen ein deutsches Kampfgeschwader startete, das hundert Minuten später Rotterdam erreichen würde. Schmidt hatte mittlerweile Scharoo ein zweites Ultimatum zukommen lassen und vorsichtshalber für die Bomber ein Ersatzziel festgelegt. Wenn die Piloten rote Leuchtkugeln aufsteigen sahen, sollten sie nicht die in der Stadt liegenden militärischen Anlagen angreifen, sondern ihre scharf gemachten Sprengkörper, die sie keinesfalls mit zurücknehmen konnten, weiter außerhalb abwerfen.

Die Signalzeichen wurden dann abgefeuert und auch gesehen - allerdings nur vom Kommandeur der einen von zwei getrennt anfliegenden Bombergruppen. Sein Kollege von der anderen Gruppe sah sie nicht; zu dicht sei der über der Stadt liegende Smog gewesen. Während nun der erste Verband abdrehte und das Ersatzziel bewarf, ließ der zweite über dem Zentrum von Rotterdam die Bombenschächte öffnen. Es waren nur siebenundfünfzig von insgesamt einhundert He 111-Maschinen, die so ihre tödliche Fracht abluden, doch das reichte aus, Rotterdams Altstadt in ein Feuermeer zu verwandeln. Achthundertfünfzig Menschen kamen ums Leben. Für die Deutschen stand fest, die Schuld daran trage dieser verbohrte Oberst, der einfach nicht hatte kapitulieren wollen.

Dass die restliche Welt dies anders sah, ist zumindest verständlich. Seit Guernica traute man den „Nazibarbaren" alles zu, auch Terrorangriffe auf Zivilpersonen.

Am Tag, als Rotterdam brannte, streckte der holländische Oberbefehlshaber die Waffen. Königin Wilhelmine und ihr aus Deutschland stammender Mann, Bernhard von Lippe-Biesterfeld, ein ehemaliges SS-Mitglied, hatten sich schon vierundzwanzig Stunden zuvor nach England abgesetzt. Der Krieg in Holland war zu Ende. In Belgien und Frankreich ging er weiter. Dort hatte Heinz Guderian die Zügel an sich gerissen.

„Was sich für die Franzosen als verhängnisvoll erwies", schreibt Englands legendärer Militärhistoriker Sir Basil Liddel Hart, „war nicht, wie allgemein angenommen wird, ihre defensive Haltung oder der 'Maginot-Linien-Komplex', sondern gerade der offensive Teil ihres Planes. Dadurch, dass sie mit ihrem linken Flügel nach Belgien hineinstießen, spielten sie ihrem Gegner in die Hände und zwängten sich in eine Falle." Eben das hatte Mansteins „Sichelschnitt"-Operation freilich von Anfang an bewirken sollen. Dennoch gehörte auch die Maginot-Linie zu den Gewichten, die Frankreichs Waagschale nach unten drückten. Hätten sie nicht die düstere Voraussage von Foch insgeheim als richtig anerkannt und mit Milliarden-Aufwand jene alle bisherigen Maßstäbe der Fortifikationskunst sprengende Befestigungslinie errichtet, die zwischen Belfort und Montmédy, dreihundertvierzehn Kilometer lang, parallel der deutschen Westgrenze verlief, sondern stattdessen die Erkenntnis respektiert, dass selbst die mächtigsten Grenzbefestigungen der Geschichte, vom römischen Limes bis zur chinesischen Mauer, fast nie ihren Zweck erfüllten - die weitaus meisten wurden durchbrochen -, dann wären ihnen zumindest die Mittel geblieben, das zu tun, was unter anderen der damals noch namenlose Hauptmann Charles de Gaulle seit Jahren gefordert hatte: Schaffung einer starken Panzertruppe plus schlagkräftiger Luftwaffe. Und dann, nur dann, hätten sie im Jahr 1940 eine Chance gehabt, den deutschen Angriff abzuwehren.

Zwar hatte auch der „Führer" zwischen Kehl und Aachen eine vierhundert Kilometer lange Befestigungslinie mit Bunkern und Panzersperren errichten lassen, doch im Vergleich mit der Maginot-Linie, deren Bollwerke veritable unterirdische Städte waren, wirkte dieser „Westwall" geradezu mickrig. Wichtiger war ohnehin, dass Hitler, oft widerwillig genug, sich von seinen militärischen Beratern überreden ließ, genau das zu tun, was de Gaulle und sein politischer Kampfgefährte Paul Reynaud zu predigen pflegten, er hatte auf Angriff gesetzt und auf Angriffswaffen. Noch schwerer wog ein weiterer Umstand: Die deutschen Strategen wussten von diesen Mitteln auch höchst erfolgreich Gebrauch zu machen - und das, „obwohl er (Hitler) weniger und schwächere Panzer besaß als seine Gegner" (Liddel Hart).

Auf den Leinwänden ihrer Lichtspieltheater konnten die Deutschen damals beobachten, mit welchem Elan ihre uniformierten Landsleute nach Frankreich hineinstürmten. Waren sie vor kurzem, als es gegen Polen ging, noch von links nach rechts durchs Bild marschiert, so bewegten sie sich jetzt entgegengesetzt. Doch kaum jemand außer den Kameramännern der Propagandakompanien wusste, dass dies auf ausdrückliche Anweisung von Goebbels so sein musste. Der mit allen Wassern der Werbebranche gewaschene deutsche Chefpropagandist hatte die suggestive Wirkung solcher Einstellungen auf Anhieb erkannt: Von links nach rechts, das hieß, gen Osten, links von der Mitte beginnt hingegen auf jeder von unten her betrachteten Landkarte der Westen.

Nur eine Menschengruppe durfte sich auch jetzt noch von links nach rechts bewegen: die müde dahin schlurfenden, endlos anmutenden Kolonnen der in Gefangenschaft geratenen Franzosen. An ihnen vorbei zogen in umgekehrter Richtung, Maschinengewehre auf den Schultern, Patronengurte um den Hals, die Uniformärmel bis zum Ellenbogen aufgekrempelt und manchmal beinahe schlendernd, deutsche Soldaten; für sie schien es ein Spaziergang zu sein. Aus den Lautsprechern der Volksempfänger dröhnten wieder die alten Marschlieder von 14/18: „Siegreich wollen wir Frankreich schlagen, sterben als ein tapfrer Held." Und eine Sondermeldung jagte die andere.

Guderian, dessen berühmter Ausspruch „nicht kleckern, klotzen" in den Schatz der deutschen Redensarten einging, hatte keineswegs zu viel versprochen, sondern eher viel zu wenig. Als er nach dem geglückten Ardennen-Durchbruch seinen drei Panzerdivisionen ein geradezu wahnwitzig hohes Tempo vorgab, ließ Hitler ihm vorübergehend die Befehlsgewalt entziehen. Schon am 12. Mai, noch vor der Kapitulation Hollands, setzte er jedoch seinen Willen durch: Ohne auf die langsamer nachrückende Infanterie zu warten, nur mit Stukas und Panzerwagen, erzwang seine Truppe bei Sedan die Überquerung der Maas. Am Abend des 14. Mai war damit die letzte Verteidigungslinie der Alliierten durchstoßen und die Straßen nach Westen, zur Kanalküste, lagen offen vor ihm. Auf der anderen Seite der Front muss man den Eindruck gewonnen haben, die apokalyptischen Reiter seien über Frankreich hereingebrochen.

Selbst für Guderians Begriffe zu ungestüm preschte vor allem der noch relativ junge Generalmajor Erwin Rommel nach vorne. Er griff mit seiner Panzerdivision nicht nur bei Nacht an, was als viel zu riskant galt, sondern missachtete auch die Vorschrift, niemals im Fahren schießen zu lassen. Ausdrücklich befahl er sogar: „Machen wir's wie die Marine - Salven nach Backbord, Salven nach Steuerbord!" Und so, bei Höchsttempo in jede Richtung feuernd, überraschte er seine Gegner zu den unmöglichsten Zeiten an den unmöglichsten Orten, griff an, brach durch und kümmerte sich dabei weder um Flanken- noch um Rückendeckung.

Der damals neunundvierzigjährige Offizier hatte begriffen, dass es wichtiger war als alles andere, die feindlichen Truppen zu verwirren und zu demoralisieren. Mehr noch als selbst Guderian lebte der Nicht-Parteigenosse Rommel jenen „letzten Kick moderner Bewegungskrieg" aus, den das Abenteuer Nationalsozialismus von Anfang an versprochen haben soll.

Nahezu der einzige Truppenführer auf französischer Seite, der sich den Deutschen einigermaßen gewachsen zeigte, war Charles de Gaulle, mittlerweile Oberst geworden. Zwischen Cambrai und Arras vernichtete er eine deutsche Panzereinheit, die wegen Treibstoffmangels liegen geblieben war. Es verschaffte seinem Oberkommando eine kurze Verschnaufpause. Das Blatt indessen hatte auch der hartnäckige Befürworter einer starken Panzerwaffe nicht mehr wenden können. Alle Gegenmaßnahmen, die der aus Syrien eingeflogene neue französische Höchstkommandierende Maxime Weygand noch einleitete, kamen zu spät oder sie kamen zu schwerfällig voran.

Sein abgesetzter Amtsvorgänger Maurice Gamelin erklärte später, weshalb dies so hatte kommen müssen. „Die Organisation der Deutschen", schreibt er, „erlaubte es ihnen, schnell zu operieren - so schnell wie Panzer, Flugzeuge und Funk es möglich machen. Vielleicht war es das erste Mal, dass eine entscheidende Schlacht gewonnen wurde, ohne dass die Masse der Streitkräfte eingesetzt werden musste." Es klang wie eine nachgereichte Bestätigung jener Thesen, die Giulio Douhet und andere Propheten des „Blitzkrieges" schon zwanzig Jahre früher aufgestellt hatten.

Die letzte überraschende Wendung im Westfeldzug bewirkte dann Hitler selbst. Am 24. Mai verbot er seinen Generalen, das bei Dünkirchen eingeschlossene britische Expeditionskorps anzugreifen; es wäre vernichtet worden. So aber konnten rund dreihundertdreißigtausend Soldaten des Empire nach England ausgeschifft und dort neu formiert werden. Den Grund für seine Entscheidung nannte Hitler nur einigen Vertrauten: Er habe sich großzügig zeigen wollen, um London ein letztes Friedensangebot machen zu können. Er hätte ohnehin auf Granit gebissen.

Churchill konterte mit seiner berühmt gewordenen Ankündigung: „Ich habe nichts zu bieten als Blut, Mühsal, Tränen und Schweiß. (...) Unsere Politik ist, Krieg zu führen zu Wasser, zu Lande und in der Luft, mit all unserer Macht und mit aller Kraft, die Gott uns verleihen kann." Wenn Hitler tatsächlich ein Duell der Titanen gewünscht haben sollte, nun hatte er es. Zunächst jedoch, am 12. Juni, fünf Wochen nach Beginn des deutschen Angriffs, erklärte Weygand seiner Regierung, der Kampf sei verloren. Zwei Tage später rückten die Deutschen in Paris ein. Am 16. ließ ein alter Herr von vierundachtzig Jahren, der hastig zum Ministerpräsidenten ernannte Marschall Philippe Pétain, einst siegreicher Verteidiger von Verdun, Hitler den Waffenstillstand anbieten. Am 22. Juni wurde er unterzeichnet - zu Compiègne, im selben Eisenbahnwagen, in dem die Deutschen 1918 kapituliert hatten. So kam auch Walter Heinkelein nach Paris.

Nach den Kämpfen in Dordrecht hatte man seinem Bataillon ein paar Tage Erholung in Katwijk aan Zee, nicht weit von Scheveningen gegönnt. Anschließend durfte er wieder einmal nach Crailsheim-Altenmünster fahren: Der „wohlverdiente Urlaub". Im Juli dann: „Verlegung nach Frankreich-Paris". Heinkelein fand sich, wie später noch oft, unter den Fittichen des „größten Reiseunternehmens der Welt" wieder. Allerdings galt für dessen Kunden ein strenges Reglement.

Der Aufenthalt in der Stadt, ließ man sie wissen, sei nur „denjenigen Soldaten einschl. Wehrmachtsgefolge gestattet, deren Anwesenheit aus zwingenden dienstlichen Gründen notwendig ist". Außerdem erfuhren die uniformierten Touristen, dass jeder Einkauf „außer für bescheidenen persönlichen Bedarf" als unstatthaft gelte, dass sie sich auf den Straßen nur in „Tuchanzug bzw. Mantel zugeknöpft, Handschuhe angezogen" und mit Kopfbedeckung sehen lassen dürften und es allein „geschlossen marschierenden Truppenteilen ab Zugstärke" erlaubt sei zu singen. Auch „einwandfreies Verhalten auf Lkw. und Kraftomnibussen" wurde verlangt sowie strikte Befolgung sämtlicher „Anordnungen der französischen Verkehrspolizei".

Daneben teilte man den Soldaten mit, dass die Pariser Lokale um 23:00 Uhr schlössen, dass zur gleichen Stunde Zapfenstreich für Mannschaften sei, für Unteroffiziere hingegen um Mitternacht und für „Portepee-Uffz.", also jene Dienstgrade, die wie Offiziere am Unterschnallkoppel einen koketten Dolch tragen durften, erst um 1:00 Uhr. Im Übrigen berechtigten Personalausweise zum „Eintritt in die Soldatenheime, der Soldatenkinos, des Soldatenkaufhauses und zur freien Benutzung der Untergrundbahn (Metro). Wehrmachtsangehörige benutzen die erste Klasse."

Das Reiseunternehmen Wehrmacht war nicht nur streng, sondern auch fürsorglich. Es gab Lebensmittelkarten aus, mit denen man „Fette / Graisses, Brot / Pain und Fleisch / Viande" beziehen konnte. Heinkelein hat einmal Fett / Graisse, ein weiteres Mal Fleisch / Viande erworben.

Und sonst? Er besuchte das „Cafe-Tabac des Sports" in Vincennes, er fotografierte den Louvre, Notre Dame, Sacré Coeur und die von Charles Garnier gebaute Grande Opéra. Mit einem Wort, er tat, was die meisten deutschen Touristen in Paris noch heute tun. Für das Nachtleben blieb ihm wenig Zeit, er war ja keiner der Portepee-Unteroffiziere, die bis nach Mitternacht „über den Zapfen hauen" durften.

Wichtiger war für Heinkelein ohnehin die „Vorbereitung zur großen Siegesparade am Triumphbogen in Paris vor dem Führer Adolf Hitler". Ein sonderlich martialisches Ereignis kam dabei am Ende freilich nicht zu Stande. Hitler, der überhaupt keine derartige Machtdemonstration gewollt hatte - Begründung: „Wir sind ja noch nicht am Ende" -, gestattete seinen Generalen lediglich die übliche Darbietung preußisch-deutscher Paradierkunst, wenn auch mit Pariser Einzugsmarsch von 1814. Die eigentliche Siegesfeier ließ er in Berlin über die Bühne gehen.

Er selbst besuchte Paris nahezu heimlich und nur einen einzigen Tag lang. Es müsste für diejenigen, die dabei waren, eigentlich ein gespenstisches Erlebnis gewesen sein.

Albert Speer berichtet, Hitler habe die nie von ihm betretene Stadt wie seine eigene Westentasche gekannt, so gut sogar, dass er in der Garnier-Oper die Führung übernehmen konnte und mit seinen Detailkenntnissen selbst einen altgedienten Logenschließer verblüffte. In der Welt seiner Vorstellungen muss die Seine-Metropole schon seit Jahren nicht nur einen wichtigen, sondern einen geradezu zentralen Platz eingenommen haben. Er hatte von ihr geträumt, hatte insgeheim in ihr gelebt, es war, wie er eingestand, seit jeher sein höchster Wunsch gewesen, „Paris sehen zu dürfen."

Nun sah er es, nun gehörte ihm praktisch die ganze Stadt. Aber nimmt er sie auch in Besitz? Bezieht er eine Wohnung an der Rue de Rivoli, deren einheitliche Häuserzeilen er liebt, oder am ehern geschlossenen Ensemble der Place Vendôme? Erschließt er sich die Tuilerien-Gärten, den Louvre oder die Île de la Cité? Sogar Versailles, Malmaison, Fontainebleau oder eines der vielen anderen Schlösser in der Île de France hätte er beziehen können, um dort in aller Pracht seinen Sieg auszukosten. Nichts dergleichen geschieht jedoch.

Nach einer kurzen Besichtigungstour fährt er zurück, um fortan wieder in jener Welt zu leben, die für ihn allein Realität besitzt - die Welt aus seinem Willen und der eigenen Vorstellung. Nur in ihr ist er wirklich zu Hause, nur in ihr kann er denken, atmen, planen. Was für den Rest der Menschheit Wirklichkeit bedeutet, gilt diesem Mann nicht das Geringste. Er bewohnt schon längst eine eigene, ihm allein vorbehaltene Galaxis. So gesehen vermittelt Hitlers Parisbesuch einen besseren Blick in sein Inneres als das meiste von dem, was er verlautbart hat. Albert Speer empfand Mitleid mit ihm auf dieser Besichtigungstour. Eigentlich hätte ihn kaltes Grauen anwehen müssen.

VII

Einsatzhafen war Topolia-Athen.
19.5.41 Befehlsempfang und Ausgabe des Einsatzbefehls mit Aufträgen der Kompanien + Zügen + Gruppen auf einem höher gelegenen Berg.
20.5.41 Morgengrauen schon bei großer Hitze, Start der ersten Maschinen des I. Battl. nach Malemes – Sudabucht.
17^{00}, Start unseres II. Battl. bei noch größerer Hitze, Staub,

Hitler kannte Crailsheim ja schon. Er hatte die Stadt von Ost nach West durchquert und konnte dabei durchaus erkennen, was ihren anheimelnden Reiz ausmachte: Der von einer glockenblumenförmigen Haube gekrönte Rathausturm, eine überaus elegante Jagstbrücke oder das behäbigen Wohlstand ausstrahlende Villenviertel am Hochufer des Flusses. Fraglich indessen, ob er für solche Details überhaupt Augen hatte. Vermutlich nicht.

Anders war es mit Joseph Goebbels. Er sollte die Stadt, zumindest deren Namen, erst sehr viel später zur Kenntnis nehmen müssen. Crailsheim arrivierte, wie er akribisch notierte, im April 1945 zu einem letzten Widerstandsnest deutscher Truppen. Dass es vergeblicher Widerstand war, der dort geleistet wurde, dürfte jedoch auch ihm damals längst bewusst gewesen sein. Was schließlich Göring anbetrifft, so könnte das hohenlohische Gemeinwesen für ihn bereits 1935 eine gewisse Bedeutung erlangt haben; er hatte sich in diesem Jahr entschlossen, es mit einem Fliegerhorst auszustatten. Da Flugplätze für seine Luftwaffe zu jener Zeit in Deutschland aller Orten aus dem Boden gestampft wurden, mag es allerdings nichts Besonderes gewesen sein, dass auch an der Jagst einer entstand. Schon rund dreißig Kilometer westlich von Crailsheim, in Hessental bei Schwäbisch Hall, wurde der nächste emporgezogen.

Walter Heinkelein hätte das Abenteuer Nationalsozialismus also sehr wohl auch in der engeren Heimat bestehen können. Von seinem Elternhaus in Altenmünster wäre er zu Fuß binnen weniger Minuten an einem Arbeitsplatz gewesen, an dem es alles zu erlernen gab, was ihm bei der „Standarte Feldherrnhalle" und in der Kaserne von Gardelegen mühsam hatte beigebracht werden müssen, das Exerzieren, das Robben über trockenes oder durch matschiges Gelände, der Umgang mit Waffen. Nicht erlernt hätte er dort allerdings das kleine und große ABC des Fallschirmjägers. Crailsheim war ein Ausbildungsplatz für Piloten und eine Reparaturwerft.

Auf der falschen Seite der Eisenbahngeleise gelegen, bot der Horst einen recht beeindruckenden Anblick. 1940, im Jahr seiner endgültigen Fertigstellung, verfügte er über einen eigenen Bahnanschluss, fünf zum Teil riesenhafte Flugzeughangars, Unterkünfte für rund zweitausendvierhundert Soldaten, Sportplatz, Kantine, Krankenrevier, Kfz-Park sowie den Hof eines Platzlandwirtes, dessen Schafherde das Gras auf den Rollbahnen kurz halten sollte. Dazu kam noch das an ein feudales Gutshaus erinnernde Offizierskasino mit seinem der Versailler Spiegelgalerie nachempfundenen Ballsaal. Zwischen pompejanisch-roten Wänden konnten Fähnriche und junge Leutnants den Handkuss proben oder den Walzer linksrum erlernen - österreichische, vielmehr ostmärkische Kameraden standen ab 1938 als Ausbilder ja zur Verfügung. Auch die Crailsheimer selbst durften sich keineswegs über Göring beklagen. Gewiss, die Bauern, die gutes Land für Start- und Landebahnen hergeben mussten, sie murrten über das dafür gebotene, in ihren Augen natürlich viel zu geringe Entgelt. Die Stadtverwaltung sah das anders. Mit gebotener Strenge sorgte sie dafür, dass die Forderungen der Landwirte sich in Grenzen hielten. Das ortsansässige Gewerbe wollte den Fliegerhorst unbedingt haben, wenn auch nicht aus Prestigegründen allein; das Göring'sche Unternehmen verhieß beträchtliche Einnahmen.

Während Hitler 1939 Polen niederwalzen ließ, herrschte in Crailsheim ein regelrechter Bauboom. Auf dem Hochufer der Jagst wurden ganze Obstgärten gerodet, um Platz zu gewinnen für Offizierswohnungen, die, nach damaligen Begriffen, luxuriös ausgestattet waren: Solnhofener Platten innen, Balkone mit schmiedeeisernem Gitter an der Außenwand. In dem „Türkei" genannten Arbeiterviertel entstanden bescheidenere Quartiere für verheiratete Unteroffiziere. Und natürlich profitierten auch Bäcker, Metzger, Kaufleute, Wirte von der uniformierten Kundschaft. Allein Altenmünster, das Wohnquartier der Heinkeleins, verbuchte einen Zuwachs von eintausendneunhundert kaufkräftigen Neubürgern, die abends auch noch ins Kino gehen oder einen Schoppen Wein trinken wollten.

Nicht nur am Rande kam diese Entwicklung schließlich selbst denjenigen zugute, deren Beruf es war, den Volksgenossen immer wieder einzuhämmern, wem sie solche Wohltaten zu verdanken hatten: dem „Führer" natürlich, ihm allein. Aber daran zweifelte ohnehin schon so gut wie keiner mehr.

Wenn Heinkelein in diesen Jahren auf Urlaub nach Hause kam und, geschmückt mit Sudetenmedaille, EK 2 sowie Erdkampfabzeichen, durch die Straßen ging, musste er alle paar hundert Meter die Hand an den Mützenschirm legen, weil ihm entweder Offiziere entgegenkamen, oder weil er selbst gegrüßt wurde. Den meisten seiner Mitbürger sagten die neuen Verhältnisse aus eher anderen Gründen zu, besonders auch jenen, die jung, hübsch und weiblichen Geschlechts waren.

Wenn der Musikzug der Flieger durch die Stadt marschierte, war es wie zu den Zeiten des Offiziers und Lyrikers Detlev von Liliencron: „Zwei Leutnants rosenrot und braun, / die Fahne schützen sie als Zaun, / die Fahne kommt, den Hut nimm ab, / der bleiben treu wir bis ins Grab!" Das „farbige Tuch", wie die Uniform früher genannt wurde, übte noch immer seinen Reiz aus, und die jungen Herren mit ihren meist schräg aufgesetzten, kunstvoll zerknautschten Mützen taten alles, um ihn zu fördern - nicht nur in ihrer Eigenschaft als Beschützer der Fahne. Auch auf den Tanzböden wurden sie aktiv oder als Entdecker von „stillen, schön versteckt liegenden Plätzchen, wie für Liebespärchen geschaffen", so einer, der dabei war.

Höhere Dienstgrade hingegen bevorzugten jenes mit Majolica-Fliesen und roten Ledersesseln stilvoll ausgestattetes Kellerlokal, das den prosaischen Namen „Bunker" trug. Einigen der zutraulicheren unter Crailsheims Schönen wurden dort die ersten Jazz-Synkopen ihres Lebens um die Ohren geblasen, wohingegen Klassik-Fans sich mit einem auch in der HJ aktiven Musiklehrer zusammentaten und Stücke wie Haydns „Jahreszeiten" dem Publikum „zu Gehör brachten".

Am „Tag der Wehrmacht" strömte dann ohnehin alles, was Beine hatte, in den Horst, um sich aus dampfenden Gulaschkanonen Erbsensuppe mit Speck servieren zu lassen, Platzkonzerten zu lauschen, Flugzeuge zu bestaunen oder schon einmal den Kolben eines leichten MG's probeweise an die Schulter zu ziehen und durchs Fadenkreuz einen (noch) unsichtbaren Gegner anzuvisieren.

Am „Opfersonntag des Kriegs-WHW“ wiederum mahnte die örtliche Zeitung: „Wenn du leben willst, wenn du willst, dass dein Volk lebt und schafft und sich eine Zukunft baut, dann musst du opfern. Denn wenn einer das nicht täte und sich auf die anderen stützen und verlassen würde, so wäre das unanständig und gewissenlos.“ In einem anderen Artikel hieß es aus anderem Anlass: „Wir sind ein Volk von Fliegern geworden.“ Das allerdings war, wie sich nach dem Westfeldzug erweisen sollte, eine doch etwas voreilige Behauptung.

Göring hatte gewiss eine beeindruckend starke Luftwaffe auf die Beine gestellt, aber schon ein unvoreingenommener Besucher des Crailsheimer Horstes hätte sich fragen können, ob sie auch so effektiv organisiert sei, wie man es von einem modernen Großunternehmen erwarten durfte. Die Anlage selbst präsentierte sich unleugbar in geballter architektonischer Wucht. Ihre Einrichtungen boten, wie auch jene im benachbarten Hessental, teilweise Vier-Sterne-Komfort. Aber wäre es nicht wichtiger gewesen, stattdessen die Start- und Landebahnen komplett zu betonieren? Und was war erst von diesen verwirrend vielen Flugzeugtypen zu halten, die allein auf dem vergleichsweise kleinen Platz an der Jagst herumstanden? Wie der Crailsheimer Chronist Richard A. Badal nachweist, waren es manchmal nicht weniger als vierundzwanzig. Maschinen aus zehn unterschiedlichen Modellfamilien dienten der Ausbildung, der Schulung, dem Kunstflugtraining, der Sturzflugübung, der Navigationsübung, der Funkverkehrsübung, dem Überlandflugtraining oder dem Übungsflug „für Kleinorientierung und Instrumenteneinweisung“. Exemplare zweier ebenfalls verschiedenartigen Typenreihen standen für Kurierflüge und Reisen zur Verfügung. Aus zwölf weiteren Serien rekrutierten sich schließlich die kriegstauglichen Maschinen. Dornier und Heinkel stellten Mittelstreckenbomber wie die Do 17 beziehungsweise die He 111, Henschel Aufklärer wie die He 122 und Junkers unter anderem Transporter: die Ju 52.

Gleichgültig nun, was mit solcher Kleinteiligkeit erreicht werden sollte, hoch gezüchtetes Spezialistentum oder ein Kader von Alleskönnern, der unvoreingenommene Besucher, ein mit beiden Füßen auf dem Boden stehender Handwerksmeister vielleicht, hätte vermutlich ganz andere Überlegungen angestellt.

Vierundzwanzig Flugzeugtypen, das bedeutet doch auch vierundzwanzig verschiedene Ersatzteillager, Hunderte verschiedener Anforderungsformulare und nicht zuletzt eine mittelgroße Heerschar von eigens für jede Modellreihe ausgebildeten Mechanikern. Wer mit dem Typ Arado gut vertraut war, konnte ja kaum ähnlich versiert mit der Marke Focke Wulf oder den jeweiligen Erzeugnissen der Häuser Heinkel, Junkers, Dornier, Henschel, Fieseler umgehen. Für jeden Typ war ein eigenes Betreuungsteam notwendig. Natürlich, hätte der Handwerksmeister sich gesagt, werden erfahrene Praktiker zur Not mit allen Widrigkeiten fertig. Doch ist das der springende Punkt?

Die entscheidende Frage musste doch eigentlich lauten: Kann eine auf Höchstleistung ausgelegte Kriegsmaschinerie bei derartiger Unübersichtlichkeit auch reibungslos funktionieren? Das Zeitalter der Serienfertigung, der Normierung und der wirtschaftlichen Rationalisierung war schließlich, sogar beim Handwerk, nicht mehr ganz jung und jenes der genialen Tüftler selbst hier weitgehend Vergangenheit. Leicht handhabbare, standardisierte Serienerzeug-nisse waren für alle größeren Unternehmungen unabdingbar geworden. Im Krieg, das sagt einem selbst der gemeine Hausverstand, wurde ohnehin jeder Artikel zur potenziellen Wegwerfware. Auch für die Luftwaffe hätte demnach Guderians Devise gelten müssen: „Nicht kleckern, klotzen". In ziviler Ausdrucksweise: Masse statt Superklasse.

So betrachtet, glich der Fliegerhorst Crailsheim einem schmalen Fenster in der Außenwand des Göring'schen Riesenapparates. Man erwartete hinter seinen Scheiben einen gut geölten, lautlos funktionierenden Mechanismus zu sehen, der den Krieg mit sturer Automatik in Gang hält, erblickte statt dessen jedoch ein nahezu chaotisches Sammelsurium von Geräten, ein lianenhaftes Geflecht komplizierter Arbeitsabläufe, einen Spielplatz für detailbesessene Bastler. Selbst bei nur geringem bösen Willen ließ das auf ein ebenso unsystematisches Gemenge aus Absichten und Vorstellungen in den Köpfen derjenigen schließen, die für den ganzen Wirrwarr verantwortlich zeichneten. Traf diese Mutmaßung aber zu, war es bei Gott kein gutes Omen für das, was noch kommen musste. Indes, man sollte nicht über Gebühr kritisch sein, könnte sich der Handwerksmeister am Ende doch gedacht haben. Fürs Erste ging es ja trotz alledem noch ausgesprochen lebendig zu, im Horst und in der Stadt an der Jagst.

Aufmärsche zum Beispiel mit Fahnen, die trotz der Hakenkreuze in allen vier Ecken und in der Mitte den Eindruck erweckten, sie seien vom Pulverdampf des Siebenjährigen Krieges angeschmaucht. Ihnen zugewandt skandieren junge Männer, kaum dem Stimmbruch entwachsen, mit feierlichem Ernst: „Ich schwöre bei Gott diesen heiligen Eid, dass ich dem Führer des deutschen Reiches und Volkes, Adolf Hitler, dem obersten Befehlshaber der Wehrmacht, unbedingten Gehorsam leisten und als tapferer Soldat bereit sein will, jederzeit für diesen Eid mein Leben einzusetzen". Danach Deutschlandlied, Horst-Wessel-Lied und Defiliermarsch. Bei anderen Gelegenheiten, Bunten Abenden zum Beispiel mit „unseren Fliegern", kommt vorwiegend einheimisches Sangesgut zu seinem Recht, „Am Brunnen vor dem Tore" ebenso wie „Bei dir war es immer so schön", auf Schallplatte von Rosita Serrano gesungen, der „chilenischen Nachtigall". Am Heldengedenktag, dem 28. März, ertrinkt die Stadt in rotem Tuch und auf schwarz verhüllten Pylonen lodern rauchende Flammen. An schönen Tagen kreuzen lautlos majestätische Riesenvögel über Hügel und Flusstal: Crailsheimer HJ-Führer erteilen den angehenden Piloten Segelflugunterricht. Im Herbst, beim alljährlichen Volksfest, marschiert die Horstkapelle zwischen Bürgerwehr und Trachtengruppe durch die Straßen. Ein Offizier aus der nunmehrigen Ostmark bereichert den Schatz herkömmlicher Grußformeln um die nicht unhübsche Variante: „Der gnädigen Frau ein schönes Heilhitlerchen."

Es hatte wirklich etwas für sich, mit einem Fliegerhorst ausgestattet zu sein. Man durfte ihn nur nicht genauer unter die Lupe nehmen. Vor allem nicht jetzt, da Walter Heinkelein glaubte, erraten zu haben, was als nächstes auf Hitlers Agenda stand. „Es wurden", notiert er, „Vorbereitungen für einen evtl. Einsatz mit Landung auf der Insel England getroffen."

Fallschirmjäger Heinkelein war nicht der einzige, der diese Vermutung hegte, sie lag geradezu in der Luft. Frankreich geschlagen, im Osten Ruhe. Wann, wenn nicht jetzt, sollte man versuchen, auch noch die Briten vom Brett zu stoßen?

In der Tat fiel des „Führers" Auge damals auf zwei höchst unterschiedliche Männer, den Großadmiral Erich Raeder und Hermann Göring. Konnten ihre jeweiligen Wehrmachtsteile gemeinsam die Insel sturmreif schießen? War vor allem jene des nunmehrigen „Reichsmarschalls" (seit 1940) dazu in der Lage, dafür gerüstet, darauf vorbereitet? Göring tat, was er in solchen Situationen seit langem zu tun gewohnt war, er nahm die Hacken zusammen, wölbte die Brust und dröhnte: Jawoll, mein Führer. Raeder erbleichte.

Das geplante Unternehmen erhielt den Codenamen „Seelöwe".

„Seelöwe" missglückte wie kaum je ein anderes Unternehmen.

In seiner Weisung Nr. 16, erlassen am 16. Juli 1940, hatte Hitler verfügt, Teile der Luftwaffe müssten „die Rolle der Artillerie", Teile der Marine „die Rolle der Pioniere" übernehmen. Raeder hatte verlangt, dass seine Schiffe auf einen möglichst kleinen Seeraum konzentriert werden müssten, damit er sie besser abschirmen könne; das Heer hingegen wollte auf einem möglichst breiten Küstenstreifen angreifen, damit die Invasionstruppen sich besser entfalten könnten.

Görings Strategen schließlich planten Luftangriffe von zwei Seiten her: Flugzeuge, die im norwegischen Bergen starteten, sollten den Norden Englands bombardieren, während von der französischen Kanalküste aus andere Maschinen den Süden Englands bis hinauf nach Edinburgh unter Feuer nahmen. Auf dem Papier wirkte das alles höchst eindrucksvoll. Trotzdem fühlt sich kaum jemand ganz wohl dabei, selbst Hitler nicht. Seine Weisung Nr.16 wimmelt geradezu von Vorbehalten wie „falls" und „wenn nötig" oder „ist erwünscht". Lediglich der Reichsmarschall beharrte darauf, dass „seine Luftwaffe" es schaffen würde. Er kannte sie schlecht. Die beiden für „Seelöwe" bereit gestellten Luftflotten waren es gewohnt, unabhängig voneinander zu operieren. Jede arbeitete ihre eigenen Einsatzpläne aus. Koordiniert wurden sie nicht. Nach dem 10. August, dem Tag, an dem die Offensive ernstlich beginnen sollte, stellte sich dann auch noch heraus, dass die Luftwaffengeneräle ihr Material falsch eingeschätzt hatten. Für die in Norwegen stationierten Standardbomber war der Anflug übers Meer zu weit und zu gefahrvoll; sie konnten deshalb nur ein einziges Mal an der Schlacht teilnehmen. Den Me 109-Jagdmaschinen wiederum hatte man eine Reichweite von sechshundertsechzig Kilometern unterstellt, sie schafften jedoch von der französischen Küste aus gerade die knapp hundertsechzig Kilometer bis London, konnten sich dort noch fünfzehn Minuten lang mit den britischen Jägern herumschlagen und mussten dann wieder abdrehen. Außerdem waren sie zwar schneller, aber nicht annähernd so wendig wie die Spitfires.

Noch mehr als die einsitzigen enttäuschten die zweisitzigen Messerschmitt-Maschinen des Typs Me 110. Sie erreichten nur selten ihre Sollgeschwindigkeit von fünfhundertfünfzig Stundenkilometern, weshalb es zu der absurden Situation kam, dass ihnen, die doch selbst eine Art von Jagdmaschinen waren, andere Jäger als Begleitschutz zugeordnet werden mussten. Und dann erst die berühmte Ju 87, der bei Erdkämpfen Angst und Schrecken verbreitende Sturzkampfbomber. Er erwies sich im Luftkrieg als derart schwerfällig, dass die Briten ihn fast mühelos abschießen konnten.

Es war noch immer nicht alles. In den oberen Rängen der Luftwaffe hatte man sich nie darüber einigen können, was die Me 109 eigentlich sei, eine Angriffs- oder eine Defensivwaffe. Sollte sie vorrangig feindliche Flugzeuge vernichten oder hauptsächlich eigene Bomber beschützen? Überhaupt, und das war die Kardinalfrage: Was wollten die deutschen Luftflotten in England nun eigentlich bewirken? War es ihre Hauptaufgabe, Flughäfen und andere militärische Einrichtungen zu zerstören, um so der Bodentruppe den Weg zu bereiten? Oder sollten sie den Gegner „moralisch" niederringen, also auch die Zivilbevölkerung zermürben, also reinen Terror ausüben?

Hitler, der den Fliegern ja die Rolle der Artillerie zugewiesen hatte, war, dessen ungeachtet, bald für das eine, bald für das andere. So wurden heute Häfen angegriffen, morgen - man schrieb schon den 14. November - Städte wie Coventry in Schutt und Asche gebombt.

Um die Zeit, da Coventry, Birmingham, Liverpool und immer wieder London brannten, war die Schlacht um England für Göring und Hitler indes schon so gut wie verloren, sie war im Grunde von Anfang an verloren gewesen. Zuviel Wirrwarr hatte in den Köpfen derjenigen vorgeherrscht, die das Unternehmen planten.

Um England nieder zu ringen hätte es - nicht nur Giulio Douhet zu Folge - einer Flotte von Langstreckenbombern bedurft, die riesige Bombenlasten befördern und sich selbst gegen Jagdmaschinen verteidigen konnten. Nur damit wäre man in der Lage gewesen, den Gegner aus der dritten Dimension heraus schachmatt zu setzen. Hatte aber in Berlin überhaupt jemand den (noch) viel zitierten Italiener wirklich gelesen? Der erste Generalstabschef der Göring'schen Luftwaffe scheint es immerhin getan zu haben. Schon 1935 hatte Walther Wever derartige Langstreckenbomber angefordert; er war auch prompt bedient worden. Junkers entwickelte für ihn die viermotorige Ju 89, Dornier die ebenso ausgelegte Do 19. Kaum war Wever indessen tödlich verunglückt, da errechnete sein Nachfolger Hans Jeschonnek, dass mit dem Material für eine viermotorige Maschine zweieinhalb - in Zahlen: 2,5 - zweimotorige

Kampfflugzeuge gebaut werden könnten, woraufhin er umgehend nach solchen „Schnellbombern" verlangte. Kaum war jedoch dieses Projekt in Angriff genommen, da wurde ihm schon eine weitere Fähigkeit aufgebürdet : Der „Schnellbomber" sollte auch im Sturzflug angreifen können. Das Ergebnis? Die zweimotorige Ju 88 war am Ende weder ein richtiger Stuka noch ein Bomber, der geschwind genug gewesen wäre, einer Jagdmaschine davon zu fliegen. Den klassischen Schnellbomber dieses Krieges, die „Mosquito", brachten schließlich nicht die Deutschen, sondern die Briten zu Stande. Der viermotorige Langstreckenbomber wiederum, der auch Angreifer abwehren konnte und deswegen „Flying Fortress" genannt wurde, lief wenig später in Amerika vom Band; es war die Boeing B 17. Beide Maschinen sollten die Deutschen in den kommenden Kriegsjahren noch kennen-, vor allem aber fürchten lernen. Mit den Zwittern, die ihre Strategen bevorzugten, den „eierlegenden Wollmilchsäuen", war hingegen schon in der Schlacht um England kein rechter Staat zu machen gewesen - weshalb man sagen könnte, sie sei dort verloren worden, wo Historiker wie Liddel Hart die Deutschen am stärksten wähnten: in ihren Planungsstäben. Die Herren mit den Scharlachstreifen auf den Keulenhosen (bei der Luftwaffe waren sie weiß) hatten nie ein klar durchdachtes Konzept entwickelt und deshalb fast von Anfang an auf Improvisation setzen müssen.

Doch natürlich wollte sich das keiner weniger anrechnen lassen als deren oberster Chef. „Ihr", brüllte Göring die Kommodores seiner Jagdgeschwader an, „tragt die Schuld an diesem Fiasko (...) Ihr habt die Bomber nicht ausreichend geschützt (...) Stattdessen habt ihr euch selbständig gemacht, (...) um möglichst viele Treffer auf euer Konto verbuchen zu können." (Wozu man gerechter Weise anmerken muss, dass er keineswegs von sich auf andere schloss. In seiner aktiven Zeit hatte Göring nie als „Schießer" gegolten, sondern vielmehr als umsichtiger Taktiker, der sich darauf beschränkte, sein Geschwader an den Feind heran zu führen.) Nun, im August 1940, verurteilte der Reichsmarschall Männer wie Werner Mölders, der 101 Abschüsse erzielt hatte, Adolf Galland, der es noch auf 104 bringen sollte, und Helmut Wick, der mit seinen fünfundzwanzig Jahren bereits auf eine „Strecke" von 56 Luftsiegen verweisen konnte.

Indes blaffte Galland damals zurück: „Rüsten Sie uns lieber mit Spitfires aus, Herr Reichsmarschall". Als einzigem aus diesem Trio von Stars in Uniform war es dem selbstbewussten Zigarrenraucher bestimmt, den Krieg zu überleben. Wick wurde wenig später abgeschossen. Mölders, der im November 1941 bei einem Flugzeugabsturz ums Leben kommen sollte, sagte kurz vor seinem Tod: „Nach der Luftschlacht über England war ich ein alter Mann". Er zählte damals gerade achtundzwanzig Jahre.

Der um sieben Jahre jüngere Walter Heinkelein aber konnte zu dieser Zeit nur notieren: „Andere noch wichtigere Aufgaben standen uns bevor." Er ahnte nicht einmal, wie sehr er Recht hatte.

Die offensichtliche Niederlage, die er in der „Battle of Britain" hatte hinnehmen müssen, schien Hitler weniger zu beschweren, als man annehmen sollte. Der Grund dafür liegt wahrscheinlich darin, dass er diese Schlacht nur halbherzig geführt und auch nie wirklich geglaubt hatte, sie für sich entscheiden zu können. Auf der Liste seiner Feinde stand England ohnehin nicht sehr weit oben. Eine friedliche Verständigung mit dem Inselstaat wäre ihm nach wie vor lieber gewesen als der Kampf bis aufs Messer, für den Churchill eintrat.

Ohnehin verstand Hitler weniger denn je, was der britische Premier sich von seiner Durchhaltepolitik versprach. Sah der Mann denn nicht ein, dass die Kontinentalmacht Deutschland als Bollwerk gegen die bolschewistische Gefahr ihm den Rücken freihielt und er sich somit ungefährdet um den Erhalt des an seinen Rändern auch schon bröckelnden Empires kümmern konnte? Zum Ausgleich für solche Schutzdienste sollten die Briten ihm nichts weiter konzedieren als freie Hand auf dem Kontinent.

Nach dem Sieg im Westen dachte Hitler sich Europa zunächst noch als einen Block verbündeter Staaten, zu denen auch das unterworfene Frankreich gehören sollte. Seine Überlegungen stießen sogar auf Gegenliebe - verständlicherweise. Hatten doch am 3. Juli 1940 britische Kriegsschiffe die im algerischen Mers-el-Kebir zusammengezogene französische Kriegsflotte überfallen und fast vollständig vernichtet. Sie sollte, hieß es aus London, nicht in deutsche Hände fallen. Aber war das der wirkliche Grund für dieses Unternehmen gewesen?

Viele Franzosen sahen es anders und erinnerten sich wieder der Revolutionszeiten, da ihnen „la perfide Albion" schon einmal in den Rücken gefallen war. Der Pariser Intellektuelle Alfred Fabre-Luce schrieb in sein Tagebuch: „An einem einzigen Tag tötete England mehr französische Seeleute als Deutschland während des ganzen Krieges". Andere seiner Gesinnungsgenossen warben für eine engere Zusammenarbeit mit dem Dritten Reich, vor allem Pierre Laval, stellvertretender Ministerpräsident in der sogenannten Vichy-Regierung Pétains. Der alte Herr selbst traf sich mit dem „Führer", schien auf dessen Avancen auch einzugehen und teilte seinem Volk kurz darauf mit, dass Frankreich eine enge „collaboration" mit Deutschland eingehen werde - aus Dankbarkeit, denn es sei ja nach seiner Niederlage überaus großmütig behandelt worden.

Der „État Français" also für Hitlers Europa gewonnen?

Falls dies zutreffen sollte, um wieviel müheloser musste dann erst das faschistische Spanien für den neuen Machtblock angeworben werden können? Hatten die Deutschen mit ihrer „Legion Condor" Franco nicht an die Macht gebombt? Hatte dieser selbst nicht ausdrücklich betont, sein dafür dankbares Volk sei Deutschland „spirituell" in „vollkommener Loyalität" aufs engste verbunden?

Und litt das Land nicht immer noch darunter, dass Gibraltar seit 1704 von den Briten besetzt war? Also musste man dem „Caudillo" doch nur deutsche Hilfe für die Rückeroberung des Affenfelsens anbieten und schon würde er die Hand zum Bunde reichen. Auf der Brücke über die Bidassoa, der Grenze zwischen Frankreich und Spanien, in Hitlers Salonwagen saßen sie einander gegenüber, als der Deutsche sein Angebot machte. Franco hörte regungslos zu, schien auch Interesse zu signalisieren, setzte dann jedoch zu einer Gegenrede an, in der jedes „si" sofort wieder relativiert wurde. Teilnahme am Kampf gegen den Bolschewismus, natürlich, gewiss, selbstverständlich. Aber war es dafür nicht ein bisschen zu früh? Spanien habe schließlich einen verlustreichen Bürgerkrieg hinter sich und die Ernte im letzten Jahr sei auch miserabel ausgefallen. Als der „Führerzug" - er trug seltsamer Weise den Namen „Amerika" - wieder nach Norden rollte, schäumte sein Inhaber vor Wut und Enttäuschung. Ein bauernschlauer Pragmatiker hatte ihn souverän ausmanövriert.

Doch es gab ja neben Franco und Pétain noch einen dritten „Lateiner", der in das europäische Boot geholt werden konnte: „Il Duce". Sofort wurde „Amerika" umdirigiert, statt nach Berlin sollte es nach Italien gehen. Am 28. Oktober lief der Zug in Florenz ein, wo er bereits erwartet wurde. Mussolini flog seinem deutschen Freund geradezu entgegen. „Führer", rief er schon von weitem, „wir sind auf dem Marsch!" Hitler zuckte zusammen. Es traf also wirklich zu, was die Deutschen bei einem Zwischenstopp in Bologna erfahren hatten? Italiens Armee war tatsächlich in Griechenland eingefallen? Der Duce bestätigte es mit strahlender Miene.

Wie nicht anders zu erwarten, war Hitler entsetzt, wie vorauszusehen, raste er vor Wut - allerdings erst auf der Rückfahrt über die Alpen. In Florenz hatte er noch Contenance bewahrt. Und sofort begannen die Räder in seinem Kopf sich wieder zu drehen. Wenn es vor allem darauf ankam, England an den Verhandlungstisch zu zwingen, warum nicht doch das Mittelmeer ins Auge fassen. Wenn man den Inselstaat von seinen Verbindungen zu den ostasiatischen und nahöstlichen Provinzen des Empire abschnitt, also die Nachschub-Pipeline Gibraltar-Malta-Zypern-Suez kappte, blieb Churchill da noch eine andere Wahl als nachzugeben und Gespräche anzubieten?

Frucht solcher Überlegungen war schließlich das „Unternehmen Felix“: Eroberung des Affenfelsens, Sicherung der kanarischen und kapverdischen Inseln, Entsendung deutscher Truppen nach Spanisch-Marokko. Auch Franco musste da doch einfach mitmachen, vielleicht sogar Pétain. „Felix“ überlebte indes nicht einmal zwei volle Monate. Anfang November 1940 beschlossen, wurde das Vorhaben am 9. Januar 1941 beerdigt. Franco hatte sich weiterhin verweigert, Vichy ebenfalls. Diesmal war es Göring, der vor Enttäuschung beinahe heulte. Anders Goebbels.

Der „kleine Doktor“ verordnete den Deutschen umgehend eine Art moralischer Aufrüstung. Er begrenzte das Weihnachtsfest auf zwei Tage, verbot Nackttänze außerhalb der Rotlichtviertel in den Metropolen und untersagte sowohl politische wie auch unzüchtige Witze. Der kriegerische Geist der Deutschen sollte gerade jetzt nicht untergraben werden. Goebbels kannte bereits den Nachfolger von Felix, ebenso freilich auch Göring. Was den Reichspropagandaminister indes anspornte, löste bei dem Reichsmarschall Entsetzen aus. „Otto“ hieß das nächste Wunschkind des „Führers“; es wurde später in „Barbarossa“ umgetauft. Und das wiederum hieß Weisung Nr. 21, hieß Angriff auf die Sowjetunion.

Hatte Hitler denn nie von Napoleon und seinem für ihn so katastrophalen Russlandfeldzug gehört? War ihm die Erinnerung an den für das kaiserliche Deutschland zum Verhängnis gewordenen Zweifrontenkrieg aus dem Gedächtnis geschwunden? Zu seinem Sekretär Martin Bormann sagte er später, beides sei ihm deutlich vor Augen gestanden. Trotzdem habe er losschlagen müssen, bevor

Großbritannien sich mit den bereits gegen Deutschland aktiv werdenden USA endgültig zusammengeschlossen hätte, und solange die Sowjets noch so schwach gewesen wären, dass sie in einem Sommerfeldzug niedergeworfen werden konnten. Hätte er diese Chance nicht wahrgenommen, wäre zu befürchten gewesen, dass Stalin sich früher oder später ebenfalls in eine anti-deutsche Allianz einreihte. Hitler beschwor Gespenster herauf, um nicht zugeben zu müssen, dass er auf einem jener Tiger ritt, von denen niemand mehr absteigen kann. Hätte er inne gehalten, um etwa die Frucht seiner bisherigen Siege zu genießen, wäre ihm der Staat, den er ohnehin nur nach der Devise „Entzwei' und gebiete!" (Goethe) regieren konnte, möglicherweise um die Ohren geflogen. So blind, dass er nicht gewusst hätte, wie sehr seine höheren Gefolgsleute sich gegenseitig belauerten und auf ihre jeweilige Stunde hofften, so blind war Hitler nämlich keineswegs.

Abgesehen davon gab es in seinen Augen noch einen weiteren Unsicherheitsfaktor, den er glaubte, auf alle Fälle im Auge behalten zu müssen: das Volk. Seelisch gebrandmarkt von seinen Erlebnissen im November 1918, dem Kieler Matrosenaufstand, den Arbeiter- und Soldatenräten, den Münchner Revolutionswirren, traute er den Deutschen insgesamt so wenig über den Weg wie der Generalität oder den Kamarillen der Herren Göring, Himmler, Heydrich. Um die Letzteren in Atem und das Volk in Zaum zu halten, musste er weiterhin Krieg führen - wie gesagt nach eigener Überzeugung.

Mit seinem Misstrauen tat Hitler den Deutschen Unrecht an. Die „Volksgenossen" an der „Heimatfront" hatten den Krieg bisher mit erstaunlicher Gelassenheit ertragen, sich allerdings auch eine eigene Meinung über die politischen Vorgänge gebildet, zumindest einige von ihnen. Für Churchill etwa, so sehr er auch von Goebbels begeifert wurde, empfanden sie eine gewisse Sympathie, ebenso für Göring. Die Geschichte vom Lügensumpf scheint beides zu belegen:

Hitler, Goebbels, der Reichsmarschall und der Mann mit der dicken Zigarre gehen gemeinsam spazieren. Das Quartett kommt an einen Sumpf. Hitler erklärt, wer noch nie im Leben gelogen habe, könne ihn ungefährdet überqueren. Je öfter aber einer die Unwahrheit gesagt habe, umso tiefer sinke er darin ein. Sie beschließen, es zu wagen. Hitler geht als erster. Er versinkt bis an die Knöchel. „Nanu", sagen sie, „ist doch gar nicht so schlecht, Adolf". Churchill macht den nächsten Versuch. Er, immerhin als „Lügenlord" bekannt, bricht knietief ein. „Auch nicht so übel, Winston", sagen sie, „bei deinem Ruf". Dann geht Göring los. Nicht einmal seine Sohlen werden benetzt. „Hermann", ruft Hitler, „hast du denn noch nie in deinem Leben gelogen?" – „Doch, mein Führer." – „Aber?" – „Ich stehe auf Goebbels".

An Stammtischen, aber auch bei HJ-Heimabenden lachte man sich schlapp über diesen Witz. Noch war das Leben ja auch sonst zu ertragen. Im Kino lief gerade der Film „Bismarck" mit Lil Dagover, Paul Hartmann und Otto Gebühr an. Zarah Leander und Willy Birgel brachen „Zu neuen Ufern" auf, Marika Rökk sang „Hab mich lieb".

In Spielzeugläden, erinnert sich der aus Schwäbisch Hall stammende, vielfach ausgezeichnete Filmemacher Oliver Storz, war der „Führer" zu erwerben, „7 cm hoch, der rechte Arm so montiert, dass man ihn nach oben drehen konnte zum 'deutschen Gruß' (...); auf den Preisschildern neben ihm war in Sütterlinschrift zu lesen: 'Der Führer mit bewegl. Arm, 1,80 RM." Es gab auch Göring mit bewegl. Arm oder „eine 8,8-Flak mit hochklappbarer Lafette und Zugmaschine." Der junge Storz durfte keines der Spielzeuge kaufen, sein Vater, ein strenger Gymnasiallehrer, später baden-württembergischer Kultusminister, war dagegen. Dieter Wieland, engerer Landsmann der beiden und Lyriker von Format, berichtet hingegen, dass am 17. August 1940 erstmals Luftalarm für Hall gegeben wurde. „Der britische Bomberverband war in großer Höhe über die Stadt hinweggedröhnt und hatte sie ungeschoren gelassen. Dafür hört man jetzt gelegentlich das Heulen, Krachen und Knattern, wenn wieder einmal eine He 111 auf dem Hessentaler Fliegerhorst eine Bruchlandung hingelegt hat". Er klopfte also doch schon an die Türen, der scheinbar ferne Krieg. Man sah und spürte ihn, stand um Lebensmittelkarten und Kleiderpunkte an, musste vom frühen Abend bis zum späten Morgen die Fenster verdunkeln, sah die weißen Streifen, die Hitlerjungen oder Arbeitsdienstmänner auf den Gehsteigkanten angebracht hatten, damit man sie in der Dunkelheit nicht verfehlte. Aber alles in allem ging es den Deutschen nicht übermäßig schlecht in den Jahren zwischen 1939 und 1941. Hitler wollte, dass es dabei bleibe. Götz Aly vertritt die These, er habe das Volk zu diesem Zweck sogar regelrecht bestochen, und bietet dafür sowohl Belege wie auch Begründungen an.

Im Ersten Weltkrieg waren die Lebensmittel von der kaiserlichen Regierung derart rigoros bewirtschaftet worden, dass Rüstungsarbeiter schon 1917 mit Streiks gegen die Hungerrationen protestiert hatten. In „Hitlers Volksstaat“ wurden, um ähnlichen Unruhen vorzubeugen, die Arbeiter eher gehätschelt. Steuererhöhungen lehnte der „Führer“ ebenso kategorisch ab wie die Minderung von Renten oder Kindergeld. Lediglich Besserverdienende mussten höhere Abgaben leisten. Im Übrigen galt längst schon jener Satz, den der geniale Sentenzenschmied Friedrich Schiller in „Die Piccolomini“ den General Isolani nahezu beiläufig aussprechen lässt: „Der Krieg ernährt den Krieg.“ Wie von Anfang an geplant, wurden die Kriegskosten dem unterworfenen Gegner auferlegt.

Es geschah auf die unterschiedlichste Art und Weise. Reichskreditkassenscheine, ausgeführt in feinster deutscher Stahlstichtechnik, dienten außerhalb der Reichsgrenzen als Zahlungsmittel für alles, was die Deutschen an Waren benötigten, aber zugleich auch als Wehrsold für die Besatzungssoldaten. Innerhalb des Reiches hatten die Papiere keine Geltung. Frankreich, Belgien, Holland, Dänemark, Norwegen finanzierten solcher Art nicht nur ihre jeweiligen Besatzungsregimes, sie hielten auch die deutsche Rüstungswirtschaft mit in Schwung.

Auf bedeutend brutalere Weise wurden die Juden in den besetzten Gebieten ausgebeutet. Ihre beschlagnahmten Vermögen flossen, wie schon jene der deutschen, auf allerlei Umwegen dem Reichsfinanzminister zu. Insgesamt, schätzt Aly, kamen dabei zwischen fünfzehn und zwanzig Milliarden Reichsmark zusammen.

Auch Göring trug das seine zu der Plünderungsorgie bei. Ein von ihm erlassener, von Aly ans Licht geförderter „Schlepp-Erlass“ erlaubte es deutschen Soldaten beim Heimaturlaub Tragriemen und Traggurte zu benutzen, um erworbene Waren besser mit nach Hause schleppen zu können. Der Erlass befreite sie sogar von der Pflicht, die Grenze in militärischer Haltung zu überschreiten; mit einem Zentner Gepäck auf dem Buckel wäre das ja kaum zu vollbringen gewesen. Was dabei wiederum zusammenkam, war keineswegs nur Kleckerkram. Zeitweise wurden drei Viertel der von den Franzosen aufgebrachten Besatzungskosten für solche Hamsterkäufe ausgegeben. Göring selbst sammelte ja ebenfalls Parfums aus Paris und edle Brände aus dem Département Charentes. Verbieten konnte ihm das niemand, denn, um abermals Schiller zu zitieren: „Sei im Besitze und du wohnst im Recht“ („Wallensteins Tod“). Der beutegierige „Dicke“ war im Besitz der Macht. Hitler indessen fühlte sich überdies an alte Zusagen gebunden. Einst hatte er „Brechung der Zinsknechtschaft“ und Herstellung von „Volksgemeinschaft“ gepredigt. Von den Jungen, die nun hinter HJ-Fahnen hermarschierten, wurde das noch immer beschworen. Voll Überzeugung sangen sie: „Wir sind nicht Bürger, Bauer, Arbeitsmann / Haut die Schranken doch zusammen, Kameraden / Uns weht nur eine Fahne voran, / die Fahne der jungen Soldaten.“ Da es aber genau das war, was Hitler brauchte und in Zukunft noch viel mehr brauchen würde, nämlich begeisterungsfähige oder fanatisierte junge Soldaten, konnte er die alten Ideale nicht mir nichts, dir nichts verleugnen, musste vielmehr von dem, was Aly „Volksstaat“ nennt, wenigstens etwas an Substanz zu bewahren versuchen. Kapitalisten oder, wie es in der Diktion des Dritten Reiches hieß, „Plutokraten“ waren die Anderen. Diesen Unterschied galt es aus „Weltanschauungs“-Gründen ebenfalls zu wahren. Ein Opfer freilich hatte Hitler den Deutschen schon 1939 abverlangt: Den KdF-Wagen würde, zumindest in seiner Käferform, so schnell keiner von ihnen vor der Haustür stehen haben. Seit Kriegsbeginn rollte er nur noch als Kübelwagen von den Wolfsburger Bändern, grau gestrichen und mit Nummernschildern versehen, auf denen WH für „Wehrmacht Heer“ oder WL für „Wehrmacht Luftwaffe“ stand; immer öfter kam auch schon die doppelten Sigrune vor, das hieß: SS. Die angesparten Gelder gehörten zu jenen Kriegsabgaben, die von den Volksgenossen im „Volksstaat“ dann doch hatten gefordert werden müssen. Verloren waren sie freilich nicht; nach dem „Endsieg“ würden die KdF-Klebemarken wieder voll honoriert werden.

Hitlers neues Europa also doch nur eine Ansammlung ausgebeuteter Vasallenstaaten unter deutscher Knute? Nicht ganz. Schirach, seit 1940 Gauleiter von Wien, bereitete in seiner neuen Residenz einen „Europäischen Jugendkongress“ vor, zu dem Funktionäre sowohl aus befreundeten wie auch unterworfenen Ländern geladen waren. Auf ihm sollten Weichen für ein, natürlich faschistisch eingefärbtes Nachkriegseuropa gestellt werden. Die Erinnerungsmünzen waren schon entworfen. Zustande gekommen ist „Baldurs Kinderfest“, wie Goebbels die Veranstaltung nannte, indessen nicht. Auch Ribbentrop soll geholfen haben, sie zu verhindern, so Henriette von Schirach nach dem Krieg.

Erfolgreicher als der abgehalfterte, aber immer noch von zukunftsträchtigen Projekten träumende Reichsjugendführer beackerte ein anderer NS-Grande das europäische Feld, oder vielmehr dessen enger Vertrauter, der überaus ehrgeizige SS-Brigadeführer Gottlob Berger, genannt „Schwabenherzog". Er, SA-Mann der ersten Stunde, nach dem „Röhm-Putsch" vorübergehend kalt gestellt und dann zur SS übergewechselt, war von Himmler beauftragt worden, die sogenannte Verfügungstruppe zu einer Armee in der Armee auszubauen. Berger war somit deren oberster Werbeoffizier, als solcher aber ein Dorn im Auge von Brauchitsch.

Um die VT zu verstärken, brauchte Berger wehrfähige Männer. Junge Deutsche zu rekrutieren war indes das eisern verteidigte Vorrecht der Wehrmacht. Woher die benötigten Kämpfer also nehmen, ohne sich mit dem OKW anlegen zu müssen. Berger, nicht nur gemütvoll schwatzhaft - er stammte aus Württemberg -, sondern auch listig und einfallsreich, fand Wege aus dieser Zwickmühle, an die keiner zuvor gedacht hatte. Seinem Chef rechnete er vor, dass sich zwei kriegsstarke SS-Divisionen aufstellen ließen, wenn man Teile der die KZ's bewachenden Totenkopfverbände und der „Allgemeinen SS" von ihren derzeitigen Aufgaben befreite und sie in jene Truppe eingliederte, die seit 1939 „Waffen-SS" hieß. Himmler war von dem Vorschlag angetan, Hitler segnete ihn ab.

Schon wenig später überschritten achtzehntausend Soldaten mit schwarzen Uniformkragen an der Seite der Wehrmacht die polnische Grenze. Im Jahr darauf verfügte der „Reichsführer-SS" bereits über hunderttausend Bewaffnete. Dem „Schwabenherzog" genügte das immer noch nicht.

Als sein aus Rumänien stammender Schwiegersohn ihn auf die Hunderttausende von „Volksdeutschen" aufmerksam machte, die in den diversen Balkanländern lebten, hatte er seine nächste Idee. Warum nicht diese Männer für Himmlers Truppe anwerben? Die Wehrmacht, das war das Schöne daran, konnte ihm dabei keine Steine in den Weg legen. Außerhalb der Reichsgrenzen hatte sie nichts zu melden.

So machte Berger sich denn ans Werk. Auf zum Teil abenteuerliche Weise wurden „Volksdeutsche" aus ihren Heimatländern nach Deutschland geschmuggelt und dort in die Waffen-SS eingereiht.

Auch das war jedoch erst ein Anfang. Berger entdeckte nun die „germanischen Völker" des besetzten Europas. Was konnte schließlich nordischer sein als blonde, blauäugige Norweger, Dänen, Flamen, Holländer. Diese alle sollten eingesammelt werden; es war oftmals leichter, als der umtriebige Schwabe zu hoffen gewagt hätte. „Manchem einfältigen Gemüt", so Heinz Höhne, ausgewiesener Kenner der Materie, „erschienen die Eroberer, die durch die Straßen von Oslo, Brüssel oder Den Haag marschierten, wie federnd-jugendliche Sendboten eines neuen Zeitalters." Da viele von ihnen an dieser Ära teilhaben wollten, hatten die von Berger eingerichteten Werbebüros über mangelndes Interesse kaum zu klagen. Schon 1941 konnte die erste aus nicht-deutschen Germanen bestehende SS-Division aufgestellt werden. Nahe liegender Weise bekam sie den Namen „Wiking" verliehen. Für Berger war es besten Falles ein zweiter Anlauf.

Das von ihm geleitete SS-Hauptamt stellte von nun an in immer schnellerem Tempo Einheit um Einheit auf die Beine. Aus Franzosen wurde die Division „Charlemagne" gebildet, aus Belgiern die Sturmbrigaden „Flandern" und „Wallonie". Holländer und Skandinavier dienten in den Verbänden „Nederland" und „Nordland". Mit der Zeit wurde es geradezu mühsam, neue, symbolträchtige Namen zu erfinden.

Schon Ende 1941 konnten Bergers Leute Himmler zweihundertzwanzigtausend ausgebildete SS-Soldaten melden. Es war eine Truppe, die man, zumal nach Himmlers schulbuchhaft-rigiden Vorstellungen von Rasse- und Blutreinheit, längst nicht mehr als germanisch, geschweige denn als deutsch bezeichnen konnte, war vielmehr, so der englische Historiker Gerald Reitlinger, tatsächlich „eine europäische SS" oder eigentlich ein vielsprachiger Landsknechtshaufen (auch Schwyzerdütsch war da und dort zu vernehmen), bestehend aus Abenteurern, Glücksrittern, Fanatikern, blauäugigen Idealisten, Raufbolden, zumindest also eine verzerrte Spiegelung eben dieses Europas. Der „Führer" immerhin mag Bergers Schöpfung als Nebenprodukt dessen genommen haben, was ihm einmal vor Augen gestanden hatte. Zunächst musste die neue Truppe jedoch ins Gefecht geworfen werden. Wie eine Lawine brachen deutsche Streitkräfte über den Balkan herein. Auch Walter Heinkelein wurde nolens volens in den Strudel mit hineingerissen. Das hatte er dem Duce zu verdanken.

„Italiani!" So begann ein Manifest, das seit dem „Jahr VI" des faschistischen Staates, genauer: dem 10. Januar 1928, in allen Rathäusern, Amtsstuben, Schulen und Fabriken der Apeninnenhalbinsel zu hängen hatte. Wozu sollte es die Bürger verpflichten? Zur Unterstützung des „Capo del governo" Benito Mussolini? Zum heldenhaften Kampf für Vaterland und Faschismus? Nichts dergleichen.

Es war die Aufforderung, ein Nahrungsmittel zu lieben, zu respektieren, zu ehren und nicht zu verschwenden: „Il pane", das Brot. Sei es doch, so die nächsten Zeilen, il „orgoglio del lavoro", der Stolz der Arbeit, la „gloria dei campi", der Ruhm der Felder und nicht zuletzt la „ricchezza della patria", der (eigentliche) Reichtum des Vaterlandes. Aggressiv oder kriegerisch klang das nicht, bezeugte vielmehr, in fast lyrischer Ausdrucksweise, gesunden Realismus: Italien war ein armes Land. Ein zutiefst missverstandenes Land war es überdies. Die in Versailles und einigen anderen Pariser Vororten geschlossenen Verträge galten den Italienern als „verstümmelter Frieden". Obwohl mit der Entente verbündet, hatten sie lediglich Südtirol bis zum Brenner, nicht aber, wie erwartet, Dalmatien zugesprochen bekommen, und im östlichen Mittelmeer gerade noch den schon früher besetzten Dodekanes behalten dürfen: „Eine unverdiente Zurücksetzung", die nach Genugtuung schrie.

Der italienische Historiker Adolfo Omodeo, der diese Ansicht vertrat, hoffte denn auch: „Wenn erst die Zeit der (kriegsbedingten) Erschöpfung vorüber wäre, würde die italienische Politik sich viel freier bewegen können als zuvor." Die Antwort auf sein stilles Gebet war der „Partito Nazionale Fascista", von Mussolini in Mailand gegründet und 1922 an die Macht gekommen. Seit dieser Zeit galt der stiernackige Glatzkopf als das Vorbild aller faschistischen Verschwörer in ganz Europa. Vor allem Hitler bewunderte den ehemaligen Sozialisten (und Deutschenhasser) aus der Romagna und bemühte sich, ihn nachzuahmen. Mussolini selbst hingegen hielt (fürs erste) noch nicht sonderlich viel von dem „Austriaco" mit seinem komischen Bärtchen.

Zu ändern begann sich das erst, als der Duce 1935 Abessinien überfiel und dabei von Deutschland stillschweigend unterstützt wurde. Es setzte sich fort, als Franco 1936 in Spanien den Bürgerkrieg entfesselte. Nachdem Italien 1939 dann auch Albanien noch annektiert hatte, waren beide schon fast ein Herz und eine Seele; im selben Jahr schlossen sie miteinander den „Stahlpakt" ab. Zur wahren Liebe reichte freilich selbst das noch nicht. Mussolini weigerte sich hartnäckig, am Polenfeldzug teilzunehmen. Zu arm für ein solches Wagnis sei Italien. Selbst mit der „gioia dei focolari", der Freude des Herdes, dem Brot, müsse man ja sparsam umgehen. Dringend brauche das Land zwar „una quarta sponda", ein „viertes Ufer", doch keinesfalls sei dieses im slawischen Osten zu suchen, eher im fernen Ostafrika und im nahen Ägypten. Aber brauchte dies, nach Hitlers Ansicht, Deutschland nicht ebenfalls? Viertes Ufer oder „Lebensraum", was war der Unterschied? So gesehen schienen sie eigentlich doch zusammen zu passen, die beiden greinenden Opfer der Pariser Vorortverträge, wenigstens einigermaßen.

Ähnlich organisiert hatten sie sich ja ohnehin bereits. Was dem einen die Gestapo war, war dem anderen die OVRA, die Organisation zur Abwehr des Antifaschismus. Gab es dort eine Jugendorganisation, die alle Knaben von sechs bis sechzehn Jahren erfasste und von der „Balilla" über die „Avanguardista" in die Parteiformation „Giovane Fascista" schleuste, so hatte man hier die zweistufige Hitlerjugend geschaffen, die das gleiche bewirkte. Bewundert oder sogar beneidet haben sich die Mitglieder beider Gruppierungen jedenfalls hinüber und herüber. Hitlerjungen fanden die schwarzen Rollkragenpullover der „Avanguardisti" bedeutend schicker als ihre drögen Braunhemden, den Italienern imponierten Flieger-HJ und Marine-HJ.

Schon auf dieser Ebene schlichen sich freilich Missverständnisse ein. Namenspatron der „Opera Nazionale Balilla" etwa war ein Knabe, der sich 1746 in einem gegen die österreichische Besatzungsmacht gerichteten Aufstand hervorgetan hatte. Und nun war aus Österreich ja die deutsche Ostmark geworden.

Auch „quarta sponda" war eben doch nicht ganz mit Hitlers „Lebensraum" zu vergleichen. Mussolini sah sich als Nachfolger der römischen Kaiser, er wollte aus dem Mittelmeer wieder deren „mare nostrum" machen. Volkstum, Rassereinheit, Antisemitismus waren seine Sache nicht (unbedingt). Germanisches Sein und Wesen müssten ihm sogar als Gräuel gegolten haben. Trotzdem bildeten der Mann, der Berlin in „Germania" umtaufen wollte, und er auf einmal ein Paar. Da war auch Eifersucht nicht völlig auszuschließen.

Den erfolgreichen „Blitzkrieg" in Polen hatte Mussolini, grün vor Neid, gerade noch hinuntergewürgt. Den Sieg im Westen vermochte er nicht mehr zu schlucken; Hitlers Liebäugeln mit Vichy brachte das Fass dann zum Überlaufen. Zur „quarta sponda" gehörten für den selbst ernannten neuen Augustus auch Korsika und Tunesien. Doch zunächst einmal schlug er, Ende Juli 1940, in Eritrea los, wo starke italienische Kräfte standen. Es war, im September desselben Jahres, das Ende seiner Kolonie Ostafrika. Um wiederum diese Scharte auszuwetzen, befahl il Duce daraufhin, vom italienischen Libyen aus Ägypten anzugreifen. Beinahe gleichzeitig fiel er über Griechenland her. Ein völlig konsternierter Hitler erfuhr es in Florenz. Sein vor Stolz geradezu glühender Partner glaubte endlich Entschlusskraft gezeigt zu haben und beanspruchte Respekt dafür. Man konnte sich tatsächlich an eine Eheszene erinnert fühlen - nicht zuletzt auch deshalb, weil Hitler es nicht wagte, dem Partner eine Szene zu machen. Dabei dürfte ihm klar gewesen sein, dass Mussolinis Coup katastrophale Folgen haben musste. Es kam dann sogar noch weitaus schlimmer, als er erwartet gehabt hatte.

In dem mit der Achse mehr oder weniger verbündeten Königreich Jugoslawien wurde der deutschenfreundliche Regent Paul II. Karadjordjevic von Putschisten davongejagt. Britische Truppen besetzten Kreta und landeten an der griechischen Festlandsküste. Der italienische Vorstoß blieb an der Metaxas-Linie hängen. In Libyen waren Mussolinis Truppen schon das Jahr zuvor von einer britischen Gegenoffensive gestoppt worden, weshalb Hitler dem Freund mit einem „Deutschen Afrikakorps“ unter Erwin Rommel hatte zu Hilfe kommen müssen. Nun blieb ihm nichts anderes übrig, als den Italienern auch auf dem Balkan aus der Patsche zu helfen.

Das dafür vorgesehene Unternehmen bekam den operettenhaften Namen „Marita“ verpasst. Für die zu erwartenden Sondermeldungen wurde das „Prinz-Eugen-Lied“ reaktiviert. Auch Gottlob Bergers bunter Haufe bekam die Chance geboten, zu beweisen, was er konnte. Er sollte sich, wie nicht anders zu erwarten, auf Landsknechtsart schlagen, mörderisch und selbstmörderisch zugleich. „Marita“ begann am 6. April 1941 mit einem verheerenden Luftangriff auf Belgrad und war elf Tage später abgeschlossen. Die jugoslawische Armee hatte kapituliert. Nach weiteren zehn Tagen konnte über der Akropolis von Athen die Hakenkreuzfahne gehisst werden und Luftwaffenoffiziere konnten im Hotel „Grande Bretagne“, bestes Haus am Platze, Quartier beziehen. Für den mittlerweile ebenfalls in Hellas eingetroffenen Fallschirmjäger Walter Heinkelein musste ein Zelt genügen.

Am 19. Mai 1941 notierte er: „Befehlsempfang und Ausgabe des Einsatzbefehls mit Aufträgen der Kompanien & Züge & Gruppen auf einem höher gelegenen Berg“ (über Topolia bei Athen). Damit begann für ihn das „Unternehmen Merkur“ oder, wie es später auch genannt wurde, der „Opfergang der deutschen Fallschirm- und Gebirgstruppe“. In nur zwölf Tagen hatte sich ja herausgestellt, dass die Eroberung Kretas eben dies gewesen war, dazu noch eine, strategisch gesehen, völlig sinnlose Operation. Göring sah es anders.

„Zum ersten Mal“, ließ er in heroisierendem Präsens verkünden, „wird ein Angriff weit über See allein durch die Luft vorgetragen gegen einen Feind, der entschlossen ist, jeden Fußbreit Bodens zu verteidigen. Denn Kreta ist das Gibraltar des östlichen Mittelmeeres (...) Der deutsche Fallschirmjäger prägte auf klassischem Boden ein neues Kampfideal.“ Verräterisch an dieser Suada ist ein einziges Wort: „Gibraltar“.

In der „Battle of Britain“ hatte Göring schmählich versagt. Nun gab er vor, die Briten an einer anderen Stelle entscheidend getroffen zu haben. Es beschwört den Verdacht herauf, dass der beleibte Luftwaffenchef und seine blau-grauen Strategen auf dem „Unternehmen Merkur“ kaum so hartnäckig bestanden hätten, wenn es ihnen nicht vor allem darum gegangen wäre, verlorenes Prestige um jeden Preis zurück zu gewinnen. Man müsste eigentlich sagen: um jeden noch so hohem Blutzoll.

Walter Heinkelein immerhin durfte, als alles ausgestanden war, das gelbe „Kretaband“ am Ärmel seiner Uniform befestigen. Mehr mag er sich freilich über einen Brief gefreut haben, der ihm nach Wien ins Lazarett geschickt wurde.

„Ich bin unendlich stolz darauf“, schrieb sein Verfasser, „dass Du aktiver Teilnehmer an dem kühnsten Unternehmen der Kriegsgeschichte sein konntest. Ich verfolge mit neiderfülltem Herzen Deinen neuen Weg (...) Du wirst den schönsten Lohn für Deinen so tapferen Einsatz erst in der Heimat finden. Dort wird Dir niemand die höchste Achtung absprechen können (...), und wenn in kurzer Zeit auch für mich die Stunde der Bewährung schlagen wird, soll mir Dein Verhalten ein leuchtendes Beispiel sein. Wir wissen, wie hart der Krieg sein mag. Soll er von uns fordern, was er will, unsere Pflicht wissen wir zu erfüllen (...) Ich sitze nun still auf meinem einsamen Truppenübungsplatz und warte, doch nicht mehr lange (...) Dein Bruder Willi.“

Willi Heinkelein, Gefreiter der Panzertruppe, gerade zwanzig Jahre alt geworden, sollte in der Tat nicht mehr lange warten müssen. Am 31. Mai 1941 hatte er den Brief an Walter geschrieben, Ende Juni rollte seine Einheit nach Russland hinein. Der „Fall Barbarossa“ war ausgelöst worden - zu spät, meint Hanson W. Baldwin.

Der eine Monat, um den Hitler die Invasion der Sowjetunion wegen des Balkanfeldzugs und Kreta hatte verschieben müssen, „reichte aus, den deutschen Angriff im Winter stecken zu lassen.“

VIII

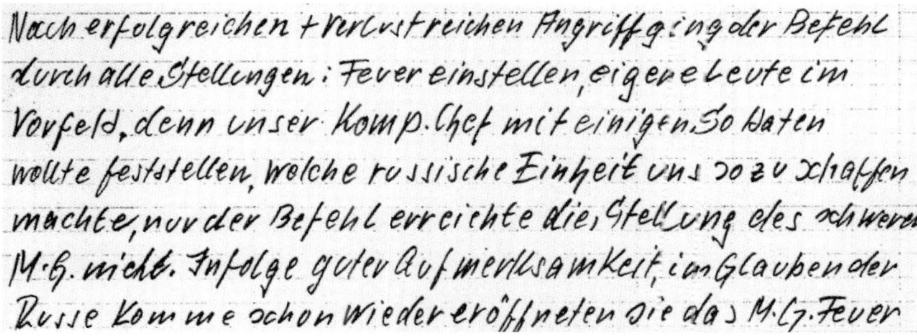
Nach erfolgreichen + verlustreichen Angriff ging der Befehl durch alle Stellungen: Feuer einstellen, eigene Leute im Vorfeld, denn unser Komp. Chef mit einigen Soldaten wollte feststellen, welche russische Einheit uns so zu schaffen machte, nur der Befehl erreichte die, Stellung des schweren M.G. nicht. Infolge guter Aufmerksamkeit, im Glauben der Russe komme schon wieder eröffneten sie das M.G. Feuer

Sie betrachteten ihr Dasein als ein Leben im Exil und nannten diesen Zustand „Galut“, was auch mit Zerstreuung übersetzt wird. Vier „Galujot“ gehören zu den Kernelementen ihrer Überlieferung, das babylonische, das medische, das griechische und das mit der Zerstörung ihres zweiten Tempels im Jahr 70. n. Chr. einsetzende römische Galut. Es war das letzte der sozusagen klassischen Galujot und der Beginn ihrer Zerstreuung über alle Länder des Imperium Romanum. Auch in die Provinz Germania Superior kamen damals viele von ihnen. Städte wie Worms, Trier, Mainz schienen gute Plätze zu sein. Wer die Gesetze des Staates respektierte, konnte unbehelligt seinen Geschäften nachgehen, ohne die eigenen, hergebrachten Lebensregeln vernachlässigen zu müssen. An die Stelle des zerstörten Zentralheiligtums in Jerusalem traten die Synagogen, der Opfergottesdienst wich dem Wortgottesdienst. Als Volk des geschriebenen Wortes galten sie von da an noch mehr denn zuvor. Die urkundlich früheste Erwähnung von Juden im späteren Deutschland datiert aus dem Jahr 312. Allerdings bezeugt sie auch, dass die Zeiten sich schon wieder zu ändern begannen: Kaiser Konstantin, der das Christentum zur Staatsreligion erhoben hatte, beschnitt die bisherigen Privilegien der „Iudaei“ in Köln. Und so sollte es in den folgenden Epochen weiter gehen. Zu den frühesten Opfern des Ersten Kreuzzuges gehörten in Speyer zehn jüdische Männer, in Worms auch Frauen und Kinder. Aus der Zeit des Dritten Kreuzzugs berichtet ein Rabbiner, in den ländlichen Regionen um Mainz habe es schwere Verfolgungen gegeben, wohingegen man in den

Städten sicher gewesen sei. „Vor allem der ‚alte Kaiser' (Barbarossa) und sein Sohn, der junge Kaiser (Heinrich VI.) - lange mögen sie leben - waren den Juden gewogen".

Auch dieses Leben zwischen den Polen Hass von unten, Förderung von oben blieb jüdisches Schicksal in Deutschland, setzte zugleich jedoch einen Prozess in Gang, der schon während des babylonischen Exils begonnen hatte: Die Juden begannen von der Galut auf die Ge'ulla, die Erlösung, zu schließen. Jahwes Ankündigung, „Du (Abraham) sollst wissen, dass deine Nachkommen Fremdlinge sein werden, in einem Land, das ihnen nicht gehört" (1.Mos. 15,13) wurde als Versprechen auf künftige Wiederzusammenführung gedeutet, denn, so der Hohe Rabbi Löw aus Prag im sechzehnten Jahrhundert: „Wäre, Gott behüte, in Israel die Kraft zur Einheit nicht geblieben, dann wäre es bereits (jetzt) in seine Teile zersprengt". An dieser Überzeugung festzuhalten, war allerdings schwer und sollte immer schwerer werden.

Solange sie, während des späten Mittelalters in Gettos zusammengepfercht wurden, fiel es vergleichsweise leicht, Zusammenhalt zu wahren. Sobald sich jedoch im neunzehnten Jahrhundert die Tore der Judenviertel zu öffnen begannen, wuchs auch das Verlangen, in Preußen, Hessen, Franken, Bayern preußische, hessische, fränkische oder bayerische Bürger jüdischen Glaubens zu sein. Anhänger dieser neuen Bewegung warben dafür mit Worten wie: „Es gibt nur eine Taufe, die zu Nationalität einweiht; das ist die Taufe des Blutes in dem gemeinsamen Kampf für Freiheit und Vaterland". Da dieser Blutzoll in den Kriegen gegen Napoleon erbracht worden sei, glaubte Gabriel Riesser, Vizepräsident des Paulskirchenparlaments, sagen zu können: „Wir sind nicht eingewandert, wir sind eingeboren". Er schien auf breite Zustimmung zu stoßen. In den folgenden Jahrzehnten konnten sich Juden in Deutschland Führungspositionen erobern wie nie zuvor.

Gerson Bleichröder avancierte zu einem von Bismarcks engsten Vertrauten in Finanzangelegenheiten. Emil Rathenau gründete 1883 die AEG (sein Sohn Walther sollte 1920 deutscher Wiederaufbau-Minister werden.) Der Bankier Carl Fürstenberg geriet als Chef der „Berliner Handels-Gesellschaft" und Urheber geistvoller Sottisen zur lebenden Legende. Albert Ballin machte die HAPAG zu einer der größten Reedereien Europas. Rudolf Mosse baute ein kleines Annoncen-Büro zum führenden Berliner Zeitungsverlag aus (neben jenem der Familie Ullstein). Die Oppenheims aus Bonn gründeten nicht nur ein heute noch bestehendes Bankhaus, sie stiegen auch in den Freiherrnstand auf und verschwägerten sich mit den unterschiedlichsten deutschen Grafengeschlechtern. Der Gemischtwarenladen des Hermann Tietz in Gera war die Keimzelle des Hertie-Konzerns. Louis Hagen (Bankhaus Levy) und Franz von Mendelssohn (Bankhaus Mendelssohn & Co.) saßen im Generalrat der Deutschen Reichsbank, als deren Präsident ein gewisser Hjalmar Schacht fungierte.

Geschah aber dies am (vergleichsweise) dürren Holz jenes Baumes, der Geldscheine zu Blättern hat, was mochte erst in jenen Hainen sprießen, darin die Sänger wandeln, wenn späte Nachfahren der biblischen Psalmisten sich des (deutschen) Wortes bemächtigten. Sie brachten diese Sprache sogar zum Funkeln: Die Romanciers Jakob Wassermann, Stefan und Arnold Zweig, Franz Werfel und Franz Kafka; die Dramatiker Arthur Schnitzler und Hugo von Hofmannsthal, um nur einige zu nennen. Max Reinhardt errichtete sein märchenhaftes Theaterimperium, Gustav Mahler interpretierte Richard Wagner nicht nur, er versuchte auch, noch gewaltigere Klangmassen aufzutürmen als der Sachse, während Felix Mendelssohn-Bartholdy die „Matthäuspassion" von Bach wieder entdeckte und mit seiner „Reformationssinfonie" das Werk Martin Luthers verherrlichte, der Architekt Erich Mendelsohn Warenhäusern zu neuer Eleganz verhalf, Paul Ehrlich die Chemotherapie begründete. Albert Einstein - ein Name, dem nichts hinzufügen ist. In der Tat, sie haben das Galut ihrer Zeit kaum weniger gut genutzt als ihre Vorfahren das babylonische, waren auch überzeugt, dass es das letzte sein werde - nicht alle freilich.

Schon gegen Ende des neunzehnten Jahrhunderts glaubte der Wiener Schriftsteller Theodor Herzl erkannt zu haben, dass den Verhältnissen, in denen sie lebten, doch nicht zu trauen sei, und verkündete, wie seiner Ansicht nach die Ge'ulla herbeigeführt werden könne, durch Gründung nämlich eines jüdischen Staates in „Altneuland"; so nannte er Palästina. Schon 1909 entstand bei Jaffa die Gartenstadt Tel Aviv; auch deutsche Juden machten sich auf, um an der Haifa-Bay Land für weitere jüdische Siedlungen zu erwerben. Andere ihrer Glaubensgenossen hingegen erkannten erst 1934, dass sie auf „Hiobsposten" stünden, beschlossen aber, anders als Herzl für ihr Lebensrecht zu kämpfen und zwar selbst dann, so Hans Joachim Schoeps, Wortführer einer „Gefolgschaft deutscher Juden", „wenn das Wagnis in den Untergang führt (...) Denn die Fahne bleibt stehen, wenn der Mann auch fällt."

In der Heimatstadt Walter Heinkeleins war die Geschichte der Juden mehr oder weniger in den gleichen Bahnen verlaufen wie im übrigen Deutschland. Erste Erwähnung eines Bürgers mosaischen Glaubens 1446, später Begünstigung durch die hohenzollern'schen Markgrafen von Brandenburg-Ansbach, aber auch Bereitung „etlicher trangsal" durch den Rat der Stadt. Dieser hergebrachte Antagonismus garantierte freilich genau so wenig verlässliche Stabilität wie früher schon. Die fürstlichen Landesherrn hielten nicht zuverlässig an ihrer pro-jüdischen Politik fest, die Bürgerschaft ließ sich gelegentlich Zugeständnisse abringen, wobei allerdings reiche Juden besser fuhren als arme, und deren gab es bedeutend mehr. Erst 1864 wurden den Juden in Württemberg die vollen bürgerlichen Rechte zuerkannt.

Zuvor war schon geschehen, was sich in vielen anderen Teilen Deutschlands ebenfalls beobachten ließ: Viele der während des späten Mittelalters aus den Städten vertriebenen Juden strebten in die Städte zurück, um sich dort auf den untersten Stufen der Gesellschaft neu zu etablieren. Sie mussten „um gnädigste Bewilligung eines Lehrgeldes" für ihren jüngsten Sohn bitten, der die „Sattler-Profeßion erlernen solle". Sie arbeiteten als „Schmuser", eine Art von Verkaufsgehilfen, die dem ins Auge gefassten Käufer gut zuredeten und im Erfolgsfall eine kleine Provision einstrichen. Sie waren „Schacherer", Bürstenmacher, Lumpensammler, auch Speisewirte, Pfandleiher und, im Heimatland des Boeuf d'Hohenlohe, natürlich Viehhändler. Geblieben ist es dabei nicht. „Das äußere Erscheinungsbild der Juden als meist arme Hausier- und Betteljuden, das noch die erste Hälfte des 19. Jahrhunderts bestimmt hatte, veränderte sich zusehends zum Bild der wirtschaftlich erfolgreichen jüdischen Ladenbesitzer und Kaufleute", konstatiert der Crailsheimer Stadtarchivar Folker Förtsch. Auch das Gemeinwesen an der Jagst brachte seine kleinen Oppenheims, Tietz' und Mendelssohns hervor.

Dass sie trotz alledem ebenfalls schon lange auf „Hiobsposten" standen, wurde ihnen Anfang 1933 dann buchstäblich eingebläut. Ein SA-Trupp aus Heilbronn fiel in Crailsheim ein, „verhaftete" mehrere jüdische Männer und schleppte sie vor aller Augen ins ehemals markgräfliche Schloss, um dort mit „Hedagerten", Stahlruten in Lederumhüllung, brutal auf sie einzuprügeln. Wer in Ohnmacht fiel, wurde mit Wassergüssen wieder zu Bewusstsein gebracht. „Wer geschlagen war", so der zuständige Amtsarzt, „der hatte Herzprobleme und war lange krank."

Es sollte erst ein Anfang sein. 1935 wurden die „Nürnberger Gesetze“ erlassen. 1938 mussten auch die Crailsheimer Juden ihre Vermögen deklarieren. Im Mai dieses Jahres bekam jeder von ihnen eine besondere Kennkarte zugewiesen, die sie mit aufgestempeltem großen J als Juden auswies. Ab dem 15. September 1941 durften sie ohne gelben „Judenstern“ ihre Häuser nicht mehr verlassen - was unter anderem dazu führte, dass ein Postsekretär, der hilfreich sein wollte, in die NSDAP eintrat. Um diese Zeit hatte auch die systematische Ausplünderung der Crailsheimer Juden schon lange begonnen.

War ihnen denn nicht, spätestens nach der „Reichskristallnacht“, bewusst geworden, was da auf sie zukam, und hatten sie deshalb nicht an Flucht aus Deutschland gedacht? Warum denn, meinten die einen, die sich wie Gabriel Riesser als „eingeboren“ betrachteten und auch die „Taufe des Blutes“ schon längst erhalten zu haben glaubten. Auf welche Weise denn, mussten sich andere fragen, nachdem man sie der Mittel zur Emigration beraubt hatte. Länder, die ihresgleichen aufgenommen hätten, gab es nur für halbwegs vermögende Flüchtlinge - mit einer Ausnahme: Palästina.

Den Weg in Herzls „Altneuland“ fanden jedoch am Ende nur zehn von hundertsiebenundfünfzig Crailsheimer Juden. Hundert und einer schafften es in die USA, die Schweiz, Frankreich, nach Südafrika oder auch Paraguay. Bei sechsundvierzig weiteren musste Folker Förtsch vermerken: KZ Dachau, Theresienstadt, Auschwitz oder Riga-Jungfernhof. Ab November 1941 blieb ihnen kein Ausweg mehr. Vier Monate zuvor war Hitler in Russland einmarschiert. Hatte das eine mit dem anderen zu tun, die Auslösung des „Falles Barbarossa“ und der Beschluss, alle Juden aus Deutschland zu vertreiben?

Die Welt, in der Hitler lebte, hat nie jemand wirklich betreten. Wäre es dem einen oder anderen aber doch gelungen, er hätte sich wohl kaum darin zurecht gefunden. Diese Welt war aus kosmischen Katastrophen geboren, von denen die Wissenschaft nichts wusste, und würde in Kataklysmen auch wieder zu Grunde gehen. Sie wurde von Planeten aus gefrorenem Wasser umkreist und von einem Eisring umspannt, den man fälschlicher Weise Milchstraße nannte. (Hitler glaubte halb und halb an die „Welteislehre“ seines österreichischen Landsmannes Hanns Hörbiger.) Die wahre Geschichte dieser Welt war nicht in historischen Dokumenten verzeichnet, sondern in babylonischen, assyrischen, germanischen Mythen. (Die Bibel kannte Hitler erstaunlich gut.) Bevölkert wurde sie einerseits von Geschöpfen, die nur äußerlich an Menschen erinnerten, aber keineswegs wirkliche Menschen waren, andererseits von Königen, Helden, Riesen, die göttergleich über die Erde schritten. Zu den Letzteren zählten Ägypter der Pharaonenzeit, homerische Griechen, aber auch deutsche Kaiser des hohen Mittelalters. Dass er sich selbst als deren späten Nachfolger sah, deutete Hitler mehr als einmal an.

Doch zunächst einmal regierte er diese Welt mit der Selbstherrlichkeit eines Mannes, der in seinem Leben ungeheuer viel gelesen hatte und nicht nur über ein stupendes Gedächtnis verfügte, sondern auch eine starke Vorstellungskraft besaß. Aus der Erscheinungsform des Maikäfers leitete er die Stromlinienform des KdF-Wagens ab, was ja keineswegs falsch gedacht war. Den Zeppelin hingegen verurteilte er als „total verrückt“, weil die Natur das Leichter-als-Luft-Prinzip auch nicht kenne - wobei ihm offenbar entging, dass dieses Gefährt im Luftmeer schwimmt, wie ein mit Luftblase ausgestatteter Fisch. Auch beschäftigte er sich, seiner Zeit voraus, mit der Erzeugung von Heizgas aus Faulschlamm oder mit Energiegewinnung durch Windkraftwerke. Das von fahlem Licht durchwitterte Privat-Universum unter Hitlers Schädeldecke bot durchaus auch Raum für höchst konstruktive Überlegungen. Sein Zentrum indessen bezeichneten zwei Gewissheiten von geradezu eherner Festigkeit. Der Bolschewismus war des Teufels und musste konsequenter Weise vernichtet werden. Ebenso gefährlich oder vielmehr noch verabscheuungswürdiger waren die Juden, weshalb sie ebenfalls vom Angesicht der Erde zu tilgen seien - zumindest in jenem Teil, den er beherrschte.

Hitlers erstgenannte Überzeugung ist, bei Licht betrachtet, nichts weniger als originell, sie wurde praktisch von der ganzen bürgerlichen Welt des Westens geteilt. Wie sie ihm zugewachsen war, ist eine andere Sache: Zunächst einmal in ersten Schulungskursen, die ihm nach dem Krieg die Reichswehr angedeihen ließ, später durch Lektüre aller möglichen einschlägigen Schriften. (Dass er Karl Marx’ so neidvolle wie hellsichtige Lobpreisung des Kapitalismus ex negativo „studiert“ habe, mutet hingegen mehr als unwahrscheinlich an.) Hitlers Anti-Bolschewismus war ein Produkt aus Indoktrinierung und deren nachfolgender Verinnerlichung. Ähnlich ist es mit seiner Judenfeindschaft. Herangewachsen in der von dem antisemitischen Bürgermeister Karl Lueger regierten und von anderen

Groß-Antisemiten geprägten „Kaiserstadt“ Wien, muss er sie regelrecht eingeatmet haben. Dennoch, so behauptet Hitler selbst, sei es ihm erst „nach monatelangem Ringen zwischen Verstand und Gefühl“ („Mein Kampf“) gelungen, sich auf die Seite der Anti-Semiten zu schlagen. Und nicht das Gefühl, sondern der Verstand, habe dabei am Ende den Ausschlag gegeben, allerdings auch „der Anschauungsunterricht der Wiener Straße“. „Als ich einmal durch die innere Stadt strich, stieß ich plötzlich auf eine Erscheinung in langem Kaftan mit schwarzen Locken.“ Sehr viel mehr hat Hitler nicht zu berichten, mehr ist ihm nicht aufgefallen. Er wurde von Juden weder belästigt noch beleidigt oder gar gedemütigt. Nicht einmal persönlichen Kontakt hatte er mit einem von ihnen - abgesehen vielleicht von jenem Münchner Hauswirt, bei dem er später wohnte, oder dem Regimentsadjutanten Hugo Gutmann, der ihm 1918 zu seinem EK 1 verhalf. Luftwurzeln also auch hier, keine eigenen Erfahrungen, keine selbst erarbeiteten Erkenntnisse (welcher Art auch immer), nur vergifteter Atem, den andere ihm zubliesen, nur Überzeugungen, die auf fremdem Mist gewachsen waren, von ihm aber mit einer Begierde aufgenommen wurden, als habe er sie benötigt, um sich selbst zu dem zu machen, der er am Ende dann sein sollte: Ein Mann, dessen Ego mit Zufallsfunden und Zerfallsprodukten genährt, die Welt gewaltsam auf sein eigenes Maß zurecht stutzte und sich nun rüstete, einen ganz bestimmten Teil der Menschheit auszurotten. Warum? Weil dieser der eingeborene Feind der Menschheit war. Denn, und das war nun die Synthese aus Anti-Bolschewismus und Anti-Semitismus: „Siegt der Jude mit Hilfe seines marxistischen Glaubensbekenntnisses über die Völker dieser Welt, dann wird seine Krone der Totentanz der Menschheit sein.“ Mit einem grotesk schiefen Bild war die groteskeste aller Weltverschwörungstheorien beschrieben und beglaubigt. Männer von nachweislich hoher Intelligenz nahmen das Diktum widerspruchslos zur Kenntnis. Was hat sie überzeugt?

Karl Dönitz (Intelligenzquotient 138) erklärte in Nürnberg: Hitler war eine „gewaltige Persönlichkeit (...) mit einer geradezu universalen Bildung (...) und mit einer ungeheuer suggestiven Kraft.“ Hermann Göring (IQ 138): „Bei der dynamischen Persönlichkeit des Führers war unerwünschter Rat gar nicht angebracht.“ Alfred Jodl, Chef des Wehrmachtsführungsstabes (IQ 127): „Sein Wissen und sein Intellekt, seine Rhetorik und sein Wille triumphierten letzten Endes bei jeder geistigen Auseinandersetzung.“ Großadmiral

Erich Raeder (IQ 134): „Er war (...), wie er ein Meister der Dialektik war, auch ein Meister des Bluffs." Hjalmar Schacht, der intelligenteste von allen (IQ 143): „Er war zweifellos ein genialer Mensch in gewisser Beziehung." Und schließlich Julius Streicher, der am niedrigsten Eingestufte (IQ 106): „Adolf Hitler war nun einmal etwas Absonderliches." Als dumm indessen kann nicht einmal der dumpfe „Frankenführer" bezeichnet werden. Wer bei einem Intelligenztest mehr als hundert Punkte erreicht, darf sich für durchschnittlich klug halten, bei 130 beginnt die überragende Intelligenz. Die im damaligen Deutschland noch wenig bekannten Prüfungen wurden ebenfalls in Nürnberg abgehalten. Der ausführende Psychologe merkte dazu freilich an, über den Charakter oder die sittliche Verfassung der untersuchten Personen sagten sie nichts aus, lediglich die „mechanische Leistungsfähigkeit" eines Gehirns könne danach beurteilt werden. Auf den Gedanken, einem hochrangigen deutschen Generalstäbler weniger als höchste Leistungsfähigkeit zuzubilligen, wäre freilich kaum jemand gekommen. Und dass die Betonung dabei auf „mechanisch" liegen musste, hätte vermutlich auch niemanden gestört. Es war jedoch ein wichtiger Grund für das Versagen dieser Elite: Sie hatte kein Sensorium für Hitlers wahre Motive, sie besaß keinen Schlüssel zu seiner Welt und ahnte deshalb vermutlich nicht einmal, was ihn wirklich umtrieb. Diese gewaltige, dynamische, geniale Persönlichkeit mit ihrer „geradezu universalen Bildung" wurde keineswegs nur von Eroberungslust und Machtgier angetrieben, sondern weit mehr noch von unausrottbar fixen Ideen. Hitler dachte in Zyklen von Weltentstehungen und Weltuntergängen, er kalkulierte den eigenen Untergang mit ein. Von Jahr zu Jahr stürzte sein Namenszug mehr nach rechts hin ab. Das hastig hingekritzelte A glich zuletzt einem niederfahrenden Blitz, das „Hitler" stand in schrägem Winkel dazu. Es wirkt wie eine jener Prophezeiungen, die sich selbst erfüllen.

Seine Generale sahen auch das nicht. Sie funktionierten wie gewohnt dank der hohen „mechanischen Leistungsfähigkeit" ihrer Gehirne.

„Bei Sonnenaufgang heute ungeheurer Artillerieschlag", notierte am 22. Juni 1941 ein deutscher Infanterist. „War genau 3 Uhr 02". Exakt hundertneunundzwanzig Jahre zuvor war Napoleon in Russland eingefallen. Auf einer Front, die von der Ostsee bis zu den Karpaten reichte, griffen die Deutschen mit einhundertfünfundvierzig Divisionen an. Eine Kriegserklärung hatte Hitler nicht für notwendig erachtet.

Die Kinobesucher sahen schnittige Boote mit Außenbordmotor über Grenzflüsse wie den Njemen preschen und erfuhren, dass es sich dabei um „Sturmboote“ handelte. Wie gewohnt sahen sie Soldaten mit aufgerollten Uniformärmeln, Maschinengewehrgurte um den Hals, sahen ratternde Panzer der Typen III und IV oder Kradmelder auf staubigen Feldwegen. Man konnte auch erkennen, dass jetzt wieder meist von links nach rechts marschiert oder gefahren wurde, und man konnte beinahe die lastende Hitze spüren, die über dem angegriffenen Riesenland lag.

Hitlers Invasionsstreitmacht war in drei Heeresgruppen geteilt. Die eine sollte von Ostpreußen aus gegen Leningrad vorstoßen, die mittlere in Richtung Moskau marschieren, Heeresgruppe Süd den Dnjepr erreichen und Kiew einnehmen. Vom Pruth aus rückten Soldaten mit weißen Pelzmützen gegen den Bug und die Schwarzmeerküste vor; das waren die Truppen des rumänischen Diktators Ion Antonescu, dem Hitler Bessarabien und einen größeren Gebietsstreifen im südlichen Russland versprochen hatte (wohingegen dem Duce nicht einmal offenbart worden war, was sein Freund, der „Führer“, in der Sowjetunion zu tun beabsichtigte.) Walter Heinkelein war damals im Osten (noch) nicht dabei, wohl aber sein jüngerer Bruder Willi.

Am 25. Juli schrieb dieser nach Altenmünster: „Immer tiefer geht es nach Russland hinein. Moskau liegt in nicht allzuweiter Ferne mehr. Wenn Ihr im O.K.W.-Bericht den Namen im Raum von Smolensk-Witebsk hört, so geben sie etwa unseren Standort an. Unsere Division hat bis jetzt den Keil am weitesten nach Russland hineingetrieben. Heiße Kampftage liegen hinter uns. Diese Zeilen entstehen in einer Ruhepause nach einer gewaltigen Panzerschlacht, die ich aus unmittelbarer Nähe miterlebt habe. Noch ziehen die Granaten über uns hinweg zum Feind, die Infanterie treibt den Russen vor sich her, die Panzer stehen im Augenblick still.“ Der Gefreite Heinkelein, als Panzerschütze in einer schwarzen Uniform steckend, den Totenkopf der weiland „Schwarzen Husaren“ auf dem Kragenspiegel, durfte in einem Feldpostbrief keine genauen Angaben über seine Einheit oder deren jeweiligen Standort machen. Dem, was in seinem Schreiben steht, lässt sich jedoch entnehmen, dass er bei der Heeresgruppe Mitte unter Generalfeldmarschall Fedor von Bock stand, die erwähnte „Panzerschlacht“ also vermutlich jene von

Bialystok-Minsk war, eine sogenannte „Kesselschlacht". Bock hatte über dreihunderttausend Gefangene gemacht. Generalstabschef Halder meinte schon, es sei nicht zuviel gesagt, wenn man behaupte, der Krieg könne in weiteren vierzehn Tagen gewonnen werden. Auch Smolensk war zu der Zeit, da Willi Heinkelein schreibt, schon eingenommen. Hitler schien also Recht gehabt zu haben, in einem Sommerfeldzug konnte die Sowjetunion niedergerungen werden. Aber dann fiel er sich gewissermaßen selbst in den Arm.

Guderian war dafür, es noch einmal so zu machen wie in Frankreich: Voranpreschen ohne Rücksicht auf Flankenschutz und Nachschub, dem Feind keine Zeit lassen sich zu sammeln, Moskau erreichen, Moskau einnehmen, das Nervenzentrum der sowjetischen Macht ausschalten. Hitler lehnte ab. Da die Heeresgruppen Nord und Süd nicht so schnell vorankamen wie Bock in der Mitte, nahm er diesem Panzertruppen weg und schickte einen Teil davon in die Ukraine, einen anderen in Richtung Leningrad. Begründung: „Das wichtigste, noch vor Einbruch des Winters zu erreichende Ziel ist (...) die Wegnahme der Krim, des Industrie- und Kohlengebietes am Donez und die Abschnürung der russischen Ölzufuhr aus dem Kaukasus". In einem Nachsatz fügte Hitler hinzu: „Meine Generale verstehen nichts von der wirtschaftlichen Seite des Krieges". Richtiger wäre gewesen: Sie verstanden Hitler nicht. Dass der Russlandfeldzug auch als gigantischer Beutezug angelegt war, dürfte ihnen klar gewesen sein. Aber weshalb, wenn Kohle und Öl ihm schon so wichtig waren, wollte Hitler dann auch noch unbedingt Leningrad haben, wo es nichts dergleichen gab? Sollte es ihm wirklich, wie man ja munkelte, darum gegangen sein, den Namen dieser Stadt von der Landkarte zu tilgen, nur weil Lenin der Begründer des Bolschewismus gewesen war? Schon versuchte Franz Halder seinen Vorgesetzten Brauchitsch zu gemeinsamer Abdankung zu überreden, da meldete der gehorsam nach Süden abgeschwenkte Guderian sechshunderttausend Gefangene. Östlich von Kiew hatte die nächste große Kesselschlacht stattgefunden. Wochen später waren auch der Donbass und die Krim (außer Sewastopol) in deutscher Hand.

Doch schon wurde „der Glanz des Sieges durch den Schatten des Winters verdunkelt" (Liddell Hart). In seinem Juli-Brief hatte Willi Heinkelein noch geschrieben: „Unsere Uniformen sind zerrissen, in den Gesichtern zeichnen sich allmählich die Strapazen der vergangenen Wochen ab". Inzwischen war der Oktober herangekommen. Es begann zu regnen, die staubtrockenen Straßen verwandelten sich in Morast und, weit schlimmer noch, nach einer weiteren für die Deutschen erfolgreichen Kesselschlacht bei Brjansk erschienen auf der Gegenseite erstmals frische, ausgeruhte Truppen. In dieser Situation plädierten viele Generale dafür, die Offensive abzubrechen und Winterquartiere zu beziehen. Auch Hitler glaubte nicht mehr an raschen Sieg und sprach schon das Wort „Kompromissfrieden" aus. Plötzlich waren es jedoch Halder und Brauchitsch, die auf weiteren Vormarsch drängten, Moskau läge doch schon zum Greifen nah. Am 15. November hatten sie ihren Willen durchgesetzt. Am 2. Dezember drang eine deutsche Vorausabteilung über die von der Stadt Volokolamsk nach Osten führende Straße in die Vororte der sowjetischen Hauptstadt ein. Sie hätten schon, sagte ihr Anführer später, die Türme des Kremls sehen können. Es lässt sich nicht mehr überprüfen.

Der Punkt, den sie erreichten, wird heute von einem riesigen Verhau aus stählernen T-Trägern markiert. Die Straße selbst ist jedoch von Häusern gesäumt, die einen Blick auf den Kreml - falls er je von dort aus zu sehen gewesen sein sollte - versperren. Für die Russen bedeutet der Name „Volokolamsker Chaussee" Ende des deutschen Vorstoßes und Umschwung. General Georgij Konstantinowitsch Schukow hatte zum Gegenstoß angesetzt. Außerdem brach der Winter herein.

Angesichts dessen, was damit auf ihre Truppen zukommen musste, baten Brauchitsch, Bock, Wilhelm von Leeb, der Chef der Heeresgruppe Nord, und Gerd von Rundstedt, Heeresgruppe Süd, nun doch um Entlassung von ihren Posten. Hitler gewährte sie, schob außerdem Guderian ab und machte sich selbst zum Oberbefehlshaber des Heeres. Jeden Gedanken an Rückzug wies er von sich. Sir Basil Liddell Hart bemerkt dazu: „In dieser Situation hatte er Recht."

Von den drei resignierenden Armeechefs war Rundstedt der älteste, er zählte sechsundsechzig Jahre. Doch auch die drei anderen Herrn stammten aus dem neunzehnten Jahrhundert und hatten schon im Ersten Weltkrieg hohe Kommandoposten inne gehabt. Mit ihnen traten somit die Repräsentanten einer Generation ab, die nicht nur im kaiserlichen Deutschland und dessen Vorstellungen verwurzelt war, sondern die auch die Reichswehr und die Wehrmacht mit aufgebaut, also geprägt hatte. Zu den jüngeren Offizieren, die sich zu dieser Zeit für höhere Posten zu qualifizieren suchten, gehörten

Männer wie Stauffenberg, der 1940 noch mit einiger Begeisterung an seine Frau geschrieben hatte: „Die Vorräte des Landes (Frankreich) genießen wir in vollen Zügen", und der auch an Hitlers Kriegszielen (damals noch) wenig auszusetzen hatte. Vor allem aber drängten ganz unten zweiundzwanzig- bis dreiundzwanzigjährige Leutnants nach, deren viele schon aus der HJ kamen, und die ihrerseits Soldaten kommandierten, denen außer Naziparolen kaum etwas anderes je zu Ohren gekommen war. Zu ihnen gehörte Willi Heinkelein.

An Weihnachten 1941 schrieb er seiner Mutter: „Wir werden weiterhin Wacht halten, mag auch die Zukunft noch so dunkel vor uns liegen (...) Das alte Jahr geht zur Neige in Kampf und Not. Was Neues steigt unter diesem Zeichen herauf? Am Ende steht ein großer gewaltiger Tag, der einst alle Opfer krönt." Es waren Sätze, die jeder beliebigen NS-Postille hätten entnommen sein können, doch Willi Heinkelein meinte, was er schrieb, und handelte entsprechend: Zu der Zeit, da er diesen Brief verfasste noch Gefreiter, aber schon mit dem EK 2 ausgezeichnet, ein Jahr später Unteroffizier, schließlich Leutnant und Kompanieführer plus EK 1, allerdings auch das schwarze, silberne und goldene Verwundetenabzeichen auf der Brust - mit anderen Worten, so kaputt geschossen wie im Jahr 1945 sein älterer Bruder. In Willi Heinkeleins Weihnachtsbrief heißt es noch: „Für uns, meine Lieben, werden diese Tage im heißen Brüllen einer tobenden Schlacht (vergehen), vielleicht stehen wir in kalter Winternacht auf schwerstem Posten, wer weiß es?" Er hatte das einigermaßen richtig vorausgesehen.

Auf die herbstliche Schlammperiode folgte die winterliche Kälteperiode, was sogar gut war - einerseits: Auf hart gefrorener Erde konnte noch einmal vorgerückt werden. Schlecht war hingegen, dass Hitler die Kälte nicht einkalkuliert hatte - es sollte ja ein Sommerfeldzug werden - und infolgedessen nicht auf sie vorbereitet war. Die Deutschen besaßen keine Winterkleidung. Ihre Fahrzeuge blieben liegen, weil es an Frostschutzmitteln mangelte oder das synthetische Benzin bei 38 Grad minus in seine Bestandteile zerfiel. Ein Übriges taten die schneidenden Schneestürme und der ausbleibende Nachschub. Schon mussten in den bespannten Einheiten die Pferde geschlachtet werden, wollte man etwas zu essen haben, schon waren Erfrierungen an der Tagesordnung. Nur Goebbels konnte noch mit einem Erfolg aufwarten.

In seinem üblichen Fanfarenton verkündete er den „Sieg des deutschen Herzens". Eine Wintersachensammlung an der „Heimatfront" hatte siebenundsechzig Millionen Kleidungsstücke erbracht, Pullover, Schals, Pelzmäntel, Schuhe. Um dieses Material nach Russland zu schaffen, mussten Privatautos und Züge requiriert werden. Auch Adam Heinkelein, den Vater von Walter und Willi, hätte es aus diesem Anlass fast nach Osten verschlagen. Der alte, kriegserfahrene Hase teilte seinen Söhnen jedoch mit: „Ich gehe nur, wenn ich muss". Die Reichsbahner wussten in der Regel besser als andere Zeitgenossen, was jenseits der Grenzen vorging, sie kamen ja weit herum. Der „Sieg des deutschen Herzens" jedenfalls hatte, zumindest optisch, groteske Folgen. Die in das gesammelte Zeug gekleideten Soldaten kamen plötzlich wie alte Mütterchen daher: Schals um den Kopf gewickelt, Damenmäntel über die Uniform gestreift. Steppjacken, die gegen Kälte schützten, besaßen nur die Russen. Außerdem hatten sie erstaunlich gute Ideen. Gebündelte Raketenwerfer auf eine Lastwagenpritsche montiert und von sechs Mann bedient, besaßen die Feuerkraft einer leichten Artillerie-Abteilung mit zwölf Geschützen und mehr als sechshundert Mann Bedienungspersonal. Das Gerät trug den Kosenamen „Katjuscha", Käthchen, die Deutschen sprachen von „Stalinorgel".

Immerhin, ihre Front hielt. Es war auch Görings Verdienst. Seiner Luftwaffe zeigte sich jene Stalins nicht gewachsen; sie schaffte es sogar, die in verschiedenen Igelstellungen konzentrierte Bodentruppe notdürftig zu versorgen. Einer dieser Kessel musste von Januar bis Mai 1942 durchhalten, doch Hitler konnte hinterher sagen, er habe mit seiner Entscheidung das Schlimmste verhindert, was Lidell Hart ihm ja zugesteht. Allerdings glaubte er auch, ihm gebühre fortan der Rang des (so Goebbels) „größten Feldherrn aller Zeiten"; die Deutschen verkürzten den Titel zu „Gröfaz". Und umgehend beschloss er, alles müsse anders werden. Anstelle der „alten Schuster" jüngere, entschlussfreudigere, vor allem gehorsamere Generale wie Eduard Dietl, der Eroberer Narviks, Rommel, der Wüstenfuchs, Walter Model, der von seinen Untergebenen verehrte Panzerführer und, an der „Heimatfront", der gelernte Architekt Albert Speer. Als neuer Reichsminister für Bewaffnung und Munition (sein Vorgänger Fritz Todt war mit dem Flugzeug abgestürzt) sollte er dem von den Deutschen gefürchteten sowjetischen T 34 bessere Panzer entgegenstellen, was ihm auch gelang. Schon Anfang 1942 konnten Willi Heinkelein und seine Kameraden auf den schweren „Tiger“ oder den leichteren „Panther“ umsteigen. Mit ihnen, verfügte Hitler, solle es bis in den Kaukasus gehen. An dem Weg in das ferne Gebirge lag ein Ort namens Stalingrad.

Wie aus einer „Bescheinigung“ seines Kompanieführers hervor geht, war Willi Heinkelein zu dieser Zeit an den Ufern eines der Flüsse stationiert, die den Ilmensee speisen. Noch immer optimistisch berichtet er von dort: „Der Russe hat in diesem Winter Ströme von Blut vor unseren Linien lassen müssen. Er ist erschöpft, wir noch frisch. Ein kleines Beispiel möge Euch zeigen, zu welchen Maßnahmen der Bolschewist schon gezwungen ist. Unter den Gefangenen, die kurz vor unserer Ablösung eingebracht wurden, befanden sich 9-12jährige Kinder und 82jährige Greise! Alles wurde aufgeboten und gegen unsere Stellung getrieben. Oftmals besaßen 4 Russen zusammen ein Gewehr! Welche Ernte unsere Waffen unter diesen ‘Angreifern’ gehalten haben, könnt Ihr Euch wohl kaum vorstellen. Berge von Leichen decken das Vorfeld der deutschen Hauptkampflinie. (...) Der Frühling hat nun den verbergenden Schleier des Schnees weggewischt und dem Auge ein furchtbares Bild bloßgelegt (...) Ich glaube, auf der ganzen Kugel der Erde gibt es keine größere Not, nicht so viel Leid und Tränen wie im ‘Paradiese der Arbeiter und Bauern’.“

Dem jungen Panzersoldaten war offenbar unbekannt, dass die sowjetische Regierung auf Hitlers Angriff nicht im mindesten vorbereitet gewesen war, dass Stalin bis zuletzt geglaubt hatte, der „Nichtangriffspakt“ von 1939 garantiere seinem Land absolute Sicherheit vor deutschen Übergriffen, ja dass Ribbentrop ihn noch im November 1940 aufgefordert hatte, dem kurz zuvor abgeschlossenen deutsch-italienisch-japanischen „Dreimächtepakt“ beizutreten, und der Georgier, im Gegensatz zu seinem Außenminister Wjatscheslaw Molotow, den Vorschlag gar nicht so übel gefunden hatte. Wenn er nun den Deutschen schlecht bewaffnete Greise und Kinder entgegenwerfen musste, dann keineswegs allein deshalb, weil es um die „Arbeiter- und Bauernmacht“ wirtschaftlich so schlecht bestellt war, sondern weil er mit dem deutschen Überfall schlicht nicht gerechnet hatte. Diese Phase der Schwäche neigte sich jedoch schon im Jahr 1941 ihrem Ende zu. Das sollten sowohl Willi wie auch Walter Heinkelein umgehend erfahren.

Der ältere von Beiden war schon im Winter dieses Jahres in den Raum Leningrad abkommandiert und zum zweiten Mal (nach Kreta) verwundet worden. „Handgranaten-Nahkampf“, berichtet er,

„eine russische (nicht explodierte) Handgranate warf ich noch aus dem Graben, die nächste detonierte neben mir, es stand noch eine Kiste eigener Handgranaten neben mir, zum Glück ging dieselbe nicht hoch, sonst hätte es uns alle zerrissen! (...) So verwundete mich diese Granate am Oberschenkel, meinem mir zugeteilten Sanitäter riss es Teile vom Gesäß weg."

Als es den Fallschirmjäger Anfang 1942 dann zum zweiten Mal nach Russland verschlug, zuerst in die Gegend um Smolensk, traf er bereits auf Gegner, mit denen die Deutschen nicht gerechnet hatten. „Kaum, dass wir uns in Russenkaten & Hütten niederließen (...), ging der Befehl durch: Partisanen greifen an, im Nu stand unser ganzes Lager in hellen Flammen, Munition ging in die Luft, Minen gingen hoch (...), kaum einer konnte von seinem Gepäck, Waffen noch etwas retten, alles verbrannte."

Stalin hatte die Operation „Verbrannte Erde" angeordnet und zum Partisanenkampf aufgerufen. Hitler versuchte mit nackter Brutalität dagegen zu halten. Seine „Einsatzgruppen" wüteten nicht mehr nur, wie schon von Beginn des Krieges an, gegen Juden, Intellektuelle, Geistliche, sondern gegen alle „slawischen Untermenschen" schlechthin; sie hängten, erschossen und töteten auch schon mit Fahrzeugabgasen. Es war ein Bruch aller herkömmlichen Konventionen, vor allem war es jedoch die beste Methode, selbst russische Systemkritiker in den Widerstand zu treiben und aus dem sowjetischen Diktator „Väterchen Stalin" zu machen.

„Es folgten dann", so Walter Heinkelein, „bei zunehmender Kälte schwere Angriffe der Russen (im Raum Demjansk). Da ich als Scharfschütze bei meiner Truppe immer eingesetzt war, hatte ich eine gute Möglichkeit (...) erfolgreich tätig zu sein, was mir aber sehr zum Verhängnis hätte werden können, denn auch der Russe hatte gute Scharfschützen." Schließlich, fährt er dann fort, sei auch noch dies geschehen: „Nach erfolgreichem & verlustreichem Angriff ging der Befehl durch alle Stellungen: Feuer einstellen, eigene Leute im Vorfeld, denn unser Komp.Chef mit einigen Soldaten wollte feststellen, welche russische Einheit uns so zu schaffen machte, nur der Befehl erreichte die Stellung des schweren M.G. nicht (...), im Glauben, der Russe komme schon wieder, eröffneten sie das M.G. Feuer und trafen sofort den Komp.Chef mit Kopfschuss, war gleich tot". Gefallen durch „friendly fire" also; es war nicht das letzte Mal, dass Heinkelein so etwas erleben sollte.

Bruder Willi wiederum lässt wenig später durchblicken, dass seine bisherigen Briefe an die Eltern geschönt waren. Ebenfalls aus der Gegend um Demjansk schreibt er dem Älteren: „Mein jüngstes Erlebnis möchte ich Dir nicht vorenthalten, d.h. ich muss es Dir schreiben, damit ich endlich das los werde, was mir seit 2 Tagen das Lachen genommen hat. (...) Wir sollten am 12.08.42 zum Angriff durch die Deutsche H.K.L. (Hauptkampflinie) gegen eine stark befestigte Stellung der Russen, das Gelände war für uns fast unmöglich, denn der Russe konnte uns selbst mit Ari (Artillerie) im direkten Schuss bekämpfen. Auf einer großen freien Fläche empfing uns, nachdem wir die ersten Stellungen durchbrochen hatten, ein mörderisches Feuer aller Waffen, besonders Flak eingesetzt im Erdbeschuss. (...) Trotzdem aber kämpften wir uns langsam vor. Die Einschläge lagen alle verflucht nahe. Plötzlich merkte ich, dass man meinen Wagen aufs Korn nahm, ich rief dem Fahrer laufend die Richtung zu, feuerte wie wild auf eine erkannte Flak, als ich plötzlich ein helles Klirren vernahm, mein Wagen war getroffen, bewegungslos, als Zielscheibe ausgeliefert (...) Nun wusste ich, dass ich ausbooten (aussteigen) musste. Mit blutüberströmtem Gesicht lag der Ladeschütze an meiner Schulter, die anderen drängten mich fast aus der Luke heraus. Was nun geschah, waren Dinge von Sekunden, den Panzer verlassen, in diese Hölle des Arifeuers zu treten, ist gewiss kein Vergnügen, aber ich verdanke diesem Entschluss heute mein Leben und das meiner Besatzung. Kaum waren wir ausgebootet, als bereits der dritte Treffer eine Panzerplatte durchschlug und den Kampfraum alles in Trümmer legte. Die Situation war natürlich noch beschissener als zuvor, denn ich stand nun mit 2 Verwundeten, bewaffnet mit einer Pistole, mitten unter den Russen und im Granatenhagel. Unter Aufbietung aller Kräfte schleppte ich beide im Feuer zurück und fand dann in einem Graben eine kleine Deckung, die ich dann 6 Stunden nicht verlassen konnte, das war so im wesentlichen das Wichtigste. Ich kann Dir nur sagen, ich hatte wieder einmal abgeschlossen. (...) Die Tage waren bitter, sehr bitter. Die letzten 'Alten' sind fast noch draufgegangen. Ich bin nur neugierig, wann endlich die Reihe an mich kommt, lange kann es nimmer dauern (...) Warum gerade wir bis zum letzten Mann dran glauben müssen, weiß ich allerdings nicht. Junge, wenn Du im Augenblick kurz hierher sehen könntest, diese Bilder sieht man in keiner Wochenschau. Für heute damit genug, Du weißt ja nun, dass ich wieder in der Scheiße hänge, vorerst aber noch gesund bin, bis auf ein paar Splitter in der Hand, wie es weitergeht, weiß ich nicht.

(...) Du kennst die Dinge an der Front und weißt, dass hier keiner seinem Schicksal entgehen kann (...), deshalb, mein Walter, mag kommen, was will, heute nochmals viele tausend Grüße von Deinem Willi !" Als der jüngere Heinkelein dies schrieb, war er gerade zum Leutnant befördert worden, sein Bruder zum Unteroffizier. Die Deutschen hatten den Kaukasus erreicht und eine Gruppe von Gebirgsjägern hatte auf dem höchsten Gipfel dieses Gebirges, dem Elbrus, eine Hakenkreuzfahne gehisst. Das Erdölrevier um Maikop an der Schwarzmeerküste lag den Invasoren praktisch zu Füßen. Eine Panzerspitze stand bereits vor Mozdok, noch rund zweihundert Kilometer und sie hätte die Küste des Kaspischen Meeres erreicht gehabt. In ihrem Rücken drangen zur gleichen Zeit deutsche Truppen in die Vororte von Stalingrad ein. Bis Anfang November hatten sie rund neunzig Prozent der Stadt erobert.

An den von Willi Heinkelein beschworenen „großen gewaltigen Tag, der einst alle Opfer krönt", glaubten indes längst nicht mehr alle von ihnen, noch daran, dass es in diesem Krieg allein um die Niederwerfung eines Systems gehe, das „so viel Leid und Tränen" über die Menschen gebracht habe. Auch im Brief Willis an Walter Heinkelein scheint etwas von dieser neuen Stimmung anzuklingen. Er liebe es ja nicht, heißt es darin, „große Worte um Fronterlebnisse zu machen", muss das, was ihm bei diesem Panzerangriff widerfuhr, aber dennoch los werden. Nur weil er dabei fast ums Leben gekommen wäre? Das konnte nach mehr als zwölf Monaten Krieg für ihn eigentlich nichts besonderes mehr gewesen sein und Walter wusste ja ebenfalls, „wie die Dinge an der Front" sind. Woher rührt dann also dieser bei ihm ungewohnt neue Ton? Belegt er etwa, dass seine Siegesgewissheit angeknackst war? Es liegt zumindest nahe, dies zu vermuten, denn noch verräterischer mutet der Satz an: „Junge, (...) diese Bilder sieht man in keiner Wochenschau." Welche Bilder? Die der zertrümmerten Panzer und zerfetzten Leichen? Auch dergleichen Dinge dürfte Walter schon gesehen gehabt haben. Was also will Willi wirklich andeuten?

Feldpostbriefe wurden zensiert, defätistische Bemerkungen wurden nach oben gemeldet (in Paris zeitweilig dem Hauptmann Ernst Jünger), ein falscher Zungenschlag konnte Versetzung zu einem Strafbataillon nach sich ziehen. Unter diesem Gesichtspunkt ließe sich Willis in Anrufeform gehaltener Satz sogar als verschlüsselte Botschaft deuten. In der Wochenschau sah man ja vieles nicht, vor allem keine Bilder von Massenerschießungen oder von Massentötungen durch Abgase. Der Panzersoldat Heinkelein war aber lange genug in Rußland gewesen (sollte auch bis Kriegsende dort ausharren müssen), um wenigstens am Rande miterlebt zu haben, wie brutal die Einsatzgruppen gegen „slawische Untermenschen" wüteten. Walter jedenfalls, der nur drei Mal an die Ostfront geschickt wurde, muss eine Menge davon mitbekommen haben, was er allerdings nie erwähnt - zumindest nicht mit Worten. Dafür fotografierte er, was ihm an Not und Elend vor die Linse kam, und sammelte fast besessen Bilder gehängter Partisanen oder Juden, prügelnder Deutscher, hungernder oder auf offener Straße sterbender Russen. Nur eine einzige dieser Aufnahmen hat er schließlich doch kommentiert. Sie zeigt drei Männer am Galgen. Walter Heinkelein schrieb unter die baumelnden Körper: „Es ist vollbracht". Wenn sein Bruder also tatsächlich hatte andeuten wollen, was ihm in Wirklichkeit das Lachen genommen habe, nicht die Zerstörung seines Panzers nämlich, so müsste der Ältere ihn eigentlich sehr gut verstanden haben. Und es könnte Beiden ähnlich zu Mute gewesen sein wie dem vor einem ermordeten Juden stehenden Simplicissimus: „Ich wollte mich meiner Unschuld trösten, da ich wider Willen dazu angehalten worden war (diese Tat geschehen zu lassen); aber der Trost hielt vor meinem Gewissen nicht stand."

Wo Hitler zu dieser Zeit steckte, wusste in Deutschland nahezu niemand.

„Schließlich landeten wir vor einem unscheinbaren Stationshäuschen ohne Namensschild und waren am Ziel." Traudl Junge, damals noch Traudl Humps und im Jahr 1941 gerade einundzwanzig Jahre alt, ist mit einigen Kolleginnen im Führerhauptquartier angelangt. „Schließlich stolperten wir auf dunklen Wegen hinein in den Wald (...) Nur ab und zu leuchtete eine spärliche Lampe zwischen den Bäumen." Auf einmal standen sie dann vor einer schweren Eisentür und kamen „in einen schmalen hell erleuchteten Betongang mit vielen Türen, fast wie in einem großen Dampfer". Das war ihr eigentliches Ziel, ein Bunker mit Decken und Wänden von (damals noch) zwei Metern Stärke, einem fensterlosen Schlafzimmer ohne direkte Luftzufuhr und einem angebauten helleren Raum. Später, zu der Zeit, da auf dem Elbrus eine Hakenkreuzfahne wehte, glich dieser Bau dann „einer altägyptischen Grabstelle" (Speer), verpackt in einen Betonmantel von acht Metern Stärke und auf Fundamente gestellt, die sieben Meter in die Erde hinabreichten.

Nicht einmal Bomben des schwersten Kalibers hätten dem steinernen Monstrum etwas anhaben können.

Das Führerhauptquartier insgesamt beanspruchte eine Fläche von zweieinhalb Quadratkilometern; es war eine kleine Stadt mit rund zweitausendeinhundert Bewohnern, von Minenfeldern umgeben, von Flaktürmen geschützt, die heute noch wie Drachenzähne aus den masurischen Wäldern ragen, und versehen mit allen lebensnotwendigen Einrichtungen: Kasinos, Friseursalon, Teehaus I und Teehaus II, Kino, Sauna, Lazarett, Friedhof. Göring hatte auf dem Gelände sein eigenes „Reichsmarschallhaus", bewohnte jedoch lieber das ehemalige Jagdschloss Wilhelms II. in der Rominter Heide, während Ribbentrop Schloss Steinort am nahe gelegenen Mauersee bevorzugte. Nur Hitler selbst begnügte sich mit dem äußerlich riesenhaften, aber geradezu kärglich eingerichteten „Führerbunker", obwohl Speer das Posener Schloss mit Millionenaufwand für ihn hergerichtet hatte.

Die „Wolfsschanze", sein damals neuntes Hauptquartier, lag in einem ehemaligen Erholungsgebiet für die Bürger der ostpreußischen Kreisstadt Rastenburg (heute: Ketrzyn). Traudl Junge, die Hitler aus einer Schar von Mitbewerberinnen ausgesucht und zu seiner Sekretärin gemacht hatte, musste ihrem Chef dennoch Recht geben, wenn er klagte, man habe für ihn das sumpfigste, klimatisch ungünstigste Gebiet ausgesucht, das zu bekommen gewesen sei, „Myriaden von Mücken hausten mit uns und ernährten sich von unserem Blut. Die Luft war dumpf und feucht und manchmal atembeklemmend." Indes hat Hitler stets gern über die Umstände gejammert, unter denen er leben müsse - wobei allerdings offen blieb, wer ihn dazu gezwungen habe. In seinem annähernd pyramidenförmigen Bunker jedenfalls hatte er sich aus eigenem Antrieb selbst begraben. Und die Krankheiten, über die er klagte, waren längst nicht mehr nur eingebildete Leiden.

Im August 1941, Smolensk ist gerade erobert worden, plagen ihn Magenbeschwerden, Übelkeit, Schüttelfrost und Schwächeanfälle. Er bekommt Durchfall und Ruhr, an seinen Beinen bilden sich Ödeme, seine Herzkranzgefäße beginnen zu verkalken, auch Hitlers enormes Gedächtnis lässt ihn immer häufiger im Stich. Und jede Niederlage seiner Truppen trifft ihn beinahe körperlich. Schließlich fällt Besuchern auf, dass er, so Hitlerbiograf Werner Maser, „ausgesprochene 'Testament'-Vorstellungen formuliert". „Ich werde es nicht mehr erleben", sagt er etwa, „aber ich freue mich für das deutsche Volk, dass es eines Tages mit ansehen wird, wie England und Deutschland vereint gegen Amerika antreten". Fast im gleichen Atemzug kommt er jedoch auf den Schah von Persien zu sprechen, hinzufügend: „Sobald wir bei ihm unten sind, hat er von England nichts mehr zu befürchten." Und immer häufiger fällt eben der Name Amerika. Kein Wunder freilich, schon Anfang 1941 haben die USA ihre Neutralität aufgegeben und unterstützen offen nicht nur Großbritannien, sondern auch Sowjetrussland. Der von Roosevelt durch den Kongress gepeitschte „Lend-Lease-Act" erlaubt es, beide Staaten unentgeltlich mit Flugzeugen, Schiffen, Fahrzeugen, Rohstoffen und Lebensmitteln zu beliefern. Die für das Hilfsprogramm bereit gestellten Kredite belaufen sich allein in diesem Jahr auf 750 Millionen Dollar, was natürlich einer Ankurbelung der eigenen Kriegswirtschaft gleich kommt und somit der amerikanischen Aufrüstung selbst - für Deutschland die bei weitem gefährlichere Auswirkung des Leih- und Pachtgesetzes. Hitler dürfte das allerdings noch nicht erkannt haben. Für ihn war und blieb Roosevelt ein Lakai der Juden. Wäre nicht ausgerechnet dieser Mann im gleichen Jahr wie er an die Macht gekommen, hätten, seiner Ansicht nach, die USA und das Dritte Reich auf durchaus gedeihliche Weise zusammenarbeiten können. Aber damit schien das Schicksal nicht einverstanden gewesen zu sein. Immer häufiger klangen Hitlers Monologe auf einer derart resignativen Note aus. Zugleich fing er an, selbst seinen engsten Mitarbeitern zu misstrauen und auf Vorschläge, die ihm nicht in den Kram passten, mit maßlosen Wutanfällen zu reagieren. Das Leben, das er selbst führte, hätte trostloser nicht sein können: Spätes Frühstück; einstündiger Spaziergang mit seinem Hund Blondi; zweistündige Lagebesprechung; Punkt 14 Uhr Mittagessen (für ihn nur fleischlose Gerichte); nach dem Essen längere Bettruhe; ab 18 Uhr die „Abend-Lage"; 19:30 Uhr Abendessen; schließlich der von den Bewohnern der Wolfsschanze allmählich gefürchtete „Abendtee", bei dem ein mehr zu sich selbst als zu anderen redender Hitler vom Hundertsten ins Tausendste kommt, nicht selten bis 4 Uhr morgens. Ein Tag nach dem anderen verläuft so in monotoner Gleichförmigkeit und auch bei Sonnenschein in einem grünlichen Dämmerlicht, denn die ganze Wolfsschanze ist mit dichten Tarnnetzen überspannt.

Zu den Höhepunkten in diesem Dasein gehören die Staatsbesuche. Der finnische Feldmarschall Carl-Gustaf von Mannerheim zeigt sich im Schmuck seines deutschen Ritterkreuzes. König Boris III.

von Bulgarien, ebenfalls mit Deutschland verbündet, schaut vorbei, dann der kroatische Marschall Slawko Kvaternik oder Conte Galeazzo Ciano, Italiens Außenminister und heimlicher Schwarm aller BDM-Maiden, aber natürlich auch dessen Schwiegervater Benito Mussolini. Dem ist es längst gelungen, auf Hitlers Zug zu springen, hat dieser doch schon die Ukraine erreicht, wo der für die Pastaherstellung unabdingbare Hartweizen besonders gut gedeiht. Bei seinem ersten Besuch im August 1941 bat Mussolini darum, sein nach Russland entsandtes Expeditionskorps noch erheblich verstärken zu dürfen, denn mittlerweile lag auch das Donezbecken mit seinen Kohlerevieren schon in Reichweite und am Horizont winkten die Ölquellen des Kaukasus. Da durfte auf Männer, für die der Winter „inverno" heißt - was an „inferno" (Hölle) zumindest anklingt -, keine allzu große Rücksicht mehr genommen werden. Italien war nun einmal ein armes Land.

Ein anderer aus der Riege der faschistischen Granden Europas indessen kam nie in die Wolfsschanze: der „Caudillo" Francisco Franco. Ihm genügte es, dem Deutschen die „Divisiòn Azul" geschickt zu haben, sechzehntausend Freiwillige, die angeblich Vergeltung für Stalins Einmischung in den spanischen Bürgerkrieg üben wollten; später verstärkte er diese „Blaue Division" um weitere neunzehntausend Mann. Es war immerhin eine Karte im Spiel um den großen Preis - falls dieser jemals eingestrichen werden sollte. Franco war ein vorsichtiger Mann. Im Übrigen, vermutet John Toland, Hitlerbiograf und Pulitzerpreisträger, habe der Spanier sich auch deshalb nicht stärker engagieren wollen, weil er jüdische Vorfahren hatte.

Ungeachtet dieses kleinen Schönheitsfehlers konnte Hitler von sich sagen, es sei ihm endlich doch gelungen, eine europäische Front gegen den „Weltbolschewismus" auf die Beine zu stellen. Von einem besseren Sumpfloch aus kommandierte er Truppenmassen, die Wallensteins Heer an Buntscheckigkeit bei weitem übertroffen hätten. Nicht nur starkwadige „Bersaglieri" mit Federbüschen am Helm und „Alpini di Pustertal" gehörten dazu oder Spanier, an deren Schiffchen kleine Troddeln baumelten, sondern längst auch Tschetschenen, Tscherkessen, Kosaken, Kalmücken. Ein „Sonderstab F" sammelte Muslime aus dem Kaukasus für den geplanten Vorstoß nach Persien und Nordmesopotamien. Gottlob Berger, der „Schwabenherzog", rekrutierte mit zunehmender Besessenheit, was er an Kämpfern nur kriegen konnte: Letten, Esten, Ukrainer, Bosniaken.

Rumänen ritten, Bulgaren peitschten Pferdegespanne voran, Kroaten marschierten.

Die ganze riesige Armada wurde von zwei Besprechungsräumen aus dirigiert, die zwei Mal am Tag das gleiche Bild boten: Generale in ordensgeschmückten Uniformen standen um einen Kartentisch und zeichneten Pfeile ein, die (noch) nach Osten wiesen, am Kopfende saß der vergleichsweise unscheinbare „Führer“ in seinem feldgrauen Rock.

Wer den Raum betrat, sah Hosenböden mit Wildlederbesatz und glänzend gewienerte Reitstiefel, an denen zierliche „Tanzsporen“ prangten. Immer gewaltiger blähten sich darüber die Keulenhosen. Es sah aus, als wollten ihre Besitzer ein Übermaß an männlicher Potenz suggerieren; das Wort „machismo“ war noch nicht in den deutschen Sprachschatz eingesickert. Görings mächtiges Hinterteil sahen Besucher indessen nie, denn sein Inhaber durfte als einziger ebenfalls sitzen. Hitler selbst trug Keulenhosen nur, wenn er musste, bei Staatsbesuchen etwa oder gelegentlichen Abstechern an die Front. Auf das, was in seinem Kopf vorging, ließ sich aus solchen Äußerlichkeiten nicht das Mindeste schließen. Anfang April 1941 hat er Alfred Rosenberg bei sich, seit kurzem „Reichsminister für die besetzten Ostgebiete“, seit längerem Vertreter der These, die Geschichte sei eine Abfolge von Rassenkämpfen. Mit ihm spricht Hitler über Dinge, die der glühende Anti-Semit nicht einmal seinem Tagebuch anzuvertrauen wagt, die er aber „nie vergessen“ wird. Es kann sich nur um die „unmittelbar bevorstehende Endlösung der Judenfrage“ (so der Titel eines Referats von Adolf Eichmann) gehandelt haben. Sämtliche Staatspolizeistellen in Deutschland wie auch den besetzten Gebieten sind bereits angewiesen, die Auswanderung der Juden zu unterbinden. Sie sollen nach Osten geschafft und dort in den Tod geschickt werden, sei es durch Arbeit bis zum buchstäblichen Umfallen, sei es durch Massenerschießungen, sei es durch Gas.

Nicht über Auspüffe von Motoren mehr sollte die tödliche Substanz allerdings in die als Duschräume getarnten Kammern gejagt werden. Rudolf Höss, Kommandant des riesigen Konzentrationslagers Auschwitz, hielt diese Methode für ineffizient und hatte Zyklon B angefordert, ein Blausäure abgebendes Mittel zur Schädlingsbekämpfung in Mühlen, Speichern und Nahrungsmittelbetrieben. Seiner tödlichen Toxizität wegen wurde es normaler Weise mit einem Warn-Geruchsstoff kenntlich gemacht. Aber den, fand der ehemalige Fememörder aus Baden-Baden, könne man weglassen, dann sei der Tod nicht einmal mehr zu riechen, das erspare den ausübenden Organen Nervenkraft und unnötige Aufregung. Mit einem Wort: Es war effizienter. Wie sich erweisen sollte, war es sogar ungemein effizient und bewirkte somit das grauenhafteste Ende, das in mehr als zweitausendfünfhundert Jahren je ein „Galut" gefunden hatte. Sogar die Juden selbst brauchten lange, bis sie einen Namen für diesen ungeheuerlichen Vorgang gefunden hatten. „Holocaust", abgeleitet vom griechischen „holokautoma", vollständig verbrennen, wird im Alten Testament auf Abrahams versuchte Opferung seines Sohnes Isaak angewandt und steht eigentlich für das göttliche Verbot aller Menschenopfer, eine der größten zivilisatorischen Errungenschaften in der frühen Geschichte der Menschheit; es konnte also nicht auf den größten Massenmord aller Zeiten bezogen werden. Deshalb wählte man schließlich statt seiner die hebräische Vokabel für Untergang und Vernichtung: „Schoah". Im Hinblick auf das, was sie umschreiben soll, ist jedoch selbst ein so ehrwürdiger Begriff nicht mehr als ein armes Wort. Die Herren übrigens, die auf der Selektionsrampe von Auschwitz entschieden, wer sofort ins Gas musste und wer noch eine Weile leben durfte, trugen zu glänzend gewienerten Reitstiefeln ungemein weit ausbuchtende Keulenhosen. Und auch ihrer waren Gehirne von hoher mechanischer Leistungsfähigkeit.

IX

Meine Komp. hatte die Aufgabe in der Stadt alle Einrichtungen wie Kasernen-Munitionslager-Verpflegungslager zu sprengen. Meine Gruppe räumte eine Kaserne aus, und schossen ein Spritlager in Flammen, daß die Rauchwolken ca 60 Km weit sichtbar war.

Zunächst hatten sie noch geglaubt, in den „Balkas“ einigermaßen bequem überwintern zu können. Die vom Schmelzwasser ausgewaschenen Schluchten in der baumlosen Kalmückensteppe boten Schutz vor Wind und Beschuss. In ihre Steilhänge konnte man Stollen hineintreiben und diese zu Bunkern ausbauen. Da die Truppe über gelernte Handwerker aller Sparten verfügte, wurden es zum Teil sehr bequeme Bunker. Sie hatten hölzerne, von Fenstern und Türen durchbrochene Vorderfronten und boten im Inneren solide deutsche Gemütlichkeit: Eingebaute Bänke, Eichentische, geblümte Gardinen, offene Ziegelkamine mit weiß getünchten Fugen, gelegentlich sogar regelrechte Bars samt allem, was dazu gehört, vom Tresen bis zu den Hockern. Auf den Regalen standen Kognak- und Weinflaschen, Martell oder Napoléon, Médoc oder Châteauneuf-du-Pape; wozu hatte man schließlich Frankreich erobert. Die Verpflegungslage war ebenfalls gut, es gab Butter, Kaffee, Tubenkäse, aber auch schon Wurst „aus eigener Schlachterei“, das hieß: Pferdewurst. In den Divisions-Gefechtsständen traf man auf Offiziere mit Waffenröcken voll blinkender Orden und Medaillen (im Landserjargon „Sarrasani-Gedächtnisröcke“ genannt), Astrachanbrücken zu Füßen, den Blick über Wände voll farbenprächtiger Öldrucke schweifen lassend und absolut zuversichtlich, dass der Russe „hier“ nicht durchkommen werde. „Hier“, das konnte etwa die Tolowoj-Schlucht nahe der Ringbahn sein, die einige Vororte von Stalingrad miteinander verband. Einen knappen Kilometer weiter nach Osten und man wäre am Ufer der Wolga gestanden, rund dreihundert Kilometer westlich ihres Mündungsdeltas im Kaspischen Meer. Sie könnten fürs erste sogar Recht gehabt haben, die Herren in den komfortablen Bunkerbüros. Seit sich am 22. November 1942 zwei russische Stoßkeile westlich von Stalingrad vereinigt hatten, saßen sie zwar in einem Kessel, doch der bot noch genügend Raum für Umgruppierungen, Neuaufstellungen, kurzum für eigene taktische Aktivitäten. Zwischen Marinowka im Westen und Rynok im Osten war der Kessel rund sechzig Kilometer lang und dreißig Kilometer breit (insgesamt etwa so groß wie der ehemalige Freistaat Danzig). Er verfügte über die drei Flughäfen Pitomnik, Gumrak, Stalingrazkij und konnte somit zur Not aus der Luft versorgt werden - vorausgesetzt natürlich man brach nicht aus, bevor der Einkreisungsring zu eng geworden war. Das Donknie, wo der inzwischen zum Generalfeldmarschall beförderte Manstein mit einer nach dem Fluss benannten Heeresgruppe stand, war nur knapp fünfzig Kilometer vom Westrand des Kessels entfernt; diese kurze Strecke musste doch zu schaffen sein.

Vor allem General Walther von Seydlitz-Kurzbach, der mit seinen Panzern als erster in den Stadtkern von Stalingrad eingedrungen war, vertrat diese Ansicht und bestand darauf, den Ausbruch noch vor Wintereinbruch zu versuchen. Manstein wiederum ließ Hitler wissen, dass auch die Donlinie auf Dauer nicht zu halten sei, und noch müssten ja die Truppen, die im Kaukasus standen, von seinen Kräften aufgefangen werden können, wenn man sie nicht abschreiben wolle. Nach Meinung des in Paris sitzenden Generalstäblers Hans Speidel (später Bundeswehr) glich die deutsche Russlandfront auf der Karte ohnehin dem Aufriss eines ausgespannten Regenschirms: Überdehnter Bogen mit schmalen Zugängen; früher oder später musste der Bogen einfach brechen. Und dann? Dann würde die Kluft zwischen der Insel Stalingrad und dem nahen Ufer unüberbrückbar weit geworden sein, dann war diese Insel zum Untergang verurteilt, mit ihr aber die darauf zusammengepferchten zweihundertachtzigtausend Mann, nicht nur Deutsche, sondern auch Rumänen, nicht nur Soldaten, auch Techniker der einst für den Autobahnbau zuständigen „Organisation Todt“; allein das von ihnen mitgeführte Brückenbaugerät verkörperte einen mehrstelligen Millionenbetrag. Konnte es da wirklich eine andere Alternative geben als ausbrechen?

Unglücklicher Weise besaß Stalingrad jedoch für zwei Männer eine völlig andere Bedeutung als für die Strategen. Einer davon war derjenige, dessen Namen die Stadt trug; er hatte befohlen, sie bis zum letzten Mann zu verteidigen, und hatte jeden erschießen lassen, der seinen Posten verließ. Nun, da der Ort bis auf wenige Außenbezirke doch in deutscher Hand war, wollte er ihn um jeden noch so hohen Preis zurückgewinnen; es ist sogar zu verstehen. Der endgültige Verlust von Stalingrad hätte seinen Nimbus auf gefährliche Weise beschädigt. Der andere dieser Beiden war Hitler, wer sonst. Dessen Motive glichen denen Stalins auf quasi spiegelbildliche Weise. Indem er die Stadt angriff, hatte er in erster Linie ihren Namenspatron treffen wollen, ging sie ihm wieder verloren, stand er als Versager da. Auch der Russlandkrieg war für Hitler, und dies nicht nur am Rande, eine persönliche Angelegenheit: Hier Stalin, da er; wer zuerst weicht, gibt sich selber auf.

Den höheren Offizieren in ihren zunächst noch gut geheizten Bunkern dürfte nicht völlig verborgen geblieben sein, was in Hitler vorging. Da er aber fast allen noch immer als sakrosankt galt, zog die von fast allen für richtig gehaltene Devise, raus aus dem Kessel und zwar sofort, zunächst einmal die Frage nach sich: Ausbruch auf eigene Faust und Verantwortung oder doch erst nach Genehmigung von oben? Eben an ihr schieden sich die Geister. Auf der einen Seite stand Seydlitz-Kurzbach, der den Standpunkt vertrat: Erst handeln, dann fragen. Auf der anderen Generaloberst Friedrich Paulus, jener Mann, der schon Students „Unternehmen Eben Emael" für ein unverantwortbares Abenteuer gehalten hatte. Die Konstellation hätte zugespitzter kaum sein können. In einer frühen Personalbeurteilung heißt es über Paulus: „Von peinlich gepflegter äußerer Erscheinung (...) bisweilen übertrieben bescheiden (...) sorgfältiger Arbeiter am Schreibtisch, mit einer Leidenschaft für Kriegs- und Planspiele am Kartentisch (...) auch bestrebt, sich niemanden zum Feinde zu machen." Er war, zumindest äußerlich, die vollendete Verkörperung des preußischen Offiziers. Von bürgerlicher Herkunft, aber mit einer rumänischen Aristokratin verheiratet, galt der Hesse als „musisch", hoch gebildet und absolut comme il faut. Gleichwohl hielt dies seine Kameraden nicht davon ab, ihn insgeheim „Cunctator" zu nennen, nach jenem römischen Feldherrn, der wegen seiner hinhaltenden Kriegsführung gegen Hannibal eben als „Zauderer" in die Geschichte eingegangen war (den Punier am Ende allerdings trotzdem besiegt hatte). Seit Anfang 1942 kommandierte Paulus die in Stalingrad zunächst siegreiche, dann eingeschlossene 6. Armee.

Seydlitz-Kurzbach, der „Mann mit dem Tigerkopf", war aus vollkommen anderem Holz geschnitzt als sein Vorgesetzter, kein Generalstäbler, sondern Troupier und Praktiker. Im Gegensatz zu dem um zwei Jahre jüngeren Paulus hatte er bereits kleinere und größere Kampfverbände geführt, zuerst eine Batterie, nun ein Armeekorps. Außerdem dürfte er sich dem Namen verpflichtet gefühlt haben, den er trug: Friedrich Wilhelm von Seydlitz hatte sich im Siebenjährigen Krieg nicht nur als tollkühner Reiterführer hervor getan, sondern ebenso als ein Mann, der Befehle verweigerte, wenn sie ihm sinnlos erschienen. Diese Tradition gedachte der jüngere Seydlitz möglicher Weise fortzuführen. Am 25. Dezember 1942 ließ er Paulus jedenfalls wissen: „Ein weiteres Verharren ist ein Verbrechen vom militärischen Standpunkt, und es ist auch ein Verbrechen bezüglich der Verantwortung gegenüber dem deutschen Volk." Starke Worte, aber noch waren sie zu verantworten. Die Erfahrung nämlich hatte gelehrt, dass Hitler durchaus zurücksteckte, wenn man handelte, ohne sich vorher bei ihm rückzuversichern. Zu der Zeit, da Seydlitz sein Memorandum vorlegte, wäre es überdies gerade noch möglich gewesen, den Einschließungsring aufzusprengen und dem vom Don her vorstoßenden Manstein entgegen zu rücken. Doch da war Paulus vor. Dieser „typische Generalstabsoffizier der alten Schule" fühlte sich bereits an zwei frühere Funksprüche Hitlers gebunden: „Armee aushalten, weitere Befehle folgen." Und: „Kessel bilden (...) Luftversorgung." Damit habe, so eine von Militärschriftstellern besonders häufig verwendete Formulierung, „die Tragödie Stalingrad" begonnen. Tragödie?

Als tragisch gilt gemeinhin der unvermeidliche und unausgleichbare Konflikt zwischen zwei Protagonisten, in dem einer von Beiden am Ende erliegt. Aber wer wären in diesem Fall die jeweiligen Protagonisten gewesen? Hitler und Paulus? Paulus und Seydlitz? Ging es nicht vielmehr um Prinzipien? Hitlers Überzeugungen hier, tradiertes Soldatentum dort? Im frühen Preußen war der Mut zum Ungehorsam durchaus honoriert wurden - wenn auch meist nur dann, wenn der Widerstandsakt sich im Rückblick als sinnvoll erwies. Der studierte Jurist Paulus jedoch hatte offenbar weder vom passiven noch dem aktiven Widerstandsrecht je gehört oder, anders als der Nur-Soldat Seydlitz, Gehorsam als Kadavergehorsam begriffen. Mit anderen Worten: Die „Tragödie Stalingrad" ging keineswegs aus einem unausgleichbaren Konflikt zwischen Hitler und seinem Armeeführer hervor, denn ein solcher Konflikt hat nie existiert.

Was wiederum Seydlitz anbetrifft, so hätte er sich, um als Protagonist hervortreten zu können, zumindest offen gegen Paulus stellen müssen - womit sein persönliches Ende besiegelt gewesen wäre, auf Meuterei stand Todesstrafe. Wenn die Stalingrad-Chronisten von Tragödie sprechen, so meinen sie denn auch weniger den von Seydlitz ja angedeuteten inneren Konflikt zwischen Gehorsamspflicht und besserem Wissen, sie meinen vielmehr den Untergang einer Viertelmillion Soldaten, deren Interessen missachtet wurden und deren Stimmen ungehört blieben. Dem nicht mit allen Kräften entgegengewirkt zu haben, war Niemandes tragische Schuld, es war vielmehr ein Verbrechen aus moralischem Versagen. Auch Göring hat daran mitgewirkt. Die Vokabel „Luftversorgung" könnte man als so etwas wie sein Stichwort bezeichnen.

Wenn Paulus tatsächlich glaubte, „bis Ostern" auszuharren, wie er sich selbst einredete, brauchte seine Armee pro Tag 120 Tonnen Munition, 100 Tonnen Verpflegung und 60 Tonnen Kraftstoff. Um diese Liefermenge erreichen zu können, mussten die drei Flugplätze des Kessels pro Tag einhundertfünfzigmal angeflogen werden. Göring und sein Generalstabschef Jeschonnek hatten versichert, dies sei zu machen. Zweihundert Ju 52 und hundert He 111 zogen sie in aller Eile zusammen, dazu noch etliche sechsmotorige Transporter vom Typ „Gigant" (Messerschmitt), die größten Landflugzeuge ihrer Zeit, sowie viermotorige Ju 903-1 und FW 200 „Condor". Es schien dann auch wirklich zu klappen. Am 19. Dezember 1942 schaffte diese Flotte 300 Tonnen Material in den Kessel - allerdings nur dieses eine Mal. Schon ab dem 9. Januar kam nur noch ein Drittel des Tagessolls bei der eingeschlossenen Truppe an, und selbst dabei blieb es nicht. Auch am Himmel wurden die Russen immer stärker. Gegen Ende des Monats hatten sie schon knapp fünfhundert deutsche Maschinen abgeschossen oder am Boden zerstört. Als erste waren Giganten und Condors zu Bruch gegangen, wenn sie auf den unebenen, verschneiten Landebahnen herunterkamen. Was danach noch blieb, waren die alten Wellblechmaschinen, genannt „Tante Ju", sie konnten zwei Tonnen Nutzlast herbei schleppen, und die Heinkels, in deren leer geräumten Bombenschächten gerade mal eineinhalb Tonnen Platz fanden. Diese Maschinen allerdings flogen bei Tag und Nacht von den zweihundert Kilometer entfernten Flugplätzen Tazinskaja und Morosowskaja herüber, selbst dann noch, wenn Tragflächen und Leitwerk schon völlig vereist waren. Um ihre drei oder vier Flüge pro Tag absolvieren zu können, schluckten die Piloten Pervitin, als wären es Vitamintabletten. Am Ende flogen sie mit verglasten Augen, den Steuerknüppel, die Seitenruder, den Gashebel halb im Schlaf bedienend. Und der Kessel wurde immer enger. Schon Mitte Januar ging Pitomnik verloren, wenig später saßen die Russen auch in Gumrak, womit nur noch das winzige Flugfeld Stalingrazkij zur Verfügung stand. Auch die Tulowoj-Schlucht mit ihren komfortablen Bunkern war damit eine vorgeschobene Stellung geworden. Und das Grauen nahm Ausmaße an, die Dante nicht hätte beschreiben, Goya nicht hätte malen können. Die Knochenstraße zum Beispiel. Sie ist ein wichtiger Verbindungsweg, aber wenn man den mit Holzpfählen markiert, sind diese binnen Stunden gestohlen und in die Kanonenöfen gewandert. Also nehmen sie Knochen statt Holz, erst Pferdeknochen, dann Menschenknochen, schließlich gefrorene Leichen; sie werden kopfunter in den Boden gerammt, auf den nach oben ragenden Fußsohlen sammelt sich der Schnee. Oder der Mann mit der erfrorenen Hand. Er wickelt die Binden ab und blickt auf das nackte Skelett seiner fünf Finger, das Fleisch, eine gallertartige Masse, klebt am Verband. Abknipsen, sagt der Arzt, in acht Tagen können Sie wieder schießen. Überhaupt die Lazarette: Stinkende Höhlen, in denen Armlose und Beinlose, Kopfschüsse und Bauchschüsse praktisch aufeinander gestapelt sind und die Chirurgen beim Licht einer Stalllaterne operieren, amputieren, Adern abklemmen, Eiterherde ausräumen. Betäubungsmittel gibt es bereits so gut wie gar nicht mehr. Gekämpft wird aber immer noch. Leutnants brüllen plötzlich: „Mir nach!“, ziehen die Pistole und stürmen los; sie merken nicht, dass ihnen keiner mehr folgt und erfahren es nie.

Paulus funkt nun doch an die Wolfsschanze: „Erbitte Handlungsfreiheit zwecks Fortsetzung des Kampfes, solange noch durchführbar, bzw. Kapitulation.“ Die Antwort kommt umgehend: „Kapitulation ausgeschlossen! Die Armee hält ihre Stellung bis zum letzten Mann und zur letzten Patrone und leistet durch ihren heldenhaften Widerstand einen unvergesslichen Beitrag zum Aufbau einer neuen Front und zur Rettung des Abendlandes. gez. Hitler.“ Dann flackert wieder Hoffnung auf, der 30. Januar 1943 steht bevor. Zehnter Jahrestag der „Machtergreifung“! Da muss der „Führer“ doch ein Zeichen setzen, da muss er sie heraushauen. SS vielleicht? In der Tat, zwei Divisionen sollen schon durchgebrochen sein. Das Gerücht verfliegt, wie es aufgekommen ist. Ein nächstes lautet: In Stalingrad-Mitte gibt es wahrhaft fürstlich eingerichtete

Lazarette: helle Säle, saubere Betten, Ärzte und geschultes Pflegepersonal. Wahr daran ist lediglich, dass der Kessel schon seit dem 26. Januar nur noch einen Teil der Stadt selbst umfasst und außerdem in zwei Teilkessel zerfallen ist, im größeren davon aber alles zusammengezogen wurde, was überhaupt noch an funktionierenden Einrichtungen existiert. Funktioniert denn überhaupt noch etwas?

Das Beförderungswesen zum Beispiel, es funktioniert. Paulus darf Hauptleute zu Majoren und Obristen zu Generalen ernennen, er darf aus vollen Händen Auszeichnungen verteilen bis zum Ritterkreuz. Auch Heiraten kann man in den beiden Kesseln: Ferntrauung per Funkspruch, sie muss allerdings genehmigt werden. Kriegsgerichtsverhandlungen finden statt, Ringsendungen des deutschen Rundfunks können gehört werden: „St. Nazaire, bitte melden! - Hier ist St. Nazaire, wir befinden uns mit unserem Aufnahmegerät vor einem Bunker des Atlantikwalls. - Kreta, bitte melden. - Hier Kreta, wir befinden uns ... - Afrika. Unser Mikrofon steht vor... Kaukasus. Wir sind..." Dann Musik. Dann hallende Schritte aus einem Kellergewölbe und eine Stimme wie aus dem Grab: „Hier spricht Stalingrad. Wir sind in einer Stellung am Steilhang der Wolga ..." Ganz Deutschland hört diese Worte. Die in Stalingrad hören sie auch. Als nächstes singt Hans Albers. Er hat gerade in „Münchhausen" gespielt, einem der schönsten je gedrehten Farbfilme (Drehbuch Erich Kästner). Dazu noch die Nachricht, dass im Berliner „Wintergarten" eine neue Revue über die Bühne gehen soll. Nach dem Ende der Sendung sind sie wieder auf ihren eigenen Zeitvertreib angewiesen, Läuse zählen zum Beispiel. Es gibt diese Tiere in allen Variationen: Schwarze auf schwarzen Pullovern, blaugraue auf blaugrauen; die aus der Unterwäsche sind beinahe durchsichtig und auf den Verwundeten bilden sie lebende Teppiche wie aus körnigem Gummi. Auch Träumen ist noch erlaubt, von dem Speditionsunternehmen zum Beispiel, das man sich aufgebaut hätte, wenn alles gut gegangen wäre: regelmäßiger Liniendienst Leipzig-Kiew mit Büssing-Lastern. Ein Dachdeckermeister hatte sich auf die Idee versteift, russische Strohdächer durch solide deutsche Ziegeldächer zu ersetzen; da musste doch was zu verdienen sein. Andere waren in Gedanken bereits über ihr künftiges Mustergut in der Ukraine geritten. Aber nun riskieren sie bereits das Leben, wenn sie aus der Deckung kriechen, um sich zu erleichtern, denn überall sitzen russische Scharfschützen, und zurück in die Stellung geht es manchmal über Treppenstufen aus gefrorenen Leichen. Die Front ist auf Straßenbreite zusammengeschnurrt. In einem Warenhaus am Roten Platz sitzen die Deutschen, im gegenüber liegenden Gorkij-Theater die Russen. Im Keller des zerschossenen Verkaufspalastes sitzt Paulus mit seinem Stab. Als der 30. Januar dann herangekommen ist, funkt er an den „Führer“: „Noch weht die Hakenkreuzfahne über Stalingrad. Unser Kampf möge den lebenden und den kommenden Generationen ein Beispiel dafür sein, auch in hoffnungsloser Lage nie zu kapitulieren.“ Die Antwort erfolgt noch am selben Tag. Göring spricht im Berliner Sportpalast. Er beschwört den Kampf der Nibelungen. „Auch sie standen in einer Halle voll Feuer und Brand, löschten den Durst mit dem eigenen Blut, aber sie kämpften bis zum letzten.“ Er erwähnt den Kampf an den Thermopylen und ruft: „Es wird noch einmal in der Geschichte unserer Tage heißen: Kommst du nach Deutschland, so berichte, du habest uns in Stalingrad liegen sehen, wie das Gesetz (...) für Deutschland zu sterben (...) es befahl!“

Am Tag darauf erfährt Paulus, dass er zum Generalfeldmarschall befördert worden ist. Er hört sich noch einige Arien aus „Don Giovanni“ an, dann befiehlt er seinem Stabschef Arthur Schmidt, den Russen die Kapitulation anzubieten. Sie wird ohne Wenn und Aber angenommen. Offiziere dürfen ihre Degen behalten, einundneunzigtausend Soldaten gehen in Gefangenschaft, alle übrigen sind gefallen. Als wenig später Briefe von Überlebenden in der neutralen Türkei eintreffen und nach Deutschland weiter geleitet werden, verbietet Hitler, sie den Adressaten auszuhändigen. Die Männer von Stalingrad haben tot zu sein.

Eine der letzten Meldungen, die den Eingeschlossenen noch einmal Hoffnung machte, hatte gelautet: Fallschirmjäger rücken an. So wäre auch Walter Heinkelein fast nach Stalingrad gekommen. Er kam aber nur bis Orel an der Donfront.

Genau hundertdreißig Jahre vor Heinkelein hatte es den württembergischen Dragoner Jakob Walter aus Rosenberg bei Ellwangen an der Jagst nach Russland verschlagen. Er diente in der Grande Armée Napoleons, kam mit ihr bis nach Moskau und floh mit ihr aus Moskau, nachdem die Stadt von den Russen in Brand gesteckt worden war. Über seine Erlebnisse hat er, wie Heinkelein, in einer Art Tagebuch ausführlich berichtet, vor allem über den qualvollen Rückzug. In der Nähe von Wilna widerfuhr Walter eine jener Widrigkeiten, die, ihrer vordergründigen Banalität zum Trotz, für jeden, der sie erlebte, unvergesslich bleiben.

Sein Vorgesetzter, ein Major, sagte zu ihm, „ich solte nur etwass langsam thun, er wolle etwas Nebenzuausdretten", der Mann musste mal. Er kam aber nicht zurück. Walter ahnte, was das zu bedeuten haben konnte. „Es war nur zu gewiss", schreibt er, „zu denken, das er erfroren war, wahrscheinlich wurde es bei ihm der Fall gewesen sein, das er vor Kälte seine abgezogene Hosen, nicht mehr hatte anziehen können". Zu so etwas „war es (schon) hundertfältig dazugekommen, wen sich einer aus Schwäche oder Nothdurft wegen hinsetzte" und dann „Nackent erfror."

Es ist eines jener Mosaiksteinchen, aus denen sich die großen Schlachtbeschreibungen gewöhnlich nicht zusammen zu setzen pflegen, und die auch in Generalsmemoiren nie vorkommen. Den „Frontschweinen" indessen prägen sich derlei Vorkommnisse schon deshalb stärker ein als Trommelfeuer oder blutige Nahkämpfe, weil sie bei ungetrübtem Bewusstsein wahr genommen werden, was für die wirklichen Katastrophen eher nicht gilt. Schon im Ersten Weltkrieg hatte das „Großkampf-Klosett" zur Landser-Folklore gehört: „Haufen auf den Spaten und ab zum Feind"; es war auch ein beliebtes Witzblattmotiv gewesen.

Jakob Walter aus Rosenberg bei Ellwangen indessen dürfte ebenso wenig nach Witzen zu Mute gewesen sein, als ihm vor Wilna sein Major abhanden kam, wie hundertdreißig Jahre später Walter Heinkelein aus dem benachbarten Crailsheim, als er bei Orel-Alexijewka stand. „Nach dem Ende unseres großen Angriffs ohne Verschnaufpause", erinnert er sich, „lagen wir noch über drei Wochen in eisiger Kälte & tiefem Schnee, eingegraben in Schneelöchern in freiem Gelände keine paar Meter vom Russen entfernt mit wenigen noch kampffähigen Männern." Und dann der Satz, mit dem er bei seinem Landsmann von damals gewissermaßen anknüpft: „Konnten uns bei Tag nicht bewegen oder sehen lassen, mussten unsere Notdurft im Liegen verrichten." Zwei Berichte aus zwei verschiedenen Jahrhunderten, die Realität war die gleiche geblieben. Der deutsche Soldat, sollte man dazu noch wissen, trug lange Unterhosen, die aber keineswegs von einem Gummiband gehalten wurden, sondern mittels einer Schlaufe von den Hosenträgern der Überhose. Dieser komplizierten Umhüllung musste man ledig werden, um tun zu können, was Jakob Walter „Nebenauszudretten" nennt und Walter Heinkelein nicht im Landserjargon beschreiben mag. (Der geltende Fachausdruck wäre „abprotzen" gewesen.) Dies aber liegend in einem Schneeloch, das nicht sonderlich tief gewesen sein kann, „bei eisiger Kälte & tiefem Schnee". Er hätte durchaus dabei erfrieren können, der Fallschirmjäger-Unteroffizier, so wie Jakob Walters Major, der zwei Tage nach seinem Nebenaustritt in Wilna starb, vermutlich an Unterkühlung, wohingegen der Ellwanger den Rückzug der Grande Armée überlebte und seine Erinnerungen später einem nach Amerika ausgewanderten Sohn vermachte; dort wurden sie 1936 entdeckt.

Heinkelein erlebte zunächst einmal das große „Rückfluten der übrig gebliebenen Stalingradkämpfer". Wo das war, gibt er nicht an, es kann jedoch keinesfalls bei Orel gewesen sein. Die Männer, heißt es in seinen Notizen, seien völlig ausgemergelt gewesen „und von den Strapazen gezeichnet." Wahrscheinlich verwechselt er sie mit den aus dem Kaukasus abgezogenen Gebirgsjägern, die nach anderen Augenzeugenberichten ebenfalls einen Schrecken erregenden Anblick geboten haben müssen: Vollbärte wie Weihnachtsmänner, Haarmähnen, in denen fette Läuse gemächlich herumspazierten, Gesichter, die nur noch aus Haut und Knochen bestanden. Immerhin, so einige Apologeten des „Cunctators" Paulus, hätten sie ihr Leben dem Umstand zu verdanken gehabt, dass die 6. Armee so lange aushielt und deswegen auch die Donfront nicht vorzeitig zurückgenommen werden musste. Was die meist österreichischen und bayerischen Burschen in den Schluchten und an den Berghängen der Landbrücke zwischen Schwarzem und Kaspischem Meer zurückließen, waren ungezählte Holzkreuze, die nicht von Stahlhelmen gekrönt wurden, sondern von ihren den alten k.u.k. Kaiserjägermützen nachempfundenen Kopfbedeckungen. Eine solche trug längst auch der Fallschirmjäger Heinkelein; mit Knochensack und Springerhelm war in Russland kein Staat mehr zu machen. Bei Orel wäre er fast noch einmal verwundet worden.

„Ein Explosionsgeschoss traf mich am Bauch beim Stellungswechsel, jedoch das Geschoss traf nur meine Pistole, die ich zuvor schussbereit hinter mein Koppel steckte, es (...) verbrannte meine ganze Vorderseite der Bekleidung bis auf die Haut. Ich dachte schon, als ich vor Aufregung nachsah, mein ganzes Gedärm samt Innereien hängt heraus, auch der Komp.Chef Obltn. Poppele, der es vom Panzer mit ansah, glaubte schon, ich sei jetzt auch gefallen, doch zu meiner Verwunderung, glaubte (es) kaum, passierte mir gar nichts. Soldatenglück nennt man das." Der Scharfschütze Heinkelein konnte seine Tätigkeit sofort wieder aufnehmen. „Nachdem ich mich wieder etwas gefangen hatte, holte ich den Burschen, der mir so zugesetzt hatte, vom Baum herunter mit einem gezielten Schuss, dann war es besser, wir konnten den Angriff weiter fortsetzen, jedoch mit weiteren Verlusten". Seine eigenen Erfolge schreibt Heinkelein dem Umstand zu, dass er kein deutsches, sondern ein russisches Zielfernrohr verwendete, „welche (Optik) ein Vielfaches besser war als unsere." Der Lohn für solche Umsicht sollte das EK 1 sein, die siebte Auszeichnung nach der Sudetenmedaille. Auch Heinkeleins Feldbluse geriet allmählich zum „Sarrasani-Gedächtnisrock".

Wichtiger erscheint ihm freilich, dass Russland überstanden war. „Bei Beginn der Schneeschmelze, Morast und Dreck, ausgemergelt von den Strapazen (...) begann der Rücktransport (...) per Eisenbahn durch Polen nach Deutschland, dort begann schon der Frühling 1943. (...) Schon glaubten wir an Urlaub und verdiente Erholung, doch leider war es nur ein Durchfahren mit kurzem Aufenthalt in der Garnisonsstadt Tangermünde (dem Standort seines Regimentes seit Anfang 1942). Jeder ließ schnell per Telegramm seine Frau, Braut, Freundin kommen, sofern es möglich war". Falls es Heinkelein möglich gewesen sein sollte, hatte ihn vermutlich die Freundin oder Braut besucht, die er unmittelbar nach dem Krieg heiraten sollte. Ohnehin war es nur ein Intermezzo. „Wir bezogen sofort Tropenuniform und nach kurzem Aufenthalt Weitertransport nach Frankreich."

Frankreich war verloren, zumindest der „État Français", den Hitler seinem Europa einst zuschlagen wollte. François Darlan, dessen Außenminister und oberster Militärchef, hatte Geheimverhandlungen mit den Alliierten aufgenommen und ihnen Französisch - Nordafrika unterstellt. Dass er kurz darauf, am ersten Weihnachtstag 1942, in Tunis ermordet wurde, änderte an dieser neuen Lage nichts mehr, denn auch Pétain war mit dem Unternehmen des ehemaligen Admirals insgeheim einverstanden gewesen. Ebenso wenig nützte es Hitler noch, dass er den alten Herrn zwang, Laval zum Ministerpräsidenten der Vichy-Regierung zu ernennen, und dass er deren Territorium besetzen ließ. Als die Deutschen in den Kriegshafen Toulon einrücken, hat sich die dort stationierte französische Flotte gerade selbst versenkt.

Seit der Zeit, da Walter Heinkelein zum ersten Mal nach Russland gekommen war, hatte sich überhaupt viel geändert. Am 11. Dezember 1941 waren die USA in den Krieg eingetreten, Deutschland und Italien hatten ihnen den Frieden aufgekündigt - aus Treue zum gemeinsamen

Partner Japan, der (ohne vorherige Kriegserklärung) über Pearl Harbor hergefallen war. Damit wurde nicht mehr nur in Europa, sondern auch in Ostasien und, nach wie vor, in Afrika gestorben.

Als Walter Heinkelein seine Tropenausrüstung fasste, war auch Afrika schon verloren. Anfang Mai 1943 hatten sich zweihundertzweiundfünfzigtausend Deutsche und Italiener in Westtunesien den von zwei Seiten gegen sie heranrückenden Alliierten ergeben. An dem, was wenig später in Russland geschah, war der ältere Heinkelein nicht mehr beteiligt, möglicher Weise jedoch sein Bruder Willi, denn mit Panzern vor allem wollte Hitler noch einmal eine große Kesselschlacht schlagen. Das Vorhaben wurde „Unternehmen Zitadelle“ getauft. Der Name bezog sich auf ein von Konstantin Konstantinowitsch Rokossowski errichtetes, zwanzig Kilometer tiefes Feldbefestigungssystem mit Minenfeldern, eingegrabenen schweren Panzern und ungezählten Artilleriestellungen. Es lag im sogenannten Kursker Bogen zwischen Orel und Charkow. Da Hitler die Situation kannte, verzögerte er wie schon so oft den Angriffstermin ein um das andere Mal, erst vom Mai auf den Juni, dann von Anfang Juni auf Mitte Juni, um schließlich den 5. Juli als Tag X zu benennen. Es sollte die größte und grausamste Panzerschlacht der bisherigen Kriegsgeschichte werden.

Die Deutschen rennen an gegen eine Mauer aus Feuer und Stahl. Ihre Stukas, Tiefflieger und Bomber erringen noch einmal die Luftherrschaft. Zu den Bodenwaffen der Wehrmacht gehören der überschwere Jagdpanzer „Ferdinand“ und der ferngelenkte Minipanzer „Goliath“, der mit einer Sprengladung bepackt feindliche Bunker knacken soll, aber wie viele deutsche Konstruktionen technisch derartig überzüchtet ist, dass er nicht zuverlässig funktioniert. Immerhin, sie kommen voran, die Deutschen. Manstein wirft alles ins Gefecht, was er hat. Sein Kollege Walter Model, Oberbefehlshaber der 9. Armee, operiert etwas zurückhaltender. Schon glauben Beide, die Russen hätten ihre letzten Reserven aufgebraucht. Da kommt, am 9. Juli, der Angriff zum Stehen. Der Luftwaffe ist das Benzin ausgegangen, Rokossowski setzt zu Gegenstößen an. „Von nun an“, schreibt sein Panzerführer Rotmistrow, „ist es schwer festzustellen, welche Seite angreift und wer sich verteidigt“. Die T 34 müssen den Tigerpanzern möglichst rasch auf den Leib rücken, weil deren Geschütze weiter reichen als die ihren. Wenn ihnen die Munition ausgeht, versuchen sie den Gegner sogar zu rammen. Gelingt ihnen das, booten die Besatzungen auf beiden Seiten aus und gehen mit Pistolen, Handgranaten, manchmal auch Spaten aufeinander los. Oder es geschieht dies: „Wie ein lodernder Feuerball jagt der T 34 über das Feld. Der Tiger stoppt. Aber es ist zu spät. Der brennende Kampfwagen fährt in voller Fahrt gegen den deutschen Panzer. Eine Detonation lässt den Boden erbeben" (Rotmistrow). Model spricht jetzt von sinnloser „Materialabnützungsschlacht"; zurück muss er ohnehin. Von Orel her fallen ihn neue russische Kräfte an. Es ist der Stand vom 12. Juli. Zwei Tage zuvor hat Hitler erfahren, dass die Alliierten auf Sizilien gelandet sind. Am 13. befiehlt er, das Unternehmen „Zitadelle" abzubrechen. Und sofort beginnen überall, am Donez und am Ladogasee, am Ilmensee und bei Brijansk neue russische Großoffensiven. Der überspannte Bogen der deutschen Front ist endgültig zerbrochen.

Von den Vorfällen auf Sizilien hat Walter Heinkelein in Avignon erfahren. Damit scheint klar zu sein, weshalb man ihm eine Tropenuniform verpasst hat. Völlig klar ist indessen fast gar nichts mehr.

Der Vorstoß gegen, wie Churchill es formulierte, „Europas weichen Unterleib" war nicht nur in britischen und amerikanischen Generalstabsbüros vorbereitet worden, sondern auch in einer Zelle der Haftanstalt Comstock nördlich von New York. Dort trifft Anfang Juni 1942 der zu einer dreißig- bis fünfzigjährigen Haftstrafe verurteilte Mafia-Pate Charles „Lucky" Luciano mit Red Haffenden von der US-Marineaufklärung und einer ganzen Reihe anderer „Capi" des organisierten Verbrechens zusammen. Die meist aus dem Mezzogiorno stammenden Männer sollen der Navy über ihre Verbindungsleute in der alten Heimat Fotos bestimmter sizilianischer Häfen beschaffen und Kontakte zu dort lebenden Mafiosi anknüpfen. Sie versprechen zu tun, was sie könnten – „aus Patriotismus". Sie erweisen sich als Profis. Schon bald hält Haffenden Pläne des italienischen Marinekommandos in Händen, aus denen unter anderem hervorgeht, welche Teile der Küstengewässer vermint sind und wie die Sperren gefahrlos durchquert werden können. So patriotisch, dass er das alles umsonst getan hätte, ist „Lucky", ihr Oberhaupt, allerdings nicht, er will vorzeitig entlassen werden. Das wird er dann auch. Am 5. Februar 1946 darf der Großgangster die USA als freier Mann verlassen und fortan in Neapel seinen alten Geschäften nachgehen. Nicht zuletzt hatte er dieses späte Geschenk auch dem damals seit knapp einem Jahr toten Benito Mussolini zu verdanken gehabt.

Von Beginn seiner Regierungszeit an war der „Duce“ mit den Mafiosi hart ins Gericht gegangen. 1928 und 1929 hatte er Tausende von ihnen ins Gefängnis stecken lassen und damit zweierlei erreicht: Die „briganti“ formierten sich zu etwas, das sie bis dahin noch gar nicht gewesen waren, einem straff organisierten Schattenstaat. Außerdem wandte sich, vor allem auf Sizilien, die Mehrheit der Süditaliener entschieden vom Faschismus ab, während viele Häupter der Mafia in die USA auswanderten, um dort jenem Apparat beizutreten, der später „Cosa Nostra“ genannt werden sollte. So kamen jene Verbindungen zwischen der Mittelmeerinsel und Amerikas Ostküste zustande, deren sich die Navy 1942 bediente. Es war eine mehr als seltsame Koalition. Ob der Oberkommandierende der alliierten Streitkräfte von ihrer Existenz überhaupt wusste, ist jedoch eine andere Frage.

Er wurde „Ike“ genannt, dieser Mann, und er war auf der buchstäblich falschen Seite der Eisenbahngeleise aufgewachsen, nördlich des Schienenstrangs der Union-Pacific, im Arbeiterviertel von Abilene / Kansas. Sein Vater sprach zwar fließend Alt-Griechisch, verdiente aber derart wenig, dass Ike und seine fünf Brüder im Sommer barfuß zur Schule gehen mussten. Ike nannte man übrigens alle Söhne des im praktischen Leben gescheiterten Hellenisten, den ältesten „Big Ike“, den zweiten „Little Ike“, den jüngsten „Ugly Ike“ - den hässlichen Ike, das aber aus gutem Grund. Er hatte nicht nur abstehende Ohren und Sommersprossen, sondern auch einen froschmaulartigen, viel zu breiten Mund. Da ihn nichts, was man in Abilene werden konnte, besonders reizte, bewarb „Ugly Ike“ sich um einen Studienplatz in Annapolis, der Ausbildungsstätte des US-Marinekorps’, wurde also, zum Entsetzen seiner Familie, Marineinfanterist. Das geschah 1910. Dreiunddreißig Jahre später ist Dwight David Eisenhower Chef der gigantischsten Militärmaschine, die Europa je gesehen hat, ein Amerikaner aus jenem Teil der USA, wo Amerika auf so hartleibig-rechtschaffene Weise amerikanisch ist wie nirgendwo sonst. Was der Mann aus dem Mittleren Westen von Sizilien weiß, kann nicht sonderlich viel gewesen sein. Hitler und Mussolini wissen ihrerseits noch weniger über ihn. Vor allem ist den Beiden völlig schleierhaft, wie der für sie namenlose Stratege zu operieren gedenkt.

Das ändert sich im Juli 1943. Vor der spanischen Küste ist die mit Dokumenten geradezu gespickte Leiche eines britischen Kuriers aufgetaucht. Franco schickt die erbeuteten Papiere nach Berlin.

Aus ihnen geht hervor, dass die Alliierten Sardinien und die Peloponnes angreifen wollen. Hitler lässt daraufhin eine Panzerdivision in aller Eile nach Griechenland verlegen und kommandiert zwei Fallschirmjäger-Divisionen nach Südfrankreich ab. Von dort aus ist es ja nach Sardinien nicht mehr allzu weit. Walter Heinkelein, der zu einer dieser Einheiten gehört, berichtet, sie hätten sich auf ihr neuestes Unternehmen auch durch das Einüben einer neuen Sprungtechnik vorbereitet: Nicht mehr im Hechtsprung durch die Tür einer Ju 52, sondern im senkrechten Fall, Füße voran, durch den Bombenschacht einer He 111. Für alle Fälle bietet Hitler seinem Bundesgenossen jedoch überdies fünf deutsche Divisionen zur Verteidigung der italienischen Küsten an. Mussolini lehnt höflich ab. Er will nicht noch mehr Deutsche auf dem Stiefel haben, doch vor allem will er Sizilien von Sizilianern verteidigen lassen. Es ist der erste von vielen schweren Fehlern, die ihm während der wenigen Tage unterlaufen, in denen er noch als Regierungschef amtieren kann.

Völlig überraschend für ihn wie auch für Hitler verdunkelte sich am 2. Juli der Himmel über dem westlichen Mittelmeer. Riesige Schwärme britischer und amerikanischer Flugzeuge kamen aus Nordafrika angeflogen, allerdings nicht in der Absicht Sardinien anzugreifen; ihr Ziel war Sizilien. Den toten Mann mit seinen aufschlussreichen Geheimpapieren hatte keineswegs der Zufall an Spaniens Küste geschwemmt, ein britisches U-Boot hatte vielmehr die sorgfältig präparierte Leiche ausgesetzt. Das Täuschungsmanöver war rundum gelungen. Nahezu unbehelligt von italienischer Flugabwehr konnten die Bombergeschwader den für die Landung vorgesehenen Küstenstreifen bei Gela sturmreif schießen. Die eigentliche Invasion Siziliens begann erst acht Tage später. Und selbst sie traf Italiener und Deutsche noch wie aus heiterem Himmel. Den von See her angreifenden Truppen schlug kein nennenswerter Widerstand entgegen. „Die italienischen Küstendivisionen", konnte später der britische Höchstkommandierende Sir Harold Alexander konstatieren, „lösten sich auf, fast ohne einen Schuss abzugeben. (...) Massenkapitulationen waren sehr häufig." (Auch Massenerschießungen wehrloser Gefangener durch US-Soldaten.) Der stets um Fairness bemühte Liddell Hart brachte indes für das Verhalten der Italiener zumindest Verständnis auf. Mit seiner Anordnung, Sizilien müsse von Sizilianern verteidigt werden, habe Mussolini, so meint er, wirklich eine Riesendummheit begangen, denn diese

Männer hätten sich in „nüchterner Erkenntnis“ gesagt, „dass je härter sie kämpften, desto weniger von ihren Häusern übrig bleiben würde.“ Da sie überdies auf der Insel jeden Winkel kannten, sei es ihnen besonders leicht gefallen, sich einfach in die Büsche zu schlagen. Tatsächlich scheint der „Duce“ seine süditalienischen Landsleute völlig falsch eingeschätzt zu haben. Eine lange, leidvolle Geschichte hatte sie gelehrt, Fremden, auch solchen aus Norditalien, grundsätzlich mit Misstrauen zu begegnen. Dies nicht gewusst oder nie zur Kenntnis genommen zu haben, war allerdings mehr als nur eine Dummheit, es war ein tödlicher Fehler. Immerhin erkannte Mussolini wenigstens, dass ihm das Wasser bis zum Hals stand. Er rief nach Hitler.

In seiner bequemen Focke Wulf „Condor“ kam der Achsenpartner über die Alpen geflogen, bestieg in Treviso „mit seinen Herren und dem Gastgeber eine Wagenkolonne und, umgeben von einer Reihe von Carabinieri auf Motorrädern, brauste die Wagenschlange davon, um den Ort der Besprechung, eine alte, großartige Villa in der Nähe, zu erreichen“ (Traudl Junge). Die Villa stand in Feltre zu Füßen des Monte Tomatico. Am 19. und 20. Juli saßen „Führer“ und „Duce“ dort zusammen. Mussolini bat nun doch um stärkere deutsche Unterstützung. Hitler sagte sie zu. Die Fallschirmjäger, die noch in Südfrankreich standen, hatte er zu dieser Zeit bereits nach Sizilien umdirigiert. So wäre auch Walter Heinkelein fast auf die Insel gekommen.

„Sollten im Morgengrauen starten zum Absprung in Catánia“, berichtet er. Das muss um den 13. Juli oder etwas später gewesen sein, denn für diesen Tag hatte Bernard Montgomery, genannt „Monty“, der Befehlshaber der britischen 8. Armee, den Durchbruch zur Ostküste Siziliens angesetzt. Heinkeleins Einheit kam nicht einmal in die Luft, ihre Maschinen wurden noch am Boden zerstört, wo genau, gibt er nicht an. Ein anderer Teil der Division konnte Catánia indes erreichen. „Durch einen seltsamen Zufall landete er fast gleichzeitig mit den britischen Fallschirmjägern, die hinter unserer Front abgesetzt wurden, um die Brücke über den Simeto zu nehmen, (...) überwältigte die britischen Fallschirmjäger und nahm die Brücke wieder“ (Student).

Auf Malta, wo Eisenhower sich einquartiert hatte, dürfte man Ereignisse wie dieses mit Verblüffung zur Kenntnis genommen haben. Seine Untergebenen waren ebenso wie er selbst zu jener Zeit noch davon überzeugt, dass die „Nazis“ eine Art Kampfroboter seien. Sie führten zwar stur ihre Befehle aus, waren aber nicht fähig aus eigenem Antrieb zu agieren. Dieses vor allem von Hollywood genährte Vorurteil mussten die Amerikaner in den folgenden Tagen noch häufiger korrigieren, denn nun griff Hermann Göring ein - natürlich nicht der dicke Reichsmarschall persönlich, sondern die nach ihm benannte Panzerdivision. In einem energisch vorangetriebenen Angriff kam sie bis auf vierhundertfünfzig Meter an den Strand bei Gela heran. Dort wurde ihr Halt geboten - von Schiffen. Die Artillerie der britischen „Fighting First"-Truppen hatten die Deutschen niedergewalzt, nur die vor der Küste liegenden Zerstörer konnten der eigenen Vorhut noch Feuerschutz geben. Da aber Schiffsgeschütze stärkere Kaliber verfeuern als selbst die gefürchteten Tiger, musste Paul Conrath, der Chef der Division, sich am Abend dieses Tages zurückziehen, ein Drittel seiner Panzer war zerstört.

In den folgenden Tagen wurde dann vor allem eines klar: „Es war nicht wie auf Kreta - auf Sizilien hatten sich die Spielregeln in ihr Gegenteil verkehrt. Die Alliierten besaßen eine überwältigende Luftüberlegenheit, und die Achsenmächte waren hoffnungslos in der Minderheit" (Hanson W. Baldwin). Das erfuhr auch Walter Heinkelein. Seine Einheit lag mittlerweile in Capua, scheiterte jedoch abermals bei dem Versuch, auf die Insel zu gelangen. „Alle Maschinen wurden (...) total zerbombt". Was also blieb für sie noch zu tun? „Sichern der Absetzbewegungen über die Straße von Messina", vermutet der Unteroffizier und trifft damit ins Schwarze. Der eigentliche Auftrag Hans Valentin Hubes, des für Sizilien zuständigen Generals, hatte ohnehin von Anfang an gelautet, den Kern der auf der Insel stehenden deutschen Truppen sicher zum Festland hinüber zu schaffen. Das gelang ihm auch. „Nicht (US-General) Patton beherrschte die Situation, auch nicht Montgomery, sondern Hube", so Baldwin.

In der Nacht vom 10. zum 11. August überquerten erste deutsche Einheiten die Straße von Messina in voller Ordnung mit intakten Waffen, leichter Ausrüstung und sogar einigem schweren Gerät. Als Patton die Stadt Messina erreichte, fanden seine G.I.-Patrouillen dort keinen einzigen Deutschen mehr vor. Eisenhowers Verblüffung schlug in Unbehagen um, London und Washington waren entsetzt. Rund fünfundsiebzigtausend „Nazis" hatten eine halbe Million eigener Soldaten achtunddreißig Tage lang in Schach gehalten. Für US-Historiker wie Baldwin hieß das: „Auf Sizilien siegten faktisch die Alliierten, die Deutschen aber moralisch".

Und die Italiener? Deren Oberbefehlshaber Alfredo Guzzoni musste dem „Duce“ melden, er habe auf Sizilien rund hundertfünfzigtausend Mann verloren, die meisten davon durch Kapitulation. Einige Tausend hätten sich auf eigene Faust ans Festland gerettet, mit Eisenbahnfähren, Fischerbooten, Motorflößen; an Ausrüstung und Waffen sei ihm jedoch so gut wie nichts geblieben. Das war gewiss eine traurige Bilanz. Schwerer schlug indessen ein anderer Verlust zu Buche: Die deutsch-italienische Waffenbrüderschaft, mit der es nur in Nordafrika einigermaßen geklappt hatte, war auf Sizilien endgültig zerbrochen. Selbst ein Mann wie Walter Heinkelein, der sich nie anmaßte, jemanden beurteilen oder verurteilen zu können, schreibt nun von den „wankelmütigen und unzuverlässigen“ Italienern; es entsprach der vorherrschenden Meinung. Die allerdings beruhte auf grundsätzlichen Missverständnissen und auf einem Missverhältnis.

Von den Deutschen behauptete die „London Times“ einmal, ihre „Diät aus Sauerkraut und Eisbein“ habe sie befähigt, bis nach Stalingrad zu marschieren. Man kann das nicht einmal völlig von der Hand weisen. Die italienischen Soldaten hingegen bestanden, wie schon Caesars Legionäre, auf Teigwaren, was sowohl Brot wie, zu ihrer Zeit, auch „maccheroni“ heißen konnte. Dazu „vino scarso“, jener Wein, den der Weingutsbesitzer kostenlos an seine Arbeiter ausschenkt, zum Abschluss der Mahlzeit Kaffee aus Bohnen, die scharf geröstet werden müssen, um überhaupt Geschmack abgeben zu können. Mit dieser kargen Diät haben sie Abessinien erobert, Albanien besetzt, Griechenland wie auch Ägypten angegriffen und schließlich in Russland gekämpft. Der „Duce“ hatte sie für alle diese Unternehmungen mit Hemden ausgestattet, die zwar für eine höchst leistungsfähige italienische Chemieindustrie sprachen, aber so kurz waren, dass sie egalweg aus der Hose rutschten und nach dem Waschen brettsteif waren, während deutsche Hemden, wenn auch aus Zellstoff bestehend, wenigstens den Hintern wärmten. Es sind Details, die immerhin illustrieren, dass „der“ deutsche Soldat und „der“ italienische ein Paar ergaben, das nicht unbedingt geeignet war, vor einen Karren gespannt zu werden. Auf den wichtigsten Unterschied, der zwischen beiden bestand, hat ohnehin Liddell Hart hingewiesen, als er den kapitulierenden Sizilianern die Fähigkeit zu „nüchterner Erkenntnis“ bescheinigte; er hätte auch von Realitätssinn sprechen können. Die Italiener wussten einfach, wann die Oper aus ist. Man hat sich die Seele aus dem Leib gesungen, hat das Vaterland bejubelt und von der „quarta sponda“ geträumt, dem weißen Haus in der Cyrenaika, der Kaffeeplantage im äthiopischen Hochland. Aber bevor der Rausch in den Katzenjammer überzugehen droht, lässt man am besten den Vorhang herab. Der deutsche Rausch hingegen glich dem italienischen so wenig wie die Musik Wagners jener von Rossini. Er benebelte nicht nur die Sinne, sondern auch den Verstand, ihn abzuschütteln, erforderte Willenskraft und den Mut sich einzugestehen, dass ein weiteres Verharren in solcher Betäubung das eigene Ende bedeuten würde. Einige Deutsche, unter ihnen Graf Stauffenberg und der ehemalige Nachbar von Heinkelein, Hans Scholl, hatten das zu dieser Zeit auch schon erkannt. Doch nur die Italiener ließen entschlossen den Vorhang fallen.

Auf Sizilien wurde noch gekämpft, da trat am 24. Juli in Rom der „Gran Consiglio del Fascismo“, der Faschistische Großrat, zusammen. Am Ätna wehrten deutsche Fallschirmjäger aus Heinkeleins Regiment gerade einen amerikanischen Angriff ab, da wurde, am 25. Juli, Mussolini abgesetzt und in Schutzhaft genommen. König Vittorio Emmanuele III. beauftragte den ehemaligen Generalstabschef Pietro Badoglio, Italien aus dem Krieg heraus zu führen. In der Wolfsschanze erklärt ein wie vom Donner gerührter Hitler, er habe immer gewusst, dass gerade dieser Mann der geborene Verräter sei. Goebbels, dem er es anvertraut, wagt zu bemerken, dass es nun vielleicht an der Zeit sei, mit Stalin über einen Kompromissfrieden zu verhandeln. Ohne Wenn und Aber weist Hitler den Vorschlag zurück. Zugleich befiehlt er, den in ein Hotel am Gran Sasso, dem höchsten Apeninnengipfel, verbrachten Mussolini umgehend zu befreien. Heinkelein berichtet während dessen vom Sporn des Stiefels über schwere Kämpfe.

„Im Morgengrauen Sturm auf die Städte Bari – Barletta – Foggia – Manfredonia – Potenza - Cosenza mit Sturmgeschützunterstützung, machten viele Gefangene, andere wurden entwaffnet“. Er spricht von Italienern und fährt dann fort: „Meine Komp. hatte die Aufgabe, in der Stadt (welche genau, bleibt offen) alle Einrichtungen wie Kasernen, Munitionslager, Verpflegungslager zu sprengen. Meine Gruppe räumte eine Kaserne aus und schoss ein Spritlager in Flammen, dass die Rauchwolke ca. 60 km weit sichtbar war.“ Vier Monate zuvor hatte Willi Graf, ein Freund der Geschwister Scholl und Mitglied der „Weißen Rose“, aus Warschau geschrieben: „Das Elend sieht uns an“. Er sprach von den im Ghetto der Stadt zusammengepferchten schätzungsweise vierhunderttausend Juden, die dort auf den Abtransport nach Treblinka warteten, aber somit auch indirekt von der berüchtigten „Wannsee-Konferenz“, auf der am 1. Januar des Vorjahres in trockenem Amtsdeutsch die Ausrottung der europäischen Juden besiegelt worden war. Nun, zu der Zeit, da Heinkelein über Kämpfe gegen ehemalige Bundesgenossen berichtete, war das Kapitel Warschau ebenfalls schon abgeschlossen. Die eingeschlossenen Juden hatten sich zur Wehr gesetzt, die SS hatte sie brutal zusammengeschossen. In einem der brennenden Häuser saß bis zuletzt auch der ehemals geachtete Bürger Jossel Rakover, Held eines Romanes von Zvi Kolitz. Aber wie voll von Zorn und Trotz ist sein letzter Schrei. „Die Warschewer Getto starbt in Kampf. Sie starbt schiessendig, kämpfendig, brennendig, ober - neijn, nit schreiendig.“ Und ebenfalls zu dieser Zeit waren auch Willi Graf und die Geschwister Scholl schon lange tot, hingerichtet in München-Stadelheim durch das Fallbeil. Walter Heinkelein, wie schon gesagt, sollte von ihnen allen erst lange nach Kriegsende erfahren. Zunächst kann er noch einen Erfolg vermelden: „Es erfolgte auch die Befreiung des Duce-Mussolini durch Fallschirmjäger auf dem Gran Sasso.“ Das ist zutreffend, aber nicht ganz korrekt wieder gegeben.

Am 12. September sitzt der entmachtete „Capo del governo“ am Fenster des Berghotels „Campo Imperatore“, als plötzlich ein Lasten-Segler auf der schmalen Wiese vor dem Eingang knirschend aufsetzt. Männer in Khaki springen heraus, überrennen seine Bewacher und stürmen ins Haus. Ein baumlanger Offizier mit zerhauenem Gesicht baut sich vor Mussolini auf und sagt: „Duce, der Führer hat mich geschickt. Sie sind frei.“ Er heißt Otto Skorzeny, ist jedoch kein Fallschirmjäger, sondern SS-Sturmbannführer. Zwei Tage später trifft der „Duce“ in der Wolfsschanze ein, wo ihn ein gerührter „Führer“ in die Arme schließt. Zu Skorzeny sagt er: „Sie haben mir meinen Freund zurückgegeben.“ Der Wiener ist fortan eine lebende Legende; sogar in James-Bond-Romanen wird er später als Prototypos des gefährlichen Super-Nazis erwähnt werden (obwohl die Alliierten ihm bescheinigten, dass er keine Kriegsverbrechen begangen habe). Aber was soll zunächst einmal aus Mussolini werden?

In Hitlers monströsem Bunker sitzen zwei Männer zusammen, von denen einer, so Traudl Junge, „ein müder alter Herr“ von vierundfünfzig Jahren ist, der andere vor wenigen Wochen seinen sechzigsten Geburtstag begangen hat. Über beide hätte man mit Goethe sagen können: „Was aus dem Abgrund kühn entstiegen, / Kann durch ein ehernes Geschick / Den halben Erdball übersiegen - / Zum Abgrund muss es doch zurück." Hans Scholl hatte diese Gedichtzeilen aus „Epimenides" gelegentlich zitiert, sie waren auf Napoleon gemünzt, doch der Sanitätsfeldwebel aus Ingersheim meinte natürlich Hitler. Dessen Situation war damit ja auch trefflich beschrieben: Kühn aus dem Nichts empor, eine Nation nach seinem Bild geformt und das Versprechen eingelöst, die Folgen des „Schandfriedens" von Versailles zu beseitigen. Spätestens mit der Rückgewinnung von Elsass-Lothringen, nach dem Frankreichfeldzug also, wäre das geschehen gewesen. Britisch-pragmatisch denkend, bestätigt es der Oxford-Professor A.J.P. Taylor mit den Worten: „Der europäische Kampf, der 1918 begann, als sich die deutsche Waffenstillstandsdelegation Foch in einem Eisenbahnwagen zu Rethondes vorstellte, endete 1940, als sich die französische Waffenstillstandsdelegation Hitler im selben Waggon vorstellte. Europa hatte seine 'Neue Ordnung', es wurde von Deutschland beherrscht." Aber: „Ohne Grund zerstörte er (Hitler) die Quelle seines Erfolgs. 1941 griff er Sowjetrussland an und erklärte den Vereinigten Staaten den Krieg (...) und es begann ein wirklicher Weltkrieg" - zugleich auch eine Zweitaufführung des Ersten Weltkriegs: Schon 1918 waren deutsche Soldaten in Stalingrad gestanden; es hatte damals allerdings noch Zarizyn geheißen.

Warum, so glaubt man Taylor zwischen den Zeilen fragen zu hören, setzte sich Hitler 1941 nicht am Rubikon nieder und angelte, genoss also, was er gewonnen hatte, das Schloss in der Île de France einbegriffen. Warum überschritt er den Rubikon? Die Antwort muss wohl lauten: Aus dem gleichen Grund, aus dem Caesar damals an dem sprichwörtlichen Schicksalsfluss nicht inne hielt oder Napoleon zu seiner Zeit vor Russlands Grenzen. Geister, die aus dem Abgrund empor steigen und mit Feuer und Schwert durch die Welt stürmen, pflegen sich nun einmal nicht selbst in die Zügel zu fallen, um von heute auf morgen den eigenen Garten zu bestellen. Wäre ihnen dies gemäß, sie hätten den Abgrund nie verlassen, zumal dann nicht, wenn, wie bei Hitler, zu ihren Antriebskräften vor allem der Hass zählte.

Für den gebrochenen Italiener an seiner Seite galt das nicht in gleichem Maße. In „nüchterner Erkenntnis" begriff auch er, dass die Oper aus war: Vom König entmachtet, von Ciano, dem eigenen

Schwiegersohn, verraten, vom Volk verlassen. Mussolini wäre am liebsten dorthin zurückgekehrt, von wo er gekommen war, nach Predappio in der Romagna. Aber auch er hatte die Gelegenheit, sich am Rubikon nieder zu setzen und zu angeln, zumindest verpasst; jetzt war es dafür zu spät. Mit der ganzen Beredsamkeit, die er aufbieten konnte, beschwor Hitler ihn, sich an Badoglio zu rächen, um gleich darauf als kalter Erpresser hinzuzufügen, tue er dies nicht, sähe seine Regierung sich gezwungen, Italien als Feindstaat zu betrachten und es zu besetzen. In der Absicht, seinem Gast die Sache etwas leichter zu machen, behauptete er dann noch, es sei seine Absicht, mit der Sowjetunion Friedensgespräche aufzunehmen. Doch kaum war dieser aus dem Haus, sagte er zu Ribbentrop, der die Bemerkung Ernst genommen hatte, ein heute mit Stalin getroffenes Abkommen wäre morgen ohnehin nichts mehr wert, weshalb der Kampf fortgesetzt werden müsse. So fuhr sein düpierter Freund nach Italien zurück und versuchte, noch einmal die Macht an sich zu reißen. Es reichte am Ende aber nur zur Gründung eines machtlosen Rumpfstaates mit der Hauptstadt Saló am Gardasee. Ciano, den gut aussehenden, stets alla moda gekleideten Conte di Cortellazo, Ehemann seiner Tochter Edda, ließ er am 1. Januar 1944 in Verona erschießen. Also doch noch Götterdämmerung in der Heimat Rossinis und Verdis? Vielleicht sollte man besser von Goethes „Epimenides" auch die letzten Verse zitieren: „Und alle, die an ihm gehangen, / Sie müssen mit zugrunde gehn."

Schon vor Mussolinis Rückkehr nach Italien waren in Kalabrien und bei Salerno alliierte Truppen gelandet. Am 8. September hatte die Regierung Badoglio kapituliert. Wenig später sollte Walter Heinkelein in eine Lage geraten, die ihn an Selbstmord denken ließ.

X

Freiwillige Meldung mit einem Kameraden (Arm amputiert) zum Absprung hinter der Front, wurden jedoch an der Teilnahme abgelehnt, es seien noch andere da, die nicht so verwundet sind. Wir waren noch voller Idealismus und glaubten noch an den Endsieg!!! das Vaterland braucht uns noch.

Wie schwarze Blitze kamen sie herangeschossen, unvorstellbar schnell und völlig lautlos. Das Geräusch ihrer Motoren, ein urweltlich anmutendes Fauchen, hörte man erst, wenn sie schon wieder verschwunden waren. Sie schienen den Schall hinter sich her zu ziehen wie einen Kometenschweif.

Beobachter, die ihnen nachblickten, sagten mit Kennermiene: „Turbinenjäger". Andere bestanden auf der Bezeichnung „Strahlflugzeug." Recht hatten sowohl diese wie auch jene; es handelte sich um Strahl-Turbinen-Maschinen. Angesaugter Luftsauerstoff wurde von Turbinen verdichtet, zusammen mit Öl verbrannt, die Abgase wurden durch eine rückwärtige Düse ausgestoßen, wodurch wie bei einer Rakete Schubkraft entstand. Der Grieche Heron hatte dieses Phänomen schon im ersten christlichen Jahrhundert erkannt. Fachleute sprachen von „Jet-Propulsion". In einem Jet materialisierte es sich jedoch zum ersten Mal am 27. August 1939. Der Krieg ist noch nicht ausgebrochen, da hebt von einer Warnemünder Startbahn die Heinkel He 178 ab, der Urahn aller heutigen Düsenflugzeuge. Genau ein Jahr später folgt ihr die italienische Camproni-Campini. Auch in den USA und England fliegen schon einige Prototypen mit Turboantrieb, aber Görings Luftwaffe hat die Nase vorn; es ist ein Bonus sondergleichen. Wie nützt er ihn jedoch, der Reichsmarschall? Gar nicht. Heinkels Konstruktionspläne verschwinden weithin unbeachtet wieder in den Schubladen. Zwei Jahre später hätte das eigentlich nicht mehr passieren dürfen. Willy Messerschmitt ist es gelungen, die Me 262 in die Luft zu bringen, einen Düsenjäger, der sofort in Serie produziert werden kann. Angesichts der damals herrschenden Lage müsste die Novität für Göring ein Geschenk des Himmels gewesen sein. Nach der „Battle of Britain" hatte er längst auch die Luftschlacht über dem eigenen Land so gut wie verloren. Seit Mai 1940 flog die RAF mit geradezu aufreizender Gelassenheit einen Nachtangriff nach dem anderen gegen deutsche Industrieanlagen, Verkehrsknotenpunkte, Hydrierwerke. Und Arthur Travers Harris, Luftmarschall Seiner Britannischen Majestät, genannt „Bomber-Harris", ein überzeugter Anhänger von Giulio Douhet, arbeitet hartnäckig an der weiteren Perfektionierung derartiger Operationen. Er gibt seinen Geschwadern Maschinen mit, die keinen Sprengstoff befördern, sondern nur Radargeräte an Bord haben. Von ihrer Existenz weiß bald so gut wie jedermann in Deutschland. Über dem anvisierten Ziel markieren diese „Zeremonienmeister" mit gleißend hellen Magnesiumblitzen das zu bombardierende Gebiet; die Menschen am Boden sprechen von „Weihnachtsbäumen". Zu allem Überfluss ersinnen dann Harris' Männer auch noch eine Methode zur Übertölpelung der deutschen „Freya"- und „Würzburg"-Radargeräte. Sie ist ebenso simpel wie wirkungsvoll: Stanniolstreifen, zu Zehntausenden abgeworfen, reflektieren deren Wellen und täuschen dadurch eine viel größere Anzahl von Flugzeugen vor als tatsächlich vorhanden. Der von Josef Kammhuber, General der Nachtjäger, aufgebaute „Westwall am Himmel" mit seinen tief gestaffelten Scheinwerferriegeln und voll automatischen Luftleitzentralen, den die Briten bisher zu fürchten hatten, ist damit außer Gefecht gesetzt. Was das bedeutet, erfahren als erste die Bürger von Hamburg.

Am Abend des 24. Juli 1943 meldet der Luftschutzbefehlsbunker der Hansestadt den Anflug von 800 schweren Bombern aus Richtung Neumünster. Schon glaubt man, sie hätten es auf Lübeck abgesehen, da biegt jedoch der ganze Pulk über der Ostsee wieder ab und kommt doch auf die Elbmündung zu. Im Flakgürtel um Hamburg werden alle Geschütze bemannt, zweimotorige Nachtjäger der Typen Me 110 und Do 17 steigen im Alarmstart auf. Die Piloten schalten ihre „Liechtenstein"-Geräte ein, auf denen laufend die von Kammhubers „Himmelbett"-Stationen übermittelten Daten zu erkennen sind: eigene Höhe, Abstand zum Gegner, zu fliegender Kurs. Indes, die Apparate spielen auf einmal verrückt, genau so jene der Funkmesstechniker am Boden. Über die Skalen von deren Freya-Geräten tanzt eine Abfolge zitternder, zuckender, ruckender Linien, mit denen sich absolut nichts anfangen lässt. Dazu kommt auch noch der von den Stanniolstreifen ausgelöste „Düppel-Effekt". Mit einem Wort: Die deutsche Radar-Abwehr ist von heute auf morgen völlig erblindet. Ein einfacher Trick - das vom Himmel regnende Lametta - und neu entwickelte Störsender, von denen alle Angreifer je einen mit sich führen, haben dieses Desaster bewirkt. Für Hamburg ist es das Ende. Knapp fünfzig Minuten lang regnen Luftminen, Sprengbomben, Brandbomben auf die Stadt herab. Die großen Arbeiterviertel des rechten Alsterufers versinken in einem Feuermeer von nie gesehenen Ausmaßen. Alles was brennen kann, brennt, Häuser, Menschen, selbst der Teer auf den Straßen. Von der erhitzten, jäh aufsteigenden Luft werden Bäume ausgerissen, Autos gegen Mauern geschleudert. Und dabei ist es erst ein Anfang. Auch in den folgenden sieben Nächten kommen des Luftmarschalls Bomber zurück, um vollends auszulöschen, was noch übrig geblieben war. Als der letzte von ihnen am 3. August abdreht, sind über dreißigtausend Menschen tot und nahezu eine Million ist obdachlos geworden. Über der Elbe steht eine achttausend Meter hohe Qualmwolke. Doch selbst das gehörte noch zum Vorspiel. Schon bei dem Angriff auf Hamburg hatten Briten und Amerikaner sich abgewechselt. Die einen waren bei Nacht, die anderen am helllichten Tag gekommen. US-General Carl Spaatz konnte auf den Schutz der Dunkelheit getrost verzichten. Seine viermotorigen B 17 „Flying Fortresses" und B 23 „Liberators" waren mit ihren bis zu zwölf überschweren Maschinengewehren stark genug (außerdem auch gepanzert), um deutsche Me 109 und Focke Wulf FW 190 auf Abstand zu halten. Dazu kamen noch Begleitjäger, wie die P 51 „Mustang", die doppelrumpfige „Lightning" und der britische „Mosquito", der zwar aus Holz bestand, eben deshalb aber vom deutschen Radar nicht erfasst werden konnte. Insgesamt gebot Spaatz über eine Armada, die Tag für Tag mit jeweils eintausend Maschinen angreifen konnte. Seine Geschwader starteten in England, überflogen Deutschland und landeten in Nordafrika oder sie nahmen den umgekehrten Weg. Auf Seite der Alliierten sprach man von „shuttle-bombing", Sprengkörperabwurf im Pendelverkehr.

Hitler pflegte die Berichte über feindliche „Terrorangriffe" jeden Morgen als erstes zu lesen. Sein Kammerdiener Heinz Linge legte sie vor der Schlafzimmertür ab. Im Nachthemd kam der „Führer" herausgeschlurft, nahm die Listen an sich und ging wieder zu Bett. Er wusste also durchaus, was draußen geschah, zum Beispiel in der Reichshauptstadt. Anfang November 1943 hatte die RAF ihre „Battle of Berlin“ eröffnet. Von da an flog sie fast Nacht für Nacht, manchmal mit nur wenigen Mosquitos, aber schon am 18. des Monats erstmals auch mit einem Verband von mehr als 400 zweimotorigen Bombern. Beinahe lethargisch nahm Hitler solche Horrormeldungen zur Kenntnis; neue Gegenmaßnahmen anzuordnen hielt er offenbar nicht für nötig. Das schien sich erst Ende November zu ändern.

Göring wurde angewiesen, ihm doch einmal Messerschmitts Wundermaschine vorzuführen. Wie er gehört habe, sei sie mit einer Höchstgeschwindigkeit von annähernd neunhundert Stundenkilometern das schnellste Flugzeug ihrer Zeit, das wolle er mit eigenen Augen sehen. In den Luftwaffenstäben atmete man hörbar auf. Göring selbst war geradezu euphorisch. Immer wieder hatte er seinem obersten Chef von der Me 262 vorgeschwärmt, hinzufügend, nach Meinung aller Fachleute sei sie die geradezu ideale Waffe im Abwehrkampf gegen die übermächtigen feindlichen Luftwaffen. Nun sah es so aus, als zeigten seine Vorbringungen endlich Wirkung. In Insterburg, nahe der Wolfsschanze soll die Demonstration Anfang Dezember über die Bühne gehen. Alles, was Rang und Namen hat, kommt angereist: Göring natürlich, Adolf Galland, Heeresoffiziere, Luftwaffenoffiziere, leitende Ingenieure, „Wehrwirtschaftsführer“, nicht zuletzt auch Willy Messerschmitt, der Konstrukteur des Jets. Den Herren wird einiges geboten werden. Schon die noch am Boden stehende Maschine mit ihrem windschlüpfigen Haifischrumpf und den beiden tief hängenden Antriebsaggregaten scheint einem Roman des populären Science-Fiction-Autors Hans Dominik entsprungen zu sein. Doch dann erst der Start: Das Röhren der Motoren, der rasante Anlauf vom Ende der Rollbahn her, der steile Winkel, in dem die Kiste empor gezogen wird. Kaum in der Luft fliegt „Stormbird“ (so der Name, den ihm die Briten geben sollten) eine weite Kurve, kommt zurück und fegt im Tiefflug an der Beobachtertribüne vorbei: Ein schwarzes Phantom, binnen Sekunden vom Horizont verschluckt, nur dumpfes Grollen bleibt etwas länger zurück.

Die technischen Laien sind noch in ungläubigem Staunen erstarrt, da beginnen die Fachleute schon wie von Sinnen aufeinander einzureden. Galland, der die Me 262 bereits geflogen hat, sagt, für den Piloten sei es, „als ob ein Engel schiebt“ (schreibt dies zumindest in seinen Erinnerungen). Andere rühmen ihre Bewaffnung: Vier Maschinenkanonen im Rumpf, vierundzwanzig R 4 M-Raketen unter den Tragflächen. Ein feindliches Flugzeug, von diesen Projektilen getroffen, zerbirst in der Luft. Wieder andere berichten, die fliegenden Ziele wüchsen so schnell ins Visier des Angreifers hinein, dass man glauben könnte, sie seien am Himmel festgenagelt, kaum bliebe noch Zeit, die Raketen auszulösen und wieder abzudrehen. Techniker fügen hinzu, der Vogel benötige kein hoch raffiniertes, klopffestes Flugbenzin, das ja immer schwerer zu beschaffen sei, er begnüge sich mit minderwertigem, dieselähnlichem Öl. Kurzum, es sei in der Tat die für das schwer bedrängte Deutschland optimale Verteidigungswaffe. Das könne wohl auch der „Führer“ nicht leugnen.

Hitler weiß zumindest, was er seinem Ruf schuldig ist. Präzise wie immer erkundigt sich der Fachmann für alles nach den unterschiedlichsten Details: Steiggeschwindigkeit, Kurvenflugtauglichkeit, Reichweite, Brennstoffverbrauch. Messerschmitt gibt geduldig Auskunft. Schon glaubt er, alles gesagt zu haben, was zu sagen ist, da hat Hitler noch eine letzte Frage: Könne dieses Flugzeug auch Bomben befördern. Bomben? Messerschmitt hat richtig gehört. Leicht verunsichert erwidert er, belastungsmäßig seien fünfhundert Kilo zu vertreten, möglicherweise sogar tausend. Und da geschieht, was keiner für möglich gehalten hätte. Triumphierend wendet Hitler sich an seine Umgebung und erklärt, seit Jahren fordere er von der Luftwaffe einen „Schnellbomber“, der die feindliche Luftabwehr durchbrechen könne und somit in der Lage sei, die zu erwartende alliierte Invasion in ihrer ersten, schwachen Phase zurückzuschlagen. Na bitte, was wolle man denn, das sei er doch. Galland glaubt, ihn habe der Schlag getroffen. Erhard Milch, Generalinspekteur der Luftwaffe, versucht später Hitlers Einwurf als bestenfalls interessante, immerhin diskutierenswerte Idee abzutun. Görings Reaktion ist nicht überliefert. Schockiert sind alle. Dennoch wird am Ende (natürlich) des „Führers“ Wille respektiert. Ein wenig glücklicher General namens Peltz stellt vier Kampfgruppen aus hastig umgerüsteten Me 262 zusammen und lässt ihre Piloten Bombenangriffe üben. Als die erwartete Invasion dann anrollt, werden einige von ihnen tatsächlich in die Normandie geschickt, jede mit einer Zweihundertfünfzig-Kilo-Bombe ausgerüstet. Allein die Stanniolstreifen an Bord einer einzigen RAF-Maschine wiegen zusammen zweitausend Kilogramm. Nach dem Krieg seufzte Galland: „Das wäre **die** Waffe gewesen“ - als Jagdflugzeug. Ob Hitler das nicht auch erkannt hatte, ist allerdings die Frage. Näher liegend wäre die Vermutung, er habe von Verteidigung einfach nichts wissen wollen. Wer zuviel Wert auf Abwehr legte, war seiner Überzeugung nach bereits verloren. Nur dem Angreifer winke der Sieg. Deshalb wollte er sogar die Me 262 als Offensivwaffe haben.

In Heinkeleins Heimatstadt wusste man naturgemäß nicht, ob das, was da über die Jagst hinweghuschte, Jäger waren oder „Blitzbomber“. Dafür sahen die Crailsheimer immer häufiger riesige Schwärme von „Feindmaschinen“ gemächlich am blauen Himmel dahinziehen. Aber nie erlebten sie, dass einer der fliegenden Haie in den Pulk dieser Silberfische hineinstieß, um raubtierhaft unter ihnen zu wüten. Statt dessen kam das Gerücht auf, die in Hessental stationierten „Turbinenjäger“ würden hastig unter Bäume geschoben, sobald die Sirenen erklängen, dort blieben sie bis zur Entwarnung stehen. Anstatt Bomber zu zerstören, mussten die Wundervögel vor Bombern geschützt werden.

Überall dort, wo ihnen am Ende doch noch erlaubt wurde, das zu tun, wofür man sie gebaut hatte, verbreiteten einige wenige Turbo-Jagdverbände allerdings schieres Entsetzen. Zugleich löste ihr Wirken Verwunderung aus. „Die Deutschen“, hieß es in einer Aussendung der RAF, „haben jetzt ein Turbinenflugzeug an die Front gebracht, das unseren Typen an Geschwindigkeit weit überlegen ist. Um so weniger ist zu verstehen, dass sie nicht in der Lage sind, diese Waffe richtig einzusetzen.“ Der Verfasser des Papiers dürfte keineswegs nur die Me 262, sondern auch die Arado 234 gemeint haben, einen nun wirklich als Blitzbomber ausgelegten Jet. Doch vor allem meinte er, die „Nazis“ hätten sich auf das konzentrieren sollen, was ihnen in ihrer Not am dienlichsten gewesen wäre, den schnellsten Jäger der Welt. In großen Mengen hergestellt und an den Himmel geworfen, hätte er den Alliierten die Luftherrschaft über Deutschland zumindest streitig gemacht. Derartige Überlegungen waren nicht nur charakteristisch für angelsächsisches Denken, sie entsprachen auch den Grundsätzen, nach denen vor allem in Amerika gehandelt wurde.

Man nehme etwa den „Sherman“. Als die ersten Modelle dieses US-Standardtanks den Militärs übergeben wurde, hoben sich bei diesen etliche Augenbrauen: Zu schwache Panzerung, zu geringe Bewaffnung, kein gleichwertiger Gegner für den deutschen „Tiger“, geschweige denn ein überlegener. Kaum zu bezweifeln, dass eine deutsche Abnahmekommission den Kampfwagen umgehend zurückgeschickt und Verbesserung verlangt hätte. Nicht so deren amerikanisches Pendant. Nach längerem Zögern entschloss man sich hier, zu akzeptieren, was angeboten wurde. Nachrüstungen hätten zuviel Zeit gekostet und den Produktionsfluss gehemmt. Es war aber günstiger, ein unvollkommenes Produkt in großen Mengen sofort zu bekommen als ein perfektes später. Masse musste Mängel ausgleichen. Der Sherman ging an die Truppe, wie gesehen. Guderian ließ grüßen.

Ähnlich war es mit dem „General Purpose Car", dem Allzweckfahrzeug der Infanterie, genannt „Jeep". Sein am häufigsten vorkommendes deutsches Gegenstück, der VW-Kübel, hatte Türen mit versenkbaren Fenstern, elektrische Scheibenwischer und ein Faltdach, das vollkommenen Schutz vor Regen bot. Beim G.P.C. hingegen wurden Türen von vorne herein weggelassen, die Scheibenwischer mussten von Hand bedient werden und das Faltdach war nicht viel mehr als ein etwas groß geratener Schirm. Dafür gab es in der ganzen Army nur diesen einen Typ. Jede Radmutter in jedem Wagen war mit jeder Radmutter in jedem anderen identisch, egal ob sein jeweiliger Hersteller Ford, General Motors oder Studebaker hieß. Blieben zwei oder drei der hässlichen Kisten liegen, konnten sie immer noch als Ersatzteillager für einen vierten dienen. Gab hingegen ein Kübel von Wanderer, Hanomag oder Daimler Benz auf, musste er abgeschrieben werden, wenn kein anderer kaputter Wanderer, Hanomag oder Daimler zur Stelle war. Das galt in gleicher Weise für Lastkraftwagen oder Mannschaftstransporter. Büssing-Zylinderköpfe halfen einem maroden MAN nicht weiter, kein Teil eines Zündapp-Krads war mit dem einer BMW kompatibel, wohingegen die US-Trucks und Halftrucks aller Hersteller so durchnormiert waren, als kämen sie aus einer einzigen Fabrik (Motorräder wurden von der Army überhaupt nicht benutzt). Man könnte angesichts solcher Details von reinem Zweckmäßigkeitsdenken sprechen, doch entsprach es ebenfalls einem all umfassenden Prinzip. Man nehme allein die Bezeichnung G.I. für Soldat. Dieses Kürzel bedeutet „Government Investment", wörtlich: Regierungsgeldanlage. Der Soldat war also eine Sache, bestenfalls ein Werkzeug. So wurde er auch behandelt. Frisch eingezogene Rekruten konnten erleben, dass ihnen schon bei ihrem ersten Appell höchst drastisch verdeutlicht wurde, was sie eigentlich seien, keine künftigen Helden nämlich, sondern Burschen, die weder eine Schreibmaschine bedienen, eine Kolonne aus fünf Zahlen addieren noch ein Radio reparieren könnten. Zu Hause wisse niemand etwas Rechtes mit ihnen anzufangen, deshalb würden sie nun in den Krieg geschickt. Ginge einer oder der andere dabei drauf, so krähe kein Hahn nach ihm. Der Kriegsteilnehmer und spätere Romanautor Irwin Shaw hat eine solche Ansprache wortgetreu übermittelt; es gibt keinen Grund, sie für erfunden zu halten. Das Instrument G.I. sollte helfen, einen schmutzigen Job zu erledigen und zwar in der kürzest möglichen Zeit. Das wurde ihm von Anfang an beigebracht. Man könnte die Methode als roh bezeichnen, in Wirklichkeit war sie human, denn Krieg ist in der Tat ein schmutziges Geschäft, es muss so schnell wie möglich abgewickelt werden. (Die patriotische Soße, ohne die es freilich auch in den USA nicht ging, lieferte Hollywood).

Im übrigen war alles, womit der G.I. in Berührung kam, ebenso genormt wie auch die Einzelteile eines Jeeps. Unter seiner Uniform trug er Boxershorts oder Slip, ärmelloses Unterhemd oder T-Shirt, jedes Teil in olivgrüner Farbe und jedem anderen in Schnitt und Qualität völlig gleich. Auch Handtücher, Taschentücher, Schlafdecken, selbst Toilettenpapier waren nur in Olivgrün erhältlich. Und dafür gab es ebenfalls sehr plausible Gründe. Die Quartiermeistereien der US-Army kamen mit einer Handvoll von Nummern-Codes aus, wenn sie ihre Bestellungen aufgaben. Jeder bei der Ausschreibung berücksichtigte Hersteller brauchte nur in einem Handbuch nachzuschlagen und wusste auf Anhieb, was er in welcher Ausfertigung zu liefern hatte. Das ersparte bürokratischen Aufwand und gewährleistete höchste Effizienz. Was aber für Textilfabrikanten galt, galt auch für die Produzenten von Kaugummi, Instant-Nahrung, Gewehrmunition. Eine ganze riesenhafte Industrie, bestehend aus Tausenden unterschiedlicher Unternehmen, arbeitete im gleichen vorgegebenen Takt, so wie es den Regeln der Serienfertigung entsprach. Ein Hundertfünfzig-Millionen-Volk, das in Friedenszeiten auf Individualismus schwor, funktionierte, als ob es von Exerziermeistern gedrillt worden wäre. Auch die Zivilisten wussten, dass es einen harten Job schnell zu erledigen galt und harte Bedingungen dafür in Kauf zu nehmen waren: höhere Steuern, längere Arbeitszeiten, gedeckelte Löhne, strenge Rationierung. Die Puderzuckerpolitik, mit der Hitler Deutschlands Arbeiter glaubte bei der Stange halten zu müssen, war von der US-Regierung noch nicht einmal ins Auge gefasst worden. Von dem Tag an, da Roosevelt den Krieg offen hatte aufnehmen können, fuhr er den selben brutal-klaren Blut-Schweiß-und-Tränen-Kurs wie Churchill. Amerika verwandelte sich wieder in das Wild-West-Fort, gegen dessen Palisaden die Indianer anrannten. An die Stelle von Häuptling Sitting Bull trat Hitler, statt der heulenden Rothäute galt es andere Wilde zu erledigen, die pauschal „Nazis“ genannt wurden. Ein solcher Vergleich sprach alle an. (Den Rest tat Hollywood). Selbst „Ugly Ike“, der Mann aus dem Mittleren Westen, könnte sich diesen Vorstellungen angepasst haben. Warum auch nicht. Hier stand er, auf dem Helm fünf hinschablonierte weiße Sterne, die ihn als Oberbefehlshaber auswiesen. Drüben zeigten sich die höheren Chargen mit Halsorden, Brustorden und üppigen Achselstücken selbst an der vordersten Front - Indianer im Federschmuck. Drüben entwarfen sie Angriffspläne wie Partituren und wollten am Ende nicht nur deren Wirkung, sondern auch die Eleganz der Ausführung gewürdigt wissen, begriffen den Krieg als hohe Kunst und hatten eine nicht geringe Freude an der Sache selbst - fehlten nur noch die Kriegstänze. Verglichen mit ihnen war er, Dwight D. Eisenhower, ein Kleinstadtsheriff, der schmutzige Sachen als schmutzige Sachen begriff und sie auch so anpackte: Methodisch, nüchtern, ohne unnötigen Schnickschnack, ohne künstlerische Ambitionen, ohne Magie. So etwas wie Magie nämlich, könnte der Sohn des Städtchens Abilene / Kansas ebenfalls gedacht haben, musste doch im Spiel sein, wenn drüben der große Schamane Hunderttausenden von Männern befahl, an diesem oder jenem Ort bis zur letzten Patrone auszuharren, anstatt sie rechtzeitig herauszuziehen und für die nächste Schlacht in Reserve zu halten. Wem wurden sie denn dargebracht, wenn nicht einem finsteren Gott, der nur durch Blutopfer besänftigt werden konnte? Oder dann dieses obstinate Beharren auf dem Grundsatz, wer nicht ausschließlich angreife, habe schon verloren. War dies nicht wiederum heidnischer Aberglaube der krassesten Art? Es musste wohl so sein, denn nur eines solchen Prinzips wegen hatte der Schamane auch ganze Städte verbrennen lassen, obwohl es doch möglich gewesen wäre, sie mit einem Wundervogel vor dem Allerschlimmsten zu bewahren. Ugly Ike, dessen Vorfahren Erfahrung im Kampf gegen Indianer gesammelt hatten, könnte wirklich so oder so ähnlich gedacht haben. Sehr wahrscheinlich ist es allerdings nicht, denn dazu fehlte ihm einfach die Fantasie. Er führte Krieg nach den selben Maximen, die auch die Betreiber des riesenhaften US-Produktionsapparates für richtig erachteten. Im G.I.-Jargon: „Make it simple and foolproof", einfach und narrensicher. Es hätte als Motto selbst über Eisenhowers Plänen zur Invasion Italiens stehen können. Eben dort erfuhr er jedoch, dass man mit den Kriegskünstlern auf der anderen Seite so leicht dann doch nicht fertig wurde.

Den beiden herausragenden unter ihnen, Albert Kesselring und Frido von Senger und Etterlin, Luftwaffenmarschall der eine, Infanteriegeneral der andere, unterstanden nicht nur Gebirgsjäger, sondern auch die vor allem von den Briten gefürchtete 1. Fallschirmjägerdivision, in deren 1. Regiment Walter Heinkelein diente. So kam es, dass der Crailsheimer einem Kontrahenten gegenüber lag, mit dem er schon auf Kreta zu tun gehabt hatte, dem Neuseeländer Bernard C. Freyberg.

„Unser Regiment", notierte Heinkelein, „lag bei Salerno-Eboli. (...) Großer Feuerüberfall & Bombenhagel als Vorbereitung der (alliierten) Landung, Schiffsgeschütze aller Kaliber, Jagdflugzeuge & Bomber, der ganze Streifen war ein Inferno (...) wir wussten nicht mehr, was hinten & vorne war. (...) Wir standen in den schwersten Kämpfen Tag & Nacht, gegen eine Übermacht an Menschen & Material, doch wir kämpften zäh & verbissen, trotz großer Verluste bis zurück in den Raum Ortona-Cassino-Appeningebirge." Der Luftwaffenunteroffizier hätte auch schreiben können: bis zurück an den Garigliano. Der in den südlichen Apenninen entspringende und in den Golf von Gaeta mündende Fluss gilt als eine Art strategischer Wetterscheide an der schmalsten Stelle des Stiefels. Im 10. Jahrhundert waren hier die Sarazenen zurückgeschlagen, im 12. ein päpstliches Heer von den Normannen besiegt und im 16. ein französischer Angriff auf Rom abgewehrt worden. Ende 1943 hatten Kesselring und Senger den Garigliano zum Rückgrat jener quer über die Halbinsel verlaufenden Abwehrstellung gemacht, die den Namen „Gustav-Linie" trug. Deren zentrales Bollwerk wiederum bildete der 519 Meter hohe Monte Cassino, ein weithin sichtbarer Gebirgsstock mit steil abfallenden Flanken, der relativ leicht zu verteidigen gewesen wäre - wenn er denn überhaupt hätte besetzt werden können. Das allerdings war nicht möglich. Den Monte Cassi krönte die Abbazia di Montecassino, eines der ehrwürdigsten Bauwerke des christlichen Abendlandes. In seinen Mauern hatte Benedikt von Nursia um 529 den Benediktinerorden ins Leben gerufen und damit das katholische Klosterwesen begründet. Diesen Platz als militärische Stellung zu benutzen, wäre einem unerhörten Kulturfrevel gleichgekommen, weshalb Senger ihn nicht nur aus der Gustav-Linie aussparte, sondern seinen Leuten auch strikt verbot, die Abtei überhaupt zu betreten.

Die Amerikaner auf der anderen Seite sahen das anders. Anfang Januar 1944 hatten sie die Stadt Montecassino von Norden her angegriffen, waren aber nach wochenlangen, für sie äußerst verlustreichen Kämpfen zurückgeschlagen worden, wie schon so oft, seit sie in Italien standen. „Ihr langsamer, fast kriechender Vormarsch auf der Halbinsel“ (Liddell Hart) löste beim alliierten Oberkommando derartige Verzweiflung aus, dass Eisenhower schon die Devise ausgegeben hatte, es käme nicht in erster Linie darauf an, den Stiefel so schnell wie möglich zu erobern, wichtiger sei es vielmehr, so viele deutsche Truppen wie möglich zu binden und sie somit den Streitkräften in Frankreich zu entziehen. Die „Operation Overlord“, der Angriff über den Kanal hinweg, war seit Herbst 1943 beschlossene Sache. Der Vorbereitung auf dieses Unternehmen müsse, so Ugly Ike, alles andere untergeordnet werden. Mit dieser Entscheidung zeigte sich indessen Winston Churchill nicht einverstanden. Der Romantiker in ihm wollte britische Truppen sehen, die sich mit Ruhm bedeckt hatten. Um seinen Wunschtraum zu verwirklichen, ließ er aus Neuseeländern und Indern ein neues Korps zusammenstellen und ernannte Generalleutnant Freyberg zu dessen Befehlshaber. Freyberg sollte die Gustav-Linie durchbrechen, koste es, was es wolle.

Im Hauptquartier der Kolonial-Truppe kam es zu einer Diskussion, bei der zwei Meinungen aufeinander prallten. Francis Tuker, Kommandeur des indischen Detachements, wollte Cassino mit einer weiten Umfassungsbewegung ausschalten, ohne den Klosterberg selbst anzugreifen. Freyberg war dagegen; er hatte noch eine Rechnung mit den deutschen Fallschirmjägern offen. Was dann geschah, liegt bis heute im Dunkeln. Wurde Tuker überstimmt, wurde er krank, wurde er abgeschoben? Faktum ist, dass am Ende die Entscheidung fiel, den so beängstigend wirkenden Gebirgsstock sturmreif zu schießen, die ihn krönende Abbazia aber als „collateral“ einzustufen, wörtlich: als nebenher laufend. Der deutsche Oberstleutnant Julius Schlegel, dessen Einheit in Montecassino-Stadt lag, meinte, etwas derartiges zu riechen. Den Mönchen auf dem Berg schlug er deshalb vor, ihre wertvollsten Kunstschätze, Bilder, Inkunabeln, Reliquien vorsichtshalber in die Engelsburg nach Rom zu schaffen. Schlegels Nase hatte nicht getrogen. Kaum war der letzte feldgraue Opel-Blitz mit seiner kostbaren Ladung über die kurvenreiche Straße hinab ins Tal gerollt, da regneten am 14. Februar 1944 britische Flugblätter auf die hoch gebaute Gottesburg herab. Alle, die sich hinter ihren Mauern bargen, wurden dringend aufgefordert, das Kloster umgehend zu verlassen, sie seien dort ihres Lebens nicht mehr sicher. Verzweifelt rief der Klostervorsteher noch in Sant' Anselmo an, dem römischen Hauptquartier des Benediktinerordens, man möge doch um des Himmels Willen verhindern, dass die Abbazia angegriffen werde. Es war jedoch bereits zu spät.

Keine zwanzig Stunden später, die Mönche hatten sich gerade zur Matutina, dem allmorgendlichen Stundengebet versammelt, da gingen mit höllischem Pfeifen die ersten Bomben auf Monte Cassino nieder. Es war der Beginn eines Stahlgewitters, das den frommen Männern wie der Auftakt zum Jüngsten Gericht erscheinen musste. Als gegen elf Uhr die erste Feuerpause eintrat, wagte sich der Abt in den Kreuzgang hinaus. Was er sah, ließ ihn erstarren: Kuppeln geborsten, Pfeiler geknickt, die Luft voll Trümmerstaub, einer Statue des heiligen Benedikt fehlte der Kopf. Mehr als tausend Tonnen Sprengstoff warfen die Alliierten insgesamt über dem Kloster ab, dazu kamen noch hundertneunzigtausend Artilleriegranaten. Als der Geschosshagel endete, hätte auf dem Berg eigentlich keine Maus mehr leben dürfen. Dem war nicht so. Eine unbekannte Anzahl italienischer Flüchtlinge lag zwar tot zwischen den zermalmten Mauern, den Mönchen indes war nichts geschehen, und den Gurkhas, die Freyberg als erste vorschickte, schlug mörderisches Maschinengewehrfeuer entgegen. Eine ganze Kompanie der gefürchteten Krieger aus dem Himalaya wurde abgeschnitten und niedergemäht. Nicht viel besser erging es den ihnen nachfolgenden Neuseeländern. Vier Tage lang ließ Freyberg den Monte Cassino berennen, dann brach er die Operation ab. Weitere Verluste wären nicht zu verantworten gewesen. Sein gemischtes Korps wurde aufgelöst. Er selbst trat von der geschichtlichen Bühne ab. Weder von ihm noch von Tuker hat man je wieder gehört. Im Rückblick erwies sich die brutale Zerstörung eines einzigartigen Kulturdenkmals dazuhin noch als kontraproduktiv: Hätte Freyberg das Kloster nicht in Grund und Boden bomben lassen, hätten Sengers Leute sich weiterhin von ihm fern gehalten. So jedoch fühlten die Deutschen sich quasi legitimiert, auf dem Berg nun doch einen Stützpunkt zu errichten. Der aber war nahezu uneinnehmbar.

Am 29. März gab das britische Hauptquartier in Italien bekannt: „Vorgeschobene Posten an den östlichen Abhängen des Monte Cassino (mussten) unter dem immer stärker werdenden Druck der deutschen Artillerie von den Alliierten geräumt werden". Am 1. April hieß es im deutschen „Wehrmachtsbericht": „Eine seit längerer Zeit südwestlich von Monte Cassino (der Stadt) eingeschlossene feindliche Kampfgruppe (...) wurde vernichtet. (...) Eigene Stoßtrupps nahmen im Nordteil des Ortes einige Stützpunkte des Gegners im Handstreich." Mehr als drei weitere Monate rannten Briten, De-Gaulle-Franzosen und polnische Truppen noch verbissen gegen den nunmehr Feuer speienden Berg an. Auf deutscher Seite lagen ihnen vor allem Fallschirmjäger aus Heinkeleins Division gegenüber. Auch Leutnant Harald Quandt gehörte zu den „besessenen Nazis", über die eine Londoner Zeitung schrieb: „Sie kämpfen bis zur letzten Patrone und attackieren dann mit Dachziegeln und Backsteinen." Deutschen PK-Berichten zu Folge lebten Students Zöglinge „zwischen Trümmern, Ungeziefer und Splittern. (...) Sie kriechen auf dem Bauche durch Wasserlachen, über Leitern, zwischen Schutthalden hindurch und haben den Gegner dreißig Meter vor Augen." Einem Oberjäger aus ihren Reihen sagte der Propaganda-Kompanie-Reporter nach: „Er entwich dem Karbolgeruch (des Lazaretts in Ortona) und kam mit den offenen Wunden und der gelähmten Hand wieder nach Süden. Mit der 'gelähmten Hand' hat er inzwischen allein in Cassino 22 Engländer im Einzelgang außer Gefecht gesetzt.(...) Sein Gesicht hat die Züge, die ein Dichter (...) einem Raubschützen zuweisen würde: blitzende, beinahe stechende Augen, Hakennase wie ein Raubvogel, scharf geschnittene Falten." Um Walter Heinkelein kann es sich bei dem geschilderten Mann demnach nicht gehandelt haben. Ohnehin war der Crailsheimer im April 1944 schon selbst „außer Gefecht gesetzt"; er hatte sogar Grund gehabt, sich bereits für so gut wie tot zu halten.

An einem Steilhang, den eigentlich kein Panzer hätte erklimmen können, war es geschehen. „Wir hatten", berichtet Heinkelein, „in der Nacht ein Panzerdeckungsloch ausgegraben, der S.M.G (Schweres Maschinengewehr) Zugführer war mit mir drin. Wir dachten nicht, dass bei uns Panzer kommen, daher gab ich meinem Stellvertreter meine Hohlhaftladung mit, damit er evtl. einen Panzer knacken kann, doch ein Panzer wagte (gerade) bei mir hochzukommen mit einem Soldaten, der hinter dem Turm sich versteckte, wir konnten ihn nicht sehen, hätte ich noch meine Panzerfaust gehabt, könnte ich nun den Panzer 'Chermann' knacken. So hielt der Panzer ca. 15 mtr. vor uns an, wir nahmen volle Deckung, machten unsere M.P.

Pistolen schussbereit, der eine Mann sprang vom Panzer auf unser Deckungsloch zu, ich wollte gerade meine Pistole abdrücken, da hatte er schon im Hüftanschlag, ca. 1-2 mtr. vor mir geschossen. (...) Eine ganze Garbe von Geschossen mähte er in unser Loch, mir fiel gleich die Pistole aus der Hand und sackte zusammen, mein Kamerad, ein Obj., fiel auf mich, er war gleich tot. (Ich) bekam eine ganze Garbe in den Kopf (...) ca. 10 Schuss von 12 mm Stärke (...) Munddurchschuss, beide Arme mehrmals durchschossen, meine Zunge war durchtrennt (...) konnte mich nicht mehr rühren, lag unten auf dem Boden, mein Kamerad obenauf. (...) Der Kanadier wollte zum nächsten Loch laufen, doch Obgefr. Biermann hat ihn vorher gesehen und knallte ihn sofort ab. (...) Durch meinen großen Blutverlust wurde ich immer schwächer, konnte nichts mehr bewegen." Walter Heinkelein hatte in der Tat mit dem Leben abgeschlossen, außerdem befand er sich mittlerweile hinter der feindlichen Linie. Das Schlimmste stand ihm jedoch erst bevor. „Ich hörte gerade noch Panzergerassel und schon war der Panzer über unserem Deckungsloch, der Motor heulte auf und der Panzer drehte sich und deckte uns beide vollends zu." Was wiederum das bedeutete, wusste jeder, der in Russland gewesen war. Panzer, die sich über einem Schützenloch mit gegenläufig bewegten Raupen auf der Stelle drehten, wollten nicht zudecken, sie wollten dessen Insassen zerquetschen. Heinkelein hatte Glück im Unglück. „Meine Gedanken", schreibt er, „waren nur noch, mit 23 Jahren ist nun dein Leben vorbei, das Blut floss nur so über meinen Verlobungsring. Deine Braut & Eltern werden dich nicht mehr sehen.(...) Gut, dass sie nicht wissen, wie du umgekommen bist". Es war diese Situation, die ihn mit allerdings etwas verquer anmutender Begründung an Selbstmord denken ließ: „Konnte nicht mehr an meine Pistole ran, sonst hätte ich mich vollends erschossen, um nicht in Gefangenschaft zu geraten." Um nicht in Gefangenschaft zu geraten? Da liegt dieser junge Mann, von Kugeln durchsiebt, einen Tod vor Augen, wie er grauenhafter kaum vorstellbar ist. Doch nicht um seinen Leiden ein Ende zu machen, hätte er sich umgebracht (wenn es möglich gewesen wäre), sondern deshalb, weil es ihn davor graute, als geschlagener, besiegter Soldat hinter Stacheldraht gehen zu müssen. Briten immerhin hielten es für möglich, dass „besessene Nazis" so dachten, zumal dann, wenn es sich bei ihnen um Fallschirmjäger handelte. Students Truppe hatte sich in Kreta einen Furcht erregenden Ruf erworben, hatte auf Sizilien bewiesen, dass er verdient war, und verteidigte ihn nun zum letzten Mal am Monte Cassino. Sollte aber ein Kleinstadtjunge wie Walter Heinkelein die Maximen dieser „Elite" genügend verinnerlicht haben, um nun die Ehre höher einzuschätzen als das Leben? Es sieht ganz danach aus. An den Rand des PK-Artikels über jenen „Haudegen", der aus dem Lazarett zurück an die Front floh (er findet sich in seinem Privatarchiv), hat er jedenfalls mit ersichtlichem Stolz geschrieben: „Kameraden meiner Einheit". Dass Geschichten wie die von dem Raubschützen mit der gelähmten Hand nicht übertrieben waren, lässt sich im übrigen fast mühelos belegen - nicht zuletzt auch durch das spätere Verhalten eben dieses Walter Heinkelein.

Vorerst freilich liegt er noch verschüttet an einem Steilhang, der durchaus jener des umkämpften Klosterberges gewesen sein könnte, abgeschnitten von der eigenen Truppe. Als seine Kompanie die feindlichen Linien dann durchbricht und ihn ausbuddelt, weiß Heinkelein nicht mehr, wie lange er in seinem Loch unter dem erschossenen Oberjäger gelegen hatte, ob nur Stunden oder Tage. Auf dem Hauptverbandsplatz, zu dem er gebracht wurde, erklärt ein Arzt, der zerschossene rechte Arm - „er hatte schon alle Farben" - müsse sofort amputiert werden. Amputiert?

Stabsarzt Curt Emmrich aus Sachsen, jener Mann, der sich für sein zweites Leben als Schriftsteller den Künstlernamen Peter Bamm zugelegt hatte, unterscheidet zwischen „taktischer Chirurgie" und „klinischer Chirurgie". Die erstgenannte Methode wurde in Hauptverbandsplätzen praktiziert; „taktisch" bedeutete: aus militärischen Gründen. Notaufnahmestellen an der Front mussten stets so rasch wie möglich wieder frei gemacht werden. Das hieß für die Ärzte schnelle Diagnose, schnelle Therapie; bei komplizierten Verwundungen führte das fast immer zur Amputation. „Klinisch" wurden diese Fälle dann erst in den Lazaretten hinter der Kampflinie behandelt. Aber dort hätte man von vorneherein versucht, das Absägen ganzer Gliedmaßen zu vermeiden. Es kam deshalb darauf an, wo man als Verwundeter zuerst landete, im HVP oder bei einem Arzt, der über die Möglichkeiten verfügte, sich mit zerschossenen Extremitäten eingehender zu befassen. Walter Heinkelein hatte abermals Glück. Da die Deutschen damals, im Herbst 1943, gerade vorrückten, konnte er ungefährdet nach hinten geschafft werden, bevor ihm der HVP-Arzt die „taktische" Behandlung verpasste. Dort, in Ortona, gelang es dann einem „klinisch" arbeitenden Chirurgen, seinen Arm von Gewebstrümmern zu befreien, der möglichen

Gasbrandinfektion vorzubeugen und das vergipste Glied auf eine jener Drahtstützen zu packen, die man aus welchen Gründen immer „Stuka" nannte. Sie waren so konstruiert, dass der damit versehene Mann in einer Pose erstarrt zu sein schien, die an den Hitlergruß erinnerte (vorausgesetzt natürlich, es hatte ihn am rechten Arm erwischt). Heinkelein jedenfalls verließ in dieser beschwerlichen Haltung als zunächst letztes Lazarett jenes seiner Heimatstadt Crailsheim. Für ihn fühlte es sich dennoch wie „Urlaub" an. Bilder zeigen den Dreiundzwanzigjährigen im Garten des elterlichen Hauses, die Brust mit Orden bedeckt, ein ungemein fröhliches Grinsen im Gesicht - was allerdings täuschen könnte. Von den acht Projektilen des Kanadiers hatten sieben seinen Arm durchschlagen, einer den Mundwinkel getroffen; das mochte den Eindruck hervorgerufen haben, er verziehe die Lippen aus reiner Fröhlichkeit. So oder so gesellte sich zu den Medaillen an seiner Uniform das Verwundetenabzeichen in Silber. Vom Monte Cassino schrieb ihm ein Kamerad: „Wenn wir nicht bald herauskommen, kann die Division bald aus einer Feldküche essen." Es dürfte ein zutreffender Lagebericht gewesen sein.

Alliierte Truppen waren schon im Januar bei Anzio und Nettuno, im Rücken der Gustav-Linie, an Land gegangen. Zu den Kräften, mit denen Kesselring sie zurückzudrängen suchte, gehörten kroatische und slowakische Baukompanien, turkmenische Brigaden, mehrere Kosakenbataillone, eine „Indische Freiheitsdivision", aufgestellt von dem fanatischen Britenhasser Subhas Chandra Bose, doch nach wie vor auch „Bersaglieri"-Scharfschützen und faschistische Schwarzhemden unter dem Kommando des Fürsten Valerio Borghese. Bewaffnet war dieser buntscheckige Haufen mit den unterschiedlichsten Schießwerkzeugen aus deutscher, italienischer, französischer, polnischer Produktion. Obwohl sich der Monte Cassino noch immer gegen alle Angriffe hielt, ließ Senger hinter der Gustav-Linie eine neue Sperrstellung errichten, den nach ihm benannten „Senger-Riegel". Und nach wie vor galt Churchills resignierte Bemerkung, man habe an den Küsten des Stiefels „statt einer Wildkatze einen gestrandeten Wal auf den Strand gesetzt". Hitler wollte sogar noch einmal zur Offensive übergehen; er wählte dafür ausgerechnet die für Panzervorstöße nicht eben geeigneten Pontinischen Sümpfe südlich von Rom. Trotz dieser Fehlentscheidung kamen die Deutschen bei Nettuno so nahe an die Küste heran, dass die Alliierten angeblich schon daran dachten, sich wieder einzuschiffen. In Wirklichkeit konnten sie dank ihrer erdrückenden Luftüberlegenheit Kesselrings Vorstoß letztlich doch noch abblocken und Sengers Leuten am Monte Cassino immer schwerere Verluste beibringen. Am 18. Mai 1944 wurde der Berg denn auch unter souveräner Missachtung des üblichen „Führerbefehls" - „letzter Mann, letzte Patrone" - komplett geräumt. Walter Heinkelein erfuhr davon in einem Würzburger Lazarett.

Bevor es zur Behandlung seiner immer noch nicht ausgeheilten Verletzungen kam, wurde ihm dort jedoch auf drastische Weise vor Augen geführt, dass der Krieg auch die Heimat längst erreicht hatte. „In der ersten Nacht großer Fliegerangriff auf Schweinfurt. Abschuss eines amerik. Bombers. Absturz direkt auf unser Lazarett mit 160 Hirngeschädigten. Lazarett in der Nacht ausgebrannt. Einweisung in ein anderes Lazarett. (...) Nach meiner Operation Verlegen nach Schloss Banz-Lichtenfels zur weiteren Behandlung. (...) Rückkehr zur Ersatztruppe nach Aschersleben als nicht mehr frontfähig." Fast wäre Heinkelein so in den Wirkungskreis jenes Mannes hineingeraten, der, mittlerweile noch schwerer verwundet als er, die Sphäre seines Lebens bereits einmal flüchtig gestreift hatte: Claus Schenk Graf Stauffenberg.

Das Ersatzheer, zu dem der praktisch ausgemusterte Fallschirmjäger nun gehörte, hätte ja die Macht im Reich übernehmen sollen, nachdem Hitler ermordet worden war. Die geplante Operation - Code-Name „Walküre"- gehörte ob ihres so simpel wie raffiniert anmutenden Kerngedankens zu den beeindruckendsten Unternehmungen, die deutsche Generalstäbler je ersonnen hatten. Unter dem Vorwand, ein „Fremdarbeiter"-Aufstand sei zu erwarten, würden Wehrmachtseinheiten sämtliche wichtigen Schlüsselpositionen im Land besetzen, um danach erst als das hervorzutreten, was sie wirklich waren: die ausführenden Organe einer neuen Regierung. Der Plan hatte leider eine Schwachstelle, die ihn im Rückblick als Ausgeburt gemeinschaftlich verdrängter Affekte erscheinen lassen könnte: Jener Mann, von dem letztendlich alles abhing, hatte das linke Auge, die rechte Hand und an der linken Hand zwei Finger verloren. Ausgerechnet er von allen in das Vorhaben eingebundenen Offizieren sollte aber die Bombe zum Führerhauptquartier bringen, sie auslösen und dann wieder nach Berlin zurückfliegen, um die Leitung von „Walküre" zu übernehmen. Es war, als setze man bei einem bis ins letzte durchgeplanten militärischen Großunternehmen alles auf eine einzige, dazuhin noch zweifelhafte Chance oder führe bei einem Duell den entscheidenden Degenstoß mit abgewandtem Gesicht. Bekanntlich ist der Versuch gescheitert. Im Schatten des ehemaligen Benediktiner-Klosters Banz hielt Heinkelein fest: „Putsch vom 20.7.44 in der Wolfsschanze-Führerhauptquartier Anschlag auf Adolf Hitler!!“ Wichtiger ist ihm der „Besuch meines Bruders Willi, als junger Leutnant einer Panzerkompanie in Bamberg.“ Dass Stauffenberg in Bamberg einst mit aufgesetztem Helm und umgeschnalltem Degen die Jakobskirche betreten hatte, um zu heiraten, wusste Heinkelein vermutlich nicht. Dass auch Wehrmachts- und Luftwaffenangehörige nach dem gescheiterten Attentat mit ausgestrecktem rechten Arm grüßen mussten wie SS, SA oder Hitlerjugend, betraf ihn schon deshalb nur am Rande, weil er seinen rechten Arm ohnehin kaum noch richtig zu strecken vermochte. Dafür war er wieder in der Heimat angekommen - der Heimatfront, um genau zu sein.

Die Deutschen hatten damals begonnen, sich mit immer trüber werdenden Witzen über ihre zunehmende Misere hinweg zu trösten. „Woraus bestehen die neuesten Stoffe? Aus den Hirngespinsten des Führers, dem Geduldsfaden des Volkes und den Lumpen der Partei.“ Sie wurden ihrerseits mit Sprüchen beschallt wie: „Wenn es an der Zeit ist, entdunkele fein / spar Strom am Tag, lass' Licht herein.“ Wer ein Auto besaß und noch damit fahren wollte, musste es mit einem monströsen Kessel ausrüsten, in dem zerkleinertes Holz auf einem Drehrost schwelte. Auf solche Weise sollte keineswegs Holzkohle erzeugt werden, sondern ein Gas, das per Saugluftanlage in den Motor gepumpt wurde, um dort kontrolliert zu explodieren. Der Umgang mit den ungefügen Generatoren verlangte Geduld und die Bereitschaft, sich klaglos wie ein Lok-Heizer zu fühlen. Wenn das Holz nicht zu feucht, die Leitungen nicht verstopft, die Straßen nicht zu rutschig waren, kam man immerhin voran. Schlimmer als die Mühsal, die es bereitete, den stinkenden Treibstoff mit einem Schürhaken immer wieder zum Glosen zu bringen, war es ohnehin, von einer unerwartet über die Hügel heran hüpfenden Lightning beschossen zu werden. Die Piloten der rotnasigen, rotschwänzigen Doppelrumpfmaschinen machten sich einen wahren Spaß daraus, bewegliche Ziele, seien es selbst Kühe oder Radfahrer, aufs Korn zu nehmen und vermutlich zu juchzen, wenn sie getroffen hatten. Während die Bomberverbände ins innere Deutschland hineinflogen, blieben ihre Begleiter am Himmel über den Grenzgebieten zurück, warteten, bis deren Auftrag erledigt war, und vertrieben sich inzwischen die Zeit auf ihre besondere Weise. Das wiederum förderte die Bereitschaft von Lastwagenfahrern, Passagiere mitzunehmen; als „Luki-Lukis“ mussten sie, auf den vorderen Kotflügeln sitzend, nach Feindmaschinen Ausschau halten. Der rechtzeitig ausgestoßene Ruf „Tiefflieger von rechts“ (oder links) konnte lebensrettend sein. Bedeutend ungefährdeter kam man bei angebrochener Dunkelheit von A nach B. Die mit Schlitzmasken verhüllten Scheinwerfer erhellten zwar gerade mal ein paar Meter Fahrbahn, aber der Verkehr auf Deutschlands Straßen war nicht sonderlich dicht und als zusätzliches Rücklicht hatte man überdies die rötliche Glut in den Feuerlöchern der Holzgas-Generatoren. Anderswo erleichterten andere Markierungen das Leben in der Nacht, grünlich schimmernde Aufschriften zum Beispiel an nackten Betonwänden oder über massiven Eisentüren: „Pissort“, „Aborte Männer“, „Waschraum“, „Sanitätsraum“. Sie waren in den Luftschutzräumen zu finden, die man immer öfter aufzusuchen hatte, eingewiesen, angetrieben, bei säumigem Verhalten mit Strafen bedroht von „Luftschutzwarten“; jeder Wohnblock, jedes Viertel hatte deren mehrere. Wenn es brannte, mussten die Männer mit ihren umgehängten „Volksgasmasken“ und Stahlhelmen - immer öfter auch Frauen - auf die Dachböden steigen, um mit Feuerpatsche, Sandeimer, Löschwasser aus allerlei bereit gestellten Gefäßen Stabbrandbomben unschädlich zu machen. Die sechseckigen Aluminiumröhren enthielten Phosphor, einen Stoff, der sich selbst entzündete und brennend an allem und jedem haften blieb. Nur das später erfundene Napalm war tödlicher.

Wenn Deutsche sich damals unterhielten, gebrauchten sie so rätselhafte Floskeln wie: „Holzauge sei wachsam“, oder seufzten theatralisch: „Wenn das der Führer wüsste“. Eine andere Parole lautete: „Genießt den Krieg, der Frieden wird fürchterlich.“ Vor allem in Berlin ging sie von Mund zu Mund.

Auf dem flachen Land hingegen herrschten andere Zustände als in der Reichshauptstadt. „Fremdarbeiter“ mussten dort nicht unbedingt gedrückte, verschüchterte Gestalten sein, die von Aufpassern zu ihren Arbeitsstätten getrieben wurden. In bäuerlichen Stuben konnten sie sehr wohl am oberen Ende des Tisches sitzen und das Brot austeilen, ein Marek oder Karel aus Polen, ein Jean oder François aus Frankreich. Diese Männer verstanden etwas von der Landwirtschaft, sie konnten anordnen, wann geheut, gemolken, gepflügt, gefüttert werden musste. Den Söhnen des in Polen oder

Frankreich stehenden Bauern brachten die einen bei, wie man beidfäustig trinkt - ein Schluck Schnaps, ein Schluck Wasser - , den Töchtern erklärten die anderen, was faire l'amour bedeutet; die Bauersfrauen waren froh, jemanden zu haben, der den Betrieb in Schwung hielt. Wenn der „Ortsbauernführer" seinen Kontrollgang machte, schworen sie Stein und Bein, ihr Stanislas oder Louis höre weder heimlich Feindsender ab, noch rotte er sich in seiner Freizeit mit anderen Fremdarbeitern zusammen, was oft genug gelogen war. Aber auch so ein „Goldfasan" hatte es damals nicht leicht. Der „Heldenklau" ging um im Lande: General von Unruh, vom „Führer" beauftragt, in der Etappe nach Drückebergern zu spüren. Schon hatte er gemeldet, sechshunderttausend Mann könnten ohne weiteres von ihren Sinekuren abgezogen und an die Front geschickt werden - vorausgesetzt, man gebe ihm freie Hand gegenüber den Funktionären der NSDAP und deren Gliederungen. Sein Vorschlag war zwar nicht einmal einer Antwort gewürdigt worden, aber konnte man wissen, ob die im Führerhauptquartier sich das nicht doch noch einmal überlegten. Die Waffen-SS schickte ihre Werber ja auch schon in Schulen, um Fünfzehn-, Sechzehnjährige für ihre Truppe zu keilen. Göring musste sich dieser Mühe nicht unterziehen, er ließ die Jungen einfach abkommandieren. Sie wurden in fliegerblaue Uniformen gesteckt, an Flak-Geschützen ausgebildet und „Flakhelfer" genannt. Später benannte sich eine ganze Generation nach dieser Truppe. Aber noch war Krieg. Vom Himmel flatternde Flugblätter verkündeten, wie es in Wirklichkeit um Hitlers Europa stand und um seinen „Atlantikwall", nämlich so: „Die europäische Küste von Narvik bis Kreta ist 13 000 Kilometer lang. An der 600 Kilometer langen 'Siegfried-Linie' (dem Westwall) haben Hunderttausende deutscher Arbeiter länger als zwei Jahre gebaut. Um aber einen Wall von 13 000 Kilometern zu errichten, würde man Dutzende von Jahren und Millionen von Arbeitern brauchen. Man würde allein an Zement 150 Millionen Tonnen brauchen, während Deutschland zusammen mit den von ihm besetzten Ländern höchstens 10 Millionen Tonnen erzeugen kann." Kurzum: „Der 'Atlantik-Wall' ist also ein Hitlerbluff." Da war gewiss etwas dran. Um allerdings ein reiner Schwindel zu sein, wirkten die von der Organisation Todt errichteten Befestigungswerke zwischen Pyrenäen und dänischer Küste dann doch etwas zu massiv: Gigantische Bunkeranlagen mit Geschützen der schwersten Kaliber bestückt, Rammböcke aus Holz im seichten Küstenwasser, genannt „Rommelspargel", Minenfelder,

Panzersperren, Maschinengewehrnester. In einem Punkt freilich hatten die Flugblattverfasser Recht, dreizehntausend Kilometer Küstenlinie waren eine „offene Flanke“, die nicht verteidigt werden konnte. Deshalb prophezeiten sie auch: „Die Landung der Truppen der Verbündeten in Europa wird ebenso unerwartet und erfolgreich sein, wie es die Landung der Amerikaner in Nordafrika im November 1942 war“. Konnte man sich als Deutscher dieser Katastrophe noch entziehen? Man konnte und zwar so: „Soldaten! (...) Verabredet Euch untereinander und nehmt kompanie- und regimentsweise Stellung gegen den Hitlerkrieg. (...) Gebt Euch kompanie- und regimentsweise gefangen! (...) Nach dem Krieg werdet Ihr wohlbehalten heimkehren!“ Auch Walter Heinkelein kamen derartige Aufforderungen zu Gesicht. Unkommentiert legte er sie jedoch der Sammlung seiner Memorabilien bei. Und eigentlich hätte ihn der Krieg überhaupt nichts mehr angehen müssen, auch dann noch nicht, als eintrat, was in den Flugblättern angedroht worden war.

Der 6. Juni 1944 war gerade angebrochen, als ein achtzehnjähriger Fallschirmjäger über dem normannischen Küstenstädtchen Ste. Mère Église absprang und im Garten einer Lehrerin landete. Es war indessen keiner von Students Zöglingen, der da aus dem Himmel fiel, es war ein Amerikaner und nur der erste von dreiundzwanzigtausend weiteren Springern. Die Deutschen ihrerseits stürzten sich längst nicht mehr von oben auf den Feind herab, sie mussten sich ihrer Haut am Boden erwehren. „D-Day“, der „längste Tag der Welt“, hatte begonnen, die lange geplante „Operation Overlord“ war angelaufen. Alfred Jodl, Hitlers engster militärischer Berater im Stab der Wolfsschanze, glaubte nicht, dass es schon soweit sei, als er von dem Vorfall bei Ste. Mère Église erfuhr. Erst um neun Uhr, acht Stunden nachdem er gemeldet worden war, weckte der Chef des Wehrmachtsführungsamtes den „Führer“, um ihn zu informieren. Hitler indessen hielt die Landung an den Mündungsbuchten von Vire und Orne zunächst ebenfalls für einen Bluff. Es konnte einfach nicht sein, dass die Alliierten gerade hier angriffen und nicht, wie von ihm vorausgesehen, im nordfranzösischen Pas de Calais, an der engsten Stelle des Kanals. Als Rommel und der 1939 verabschiedete, später reaktivierte Gerd von Rundstedt, die beiden Höchstkommandierenden im Westen, ihm dann doch klar machen konnten, dass es wirklich „die“ Invasion sei, und dass keine Chance bestehe, sie zurückzuschlagen, reagierte er zunächst wie gewohnt: Kein

Rückzug aus der schwer unter Feuer liegenden Küstenregion, alle Stellungen seien zu halten, schließlich habe er noch einige „Wunderwaffen“ in der Hinterhand. Hitler meinte die V 1, den Urahn aller späteren Marschflugkörper, mit dem er London in Trümmer schießen wollte, und, ja, den zum Blitzbomber umgebauten Düsenjäger Me 262. Außerdem sollten in aller Eile Massen von schnell zu fabrizierenden „Volksjägern“ an die Front geworfen werden, Schulterdecker mit einem Turbinen-Aggregat und HJ-Piloten am Steuerknüppel. Diese Billigartikel, versprach er den beiden Generalen, würden in Kürze den Himmel über Frankreich verdunkeln. Tatsächlich flog sie auch, die He 162. Bevor der neueste Wundervogel jedoch in Serie gehen konnte, nahmen die Russen Warnemünde ein und besetzten Ernst Heinkels Fabrik. Gegen die Alliierten in Frankreich aber half auch die V 1 nicht viel, obwohl allein am 14. Juni zweihundertvierundvierzig von ihnen die britische Hauptstadt in Angst und Schrecken versetzten. Oder hätte vielleicht die von Blohm & Voss hergestellte BV 141 noch etwas bewirken können? Auch sie war eine absolute Novität, das erste asymmetrische Flugzeug der Welt, die Pilotenkanzel rechts vom Rumpf in die Tragfläche eingebaut, es sollte ein größeres Sicht- und Schussfeld ergeben. Deutsche Konstrukteure waren noch immer in der Lage, das Unmögliche möglich zu machen - nur das Einfache schafften sie nicht: Simple and foolproof und davon riesige Mengen, das wäre sinnvoller gewesen.

Noch bevor das Jahr 1944 zu Ende ging, standen amerikanische Truppen bei Aachen auf deutschem Boden, hatten die Sowjets Riga erobert und die Briten Ravenna. Eben bei dieser Kriegslage meldete Walter Heinkelein sich wieder zum „Fronteinsatz“. „Wir waren noch“, schreibt er, „voller Idealismus und glaubten noch an den Endsieg!!! das Vaterland brauchte uns noch.“

Eigentlich hatte er zusammen mit einem armamputierten Kameraden an dem letzten großen Unternehmen teilnehmen wollen, bei dem auch die Fallschirmtruppe noch einmal aus der dritten Dimension angreifen sollte, der „Ardennenoffensive“. Doch dafür nahm man ihn nicht, weshalb er sich „freiwillig“ nach Brandenburg / Havel versetzen ließ, „zur Voraufstellung eines Fallschirm-Rgt“. Und so wiederum kam es, dass er nicht nur ein viertes Mal verwundet wurde, sondern später auch beinahe einen General erschossen hätte, weil der vor seinen Augen zum Mörder geworden war.

XI

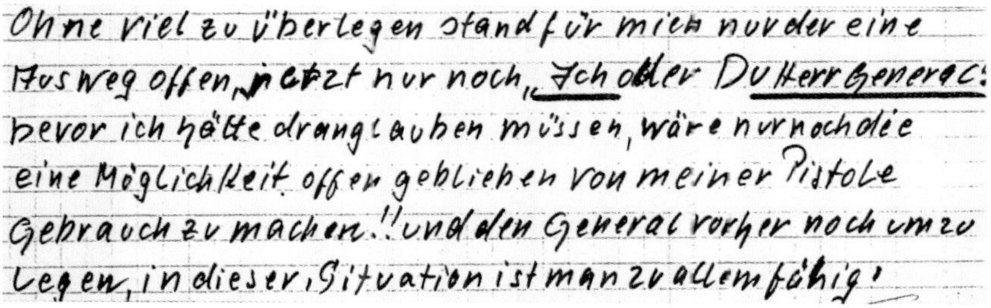
Ohne viel zu überlegen stand für mich nur der eine
Ausweg offen, jetzt nur noch „Ich oder Du Herr General:
bevor ich hätte dranglauben müssen, wäre nur noch die
eine Möglichkeit offen geblieben von meiner Pistole
Gebrauch zu machen!! und den General vorher noch umzu
legen, in dieser Situation ist man zu allem fähig!

Unweit von Eupen in den Ardennen schleppt sich ein abgerissener, abgekämpfter Mann auf erfrorenen Füßen durch verharschten Altschnee. Er trägt den Springerhelm der deutschen Fallschirmjäger sowie unter dem „Knochensack“ das Ritterkreuz. Wäre er rasiert und anders gekleidet, könnte man ihn eher für einen nachdenklichen Intellektuellen als einen hoch dekorierten Kriegshelden halten. Tatsächlich war dem Mann vor vielen Jahren ein amerikanisches Carnegie-Fellowship-Stipendium zuerkannt worden, doch hatte er sich dann in Görings Luftwaffe Meriten von völlig anderer Art erworben. Seit seiner Teilnahme an dem Unternehmen „Merkur“ galt er als draufgängerischer Haudegen. Auch war es damals geschehen, dass er etwas gönnerhaft zu dem an Diarrhö erkrankten Schmeling sagte: „Sie können sich krank melden, mein Junge, wenn wir in Kreta sind. Unser Sanitätsstab fliegt mit.“ Seither sind ziemlich genau vier Jahre und sieben Monate verstrichen. Statt drückender Hitze herrscht klirrende Kälte. Der Mann, der über ein von Leichen bedecktes Schlachtfeld stolpert, ist nicht nur am Rande seiner Kräfte, sondern auch zutiefst verzweifelt. Als amerikanische Soldaten ihn gefangen nehmen, krächzt er, es sei ihm nicht gelungen, seinen Auftrag zu erfüllen, er habe schmählich versagt. Der Name des Mannes: Friedrich Freiherr von der Heydte. Sein Rang: Oberst. Den Auftrag, den er gehabt hatte, hätte niemand erfüllen können, weder die mehr als tausend Mann starke Einheit, an deren Spitze Oberst von der Heydte abgesprungen war, noch die drei Panzerarmeen, die Hitler aufgeboten hatte, oder die übrigen rund zweihundertfünfzigtausend Soldaten nahezu aller Waffengattungen. Wie einst beim Unternehmen „Sichelschnitt" hatten sie, aus den Ardennen hervorbrechend, die Maas überschreiten und dann den Amerikanern Antwerpen wegnehmen sollen, ihren wichtigsten Nachschubhafen. Es war ihnen jedoch nicht einmal gelungen, die Maas überhaupt zu erreichen. Die Fallschirmjäger hatte der Wind buchstäblich verweht, den „Tigern", „Königstigern", „Jagdpanthern" und „Rhinozerossen" (8,8-Geschützen auf Selbstfahrlafetten) ging das Benzin aus, das Übrige taten die alliierten Luftstreitkräfte; nicht einmal Messerschmitts Wundervögel hatten ihnen beizukommen vermocht. Zehn Tage nach ihrem furiosen Auftakt, am 26. Dezember 1944, war die „Ardennenoffensive" stecken geblieben. Rund hunderttausend deutsche Soldaten lagen tot im zerschossenen Forst, 800 Panzer und rund 1000 Flugzeuge hatte Hitler eingebüßt. Doch mussten auch die Amerikaner zugeben, dass ihnen grobe Fehler unterlaufen waren, vor allem der, die schwer angeschlagenen Deutschen völlig unterschätzt zu haben.

Noch mehr verschätzt hatte sich allerdings Hitler - nicht der Feldherr, der Politiker. Er war schon überzeugt gewesen, als „Spinne, möchte ich sagen, im Netze sitzend" mit ansehen zu können, wie eine völlig heterogene Koalition - „ultrakapitalistische Staaten auf der einen Seite und ultramarxistische Staaten auf der anderen" - ganz von alleine zerfällt. „Wenn hier noch ein paar ganz schwere Schläge erfolgen, so kann es jeden Augenblick passieren, dass diese künstlich aufrecht erhaltene Front plötzlich mit einem riesigen Donnerschlag zusammenfällt." Und natürlich hatte er auch bei dieser Gelegenheit, einer Ansprache vor Divisionskommandeuren, sein Mantra von Friedrich dem Großen herunter gebetet: Wie dieser im Siebenjährigen Krieg allen Einflüsterungen zum Trotz nicht kapituliert habe, als das Wasser ihm bis zum Hals stand, so müsse man auch jetzt auf das „Wunder einer Wende" hoffen. Hitler sprach vom „Mirakel des Hauses Brandenburg", dem plötzlichen Tod der Preußenhasserin Elisabeth Petrowna, durch den ein preußenfreundlicher Zar an die Macht kam. Er fügte hinzu: „Man muss die Zeit abwarten." Nun war der schwere Schlag erfolgt, die Alliierten hatten erkannt, dass aus dem erhofften „Spaziergang nach Berlin" so schnell nichts werden würde, aber Roosevelt, Churchill und Stalin verstanden sich immer noch relativ gut. Dafür lief die Zeit für Hitler aus. Schon musste das Reich an der Rheinlinie verteidigt werden, schon rüstete sich im Baranow-Brückenkopf Iwan Stepanowitsch

Konjew zum Vorstoß auf das oberschlesische Industrierevier. Und noch immer brannten Tag für Tag, Nacht für Nacht deutsche Städte. Friedrich von der Heydte sollte der letzte deutsche Fallschirmjägeroffizier gewesen sein, der mit seinen Leuten aus der dritten Dimension angriff. Students stolze Truppe musste sich endgültig damit begnügen, gewöhnlichen Infanteriedienst zu tun.

Willi Heinkelein, der Panzerleutnant, schlug sich zu dieser Zeit vorübergehend in Ungarn herum, das 1944 die Seiten gewechselt hatte. An Orten, die zunächst noch Tekereny-Völgy oder Nagysta-Karva, dann aber schon Fullstein und Gregersdorf hießen, setzte er binnen zwei Wochen 3 Shermans, 10 T 34, 3 Sturmgeschütze, 1 Stalin-Panzer und 29 Flakgeschütze außer Gefecht. Die Bestätigung seiner Abschüsse mit Dienstsiegel und Unterschrift des Kompanieführers gehört zu den wenigen Dokumenten, die von ihm erhalten geblieben sind. Wenige Monate zuvor hätte eine derartige Strecke noch locker fürs Ritterkreuz gereicht. Ebenfalls zu dieser Zeit oder etwas später wurden in der Steiermark zwei neue Fallschirmjägerdivisionen aufgestellt, zwei weitere im Raum Greifenhagen (heute: Gryfino) nahe dem Ostufer der Oder. Eine von den letzteren, die neunte, kommandierte General Bruno Bräuer. Zu dessen Untergebenen wiederum gehörte der noch 1944 zum Feldwebel beförderte und nunmehr mit einem am Unterschnallkoppel zu tragenden „Portepee-Dolch" ausgestattete Walter Heinkelein. Er war nicht wenig stolz auf seinen neuen Rang. Die Ausdrucksweise, die er von nun an bevorzugt, lässt es erkennen.

Seine Rückmeldung zur aktiven Truppe hatte Heinkelein noch auf derart pathetische, fast schon hysterisch anmutende Weise begründet, dass man glauben könnte, er habe sie eigentlich entschuldigen wollen. Es wäre sogar verständlich gewesen, denn was in der Tat hatte ein Rechtshänder, der nun linkshändig schießen oder Handgranaten werfen musste, an der Front noch verloren. Konnte er auf Grund seiner Behinderung nicht sogar zur Gefahr für Andere werden? Von solchen Bedenken (falls er sie überhaupt gehegt haben sollte) ist jedoch keine Rede. Der Soldat Heinkelein war wieder in das ihm seit nunmehr sieben Jahre vertraute Leben eingetaucht und fühlte sich darin wohl. Es machte ihn nicht einmal zum Ausnahmefall.

Der feinsinnige, regimekritische Curt Emmrich alias Peter Bamm, dem es aus anderen Gründen ähnlich erging, zitiert zwar bei seiner

Begründung dafür, dass er immer wieder freiwillig nach Russland zurückkehrte, den Kirchenlehrer Ambrosius - „Tapferkeit ohne Gerechtigkeit ist ein Hebel des Bösen“ -, fügt aber im fast selben Atemzug hinzu, er und seinesgleichen hätten irgendwann erkannt, „dass sie zu Hause nicht mehr daheim waren, dass ihr Zuhause die Truppe, dass der Krieg ihr Leben geworden war.“ Ähnlich mochte es Heinkelein ergangen sein, der ja außer dem Krieg vom Leben kaum etwas kannte. Ein Übriges tat schon die Begrüßung durch seinen neuen Kompaniechef.

„Meine Tätigkeit als Zugführer wurde (von ihm) sofort anerkannt, (indem) er sagte: Als erfahrener alter Frontsoldat, aktiver Fallschirmjäger, Scharfschütze über lange Jahre, und mit meinen ganzen Auszeichnungen, werde ich sehr gebraucht, trotz meiner Verwundungen.“ Und sofort erwachte in Heinkelein jenes Bewusstsein, das den deutschen Feldwebel (ursprünglich: Feld*weibel*) zur „Mutter der Kompanie“ macht. „Bin daher wieder freiwillig mit den selbst ausgebildeten Soldaten, die mir sehr ans Herz gewachsen waren und großes Vertrauen (zu mir) hatten, direkt an die Front nach Pommern gefahren.“ Der frisch gebackene Zugführer erfuhr so etwas wie Vater- oder eigentlich Mutterfreuden. Seine sechzehnbis siebzehnjährigen Zöglinge waren entsprechender Zuwendung freilich bedürftig. Sie hatten vom Krieg noch keine Ahnung und mögen nach einer zweiwöchigen Ausbildung, trotz HJ-Schulung, dem, was ihnen bevorstand, mit nicht geringem Grauen entgegen geblickt haben: Kinder in Uniform. Der bei einer ähnlich hastig zusammengestellten Einheit dienende Fallschirmjäger Peter Richter bestätigt diesen Befund. „Ein Zusammenschweißen der Truppe“, berichtet er, „oder auch nur ein gegenseitiges Kennenlernen war natürlich in der kurzen Zeit nicht möglich. Erschwerend war auch, dass die Kriegsschulen die gesamten Stämme an frontunerfahrenen Offizieren und Unteroffizieren mitbrachten und diese zum Teil auch in Führungsstellungen eingesetzt werden mussten.“ Es stand nicht gut um des „Führers“ letztes Aufgebot. Walter Heinkelein bekam es zu spüren. Dort, wo er mit seinen Jungmannen schließlich landete, im Raum Greifenhagen-Kolberg-Wittstock, herrschten besonders brutale Zustände.

Während des vorletzten Kriegsjahres waren in den neuen Ostprovinzen des Reiches, vor allem in Westpreußen, rund eine Million deutscher Rückwanderer aus Wolhynien, Galizien, der Bukowina oder noch ferneren Regionen zusammengeführt worden. Diese eben noch von den nachdrängenden Russen gehetzten Menschen fanden sich nun ähnlichen Zuständen ausgesetzt wie kurz zuvor in der Heimat. Sie lebten zwischen Schützengräben, Panzergräben, Minenfeldern, Stacheldrahtverhauen am so genannten Pommern-Wall, und kaum jemand fühlte sich für sie verantwortlich, schon gar nicht die Partei. Der war es vielmehr eingefallen, aus allem, was Waffen tragen konnte, einen Landsturm zu bilden, wie einst in den deutschen Befreiungskriegen. Per Erlass taufte Hitler dieses allerletzte Aufgebot jedoch in „Volkssturm" um. Es wurde gelegentlich als Witz empfunden und entsprechend glossiert: „Nach Rache und Vergeltung lechz' ich / drum auf zum Volkssturm, lieber Klaus ! / Du bist erst zwölf, ich sechsundsechzig, / doch sehn wir fast wie Männer aus." Auch Heinkelein kam mit diesen Elendsbataillonen noch in Berührung. Zunächst musste er jedoch quasi hautnah anderes Elend erleben. Seine auch nicht gerade Furcht erregende Truppe stand immer noch östlich der Oder.

„Bei einem unserer Gegenangriffe in ein von Russen besetztes Dorf", schreibt er, „bot sich uns ein Bild des Grauens. Stockbesoffene Russen vergingen sich an Frauen und Kindern, erschlagene & verstümmelte Einwohner & Flüchtlinge lagen umher, es war furchtbar. Mit verbissener Wut säuberten wir das Dorf." Immerhin, sie machten noch Gegenangriffe, sie „säuberten" noch, nicht mehr oft allerdings. „Nach langen Kämpfen drangen wir des Nachts in die Stadt Bahn ein und wurden (selber) eingeschlossen. Verzweifelte Ausbruchsversuche wurden vereitelt, auch ein ganzer Stoßtrupp meines Zuges kehrte nicht mehr zurück." In dieser Situation nun zeigte Heinkelein, dass er führen konnte. „Eines Nachts gelang mir mit Teilen der Kompanie der Ausbruch, meldete mich in einem Gefechtsstand des Rgt. (...) beim Batl. Kommandeur Obstltn. Abradis, ein früherer Komp. Chef von mir. Sein Erstaunen drückte er in einem lauten, 'Na! was seh ich da! ein alter Haudegen lebt noch!! (aus) und dazu noch diese Meldung, dass der Ausbruch geglückt ist'. Habe mich noch lange beim kläglichen Schein einer Kerze über alte Erinnerungen & Erlebtes unterhalten. Zum Schluss sagte er noch: 'Na, noch kein Oberfeldw., ich reiche sie sofort ein für Tapferkeit vor dem Feinde!!" Daraus wurde indessen nichts mehr. „Die Front rückte immer weiter zurück, bis wir im Raume von Küstrin-Frankfurt / Oder waren (...). Bekamen vollends den letzten Rest Heimatsoldaten, Kanonenfutter, wie wir es nannten, lauter hohe Wehrmachtsbeamte, Wetterfrösche, Intendanten-Etappenhasen, die noch nichts vom Krieg abbekommen hatten, jämmerliche Angsthasen (...) sie fielen auch wie die Hasen.“ Heinkelein hängte den abgebrühten Frontkämpfer heraus. Kurz darauf sollte sein Selbstbewusstsein einen Dämpfer erhalten. Zu den wirkungsvollsten deutschen Infanteriewaffen gehörte die Panzerfaust. Mit ihrem auf einem Rohr sitzenden konischen Geschoss wirkte sie fast spielzeughaft, vor allem im Angesicht der russischen Stahlungetüme. Das täuschte jedoch. Die Ladung im Sprengkopf verdichtete ihre Detonationsenergie beim Aufschlag zu einem Strahl, der mit seinem Staudruck selbst schwere Panzerplatten durchschlug. Allerdings hatte die Panzerfaust auch einen gravierenden Nachteil: Wer hinter ihr stand, wenn sie abgeschossen wurde, bekam einen fast immer tödlichen Feuerstrahl ab, denn das Ding war eine Rakete. Heinkelein erlebte es.

Sie lagen in „gut ausgebauten Stellungen von Volkssturm & Infanterie (...) am Ufer der alten Oder“, als „8 Panzer T 34 mir gegenüber (auftauchten), nur das Wasser trennte uns noch, ca. 8 mtr. Breite. Ich gab meinem Zugmelder ein Zeichen, mir eine Panzerfaust zu geben, und wie gelernt und oft angewendet (...), visierte ich einen Panzer an und drückte ab, linkshändig, da ich rechts die Kraft nicht hatte (...). Durch die schnelle Reaktion traf ich aber nur die Kette und Fahrwerk, trotzdem, der T 34 war bewegungsunfähig, aber dafür feuerte er aus allen Rohren.“ Erst Sekunden später erkannte Heinkelein, was in seinem Rücken geschehen war: „Leider lag mein Melder dicht hinter mir und wollte (um zu sehen, wie ein vermutlich bewunderter alter Hase so etwas macht) den Schuss verfolgen, ich konnte mich vorher nicht mehr umdrehen, weil alles schnell gehen musste, so bekam er die ganze Ladung des Feuerstrahls mitten ins Gesicht (...). Ein Sanitäter und ich bemühten uns im Liegen um ihn, was nachher aus ihm wurde, weiß ich nicht mehr, habe ihn auch nicht mehr gesehen.“ Im Juli 2004 unterlief einem Bundeswehrsoldaten auf dem fränkischen Truppenübungsplatz Wildflecken der gleiche Kunstfehler. Das Opfer war auf der Stelle tot. Heinkelein schoss am Tag des Unglücks noch vier weitere T 34 ab. Dann wurde er selbst getroffen „durch eine Panzergranate an beiden Schienbeinen, Gott sei Dank nicht allzu schwer (...) nach einigermaßen Behandlung im H.V.P. konnte ich wieder mit nach vorn.“ Es war seine vierte Verwundung gewesen. Wegen weiterer Panzerabschüsse wurde er zum Deutschen Kreuz in Gold eingereicht. Aber auch zur Verleihung des protzigen, als „Spiegelei“ geschmähten Ordens, sechs Zentimeter hoch und breit, mit Hakenkreuz in der Mitte, kam es nicht mehr. Heinkeleins Einheit stand mittlerweile im Raum Strausberg-Berlin. Ausgerechnet hier, in der „Märkischen Schweiz“, wo „Quellen, die über Kiesel plätschern, und Birken, die, vom Winde halb entwurzelt, ihre langen Zweige bis in den Waldbach niedertauchen“ (Theodor Fontane), sollte die schwerste Schlacht stattfinden, die im Zweiten Weltkrieg auf deutschem Boden ausgetragen wurde. Ihr Zentrum: die Stadt Seelow. Der Kampfpreis: die Seelower Höhen, mit ihren 40 Metern Seehöhe das letzte natürliche Hindernis vor Berlin. Zeit: der 16. April 1945.

Sowjetmarschall Georgij Konstantinowitsch Schukow, der Befehlshaber der „Ersten Weißrussischen Front“, hatte über 10 000 Geschütze zusammengezogen, um die drei dort errichteten deutschen Sperrriegel zu zerschlagen. Er wollte die Seelower Höhen schon am Tag Eins nach Angriffsbeginn genommen haben, am Tag Sechs Berlin erreichen und neun Tage darauf an der Elbe stehen. Deren Westufer lag bereits in Reichweite britischer und amerikanischer Geschütze. Die Absicht, den Fluss zu überschreiten, hatte das alliierte Oberkommando allerdings nicht. Den Sowjets sollte der Triumph gegönnt werden, ihre Fahne als erste auf dem deutschen Reichstag gehisst zu haben. Gotthard Heinrici und Theodor Busse, die beiden Kommandeure der „Heeresgruppe Weichsel“, wussten davon naturgemäß nichts. Ihr Plan, die Seelower Höhen so lange zu halten, bis hinter ihnen amerikanische Panzer auftauchten, war deshalb von vorne herein auf Sand gebaut. Dass sie entschlossen waren, sich mit all ihren Kräften zu verteidigen, um, wie es Busse später ausdrückte, „vor unserem Volk, unserem Gewissen und der Geschichte unsere soldatische Pflicht und Schuldigkeit getan“ zu haben, wusste wiederum Schukow nicht.

Im Lagebuch des Oberkommandos der Wehrmacht vermerkt dessen Schriftführer am 16. April: „Ferner trat der *Feind zum Großangriff an der Oder an*. 3.50 - 6.30 Uhr Artl.-Feuer und Bomben, dann Antreten des Gegners, und zwar südlich und nördlich *Frankfurt*, wo er mehrere Kilometer vorankam; zweitens an der Straße Küstrin - Berlin, wo er bis zur Höhenstufe gelangte.“ Mit „Höhenstufe“ waren die Seelower Höhen gemeint. „Artl.-Feuer und Bomben“ hieß aus der Sicht eines Infanteristen, der dabei war: „Der Boden wankt, bebt und schaukelt wie ein Schiff bei Windstärke 10. Das Bersten und Jaulen der Granaten, das Fauchen und Sirren von Splittern erfüllt die Luft.“ Schukow war nicht nur ehrgeizig und ungeduldig, sondern auch rücksichtslos. Er peitschte seine Rotarmisten unbarmherzig voran und warf eine Einheit nach der anderen ins Gefecht. Da er dafür zwar genügend viele amerikanische Mannschaftstransporter besaß, aber nur eine einzige passable Fahrbahn zur Verfügung hatte, herrschte auf der von Küstrin nach Berlin führenden Reichsstraße 1 (heute: Bundesstraße 1) bald ein heilloses Durcheinander. „Noch nie", schrieb der bärbeißige Marschall später, „bewegte sich der Uhrzeiger so langsam." Mit Recht. Die beiden vordersten deutschen Verteidigungslinien hatten seine Soldaten relativ mühelos überwinden können. Die dritte jedoch verlief über die Seelower Höhen und das hieß: Die Russen mussten von unten angreifen, aus dem sumpfigen Oderbruch heraus, die Deutschen saßen oben. Sie wehrten sich, so ein sowjetischer Schriftsteller, wie „gedrillte Kriegsmaschinen." Wenn eine Feuerwalze über ihre Stellungen hinweggegangen war und die ersten Tanks anrollten, kamen sie aus ihren Löchern hervor, um mit 8,8-Geschützen die T 34 und Stalin-Panzer abzuknallen, mit Maschinengewehren die Infanteristen scharenweise nieder zu mähen. Die schwere Erde des Oderbruchs wurde von Granaten regelrecht umgepflügt, Menschen wurden zerfetzt und zerstückelt. Am Abend des 16. April musste Schukow nach Moskau melden, es würde vermutlich nicht gelingen, die Höhen vor dem nächsten Abend zu nehmen. Doch auch am 19. April notierte man im OKW lediglich: „Zwischen Frankfurt und Wriezen wurden die eigenen Kräfte etwas zurückgedrängt." Von Heinkeleins Warte aus betrachtet, nahm sich das offenbar anders aus. „Panzer & Russen durchbrachen die Stellungen, so dass alles durcheinander geriet, die ganze Front auf breiter Länge brach zusammen." Wo genau er stand, ist seinem Text nicht zu entnehmen, auch Tag oder Stunde gibt er nicht an. Für ihn muss die Welt einfach ein finsterer Wald gewesen sein, in dem unentwegt Granaten einschlugen und Maschinengewehrgarben durch das Geäst der Bäume peitschten. Was außerhalb seines Wahrnehmungsbereiches geschah, konnte er nicht einmal ahnen, dass „Führers" Geburtstag vor der Tür stand, dürfte ihn kaum noch interessiert haben. Das wäre vermutlich anders gewesen, wenn er gewusst hätte, was man in Berlin wusste. An diesem 20. April des Jahres 1945 war, nach einem Verlust von zwölftausend deutschen, fünftausend polnischen, aber über dreißigtausend russischen Leben, nicht nur die Schlacht an den Seelower Höhen zu Ende gegangen, unter dem selben Datum meldete der Wehrmachtsbericht auch: „Zwischen Crailsheim und dem Neckar südlich Heilbronn angreifende (amerikanische)

Panzerverbände blieben kurz nach Verlassen ihrer Ausgangsstellungen liegen." Tatsächlich war Heinkeleins Heimatstadt zu dieser Zeit bereits so gut wie völlig zerstört.

Ihm selbst stand damals das wohl aufwühlendste Erlebnis seines bisherigen Soldatenlebens bevor.

Über den General der Luftwaffe Bruno Bräuer hat Heinkelein nach Kriegsende intensiv nachgedacht, ohne das Ergebnis seiner Überlegungen aber je bekannt zu geben. Als einzige Spur dieses Vorgangs hinterließ er die immer gleiche, kryptische Anmerkung auf Bildern von Bräuer: „Als Kriegsverbrecher hingerichtet", dahinter manchmal ein Kreuz. Ob daraus Genugtuung spricht oder Trauer und Empörung, ist nicht auszumachen. Indessen sammelte er wie ein Untersuchungsrichter sowohl Materialien, die für das eine sprachen, wie auch solche, die den Vorwurf, Bräuer habe Kriegsverbrechen begangen, widerlegen könnten. Sogar einen Sektionsbericht hat er an sich gebracht, aus dem hervorgeht, an welcher Stelle seines Körpers den Delinquenten die tödliche Kugel traf (es war die Brust). Des weiteren lag ihm eine „Standesamtliche Sterbeurkunde" in deutscher Übersetzung vor. Ihr wiederum ist zu entnehmen, dass Bruno Bräuer, von Beruf „deutscher Fallschirmjäger-General", geboren in Wilmannsdorf, „evangelischer Konfession", am letzten Tag seines Lebens „53 Jahre alt" war. Von der Standesbeamtin des Städtchens Chaidari (in der Provinz Attika), Eugenia Spathopoulou, wird ferner bezeugt, dass Bräuer „heute, den 20. des Monats Mai (...) des Jahres 1947, einem Dienstag, um 5 Uhr vormittags (...) hingerichtet wurde", und der Tod „infolge Hinrichtung" eintrat. Diesem Dokument hat Heinkelein nichts hinzugefügt, auch nicht dem nächsten, einem Artikel aus „Der Deutsche Fallschirmjäger", Jahrgang 1982, den die Überschrift ziert: „Opfer der Siegerjustiz / Bruno Bräuer ist heute vor 35 Jahren für Deutschland gefallen." Heinkelein könnte diesen Nachruf zu den entlastenden Materialien gezählt haben, denn sein Autor erklärt, nie „in meiner militärischen Laufbahn" habe er „warmherzigere und offenere Worte persönlich aus dem Munde eines Generals" vernommen als damals 1945 im Stettiner Brückenkopf aus jenem Bräuers. „Diese jungen Soldaten (Fahnenjunker der 'Luftkriegsschule 3' in Oschatz bei Leipzig) merkten sofort, dass hier ein Vorgesetzter zu ihnen sprach, dem die Mentalität junger Menschen vor dem ersten Einsatz durchaus noch vertraut war."

Im Brückenkopf Stettin stand zu der genannten Zeit auch Heinkelein. Es ist also möglich, dass seine Begegnung mit Bräuer kurz vor oder nach dem Appell an die Fahnenjunker stattfand. Wenn dem so gewesen sein sollte, müsste der Ritterkreuzträger (seit Holland) sich in der Zeit zwischen dem einen Ereignis und dem anderen allerdings von Grund auf verändert haben.

Heinkelein schreibt: „Gegen Morgen fanden wir uns vom ganzen Batl., noch etwa 21 Mann, im Wald zusammen (...) und suchten wieder Anschluss zu bekommen. Bei der Division hinten merkten (sie) gar nicht, was ganz vorne passiert ist. Ein Leutnant, ganz jung, vom Stab schlug sich noch durch und stieß zu uns. Ich meldete ihm den Rest des Batl. und übergab ihm die weitere Führung. Er hieß Leutnant Wackermann war aus Dresden, das wusste ich, sonst nichts. Kurz darauf kam ein junger Soldat gelaufen mit der Meldung: Der Führer der Einheit solle sich bei dem soeben von hinten kommenden Kübelwagen melden, dort sei ein hoher Offizier dabei (...). Leutnant Wackermann sagte noch zu mir: 'Heinkelein, kommen Sie auch mit, damit wir unsere Lage melden.' Es war der hohe Offizier unser General Bräuer mit Anhang. Der Leutnant meldete sich. Stehend im Kübelwagen fragte der General den Leutnant: 'Wo ist die Front, und welche Marschrichtung haben Sie!! Der Leutnant antwortete darauf: 'Herr General, die Front war im Osten, ist aber im Lauf der Nacht durchbrochen und aufgerollt worden von starken russischen Kräften, unsere Offiziere (sind) von der (kurz zuvor einberufenen) Lagebesprechung nicht mehr zurückgekehrt, entweder gefallen oder in Gefangenschaft geraten. Unsere jetzige Marschrichtung ist Südwesten, und diese paar Männer sind der Rest des Batl. (ein Bataillon besteht in der Regel aus mindestens fünfhundert Mann.) Wir warten auf weitere Befehle der Einweisung."

Es ist eine Szene, die man beinahe sehen kann. Der General „mit Anhang" (vermutlich Adjutanten und Stabsoffiziere) steht da, wie deutsche Generale dazustehen pflegten: Den bodenlangen Mantel mit weißen Aufschlägen (vermutlich) so weit geöffnet, dass man Hals- und Brustorden sehen kann, weiter unten Keulenhosen und Schaftstiefel. Von oben herab spricht er zu einem (vermutlich) abgerissenen und verdreckten blutjungen Offizier. Der hat ihm soeben eine Lage geschildert, die der General noch gar nicht kennt. Er müsste ihm eigentlich dankbar sein und vielleicht ein paar lobende Worte für ihn finden, denn mit der „Mentalität junger Menschen" ist er ja vertraut. Doch was geschieht in Wirklichkeit? „Ohne weiteren Kommentar hat der General dem Leutnant Wackermann die Schulterstücke (und) das Offizierskoppel mit Pistole abgerissen. Bestimmte 5 junge Soldaten, die es vom Waldrand beobachteten, befahl ihnen ihre Gewehre durchzuladen. Der Leutnant musste sich zwischen ein paar Büsche & Kuscheln stellen, die Männer standen wie versteinert, aus einem paar Meter Entfernung vom Leutnant wurde er dann *standrechtlich erschossen*!!! Laut Führerbefehl!!"

Hier könnte Walter Heinkelein sich geirrt haben. Von einem ominösen „Führerbefehl", der Einheitsführer berechtigte, Fahnenflüchtlinge und „Drückeberger" zu erschießen, war damals zwar die Rede, de jure galt indessen eine am 15. Februar 1945 erlassene Verordnung zur „Errichtung von Standgerichten", an der sich rein formal nichts aussetzen ließ. Das Standgericht hatte aus einem Vorsitzer und zwei Beisitzern zu bestehen, die alle von einem „Reichsverteidigungskommissar" ordentlich ernannt sein mussten. Es war also in erster Linie eben ein Gericht, kein ad hoc aufgestelltes Ein-Mann-Tribunal. Der Angeklagte besaß gewisse, wenn auch minimale Rechte, er war anzuhören und durfte sich verteidigen oder verteidigen lassen. Ferner galt: „Auf das Verfahren finden die Vorschriften der Reichsprozessordnung sinngemäß Anwendung". Das Urteil konnte „auf Todesstrafe, Freisprechung oder Überweisung an die ordentliche Gerichtsbarkeit" lauten und bedurfte ebenfalls „der Bestätigung durch den Reichsverteidigungskommissar." Ein Offizier vom Rang Bruno Bräuers hätte diese Verordnung eigentlich kennen müssen. Hielt er sich nicht an deren Vorschriften, beging er einen Mord. Handelte er aus Unkenntnis, machte ihn dies trotzdem zum Mörder. So oder so hatte der Vorzeigeheld des deutschen Fallschirmjägerkorps' sich wie einer jener wild gewordenen Parteibonzen oder Feldgendarmen verhalten, die in den letzten Kriegstagen wahllos erschießen ließen, selbst erschossen oder henkten. So oder so glich er in dem Moment, da er den jungen Soldaten hinzurichten befahl, seinem im wenigen Kilometer entfernten Berlin blutrünstig rasenden „Führer". Auch Walter Heinkelein muss das in diesem Licht gesehen haben. Er schreibt: „Leutnant Wackermann röchelte noch, da rief der General gleich. 'Der nächste Dienstgrad herkommen! Ich meldete mich mit Namen & Dienstgrad, musste linkshändig grüßen, da ich mit dem rechten Arm nicht grüßen konnte (...). Schon sah ich mich, nach all den harten Jahren des Krieges, als nächstes Opfer auf solche jämmerliche Art und Weise auch umgelegt werden, ohne mich verantworten zu können!!"

Und das wiederum ist nun der Moment, in dem Heinkelein alles, was seinem Leben bisher Wert und Bedeutung verliehen hat, zurückstößt, wie jemand, der von einem Boot an Land springt. „Ohne viel zu überlegen, stand für mich nur der eine Ausweg offen, jetzt nur noch, *Ich* oder *Du, Herr General*! bevor ich hätte dran glauben müssen, wäre nur noch die eine Möglichkeit offen geblieben, von meiner Pistole Gebrauch zu machen!! und den General vorher noch umzulegen (...). Doch es sollte anders kommen. Bei meiner Meldung erkannte mich der General (habe ihm oft die Haare geschnitten). Er sah auch meine ganzen Auszeichnungen und wusste sofort, dass ich einer von den Alten Springern war. (...) Ich meldete dem General die genauen Vorkommnisse, mit dem Hinweis, dass dies der Leutnant Herrn General genau vortragen wollte, doch die Erschießung & Hinrichtung ging so schnell vor sich. Völlig deprimiert bekam ich den Befehl, den Rest der Soldaten zu übernehmen und mich bei einer Einheit zu melden. Die jungen Soldaten folgten erschüttert im Schutz des Waldes, bis wir in weiteren Schlamassel gerieten." Ebenfalls in diesem Moment hat Heinkelein dann doch ein Urteil gefällt, er tat es auf die ihm eigene Weise, durch eine besonders fett geschriebene Einfügung in seinen Text: „Der General Bräuer wurde 1947 in Athen erschossen als Kriegsverbrecher." Das war zwar nicht völlig korrekt, sein Sterbeort hieß Chaidari, aber Heinkelein wusste ja auch nicht, worin Bräuers Kriegsverbrechen bestanden hatten. Bekannt war ihm lediglich, dass er sich zuletzt noch als Festungskommandant auf Kreta betätigt hatte. Und da Heinkelein den einst bewunderten Mann nun in seiner (vermutlich) wahren Erscheinung kannte, mochte er sich den Rest hinzu gedacht haben.

Wichtig für seine weitere Biografie ist ohnehin lediglich dies: Der brave Soldat Heinkelein wollte von Stund' an nur noch eines, nämlich überleben. Er wollte sich nach Westen durchschlagen. Dabei beschritt er, ohne es zu wissen, den selben Weg, den einst Simplicissimus genommen hatte: von Wittstock über Havelberg, der Sicherheit entgegen. Und auch Heinkelein sah, was dem Helden Grimmelshausens bei seiner damaligen Wanderung auffiel: „Die Erde, deren Gewohnheit es sonst ist, die Toten zu bedecken, war hier mit Toten bestreut."

Das Dritte Reich ging unter, wie es auch untergegangen wäre, wenn „Wir" den Krieg gewonnen hätten. Nach Lage der Dinge geschah das allerdings im Zeitraffertempo. Nahezu alle der von Hitler zusammengezwungenen Macht-Cluster versuchten noch im letzten Moment, sich zu verselbständigen. Parteiführer, mochten sie nun Gauleiter, Reichsstatthalter oder, seit neuestem, Reichsverteidigungskommissare heißen, rissen Befugnisse an sich, die ihnen gar nicht zustanden. Sie stellten eigene Truppenverbände auf wie den „Volkssturm“, sie riefen Phantomorganisationen ins Leben wie den „Werwolf“, der, aus Hitlerjungen bestehend, hinter den feindlichen Linien eine Art Partisanenkrieg führen sollte, und schickten NS-Führungsoffiziere (kurz: NSFO's) an die Front. Deren Auftrag lautete für Linientreue zu sorgen, also Gesinnungsschnüffelei zu betreiben; sie waren das Gegenstück zu den sowjetischen Politkommissaren. Auch Heinkelein ist mit einem von ihnen zusammengetroffen, es war knapp vor Berlin. „Wir lagen in Ackerfurchen & Löchern bei einem etwas ruhigeren Kampfgeschehen, (als er) uns mit falschen Parolen aufzumuntern (suchte): Wir sollten trotz der ganzen Jahre & Lage ungebrochen sein und noch eisern durchhalten, denn der Amerikaner sei bereits in Berlin und hätte mit der Armee Wenck (...) Vereinbarungen getroffen, nochmals gemeinsam mit den (West-) Alliierten gegen den Russen zu gehen. (...) Nach ein paar Granateinschlägen suchte der ‘Parteifasan’ das Weite, andernfalls wäre er den ‘Heldentod’ (durch) uns gestorben.“ Die Partei hatte ihren letzten Kredit verspielt, was deren Funktionäre allerdings nicht davon abhielt, weiterhin Politik auf eigene Faust zu betreiben, aber auch alte Rechnungen zu begleichen. So etwa der „Reichsführer-SS“.

Spätestens seit Ende 1944 war Himmler Täter und Opfer zugleich. Er riss, die erste Rolle spielend, eine Position nach der anderen an sich, sicherte seiner SS die Verfügungsgewalt über jenen Teil der Heeresversuchsanstalt Peenemünde, in dem die V 2 hergestellt wurde, der Welt erste Flüssigkeitsrakete, übernahm die Leitung von Volkssturm, Werwolf, Ersatzheer, Heeresgruppe Weichsel, womit ihm zumindest auf dem Papier mehr Macht zugefallen war als jedem anderen Parteigranden. Ab Januar 1945 versuchte er indes auch, über den schwedischen Grafen Folke Bernadotte mit den Westalliierten einen Waffenstillstand auszuhandeln. Doch da war er schon lange zum Opfer geworden. Martin Bormann, Sekretär und Intimus Hitlers, hatte ihm alle die hohen Kommandostellen zugeschanzt, um dem Rivalen die Gunst des „Führers“ zu entziehen, denn es war ja voraus zu sehen gewesen, dass Himmler an der Fülle seiner Aufgaben scheitern musste. Den letzten, den tödlichen Stoß konnte er ihm jedoch erst zwei Tage vor Hitlers Tod beibringen. Er offenbarte seinem bereits zum Selbstmord entschlossenen Chef, was er über des Reichsführers geheime Verhandlungen mit dem Feind wusste, worauf dieser ihn seiner Ämter entsetzte und Himmlers Parteiausschluss verfügte. Mit ähnlich rattenhafter Wut verfolgte Bormann auch Göring, obwohl der sich längst selbst vom Brett genommen hatte.

Das letzte vom Oberbefehlshaber der Luftwaffe angeordnete Unternehmen hatte den Code-Namen „Bodenplatte" getragen. Hunderte von deutschen Maschinen waren am 1. Januar 1945 zu einem Angriff auf amerikanische Flugplätze in Belgien und Holland gestartet. Es sollte sich als eine Selbstmordaktion sonder Vergleich erweisen. Nachdem die Air-Force-Piloten ihren ersten Schreck überwunden hatten, stiegen sie selber auf und stürzten sich auf die im Tiefflug heranbrausenden Unglücksrotten, es muss eine Art realer Moorhuhnjagd gewesen sein. Zweihundertachtzig Me 109, Me 110 und FW 190 holten sie und ihre Flakgeschütze herunter, hundertdreiundvierzig deutsche Piloten kamen ums Leben, knapp fünfunddreißig weitere gerieten bei ihrer Rückkehr ins friendly fire der eigenen Abwehr. Die Alliierten hatten ein paar Maschinen mehr verloren, aber sie konnten die Ausfälle verkraften, die Deutschen nicht. Dem Luftwaffenchef nun ließ sich zu seinen Gunsten allenfalls unterstellen, er habe von der Operation selbst kaum mehr viel mitbekommen. So oder so feierte er elf Tage nach „Bodenplatte" in Karinhall völlig ungerührt seinen zweiundfünfzigsten Geburtstag. Es gab russischen Kaviar, Danziger Lachs, französische Gänseleberpastete und gelbe, rote, perlende Weine aller Provenienzen. Nach gehabtem Genuss erhob der Gastgeber einen Schwenker mit uraltem Napoléon und rief: „Heil Hitler! Gott schütze Deutschland!" Rings um den prächtigen Landsitz hatte er seine eigene Prätorianergarde zusammengezogen, es waren Fallschirmjäger. Vor wem sie ihn schützen sollten, den Russen oder Bormann, muss dahingestellt bleiben, denkbar wäre sowohl das eine wie auch das andere gewesen. Dass Tochter, Ehefrau und deren Verwandte von der Schorfheide in die Alpen umziehen würden, stand im Übrigen schon fest. Görings besaßen auch auf dem Obersalzberg ein komfortables Haus. Und natürlich würden die Kunstschätze des raubgierigen Dicken ebenfalls nach Oberbayern verfrachtet werden, nicht alle freilich, das wäre unmöglich gewesen. Von seinen 1375 Gemälden, 250 Skulpturen, 108 Tapisserien und 75 farbigen Fensterscheiben fand nur der geringste Teil auf den vier bereit stehenden Lastwagen Platz. Alles was zurückbleiben musste, wurde ein Raub der Flammen. Nachdem auch Göring selbst abgereist war, erhielten die Fallschirmjäger den Befehl, Karinhall so gründlich zu zerstören, wie es nur irgend ging. Zu den wenigen Fundstücken, die russische Soldaten Tage später aus den Ruinen bargen, gehörte ein Totenschädel; es war der von Karin Göring, vormals Karin von Kantzow. Deren große Liebe befand sich zu der Zeit, da dies geschah noch einmal bei seinem „Führer" in Berlin. Was er dort wollte, ist allerdings schleierhaft.

Günther Reichhelm, der Stabschef von Generalleutnant Walther Wenck, dem Befehlshaber jener Armee, auf die Hitler, aber auch die Partei ihre letzten Hoffnungen gesetzt hatten, die aber in Wahrheit nur noch ein „wandernder Kessel" war, traf Göring am 11. April bei einer Lagebesprechung im „Führerbunker" nahe der Reichskanzlei. Der Reichsmarschall, erzählte er später der „Süddeutschen Zeitung", habe „schwammig" ausgesehen und während seines Vortrags nicht nur den Kopf auf die Tischplatte gelegt, sondern auch eine Landkarte über sich gezogen. Er muss, wie es im Fixerjargon heißt, völlig „zugedröhnt" gewesen sein. Er hatte sich von der Realität verabschiedet. Einige Tage darauf verabschiedete sich des „Führers getreuester Paladin" auch von diesem und fuhr auf den Obersalzberg. Dort endlich lief er Bormann ins offene Messer.

Karl Koller, der letzte Generalstabschef der Luftwaffe, gab ihm am 22. oder 23. April durch, Hitler habe beschlossen, in Berlin zu sterben. Es war eine zweischneidige Nachricht. Hatte der „Führer" nicht vor Beginn des Polenfeldzuges verkündet, „Pg. Göring" solle sein Nachfolger werden, wenn ihm „etwas zustoße"? Und hatte er diese Entscheidung nicht am 29. Juni 1941 in Gesetzesform gießen lassen? Nun stand fest, dass ihm in absehbarer Zeit tatsächlich etwas zustoßen werde. Aber was ergab sich daraus für den nächsten Mann am Thron? Göring bekam es mit der Angst zu tun. „Bormann", jammmerte er, „ist mein Todfeind. Handle ich jetzt, stempelt man mich zum Verräter ab, handle ich nicht, macht man mir zum Vorwurf, versagt zu haben." Er raffte sich auf und handelte. In der Hauptstadt ging ein Funkspruch ein, der Anfrage und Ultimatum zugleich war. Die Anfrage lautete: „Mein Führer, sind Sie einverstanden, dass ich nach Ihrem Entschluss, in Berlin zu bleiben und Berlin zu verteidigen (...), nunmehr die Gesamtführung des

Reiches übernehme?“ Das Ultimatum folgte einen Satz später. „Wenn ich bis 22 Uhr (des heutigen 23. April) keine Antwort erhalte, nehme ich an, dass Sie Ihrer Handlungsfreiheit beraubt sind, und werde nach eigenem Ermessen handeln. (...) Ihr getreuer Hermann Göring.“ Im „Führerbunker“ schrie Bormann Verrat. Den bereits völlig abgestumpften Hitler aus seiner Lethargie reißend, diktierte er ihm ein Antworttelegramm, in dem es hieß: „Meiner Handlungsfreiheit nicht beraubt, verbiete ich jeden Schritt in der von Ihnen angedeuteten Richtung.“ Diesem ersten Telegramm folgte jedoch umgehend ein zweites, das nicht von Hitler, sondern von Bormann selbst unterzeichnet war. An die SS-Befehlshaber im Raum Berchtesgaden erging der Befehl, Göring sofort als Hochverräter festzusetzen. Vor dem bequemen Haus auf dem Obersalzberg standen daraufhin plötzlich bewaffnete SS-Posten, seinem Besitzer blieb nur noch eine einzige Hoffnung: Die Luftwaffe würde diese Schmach nicht hinnehmen und notfalls gegen die SS vorgehen, also im schon verlorenen Krieg noch den Bürgerkrieg entfesseln.

Hitler hatte spätestens seit dem 12. April keine Hoffnung mehr. An diesem Tag schien eingetreten zu sein, was er schon lange vorausgesehen hatte: das zweite „Miracle de la maison de Brandenbourg“. In Warm Springs / Georgia war um 2:05 amerikanischer Ostküstenzeit Präsident Roosevelt einem Gehirnschlag erlegen. Vor dem brennenden Hotel Adlon nahe dem Brandenburger Tor stehend, hatte Goebbels wenige Stunden später davon erfahren. Er eilte sofort ans nächste erreichbare Telefon, ließ sich mit Hitler verbinden und rief mit überschnappender Stimme in die Sprechmuschel: „Mein Führer, ich beglückwünsche Sie! Roosevelt ist tot. Es steht in den Sternen, dass die zweite Aprilhälfte für uns der Wendepunkt sein wird. (...) Gott hat uns nicht aufgegeben (und) jetzt Ihren gefährlichsten Gegner niedergestreckt. Es ist ein Wunder!“ Es war nichts weniger als das. Roosevelts gesetzlicher Nachfolger Harry S. Truman mochte zwar Stalin nicht annähernd so sehr, wie sein Vorgänger es getan hatte. Aber ein Freund Deutschlands oder auch nur Preußens wie einst Peter III. von Russland war er deswegen noch lange nicht. Die „künstlich aufrechterhaltene Front aus ‘Ultrakapitalisten’ und ‘Ultramarxisten’“ zerbrach keineswegs, das bereits ausgestreute Gerücht, General Wenck verhandle mit den Westalliierten blieb, was es von Anfang an gewesen war: eine aus der schieren Verzweiflung geborene Lüge. Hitler selbst rüstete sich für den letzten Akt der Tragödie. Am 28. April, zwei Tage vor seinem Selbstmord, war auch Mussolini abgetreten - mit etwas größerem Aufwand als der ehemalige Achsenpartner. Italienische Partisanen hatten ihn erschossen und seinen Leichnam auf der Piazza Loreto in Mailand, an den Füßen aufgehängt, zur Schau gestellt. Kein operngemäßes Ende, gewiss. Doch Hitler starb in einem besseren Kellerloch. Göring erfuhr davon per Rundfunk auf Burg Mauterndorf im Salzburger Land (der Obersalzberg lag in Trümmern). Seine letzte Hoffnung indes hatte nicht getrogen. Soldaten der Luftwaffe befreiten ihn tatsächlich. Es waren Fallschirmjäger.

Goebbels hingegen folgte dem „Führer“ am Tag nach dessen Tod ins Grab. Sein letzter Tagebucheintrag - Datum. 10. April 1945 - enthält den Satz: „Eigene Truppen drangen in Crailsheim ein und stehen an der Straße Crailsheim-Mergentheim in heftigen Kämpfen mit dem Feind.“ Es war, für ihn, eine letzte Erfolgsmeldung gewesen, für Heinkeleins Heimatstadt war es das Todesurteil.

Noch zu Beginn des letzten Kriegsjahres hätten die Crailsheimer nicht im Traum daran gedacht, dass ihrem Städtchen etwas Schlimmes widerfahren könne. Was sollte denn hier schon von strategischer Bedeutung sein? Der Fliegerhorst etwa? Es gab wichtigere Luftwaffenstützpunkte. Der Bahnhof? Gut, das war schon etwas anderes. Aber lohnte es überhaupt noch, ihn zu zerstören? Weiter oben schien man das ähnlich zu sehen, denn Crailsheim quoll über von Bombenflüchtlingen aus dem Ruhrgebiet. Hätte man sie vielleicht hierher geschickt, wenn der Ort nicht für sicher gehalten worden wäre? Solcherlei Hoffnungsträume lebten auch noch, als sich ein Frühling ankündigte, der besonders schön zu werden versprach. Die Lieder des Jungvolks - HJ gab es kaum noch, deren Angehörige dienten bei der Flak oder waren zu irgendwelchen Schanzarbeiten an irgendwelche Frontabschnitte geschickt worden - muteten zwar martialischer an als früher, beschworen den „verlorenen Haufen“, der „voran zum Sturme laufen“ muss, oder endeten mit der Aufforderung „Landgraf werde hart!“ Aber aus dem Radio klang noch immer Lale Andersens rauchiger Alt mit „Lili Marlen“ und Zarah Leanders wodkagesättigter Damenbass: „Ich weiß, es wird einmal ein Wunder geschehen“, bei ernsteren Gelegenheiten „Lohengrin“: „Mit Gott für Deutschen Reiches Ehr.“

Auch am 23. Februar mag es so gewesen sein, als zwei dreizehnjährige Jungen mit munteren Lausbubengesichtern ihre Posten als Flugbeobachter auf dem Rathausturm bezogen. Sie hießen Kurt

Marquardt und Hermann Frey. Sie machten das freiwillig und mit nicht geringem Stolz. Schon am Morgen hatten die Beiden, wie schon oft, Aufklärungsflugzeuge über der Stadt kreisen sehen. Am späten Vormittag beobachteten sie dann einen größeren Bomberverband, der von Osten herankam; auch das nichts Ungewöhnliches. Etwas bänglicher wurde ihnen dann schon, als eine voraus fliegende Maschine die berüchtigten „Weihnachtsbäume“ absetzte: grelle Magnesiumblitze am seidig blauen Himmel. Sie bewunderten diesen „Lichtzauber“ noch, „als wir“, so Frey später, „ein Rauschen hörten“ und längliche Gebilde sahen, die aus den Bombenschächten fielen. Sie schienen noch eine Zeit lang mitzufliegen, beschrieben dann aber eine flache Kurve nach unten. Es war das Letzte, was die Beiden sahen. Als Frey wieder zu sich kam, erblickte er „etwa einen Meter von mir entfernt meinen Freund Kurt mit dem Kopf nach unten über die Turmmauer hängen. Auf seinen Hacken lag ein großer Mauerbrocken, der verhinderte, dass er kopfüber den Turm hinabstürzte.“ Frey selbst war ebenfalls zwischen Trümmern eingeklemmt. In ähnlicher Lage befand sich ein Oberleutnant, der zusammen mit ihnen die Beobachtergruppe bildete. Erst allmählich wurde dem Mann und dem Jungen klar, dass schon eine der ersten Bomben den oberen Teil des Turmes glatt abrasiert hatte. Es sollte noch immer nicht das Ende sein. Eineinhalb Stunden nach der ersten Angriffswelle kam die zweite heran. Als auch sie wieder abdrehte, war der Bahnhof komplett zerstört, dazu alle in seiner Nähe liegenden Industrieanlagen sowie einige Wohnviertel auf der günstigeren Seite der Eisenbahngeleise. Hermann Frey konnte gerettet werden, Kurt Marquardt nicht. Als man endlich an seine Leiche herankam, hing er noch so da, wie es ihn hingeworfen hatte: Steine auf den Schienbeinen, den Kopf nach unten hängend. Görings Geschenk an die Stadt, der Fliegerhorst, stand in Flammen. Die von Goebbels erwähnten Ereignisse standen den Crailsheimern an diesem 23. Februar erst noch bevor. Bombenangriffe auf kleinere Städte hätten den „Promi“ (Propagandaminister) ohnehin nicht interessiert. Und im OKW-Lagebuch findet sich am 27. Februar le-diglich der Satz: „Die Eisenbahnlage hat sich weiter verschärft.“ Das könnte auch auf die Zerstörung des Crailsheimer Bahnhofs bezogen gewesen sein.

In dem Gemeinwesen an der Jagst konnte man von nun an beobachten, wie der Krieg Schritt für Schritt näher kam. Schon am Abend des 16. März schien im Norden der Himmel zu brennen. Würzburg, „die Stadt des Weines und der Fische, der Kirchen, gotisch und barock“ (Leonhard Frank), stand in Flammen, viereinhalbtausend Menschen fanden den Tod. Aber erst zwanzig Tage später wird es in Hohenlohe wirklich Ernst. Mit einem Halbsatz erwähnt das OKW den „Abschnitt südlich Schwäbisch-Hall.“ Es erweckt den Anschein, als habe man an der Wehrmachtsspitze die Lage nicht mehr völlig überblickt. Tatsächlich war bei Heilbronn ein Vorstoß der Amerikaner stecken geblieben, weshalb deren Leitungsstab sich entschloss, von Bad Mergentheim aus einen Entlastungsangriff zu starten. Er sollte auf der heutigen Bundesstraße 290 nach Süden führen. Seine Spitze zielte somit auf Crailsheim. Die US-Panzersoldaten hatten mittlerweile dazugelernt - von Rommel. Wie dieser es einst zu machen pflegte, im Fahren nach Steuerbord und Backbord schießend, rasselten sie mit ihren Shermans durch alle am Weg liegenden Dörfer. Am späten Nachmittag des 6. April war die Stadt an der Jagst erreicht. Für Crailsheim hätte es das (relativ) glückliche Ende des Krieges sein können: Man war in Feindeshand, aber man war davongekommen. Verfrühte Hoffnung. Crailsheim galt den Amerikanern zunächst nur als Zwischenstation auf dem Weg nach Südwesten. Durch eine Umfassungsbewegung sollten die im Jagst-Neckar-Bogen stehenden, etwa sieben- bis achttausend Mann starken deutschen Truppenteile eingekesselt und so eine Ausgangsstellung für den weiteren Vorstoß auf Ulm, Augsburg, München gewonnen werden. Da das jedoch auch die Wehrmacht begriff, hatte Crailsheim auf einmal doch strategische Bedeutung erlangt. Es wurde erneut beschossen, dieses Mal von „Do-Werfern“, einer Art deutscher Stalinorgeln. Dann rückten SS-Einheiten sowie Gebirgsjäger an. Und schon am 11. April, einen Tag vor Roosevelts Tod, notierte das OKW: „Crailsheim wieder in eigener Hand.“ Goebbels hätte es als Bestätigung seines Glaubens an die Sterne nehmen können, gemessen an den Umständen sogar aus gutem Grund. Der Rückzug der Amerikaner aus Crailsheim war immerhin, so der Historiker Klaus Dietmar Henke, „die einzige große Schlappe der Invasionsarmee während ihrer Schlussoffensive in Deutschland.“ Aber es war auch das sozusagen endgültige Ende für die Stadt. Ein SS-Hauptscharführer und zwei einheimische Goldfasane beschlossen, den Ort zur Festung auszubauen. Nicht weniger als 13 Panzersperren ließ das finstere Trio errichten, dazu Maschinengewehrnester auf den Hügeln ringsum. Volkssturmangehörige, die sich bereits abgesetzt hatten, wurden wieder zusammengetrieben, Hitlers Standgerichtsverordnung wurde in Kraft gesetzt. Gestapobeamte ermittelten, wie einzelne Bürger sich gegenüber den eingedrungen GI's verhalten hatten. Der erst geflohene, dann zurückgekehrte Kreisleiter verfügte: „Hier wird gekämpft, und wenn in Crailsheim der Krieg gewonnen werden muss." Ein Feuerwehrhauptmann, der um Benzin für seinen Spritzenwagen bat, erhielt die Antwort: „Crailsheim ist dem Untergang geweiht, brennen lassen." Die andere Seite hielt sich strikt an Eisenhowers Devise: Kein unnötiges Risiko eingehen, Leben der eigenen Soldaten nach Möglichkeit schonen. Das wiederum hieß: Jagdbomber-Angriffe zu allen Tageszeiten, dann auch noch massierter Artilleriebeschuss. Als ausgerechnet an „Führers" Geburtstag eine erste Feuerpause eintrat, ergriff niemand in dem bereits völlig zerschossenen Ort die Gelegenheit, den Amerikanern ein Kapitulationsangebot zu unterbreiten. So begann der Granatenhagel von Neuem. Erst am Tag darauf wagten sich die ersten US-Soldaten in das rauchende Trümmerfeld hinein, vorsichtig, Gewehr im Anschlag. Von den selbst ernannten „Kampfkommandanten" in Parteiuniform fanden sie keinen mehr vor. Folker Förtsch resümiert, Crailsheim habe „zu den am meisten durch Kriegseinwirkung in Mitleidenschaft gezogenen Städten im heutigen Baden-Württemberg" gehört. Zerstörungsgrad 66 Prozent.

Walter Heinkelein wandelte zu dieser Zeit noch immer auf den Spuren des Simplicissimus.

Irgendwann vor dem 20. April war er zum fünften Mal seit seinem ersten Russlandaufenthalt verwundet worden, „ein Granatsplitter traf mich am Rücken und bohrte sich bis zur Lunge durch." Aus dem Lazarett entwich er dennoch „voll mit Eiter, es lief mir den Rücken herunter (...), nur ein dreckiges Nachthemd unter der Uniform." In diesem Zustand gelangte Heinkelein mit einigen Anderen bis an die Havel. Dort fanden sie ein versunkenes Boot, brachten es wieder zum Schwimmen, ruderten mit bloßen Händen über den Fluss, erreichten das Ufer bei Werder, „schnappten" sich ein Feuerwehrauto und erreichten so einen Lazarettzug „voll mit Toten & Verwundeten (...) war furchtbar, der Gestank." Sie verließen den Lazarettzug bei Rathenow und versuchten von da an „immer mehr (den Weg) Richtung Westen einzuschlagen." Die kleine Gruppe erreichte Lübeck und schließlich auch „den Raum Flensburg (...). Dort erlebten wir das Ende der Kampfhandlungen bei vorheriger Übernahme der Regierung durch Großadmiral Dönitz." Die Geschichte könnte tatsächlich aus der Feder von Grimmelshausen stammen, obwohl Heinkelein einiges unterschlagen haben dürfte. So einfach, auf Indianerart gewissermaßen, kommt man nicht durch eine Gegend, in der sich Flüchtlinge und zurückflutende Truppen stauen, in der die berüchtigten „Kettenhunde" der Feldgendarmerie jeden Soldaten aufgreifen, der keinen Marschbefehl vorweisen kann, um ihn, sei er selbst Ritterkreuzträger, erbarmungslos aufzuknüpfen, und in der auch die Geschlagensten der Geschlagenen ihre Haut mit allen Mitteln zu retten versuchen: Gottlieb Bergers SS-Legionäre aus Frankreich und Norwegen, aus der Ukraine und Bosnien. In ihre Heimat können sie nicht mehr zurück, sie wären todgeweiht gewesen, in Deutschland sind sie von heute auf morgen zu Unberührbaren geworden. Also setzen sie ihre Waffen ein, wenn Fluchtfahrzeuge, Lebensmittel, Schlupfwinkel ergattert werden müssen, schießen sich den Weg frei oder erschießen sich selbst. Dass indessen auch Fallschirmjäger im Zweifel ihre Kappmesser zu gebrauchen wussten, gab etwa der spätere „Cheffahrer" freimütig zu. Die Kunst des sich Durchschlagens hatten sie schließlich von Grund auf erlernt. Auch Feldwebel Heinkelein dürfte sie so gut beherrscht haben wie der nächstbeste „alte Haudegen." Ein Feuerwehrauto zu „schnappen" war schließlich kein Kinderspiel gewesen, Interessenten dafür gab es zuhauf, und Kettenhunde, die einem dumm kamen, überzeugte man nicht mit Worten, sondern am Besten mit gezogener Waffe.

Heinkeleins vormaliger oberster Chef trank zu dieser Zeit schon wieder Champagner - mit Amerikanern in Kitzbühel. Er war am 8. Mai gefangen genommen worden, laut seinem ersten Gefängniskommandanten „eine einfältig lächelnde Molluske, mit zwei Koffern voll Paracodein". Karl Student hatte man zuletzt in Berlin gesehen, wo er, im Gegensatz zu den einsichtigeren Generälen Wenck und Heinrici, alle möglichen Versuche unternahm, die Stadt zu verteidigen. Er lebte also noch und sollte auch den Krieg überleben. Bormann hingegen dürfte bereits tot gewesen sein, umgekommen bei der Flucht aus dem „Führerbunker", wohingegen Himmler die in seinem Mund versteckte Zyankalikapsel zerbissen hatte, als britische Soldaten ihn, trotz seiner Verwandlung in einen Feldwebel Hitzinger, bei Bremervörde erkannten. Heinkelein erfuhr von dem allen erst sehr viel später.

Zunächst lag er, notdürftig verarztet, noch in Flensburg und bemühte sich, unter Entfaltung fast krimineller Energie die Gefangennahme durch britische Soldaten zu vermeiden. Zusammen mit anderen „räumte“ er Marinestützpunkte voll „Lebensmitteln & Stoffen aus (...) und tauschte (gegen das Beutegut) Zigaretten ein.“ Dann „besorgten wir (uns) einen Sankawagen und verbanden uns Köpfe und Beine, (um so) mit gefälschten Transportscheinen (...) stiften“ zu gehen. Es war vergebliche Liebesmüh’. Seine Rückenwunde eiterte derart stark, dass er ein Lazarett aufsuchen musste, was nun doch in die Gefangenschaft führte. Immerhin, bei den Briten hatte er es einigermaßen gut getroffen. Während Zehntausende von deutschen Soldaten, die den Amerikanern in die Hände gefallen waren, auf der berüchtigten „Goldenen Meile“, den ewig nassen Uferrheinwiesen bei Remagen, oder im noch übler beleumundeten Lager PWTEC 3 bei Heilbronn unter offenem Himmel, ohne die geringsten sanitären Einrichtungen dahin vegetierten, Hunger und Durst litten, an der Ruhr krepierten, ihren unbehandelten Verwundungen erlagen, konnte er „auf dem Tumlauer Koog an der Nordsee“ sich „mit engl. & schulischem Unterricht“ die Zeit vertreiben oder auf dem Deich spazieren gehen. Sorgen plagten ihn und seine Mitgefangenen jedoch selbst hier. Vor der Entlassung, schreibt er, „fälschten wir noch z.T. vorhandene Soldbücher mit dem Entgiftungsmittel ‘Losentin’, (...) da ich ja bei der *SA-Standarte Feldherrnhalle* sowie beim *Springenden Personal* der Fallschirmtruppe war, was als verbrecherische Truppe galt.“ Diese Befürchtung indes war unbegründet. Vom Nürnberger Militärtribunal wurde später weder die eine noch die andere Einheit als „verbrecherische Organisation“ eingestuft. Da aber Heinkelein dies naturgemäß nicht voraussehen konnte, ist er am Ende doch noch getürmt. Von einem Güterzug, der sie, wie es hieß, nach Frankreich bringen sollte, sprang er „unter ganz schwierigen Bedingungen“ ab „und erreichte einen abfahrbereiten Kohlenzug, wohin wusste ich nicht, zunächst mal weg vom Haufen, verbarg mich in den Kohlen, bis der Zug fuhr.“ Der Zug fuhr nach Nürnberg. Dort mischte er sich „unter andere Gruppen“, wurde schließlich von einem „amerikanischen L.K.W.“ mitgenommen und kam „über Ansbach bis nach Crailsheim.“ Wann genau das war, gibt er, wie so oft, nicht an, es dürfte jedoch bereits im besonders schönen Hochsommer des Jahres 1945 gewesen sein. Was er vorfand, verschlug ihm zunächst die Sprache - verständlicher Weise: „Das war meine Heimat!!“ Was ihm bevorstand, erkannte er sofort: „Mit beiden Armen & Händen zum Teil gelähmt und versteift (würde es schwer werden), meinen erlernten Beruf als Friseur (auszuüben und so) meine Brotmarken & mein Brot zu verdienen." Dass auch noch etwas anderes auf ihn zukam, erkannte er sehr viel später: Das dringende Bedürfnis nämlich, zu verstehen, was ihm in über sieben Jahren widerfahren war. Wie Simplicissimus am Ende seiner Irrfahrten könnte er eines Tages zu sich selbst gesagt haben: „Dein Leben ist kein Leben gewesen, sondern ein ewiges Sterben, deine Tage waren ein dunkler Schatten, deine Jahre ein schwerer Traum."

Walter Heinkeleins Notizen, seine umfangreiche Dokumentenmappe und die Nachforschungen, die er anstellte, bezeugen, dass er nach Kräften versucht hat, diese Schatten zu lichten und dem Traum zu entkommen. Wiederum wie ein Untersuchungsrichter, aber dieses Mal auch gegen sich selbst ermittelnd, trug er sowohl Entlastungs- wie auch Belastungsmaterial zusammen. Auf den einen Stapel legte er Artikel aus den nach Gründung der Bundesrepublik allerorten empor sprießenden Nostalgieblättern wie „Der deutsche Fallschirmjäger" oder „Die grünen Teufel", in denen Students Truppe (Bruno Bräuer inklusive) mehr oder weniger verherrlicht wurde, auf den anderen Stapel kamen Bilder von erschossenen, gehängten oder sonstwie ermordeten Russen, Polen, Juden. Doch finden sich unter Heinkeleins Papieren auch Fotos der im Todeskampf grässlich verzerrten Gesichter aller elf in Nürnberg hingerichteten Kriegsverbrecher, samt jenem des durch Selbstmord dem Strang entkommenen Hermann Göring. Es mutet an, als habe Heinkelein sich vergewissern wollen, dass sie wirklich tot seien.

Bei seinen Grübeleien aber über „alle die Jahre, in denen ich für Führer, Volk und Vaterland, gemäß meinem geleisteten Soldateneid, mein Leben, Jugend, Gesundheit sowie meinen Blutzoll geopfert habe für nichts", kommt er schließlich zu dem Fazit, trotz allem auch sein eigenes Gewissen „erleichtern" zu müssen. Der zu achtzig Prozent Kriegsversehrte tut es dadurch, dass er bis an sein sechzigstes Jahr - „um etwas von der Schuld abzutragen, was mich bis ans Lebensende belasten würde" - insgesamt dreißig Mal Blut spendet. Es war seine spezifische Antwort auf einen Wust quälender Fragen, die er mit Worten nicht zu beantworten vermochte. Doch war es auch seine höchst persönliche Auslegung der Devise, auf die Simplicissimus am Ende aller Irrungen und Verirrungen zu schwören beschloss: „Erkenne dich selbst!"

XII

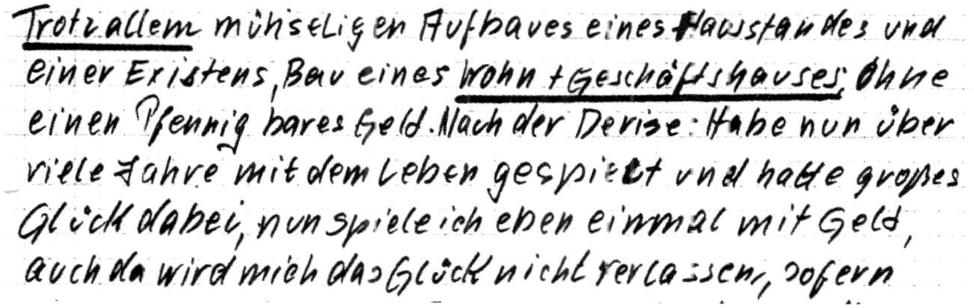
Trotz allem mühseligen Aufbaues eines Haustandes und einer Existens, Bau eines Wohn + Geschäftshauses; ohne einen Pfennig bares Geld. Nach der Devise: Habe nun über viele Jahre mit dem Leben gespielt und hatte grosses Glück dabei, nun spiele ich eben einmal mit Geld, auch da wird mich das Glück nicht verlassen, sofern

Hätte Heinkelein nach seiner Rückkehr Augen dafür gehabt, wäre ihm über die Art und Weise, in der das Dritte Reich Krieg geführt hatte, so manches klar geworden. In vielen Waldwegen um Crailsheim fanden sich wahre Kolonnen von verlassenen Autos der unterschiedlichsten Typen vor: Mercedes-Wagen mit feudalen Ledersitzen, Wanderer-Limousinen, die sich anders (als feldgrau) lackiert auf jedem Boulevard sehen lassen konnten; selbst die abgestellten VW-Kübel wirkten, verglichen mit den spartanischen US-Jeeps, luxuriös, und die weggeworfenen Uniformteile wie Ledermäntel oder Reitstiefel hätten Gutsherren schmücken können. In den Hügeln über der Stadt lagen Panzerfäuste und „Panzerschrecks" herum, die deutsche Version der amerikanischen Bazooka, in einem Wehrmachtslagerhaus stapelten sich Kisten voll wüstengelb gestrichener Grabenspiegel, einer Art Primitiv-Periskope, die, schon im Ersten Weltkrieg erfunden, für den Grabenkrieg gedacht waren - etwa in der Wüste? Auf fast groteske Weise illustrierten derlei Überbleibsel den Ausspruch von Reichswirtschaftsminister Walther Funk: „Wir haben im Krieg zu opulent gewirtschaftet." Im Klartext: Wir haben uns wie Großkotze verhalten, obwohl wir im Vergleich zu unseren Gegnern Habenichtse waren.

Heinkelein interessierte das nicht einmal mehr am Rande. Er erlebte, ebenfalls in wirtschaftlicher Hinsicht, seine persönliche Stunde Null. Den Willen, sie zu bestehen, bekräftigte er mit dem kessesten aller je von ihm formulierten Sätze: „Habe nun über viele Jahre mit dem Leben gespielt und hatte großes Glück dabei, nun spiele ich eben einmal mit Geld." Das entsprach zwar dem später viel gerühmten Geist der Wiederaufbaujahre, bedeutete aber zunächst einmal: Er musste Schulden machen. Die wiederum konnte er nur durch seiner Hände Arbeit abzutragen hoffen, wobei schon der Plural unangebracht ist: Er verfügte ja nur noch über einen brauchbaren Arm. Und das endlich hieß, Umlernen auf links, hieß mit der Linken schneiden, frisieren, rasieren, toupieren und nicht zuletzt schreiben. So erklärt es auch seine mühsam hingemalten, etwas krakeligen Buchstaben, lässt aber zugleich erahnen, mit welchem Aufwand an „Willen & Energie" er sich bemühte, das Handicap zu überwinden. Es war nicht alles, was er überwinden musste. Hildegard, seine Frau, aus Eickeloh in der Lüneburger Heide stammend, erlitt nach zweijähriger Ehe eine Fehlgeburt und war von da an sechzehn Jahre lang krank „bei unsäglichen Schmerzen bis zur totalen Versteifung aller Glieder", ein Pflegefall also. Sie in Pflege zu geben, kam Heinkelein jedoch nicht in den Sinn. Er stellte sich auch diesem Schicksalsschlag aus eigener Kraft, meint aber dennoch, sein Verhalten begründen zu müssen. „Als ich ein Krüppel war", schreibt er, „hat mich meine damalige Braut nicht verlassen und mir Halt gegeben, auch (...) erfuhr (ich) damals ihre große Liebe". Deshalb, fährt er fort, sei ihm das Eheversprechen „in guten & in bösen Tagen, bis dass der Tod Euch scheidet" zur unverbrüchlichen Verpflichtung geworden. Hildegard Heinklein starb im November 1966.

„Nun war ich allein mit Haus, Geschäft und Schulden! Doch das war kein Zustand, nur auf fremde Hilfe angewiesen zu sein." Heinkelein heiratete zum zweiten Mal, meine „lb. Irma" aus Kiel. „Auch sie hatte mit ihrem Mann das gleiche Schicksal erlebt, bis zu seinem Tod." Gemeinsam mit ihr betrieb er in Altenmünster seinen Friseursalon „Damen, Herren, Parfümerie" und ergab sich zugleich einer Art von heimlichem Laster: Er begann zu grübeln, zu sammeln, zu schreiben; das Dritte Reich hatte ihn noch nicht entlassen. Mit alten Kameraden tauschte der nunmehrige Friseurmeister (diese Prüfung hatte ebenfalls nachgeholt werden müssen) Erinnerungen aus. Zuweilen trafen sie sich auch. Die größeren Zusammenkünfte, auf denen etwa „die materielle Besserstellung des ehemaligen Frontkämpfers" oder „absolute Gleichstellung auch für ehemalige Angehörige der Waffen-SS" gefordert wurde, scheint er indessen gemieden zu haben.

So dürfte es nie zu einer Wiederbegegnung etwa mit Harald Quandt gekommen sein, der zuletzt Adjutant beim Stab jener Fallschirmjäger-Division gewesen war, der auch Heinkelein angehört hatte, und der nun in Bad Homburg fürstlich residierte, zweiundzwanzig Aufsichtsrats - und Vorstandsposten besetzt hielt, ein hauseigenes Kino besaß, in seiner Freizeit auf der Hammondorgel spielte oder zusammen mit dem Boxer Bubi Scholz die (West-)Berliner Nachtbars unsicher machte. Und so geschah es auch nie, dass der Multimillionär dem Friseurmeister ein Bier abschnorrte, um ihm Tage später per Post einen Tausendmarkschein ins Haus zu schicken. (1965 ist er fünfundvierzigjährig mit einer von ihm selbst gesteuerten Sportmaschine auf dem Flug zu seinem Haus an der Côte d'Azur abgestürzt). Dass Max Schmeling sich bei solchen Treffen sehen ließ, ist hingegen nicht zu belegen. Wie Heinkelein dürfte er Wichtigeres zu tun gehabt haben: Sein Landgut verloren, seine Häuser zerstört, er musste noch einmal in den Ring, um sich das Geld für eine neue Existenz zu erkämpfen, versuchte es dann mit der Pelztierzucht, war aber erst richtig saniert, als Coca Cola ihm eine Konzession für das Abfüllen und den Verkauf der braunen Brause erteilte. Gestorben ist der Seemannssohn aus Klein-Luckow im Februar 2005, sechs Monate vor seinem hundertsten Geburtstag. Heinkelein hat auch die Feier zum fünfzigsten Jahrestag des Unternehmens „Merkur“ versäumt. Sie fand auf dem deutschen Soldatenfriedhof in Malemme statt. Es war natürlich eine „Mahnung zum Frieden unter den Völkern“, war Trauerfeier und halber Staatsakt zugleich. Zu den Ehrengästen gehörten ein griechisch-orthodoxer Bischof, ein deutscher Bundestagsabgeordneter, Vertreter britischer und französischer Veteranenvereinigungen, Konsule verschiedener Länder, ein Oberst der Bundeswehr und alles, was an ehemaligen deutschen Kretakämpfern die Möglichkeit gehabt hatte, auf die Insel zu fliegen. Gesungen wurde „Rot scheint die Sonne“, gespielt das Lied vom guten Kameraden. Auch Helmut Kohl mit Frau fand sich ein, dazu der griechische Ministerpräsident Mitsotakis. Oberst a.D. Witzig, der Eroberer von Eben Emael, fand es „durchaus positiv“, dass der Kanzler gekommen sei, hätte es allerdings besser gefunden, wenn er sich mehr um „die Kameraden der Gefallenen“ gekümmert haben würde. Kohl indessen dürfte sehr wohl gewusst haben, warum er sich zurückhielt: Die Kreter sind noch heute nicht sonderlich gut auf die Deutschen zu sprechen (was die Hotelbetreiber unter ihnen aber allenfalls in Vier-Augen-Gesprächen zugeben). Ob Kohl überdies wusste, dass der „Bund Deutscher Fallschirmjäger" den General der Fallschirmjäger Bruno Bräuer 1973 auf den Friedhof Malemme hatte umbetten lassen, oder ob ihm dessen Name überhaupt etwas gesagt hätte, ist hingegen nicht bekannt. Sein Grabstein jedenfalls gibt nichts über den Toten preis. Darauf ist lediglich zu lesen: „Bruno Bräuer / General / 4.2.1893 - 20.5.1947 / Ein unbekannter deutscher Soldat." Walter Heinkelein wusste mehr. Eine Fotografie des Steines findet sich in seiner Sammlung. Sie gehört zu jenen Bildern, die mit dem kryptischen Kommentar versehen sind: „Als 'Kriegsverbrecher' erschossen." Der Feldwebel a. D. hat den General a. D. also buchstäblich bis ins Grab verfolgt - oder dieser ihn bis an den Rand des Grabes.

1995 schien Walter Heinkelein seine Memoiren abgeschlossen zu haben, denn in diesem Jahr bot er sie dem Verleger Siegfried Baier zur Veröffentlichung an, wollte dann jedoch den Text, den er sich von der Seele geschrieben hatte, auf einmal doch nicht gedruckt sehen; es könnte indirekt wiederum mit Bräuer zu tun gehabt haben. Die alten Kameraden waren ihm wichtiger als die eigenen Erinnerungen, vor allem deshalb wohl, weil denen Eines als ganz besonders wichtig galt: der gute Ruf der eigenen Truppe. Den aber wollte Heinkelein (vermutlich) auf keinen Fall beflecken; es ist sogar zu verstehen. Zu dem Wenigen, das er auf der emotionalen Habenseite seines Lebens verbuchen konnte, gehörte schließlich die Überzeugung, einer „Elite" angehört zu haben, und Eliten begingen nun einmal keine Kriegsverbrechen. Zwischen Wunschvorstellung und besserem Wissen hin und her gerissen, hatte er sich für das Erstere entschieden, ohne seine Zweifel aber jemals völlig loszuwerden. Um einen sicheren Standpunkt zu gewinnen, stürzte er sich zuletzt noch in allerlei historische Studien; sie führten ihn bis zu Bismarck zurück. Ob ihm jedoch gelang, was er anstrebte, kann niemand mehr sagen, seine Erkenntnisse nahm Heinkelein mit ins Grab. Am 5. Dezember 2000 ist er gestorben.

Obwohl er wie auch ich in der selben Stadt aufgewachsen sind, habe ich ihn nie persönlich kennen gelernt. Es mochte auch daran gelegen haben, dass er elf Jahre vor mir geboren wurde und ich also gerade das Braunhemd der Pimpfe übergestreift hatte, als er schon der Standarte „Feldherrnhalle" beigetreten war. Andererseits erklärt sich aus diesem Umstand, dass ich noch eigene Erinnerungen an die Zeit des Dritten Reiches bis hin zur Zerstörung Crailsheims habe und einige davon in den Bericht über Walter Heinkelein einfließen lassen konnte.

Willi Heinkelein habe ich ebenfalls nie getroffen. Er ist als pensionierter Schulamtsdirektor am 25. August 1996 gestorben. Nachzutragen bleibt noch, dass Frau Irma Heinkelein die Erinnerungen ihres Mannes nach dessen Tod zur Veröffentlichung frei gab, und dass Hitlers Crailsheimbesuch am 30. Juli 1933 stattfand. Er war damals, wie Folker Förtsch kurz vor Drucklegung dieses Buches herausfand, auf dem Weg zum Deutschen Turnfest in Stuttgart.

Bibliografie

Aly, G.: „Hitlers Volksstaat“, Frankfurt 2005
Atkinson, W.C.: „A History of Spain and Portugal“, Hammondsworth 1960
Baldwin, H.W.: „Battles Lost And Won“, New York 1966
Bamm, P.: „Werke in 2 Bänden“, Zürich 1967
Brehm, B.: „Am Rande des Abgrunds“, Graz 1952
Brenda, E.L.: „Hitler Youth“, London 2000
Bülow, H. von: „Geschichte der Luftwaffe“, o.O. 1936
Bullock, A.: „Hitler. A Study in Tyranny“, London 1953
Cartier, R.: „Les 48 Ameriques“, Paris 1953
Churchill, W.S.: „Der Zweite Weltkrieg“, Bern 1948
Douhet, G.: „Luftherrschaft“, Berlin 1935
Demelt W. / Franke, A.: „Merkbuch zur deutschen Geschichte“, Frankfurt 1942
Eis, E.: „Illusion der Sicherheit“, Düsseldorf 1958
Faulkner, H.U.: „American Economic History“, New York 1954
Fest, J.C.: „Hitler“, Berlin 1973
Friedel, B.: „Crailsheim im Feuerregen“, Gerabronn 1985
Gerlach, H.: „Die verratene Armee“, München 1957
Gilbert, G.M.: „Nuremberg Diary“, New York 1947
Görlitz, W. / Quint, H.A.: „Adolf Hitler“, Stuttgart 1952
Grässlin, J.: „Ferdinand Piëch“, München 2000
Guderian, H.: „Erinnerungen eines Soldaten“, Stuttgart 1998
Haffner, S.: „Von Bismarck zu Hitler“, München 1989
Heiber, H.: „Joseph Goebbels“, Berlin 1962
Hochhuth, R. (Hrsg.): „Joseph Goebbels, Tagebücher 1945“, Hamburg 1977
Hofer, W.: „Die Entfesselung des Zweiten Weltkrieges“, Düsseldorf 1984
Höhne, H.: „Mordsache Röhm“, Reinbek 1984
Höhne, H.: „Die Zeit der Illusionen“, Düsseldorf 1991
Höhne, H.: „Der Orden unter dem Totenkopf“, München 2002
Jünger, E.: „Gärten und Straßen“, Stuttgart 1942
Jungbluth, R.: „Die Quandts“, Frankfurt 2002
Junge, T.: „Bis zur letzten Stunde“, München 2002
Kershaw, I.: „Hitler 1936-1945: Nemesis“, London 2000
Klönne, A.: „Jugend im Dritten Reich“, Köln 2003
Kraus, H. (Hrsg.): „Das Urteil von Nürnberg“, München 1961
Lakowski, R.: „Seelow 1945“, Potsdam 2005
Leeb, J. (Hrsg.): „Wir waren Hitlers Eliteschüler“, Hamburg 1998
Lidell Hart, B.: „History Of The Second World War“ 2 Bde., London 1970
Manrho, J. / Pütz, R.: „Bodenplatte. The Luftwaffe's Last Hope“, Crowborough 2004
Maser, W.: „Adolf Hitler“, München 1971
Maser, W.: „Der Sturm auf die Republik“, Düsseldorf 1994
Mellenthin, F.W. von: „Deutschlands Generale des Zweiten Weltkriegs“, Bergisch-Gladbach 1977
Messenger, C.H.: „Blitzkrieg“, Bergisch-Gladbach 1980
Miltenberg, W. von: „Adolf Hitler - Wilhelm III“, Berlin 1931
Mosley, L.: „Göring“, München 1974

Müller, Chr.: „Oberst i. G. Stauffenberg“, Düsseldorf 1970
Oliver, J.W.: „History of American Technique“, New York 1956
Olmodeo, A.: „L’età del Risorgimento italiano“, Neapel 1949
Plivier, Th.: „Stalingrad“, Köln 1983
Pritzkoleit, K.: „Auf einer Woge von Gold“, München 1961
Rauschning, H.: „Gespräche mit Hitler“, Zürich 1940
Reid, E.: „Mafia“, New York 1952
Reitlinger, G.: „Die SS“, München 1956
Ryan, C.: „Der längste Tag“, Gütersloh 1959
Salomon, E. von: „Der Fragebogen“, Hamburg 1961
Schirach, H. von: „Der Preis der Herrlichkeit“, Wiesbaden 1956
Schnabel, R.: „Macht ohne Moral“, Frankfurt 1957
Schoeps, H.J.: „Jüdische Geisteswelt“, Darmstadt 1955
Schramm, P.E. (Hrsg.): „Die Niederlage 1945“, München 1962
Schwenk, J.: „Crailsheim - Aus Schutt und Asche“, Gerabronn 1965
Shirer, W.L.: „Aufstieg und Fall des Dritten Reiches“, Köln 1961
Speer, A. (Hrsg.): „Neue Deutsche Baukunst“, Berlin 1941
Speer, A.: „Erinnerungen“, Berlin 1969
Springer, O.: „A German Conscript With Napoleon“, Lawrence / Kansas 1938
Steffahn, H.: „Die weiße Rose“, Reinbek 1992
Strehl, R.: „Der Himmel hat keine Grenzen“, Düsseldorf 1962
Taylor, A.J.P.: „The Origins of the Second World War“, London 1961
Toland, J.: „Das Finale“, München 1968
Toland, J.: „Adolf Hitler“, New York 1976
Venohr, W.: „Stauffenberg“, Berlin 1986
Zduniak, J./ Ziegler, K.-J.: „Wolfschanze“, Olsztyn o.J.
Zentner, Chr. (Hrsg.): „Der zweite Weltkrieg“, Rastatt 1998

Die folgenden Titel sind im Baier Verlag Crailsheim erschienen:
Badal, R.A.: „Fliegerhorst Crailsheim“ 1997
Förtsch, F.: „Nur noch die Gräber sind übriggeblieben“, in: „Heimatbuch Crailsheim“ 2001
Förtsch, F./ Schnabel, Th.: „Der Krieg im Südwesten“, 2005
Hampele, W.: „Unter bewölktem Himmel“, 2004
Lachenmann, H.: „Zwischen Kreuz und Hakenkreuz“, 2005
Wieland, D.: „Gassenlicht“, 2003
Schlauch, W: „In amerikanischer Gefangenschaft“, 2003

Unveröffentlichte Quellen:
Heinkelein, W.: Erinnerungen und Memorabilien, Stadtarchiv Crailsheim

Zeitungen und Zeitschriften:
Süddeutsche Zeitung: 2.6.04 / 1.9.04 / 2.10.04 / 10.3.05 / 15.3.05 / 5.4.05
Spiegel: Special 2 / 2005

Lebenslauf von Walter Heinkelein nach seinen Aufzeichnungen

Geboren am 19.1.1920 in Crailsheim-Altenmünster als Sohn von Adam (gest. 27.7.69) und Katharina (gest. 27.7.45) Heinkelein.
Geschwister: Willi (gest. 26.08.96), Else und Ruth
Meine Schulzeit: 1926 – 1933, Konfirmation am 2.4.1933. 1933 Drittes Reich – Hitlerjugend
Beruf: Damen- und Herrenfriseur, Gesellen- und Meisterprüfung
Militärzeit: 1938 – 1945 als Freiwilliger
Truppenteile: SA Standarte Feldherrnhalle 1938, 9. + 5. Fallschirmjäger-Rgt. In britischer Gefangenschaft bis 12.8.1945.
Gestorben: 5.12.2000 in CR-Altenmünster.

Im einzelnen:

1938: Regiment „Standarte Feldherrnhalle“, Luftlande- und Paradetruppe, Stuttgart – Stettin – Berlin. Freiwillige Meldung zur „Legion Condor“

1939: Fallschirmjäger Regiment 1. Freiwillige Meldung, Neuaufstellung Stendal – Gardelegen – Tangermünde, Fallschirmspringerschule

1938: Teilnehmer an Luftlande und Erdeinsätzen in der Tschechoslowakei und im Sudentenland. Besetzen der Bunkerlinie Freudenthal – Jägerndorf. Abschluß: Großer Vorbeimarsch an Hitler und Göring.

1939: Polen: Flug nach Radom – Warschau. Erdkampf in den Wäldern von Warschau – Kutno

1940: Holland: Absprung: Rotterdam – Waalhavaren – Maasbrücken – Dordrecht

1941: Russland: Ladogasee – Wiborg, Erdkampf (1. Verwundung)

1941: Kreta: Absprung über Heraklion – Hafenmole, Start bei Athen, (2. Verwundung) Gefangenschaft (Partisanen, Engländer) befreit durch deutsche Truppen

1942: Russland: Witebsk – Smolensk – Richtung Moskau

1943: Russland: Charkow – Orel – Rescher – Roßlawel. Ring vor Stalingrad

1943: Italien: Von Südfrankreich über Neapel – Reggio – Messina – Sizilien. Landung der Allierten: Salerno – Eboli – Anzio – Netturno über Bari – Berletta – Foggia bis Ortona – Monte Cassino (3. Verwundung)

1944: Pommern: Stettin – Altdamm – Greifenhagen – Frankfurt/

Oder – Küstrin – Neuhardenberg. Stellung, Letztes Bollwerk vor Berlin (4. Verwundung).
1945: Berlin: Endkampf um Berlin (5. Verwundung) bis 24.4.45
1945: Flucht durch Einschließungsring über die Havel – Brandenburg – Lübeck – Flensburg – Lazarett Husum

Verwundungen:
1941: Russland – Leningrad: Handgranate
1941: Kreta – Heraklion: Fußverletzung
1943: Italien – Ortona- Cassino: MPi-Durchschuss, Steckschüsse und Mundverletzung)
1945: Pommern- Frankfurt/Oder – Küstrin: Panzergranate
1945: Berlin: Granatwerfer – Rückenverletzung

Lazarette:
1941: Suwalki- Ostpreußen
1941: Athen – Belgrad – Wien
1943: Rimini – Singen – Crailsheim – Würzburg – Schloss Banz
1945: Berlin – Lichterfelde – Tegel – Husum

Auszeichnungen:
1938: Sudetenmedaille
1940: Eisernes Kreuz II.Klasse
1942: Eisernes Kreuz I. Klasse
1945: Dt. Kreuz in Gold eingereicht 16.3.45
1941: Erdkampfabzeichen Luftwaffe
1941: Ärmelband Kreta
Verwundetenabzeichen: Schwarz- Silber- Gold

Beförderungen:
1938/39: Sturmm. Gefreiter
1940: Obergefreiter
1942: Oberjäger – Uffz.
1943: Feldwebel
1945: Obfw. Eingereicht.

Jugendzeit von Walter

Walter mit Bruder Willi (1921)

Als Hitlerjunge 1934

Konfirmation 1933 in Altenmünster

Walter mit Bruder Willi 1935/36

Links: Walter mit 17 Jahren, rechts: Standarte Feldherrnhalle 1938

Standarte Feldherrnhalle 1938 (x= W. Heinkelein)

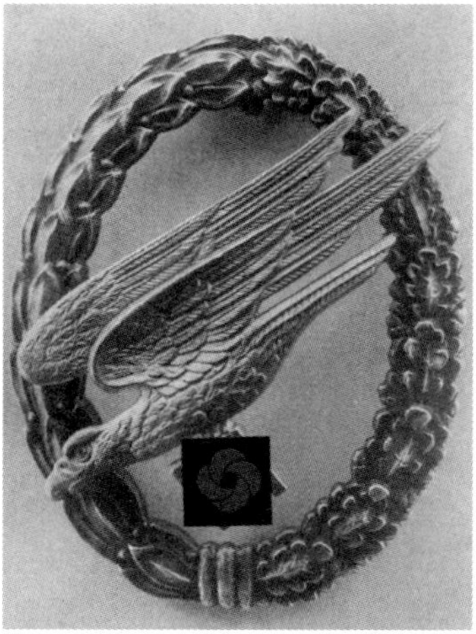

Fallschirmjägerregiment 1

Einsatz als Wache (x= W. Heinkelein)

Heimkehr aus Holland

Kreta 1941

Startklar zum Flug

Kompanie fertig zum Sprungeinsatz

General Bräuer
Mein Komandeur
von 1938 - 1945
Fallsch. Jäger Rgt 1
Hingerichtet als
Kriegsverbrecher
in Athen/Griechenl.
† Mai 1947
durch Erschießen!

Beim Absprung

In Russland 1941/42

Lazarett Südostpreußen
(Leningrad 1941)

Oberjäger W. Heinkelein 1942

Russland - Winter 1942/43; Orel in vorderster Stellung am MG

Willi und Walter als Fronturlauber 1942

Italien 1943

„Meine Teilgruppe vor dem Absprung 1943 und im Flugzeug"

Als Unteroffizier in Neapel

Feldwebel 1944

Verwundet bei Cassino 1943/44

Verlobung 1943 mit Hildegard Meyer

Aus Heinkeleins Erinnerungswand

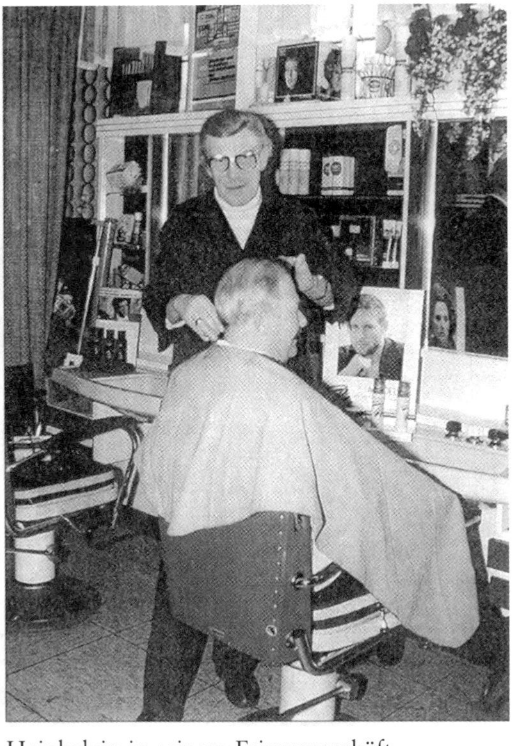

Heinkelein in seinem Friseurgeschäft